秦始皇帝陵园考古报告

（2000）

陕西省考古研究所
秦始皇兵马俑博物馆　编著

文物出版社

封面设计：周小玮

责任印制：陆　联

责任编辑：王　霞

图书在版编目（CIP）数据

秦始皇帝陵园考古报告．2000/陕西省考古研究所，秦始皇
兵马俑博物馆编著．—北京：文物出版社，2006.4

ISBN 7-5010-1599-6

Ⅰ．秦…　Ⅱ.①陕…②秦…　Ⅲ．秦始皇陵-考古
发掘-发掘报告-2000　Ⅳ.K878.85

中国版本图书馆 CIP 数据核字（2004）第 021248 号

秦始皇帝陵园考古报告（2000）

陕西省考古研究所
　　　　　　　　　　编著
秦始皇兵马俑博物馆

＊

文 物 出 版 社 出 版 发 行

（北京五四大街 29 号）

http://www.wenwu.com

E-mail:web@wenwu.com

北京美通印刷有限公司印刷

新 华 书 店 经 销

787×1092　1/16　印张：22.5　插页：2

2006 年 4 月第一版　　　2006 年 4 月第一次印刷

ISBN 7-5010-1599-6/K·813　定价：180.00 元

Report on Archaeological Researches of the Qin Shihuang Mausoleum Precinct in 2000

(With Abstracts in English and Japanese)

The Institute of Archaeology, Shaanxi Province

and

The Museum of the Terra-Cotta Warriors and Horses of Qin Shihuang

Cultural Relics Publishing House

序

　　秦始皇是中国古代历史上最著名的皇帝，秦始皇陵是中国古代规模最大的帝陵。自20世纪70年代以来，秦始皇兵马俑及秦始皇帝陵园的考古发现使中国乃至世界为之震惊，秦始皇陵因此也成为中国第一批被联合国教科文组织授予的"世界文化遗产"单位之一。

　　长期以来，我对古代帝王陵寝考古研究有着浓厚的学术兴趣，因此也十分关注秦始皇陵的考古发现与研究的进展。20世纪末始皇陵考古队成立后，在不长的时间里，他们在秦始皇帝陵园考古工作中，取得了多项为世人瞩目的考古发现，在不少方面获得了重要的学术突破。始皇陵考古队继1999年度《秦始皇帝陵园考古报告》出版之后，现在2000年度《秦始皇帝陵园考古报告》又已付梓。段清波同志让我为《秦始皇帝陵园考古报告（2000）》作序，我想借此机会，就秦始皇帝陵园考古工作及其他相关问题，谈几点意见。

　　一、秦始皇陵封土占地面积24.9775万平方米，陵园占地面积212.95万平方米，陵区范围约56平方公里，陵区已发现各类陪葬墓418座、陪葬坑180座。秦始皇陵建设历时38年，每年动用民工数万乃至数十万人之多，这在中国及世界古代帝王陵墓中都是绝无仅有的。秦始皇陵规模之大，可谓是当之无愧的"大遗址"。对于这样的"大遗址"，开展考古调查、勘探、发掘、保护和研究是个复杂的、系统的科学工程。始皇陵考古队在过去秦始皇帝陵园和秦始皇兵马俑考古工作的基础上，针对秦始皇陵及陵区规模庞大、文化遗存丰富、内涵复杂的特点，把究明秦始皇帝陵园布局形制作为田野考古工作的主要内容和考古研究的重点。在田野考古工作中，他们将考古调查、勘探、试掘和发掘有机结合，由点及面，逐步推开。根据秦始皇帝陵园特点，田野考古工作的切入点，选择从陵园的关键部位东部展开，然后向南部推进，再由南部向陵园西部扩展。操作上注意陵园考古工作的点与面的关系，通过城垣遗迹勘探解决"面"的范围；借助城门、门阙遗址发掘，确定涉及陵园布局形制的相关坐标点。这些考古工作充分反映出《秦始皇帝陵园考古报告（2000）》作者的田野考古技术路线的科学设计理念。

　　在探索秦始皇陵陵寝制度的研究中，始皇陵考古队十分关注陵区的周围环境研究，努力复原陵区的历史地理环境，然后探讨陵寝建设空间背景，这无疑使其考古研究更为科学、全面、深入。

由于秦始皇陵所在地自然地理环境条件的复杂，又为确保秦始皇陵的陵墓、陵园、陵寝建筑的安全，秦始皇陵设计与修建者，当时在秦始皇帝陵园及陵区修筑了大量与其相关工程设施。始皇陵考古队在这方面进行了开创性的考古工作，本书中的秦始皇陵附近深层地下阻排水系统、陵园南侧防洪堤遗址的考古勘查，集中反映了他们的上述科研成果。

始皇陵考古队为了逐步揭示秦始皇帝陵园的文化内涵，在陵园之内又勘探发现了性质、内涵各异的6座陪葬坑，在陵园之外勘探发现了一座陪葬坑，对个别陪葬坑进行了试掘或发掘。这些陪葬坑的资料填补了过去对秦始皇帝陵园及陵区内涵认识上的一些空白。

上述秦始皇帝陵园考古工作，充分反映了始皇陵考古队在秦始皇陵这样的"大遗址"考古工作中，力图把究明遗址、遗存的分布范围、文化内涵、保存状况作为主要的学术任务和科研重点，从而为秦始皇陵的文物保护奠定了科学基础，提供了科学依据，使秦始皇陵文物保护工作对象明确、重点突出、措施得力。由于始皇陵考古队在秦始皇帝陵园考古工作中技术路线的正确、学术目标的准确、田野考古与文物保护关系的明确，极大地促进了秦始皇陵考古研究和文物保护的共同发展。近年来，始皇陵考古队重大考古发现层出不穷，科研成就硕果累累，考古发掘与文物保护有机结合，为中国田野考古起到了很好的示范作用。

二、多年来考古发掘资料的尽快整理与考古发掘报告的及时编写，是考古学界、相关文物考古单位的难题，许多重要考古发掘资料的整理、考古发掘报告的编写严重滞后。有些考古发掘资料"鲜"的放"蔫"了、"蔫"的变"烂"了，这样的田野考古工作，实际上是对考古学的亵渎、对文化遗产的破坏。对此，考古学界不少有识之士，近年来不断呼吁加强考古发掘资料整理和考古发掘报告编写；国家文物行政管理部门，针对考古发掘报告编写滞后的问题，也三令五申提出量化要求。始皇陵考古队在考古发掘资料整理和考古发掘报告编写方面的科研活动实践说明，以往考古学界长期存在的不能及时整理考古发掘资料、编写考古发掘报告的"老大难"问题，是可以解决的，而且能够很好地解决。

《秦始皇帝陵园考古报告（2000）》是以年度为时间单位编写的考古专刊，虽然这在国外"大遗址"考古中并不鲜见，但在我们国内尚属首见。对于像秦始皇陵这类"大遗址"，其考古发掘资料的及时整理、考古发掘报告的尽快编写与出版，有着多方面的积极意义。考古资料出土时间越近，考古工作者记忆越清晰，资料整理工作越省时、省力，这样可以大大提高科研工作效率。考古发掘资料整理和考古发掘报告编写的过程，也是考古工作者学术认识提高的过程、科研工作经验总结的过程，还是尽快推出人才的过程。它对今后田野考古工作的顺利开展、文物保护工作的进一步加强、专题研究的更加深入、考古学学科的迅速发展、人才的培养与提高等，都将发挥积极的作用。考古发掘报告的及时出版，还将把科研成果及时推向社会，使人才更多、更早、更好地为学界所了解，加速考古学的多学科结合，促进国内外的学术交流。

三、我们知道国外许多著名的古代都城遗址、帝王陵寝的考古发掘与文化遗产保护密切结合，如日本奈良平城京遗址、韩国庆州新罗都城遗址、意大利的古罗马城遗址、埃及底比斯帝王谷的国王陵寝遗址等。这些震惊世界的考古发现，因为与科学的文物保护同步进行，致使它们成为当今享誉全球的"世界文化遗产"。始皇陵考古队开展秦始皇陵考古工作，把文物保护作为主要学术目的，这不仅体现在他们的田野考古学术课题设置、技术路线实施等方面，在其考古研究中也能充分反映出来。他们改变了以往的考古报告只对考古资料进行整理、编写的传统做法，将出土遗迹、遗物的保护研究纳入考古报告之中，本书用相当篇幅介绍了出土遗迹、遗物的科学保护问题，如《秦始皇帝陵园考古报告（2000）》第二部分，展示了对本年度田野考古发掘出土遗迹、遗物进行文物保护的科研成果；第三部分介绍了石甲胄的修复并对其制作工艺进行了探讨。这是一个积极的、科学的、与国际考古学界接轨的新变化。

四、《秦始皇帝陵园考古报告（2000）》的另一特点是，作为秦始皇陵考古工作的第一线科研人员，结合本书的主要田野考古内容，提出了一些相关的重要课题，他们根据多年来在秦始皇陵考古工作中积累的丰富经验和长期的潜心研究，进行了更深层次的探讨，发表了多篇有相当学术分量的论文，如《K0006 陪葬坑性质》、《秦陵外藏系统》、《秦陵地宫阻排水系统》、《秦陵封土高度》等。这些论文对考古报告中涉及的重大问题进行了深入的研究，提出了许多有说服力的观点。

秦始皇陵考古工作虽然已经开展多年，但还有许多未知领域需要考古工作者去进行科学探索，这是个长期的、艰巨的科学工作。田野考古是考古学发展的基础，是学科创新、原始创新的基础，也是做好地下古代遗址、遗迹文物保护的科学前提。不论从哪个方面来说，进一步搞好秦始皇陵的田野考古工作，无疑是至关重要的，它不但将使秦始皇陵考古研究取得更新、更多、更大的科研成果，而且也必将使秦始皇陵的文物保护工作的科学基础更加坚实、文物保护工作科学水平更加提高，还将使作为"世界文化遗产"的秦始皇陵在弘扬人类历史文化方面发挥更大作用。

刘庆柱

2004 年 3 月 25 日

目 录

插 图 目 录

图 版 目 录

壹 考古勘探与发掘

第一节 考古勘探报告

秦始皇帝陵园（为叙述方便，简称陵园）2000 年度考古勘探的区域主要集中在内城的陵南地区，同时对内、外城之间西部的部分区域、外城南门、内城和外城西门、外城北门、五岭遗址以及霸王沟等也进行了勘探，发现了性质及内涵各异的陪葬坑 7 座（其中一座在陵园外）；在陵墓封土的东、西、南三侧发现了规模惊人的地下深层阻排水系统；弄清了外城南门的位置及规模；明确了内、外城西门遗址的位置及形状，并在其间发现了一组独立存在、相互对应的三出阙；对外城北门遗址进行了探查和讨论；对陵园外、骊山脚下的五岭遗址进行了考古调查；明白了位于陵园南侧和西侧的霸王沟（即岳沟）的形成原因及时代（图一、二；图版1）。

一、环境考古资料与陵园研究的互动关系

考古勘探的目的不仅在于对古代遗迹、遗物的了解，更重要的是在勘探过程中通过对地层的了解，掌握区域内地层形成的过程、时期及原因，以获取蕴含在地下的各种文化信息，从而达到从宏观角度了解和把握整体研究对象的目的。这一认识是基于 20 余年来人们对秦始皇帝陵园的研究现状而得出的。

在陵园相关问题的研究过程中，有些课题久决不下是因为没有一定说服力的环境考古资料的有力支持。陵园位于骊山北侧的山前地带，地理环境的因素导致了夏季的洪水携裹着沙石年复一年地堆积在陵园内外，且愈是历史时期的晚近阶段，泥沙石的堆积就愈加严重。因此在有关课题的研究中，如不考虑这一特殊地理环境的因素所造成的影响，得出的结论就难以排除过多的主观成分，易导致结论的不可验证性，严重削弱其科学性。对秦陵封土高度的研究就是最为明显的一个例证。据不完全统计，学者们关于秦陵封土高度有 14.5 米、35.5 米、43 米、45.72 米、51.668 米、76 米、87 米、116 米、120.5 米、154.5 米、347.2 米等不同的看法，且彼此间的差异甚大。见诸文献有关秦陵封土高度的最早记载是《汉书·楚元王传》中的"五十丈"，其后又有"数十丈"、"五丈"、"一千二百四十尺"等记载。近现代以来，不同学科的学者就此问题做了大量的勘测工作，尤其是考古工作者，分别从陵墓脚下的不同位置进行测量，甚或以外城北墙为

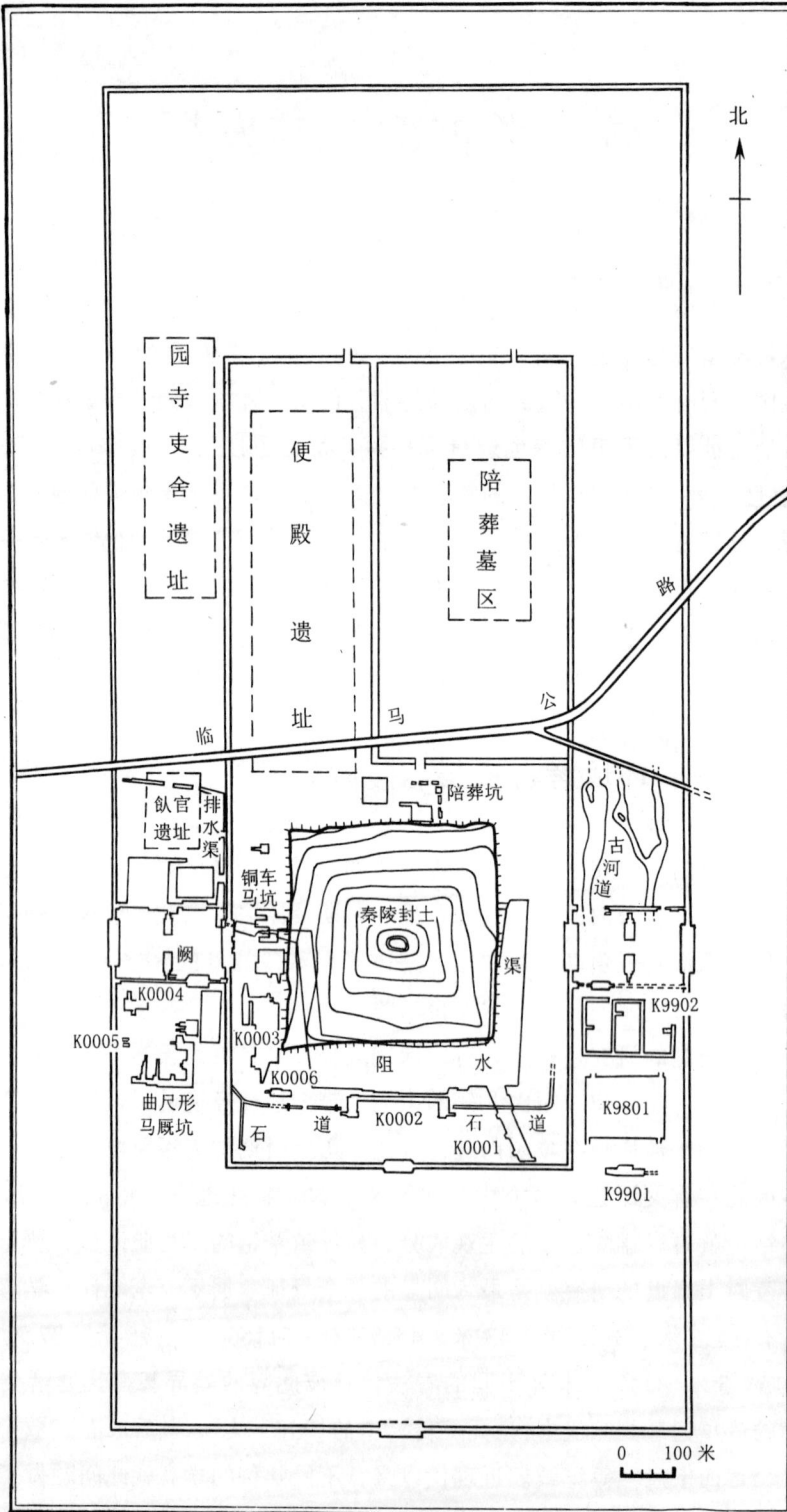

图一　秦始皇帝陵园内外城遗迹分布示意图

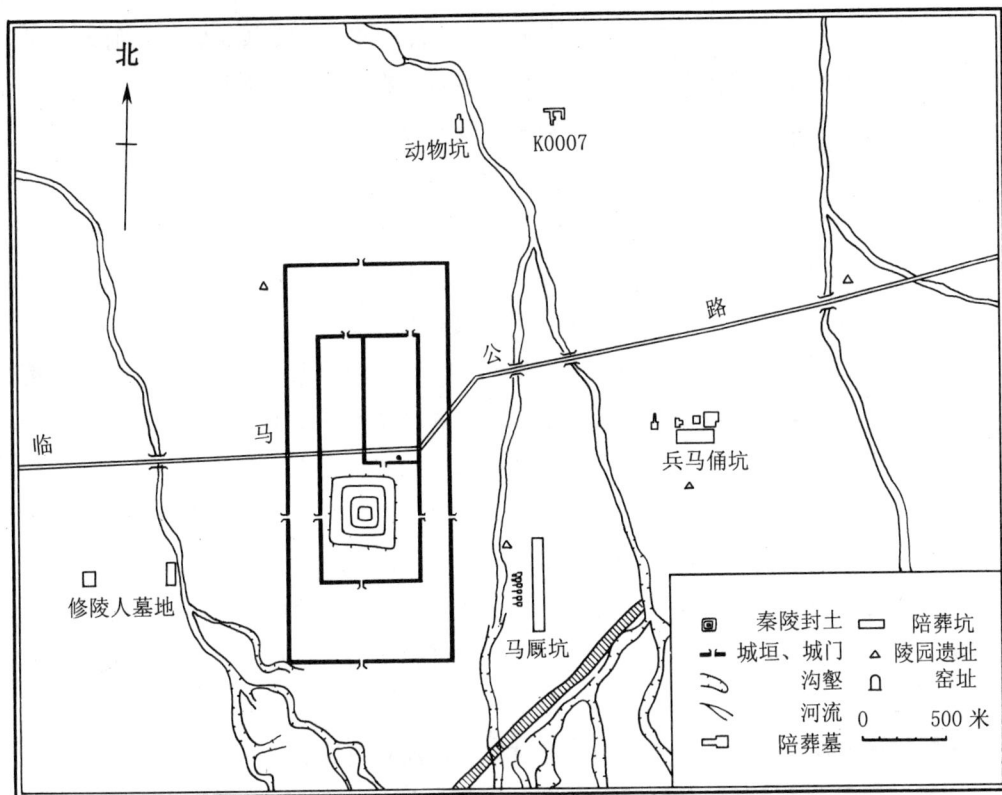

图二　秦始皇帝陵区重要遗迹分布示意图

测点，但所测数据均与《汉书·刘向传》中记载的"五十丈"相差甚远①。若将封土2200多年来降低的幅度悉数归于自然和人为的因素，其幅度之大在关中地区相同环境的数十座帝王陵墓中竟无一能出其右。

刘向系汉室皇族，历经汉元帝、汉成帝，曾整理过宫廷藏书，他有关秦始皇帝陵上疏的时间距秦亡只有180余年，其所言之秦陵封土高度当不容置疑。但在排除了水土流失、人为因素、测点不同等原因之后，针对文献记载与实际测量的高度之间的巨大差异，有学者认为文献记载存在着因书体相似而致误的可能性。如王学理先生认为"五十丈"可能是"三十丈"的误记，刘占成先生认为"五十丈"是"十五丈"之误，他们由此分别得出秦陵封土原高69.6米、41.5米和现高51.668米、35.5米的结果②。

---

① 秦汉尺值，一说每尺合23.1厘米，一说每尺合27.65厘米。依前说则秦陵封土高115.5米，依后说则高138.25米。

② 王学理：《秦始皇陵研究》，上海人民出版社，1994年；刘占成：《秦始皇陵究竟有多高?》，《秦陵秦俑研究动态》1998年4期。

陵园地表南高北低，外城南墙和北墙之间的高差为 77.9 米，陵墓封土以北的地面和外城北墙地面之间的高差为 57 米，因此单就测点来讲，在陵墓北侧的任何地点进行测量所得数据的科学性均值得怀疑。同样的困惑也存在于陵墓的东侧、西侧和南侧，尤其是在南侧进行测量所得数据与文献记载相比较又显得太低。

文献记载与实际高度之间巨大的差异，使得人们不适当地夸大了水土流失的程度。近年来的考古勘探证实，秦陵封土 2200 多年来流失的程度远不是人们想像的那么多，陵园的内城垣在相当长的时间内仍有效地阻止着封土向内城以外流失，在内城以内的地面上也没有发现超过 1 米厚的因封土流失所形成的堆积。

勘探资料表明，秦陵原封土边沿一直延伸到东西内城城垣之下，其最薄处的厚度超过 3 米，从封土中心部位流失到内城边沿的封土的厚度不到 1 米。事实上封土的原始高度远没有文献记载的那么高。究其原因，文献记载的"五十丈"可能只是秦陵封土的原设计高度，但秦末农民起义阻止了封土工程继续进行。只有这样才能合理地解释文献中"复土未就"[①] 和"丽山之作未成"[②] 的含义。

陵园考古的实践同样使我们认识到，环境考古相关课题的研究与陵寝制度的研究息息相关，只有把陵园内外的地层关系真正建立在可验证的基础上，才能对相关课题的研究有所裨益。

秦陵地区的地理环境影响到陵园主体设计项目及分项目的空间布局，就已发现的陪葬坑、建筑遗存、墓葬等的分布状况来看，我们并没有发现它们在分布上有何规律，这种现象与汉景帝阳陵因陵寝制度因素所造成的空间分布有极大的不同，因而也构成了学者们由来已久的困惑之一。秦陵地区 3 年多来的考古勘探成果显示，已发现的遗迹均分布在大小不一、形状各异的台地上，同一台地上遗迹的分布受台地本身的影响，台地的大小、形状则受自骊山北坡冲积而成的沟道大小和河水大小的制约。虽然遗迹间的内在规律及各自的内涵我们尚不清楚，但其空间分布无疑受到环境的制约。

陵园考古工作的目的要求我们对陵园的地层要有确切的认识，陵园建设前和陵园被毁后的地层是我们应着重掌握的内容，尤其是陵园被毁后地层堆积的过程及成因，对探讨陵园陵寝制度至关重要。秦陵坐落在骊山北麓的黄土台塬和山前洪积扇的交汇地带，陵区内地势南高北低，东高西低，东、南、西三面遍布洪积扇和冲积沟，地面坎坷不平。陵区的地下潜水和承压水均自南向北流动[③]。陵园被毁后，改变陵园外观的主导力量依然是自骊山而下的洪水及由洪水携裹的泥沙、石块，因此无论是地面建筑、

---

① 《史记·秦始皇本纪》。
② 《汉书·刘向传》。
③ 孙嘉春：《秦始皇陵之谜地学考辨》，《文博》1989 年 5 期。

陵墓封土,还是地下陪葬坑，皆受到洪水的侵蚀和破坏，造成了今天考古工作的困难与困惑。

二、考古勘探程序与目标设计

陵园外城以内的总面积达 213 万平方米，截至 1998 年，除陵墓西侧、西内外城之间的考古勘探工作已基本完成外，对其他区域的了解仍不全面，因此陵园考古勘探工作将是一项长期的任务，短期内突击性的工作不可能在陵寝制度的研究中取得根本性的进展。

1. 考古勘探方法

1998 年我们曾使用电法、磁法等物探方法以及机械钻机对秦陵地区进行勘探，但目前自然科学的勘探方法对于秦陵地区的考古勘探还具有一定的局限性和不成熟性，其工作效率和实际效果等均不能满足考古的需要。因此，使用传统的洛阳铲成了我们当前唯一的最佳选择。

2. 考古勘探程序

在千分之一地形图上，将陵园分割成若干个区域，采取普探法，依计划每年逐区进行勘探；普探中每隔 5 米均匀布设探孔，并做好每个探孔的记录，以积累陵园整体的勘探资料；在普探过程中遇到遗迹、遗物要做有目的的详探，详探中依具体情况来确定探孔的距离；做好遗迹现象资料的记录，并将遗迹的分布位置绘制在千分之一地形图上。

3. 考古勘探工具

在秦陵地区考古勘探的实践中，我们发现对于洛阳铲这种黄土地区行之有效的勘探工具，最大的障碍莫过于地层中的大量石块。它们有原生堆积、次生人工堆积、次生洪水堆积三种：原生堆积是指秦陵建设之前由自然原因形成的堆积；次生人工堆积是指在建设陵园的过程中由人为原因在有意无意中形成的堆积，主要集中于陵墓封土内外；次生洪水堆积是指陵园被毁后自骊山而来的洪水携裹着沙石所形成的堆积，集中分布在内、外城之间的东部南区和内、外城之间的南部，沙石层厚 1~4 米。

上述地层中石块的横截面一般不超过 10 厘米，但普通洛阳铲的直径一般为五六厘米，这样我们则首选直径 10 厘米左右的探铲及套铲。

为了克服地层中的大量石块给勘探带来的困难，我们设计了一种用于敲凿石块的探凿。该工具为实心柱体铲状刃，靠探凿本身的重量和人工的力量将石块打碎后，再换上套铲将其取出。

探杆是用玻璃钢纤维制作的，两端有钢质螺丝、螺母，可根据探孔的深度续接。其优点是勘探人员可以自如地掌握半圆形铲头的方向，且有助于穿透地下的坚硬障碍，这些优点是绳式探铲所不具备的。

（四）考古勘探目标设计

随着有计划的考古勘探工作的进行，已经有条件逐步开展陵园陵寝制度的研究，它为我们解决构成陵园陵寝制度的因素在空间布局方面提供了方便。目前而言，陵园外城以内 213 万平方米的范围是我们的重点工作区域，考古勘探范围及目标设计无不在此范围内进行。因此，我们首先要进一步弄清内、外城垣的位置和具体尺寸；其次要弄清已知的所有城门的位置和形制。针对上述工作目标，我们每年都要制订出本年度考古勘探区域计划，对将会出现的现象提前设计出几种可能性，并在工作过程中予以验证。

三、考古勘探成果

（一）陵园南部考古勘探成果

为了全面了解陵园的原始地貌和后期环境变迁，我们在陵园的南部进行了考古勘探，主要工作区域有陵墓封土以南的内城区域、内城南门的东部区域以及内城南门以南、外城南门以北的部分区域。通过考古勘探，我们不仅了解到秦时陵园地区原始地貌堆积的基本情况，同时也对陵园建成后该区域由自然和人为因素所造成的环境变迁有了深入的认识。

1．陵墓封土以南的内城区域地层堆积

我们在陵墓封土以南内城区域的东、西分别以一条南北向的剖线进行了钻探。经钻探发现，该区域秦时原始地貌呈东南高、西北低的缓坡状，由内城南门至封土边缘的地面高差为 1 米左右，地面不太平整，在部分地方发现有厚 1~2 厘米的秦代踩踏层。此外，内城南城垣的基础即直接建在当时的生土之上，在内城南城垣的北侧发现有厚 30 厘米左右的人工垫土层，并依内城城垣向北呈缓坡状堆积。在陵南发现的石道遗迹铺设于秦代地面之上，略高于当时的地面，在石道的两侧发现有部分踩踏层。钻探资料表明，该区域的原始地貌较平整，因修陵工程在局部区域曾有过较大的活动，因此保留有踩踏层；内城南城垣北侧发现的人工垫土层，其作用可能是为了较好地保护内城城垣。

陵园建成后，由于山洪的冲刷，对内城南城垣造成了不同程度的破坏，并在内城南部普遍形成了一层厚 50~60 厘米的冲积土层，呈黄褐色，含有烧土粒及木炭屑等。

从钻探资料分析，陵园建成后内城南部的地貌基本上没有太大的变化，其原因可能是内城南城垣在一定程度上对自南部而来的洪水起到了阻隔作用，但山洪携裹而来的细小沙石因地势趋缓形成后期冲积土。

2．内城南门以南、外城南门以北的部分区域地层堆积

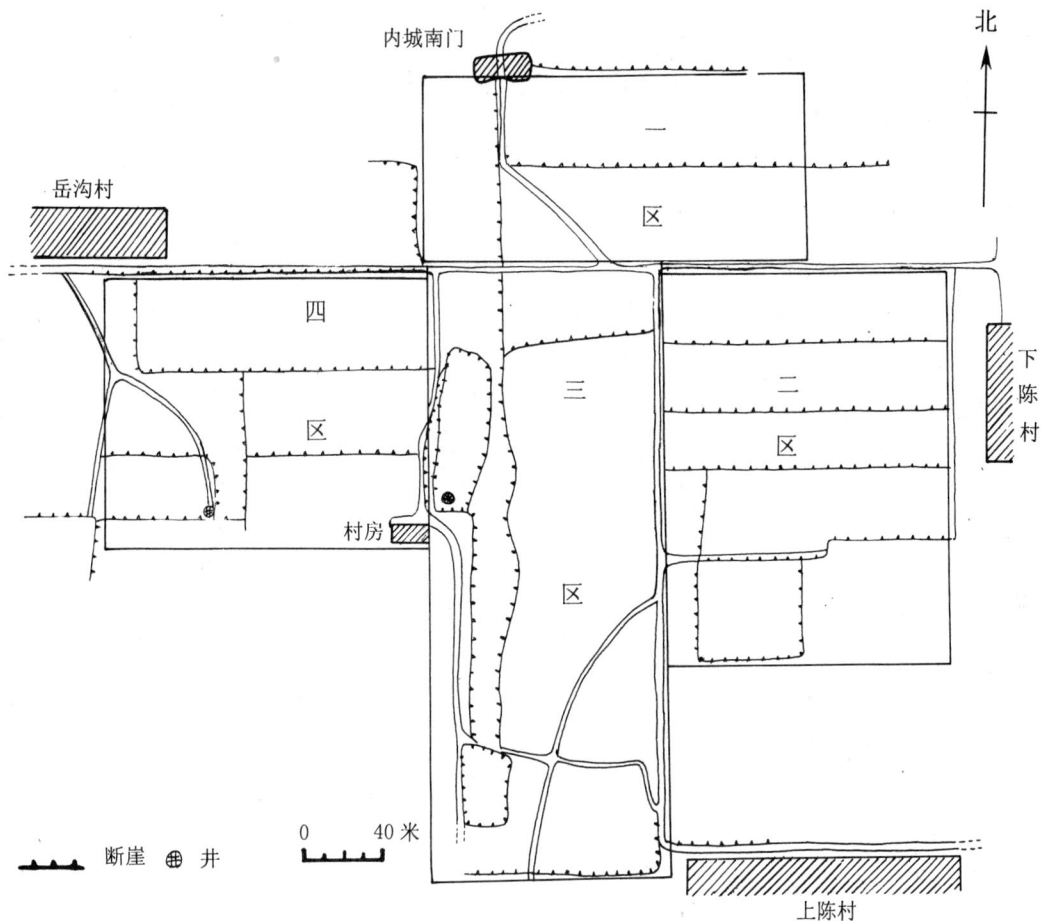

图三　秦始皇帝陵园内城南门以南、外城南门以北的部分区域分区示意图

　　为了便于钻探和资料整理工作，我们根据自然地貌将该区域分为四区（图三），具体情况分述如下。

　　一区：位于内城南门以南、陵园南北中轴线的东、西两侧。东西长195、南北宽92米。现地表为二级阶地，地势南高北低。区内有一条东西向高约1.5米的断崖和一条南北向高约1.7米的断崖，自骊山而来的南北向冲积沟——霸王沟从西南侧通过。

　　该区地层堆积情况为：第1层为耕土层，厚0.3米，土质疏松，土色呈黄色；第2层为五花土层，厚0.3～0.4米，土质疏松，土色呈黄褐色，内含沙石；第3层为扰土层，厚0.5～0.7米，土质疏松，土色呈黄色，内含沙石、陶片等；第4层为黄色夹沙冲积土层，厚1.3～1.5米，土质疏松，土色呈黄色，内含陶片等；第5层为黄褐色冲积土层，厚1.6～3米，土质略疏松，土色呈黄褐色，内含沙石；第6层为踩踏层，厚

0.03～0.05 米，土质略硬，土色呈黄褐色，分布于该区的局部区域。

二区：位于内城南门以南的东部、秦陵办上陈村北侧、下陈村西侧。南北长 195、东西宽 145 米。现地表自南向北有五级阶地，其上种植有农作物。

该区地层堆积情况为：第 1 层为耕土层，厚 0.3 米；第 2 层为扰土层，厚 0.3～0.6 米，土质疏松，土色呈黄色，内含沙石；第 3 层为黄色冲积土层，厚 0.4～0.6 米，土质略硬，土色呈黄色，内含沙石。在第 3 层下普遍存在砾石层，目前的钻探工具无法穿透该层，初步分析砾石层应是骊山北麓的洪水携裹砾石块沉积于此地而形成的。

三区：位于二区西侧、内城南门正南方、秦陵办上陈村西北侧。南北长 306、东西宽 123 米。现地表呈南高北低的缓坡状，不平整。霸王沟自西南角向北贯通该区。现地表种植有农作物及果树。

该区地层堆积情况为：第 1 层为耕土层，厚 0.3 米；第 2 层为扰土层，厚 0.1～0.4 米，土质较松，土色呈黄色；第 3 层为冲积沙石层，厚 1～1.4 米，内含细沙，部分地方含有小石块；第 4 层为黄色冲积土层，厚 0.4～0.7 米，土质较疏松，土色呈黄色；第 5 层为褐色冲积土层，厚 0.4～1.2 米，土质略硬，土色呈褐色；第 6 层为黑褐色冲积土层，厚 0.5 米，土质略硬，土色呈黑褐色，内含细沙；第 7 层为黄褐色冲积土层，厚 0.2 米，土质略硬，土色呈黄褐色，内含细沙。在第 7 层下普遍存在砾石层，其堆积情况和成因与二区的砾石层基本一致。

四区：位于三区西侧、内城南门以南的西侧。东西长 166、南北宽 135 米。现地表自南向北有三级阶地，其上种植有农作物及果树。

该区第一阶地（由南向北）地层堆积情况为：第 1 层为耕土层，厚 0.3 米；第 2 层为扰土层，厚 0.2～0.6 米，土质疏松，土色呈黄色，内含沙石、陶片等；第 3 层为夹沙冲积土层，厚 1.3 米，土质较疏松，土色呈黄褐色，内含沙石；第 4 层为五花土层，厚 0.3 米，为后期堆积而成；第 5 层为踩踏层，厚 0.1 米；第 6 层为砾石层。

该区第三阶地地层堆积情况为：第 1 层为耕土层，厚 0.3 米；第 2 层为扰土层，厚 0.5 米；第 3 层为褐色冲积土层，厚 1 米；第 4 层为黄色冲积土层，厚 1.1 米；第 5 层为黑色冲积土层，初步判断应是秦代地面。

3．对陵园南部地层堆积和环境变迁的初步认识

经过对陵园南部部分区域的考古勘探，我们对其地层堆积和环境变迁方面的问题有了一定的认识。

第一，经钻探发现，修陵前陵园南部的原始地表呈东南高西北低的缓坡状，山前季节性洪水虽然由南向北对该区域有一定的冲刷，并形成了一定厚度的砾石和沙石层堆积，但整体而言，由于当时洪水的水量较小且较分散，所以并未对陵园南部的原始地表造成太大的影响，仅仅是形成了规模较小的冲沟和较普遍的砾石沉积。

第二，经钻探在陵园内城南门门址以南发现有两层踩踏层，它们均较薄，且距现地表较深，初步分析应于秦代形成。其中的下层踩踏层当形成于修陵工程前期，为人类活动所致；上层踩踏层当形成于修陵工程后期，为陵园建成后人类活动所致。在这两层踩踏层之间，是厚约30厘米的五花土层，初步分析应形成于修陵过程中。在踩踏层之上，是陵园建成后因洪水冲刷而形成的后期冲积土层，其最厚处达3.9米。

第三，陵园南部的地层堆积中普遍有多层沙石层。我们初步认为黑色冲积土层（即黑垆土层）应系秦代地面，以此为界可以将陵园南部的地层堆积划分为秦代以前形成的地层和秦代以后形成的地层，也就是说，该层可以作为陵园修筑前后的地层分界线。以此为线索，我们发现在该层以下的地层堆积中较普遍地存在一层以细小沙石堆积为特征的冲积沙石层，初步推断其为秦代以前所形成；在该层以上的地层堆积中也有一层沙石层，并有最厚处近3米的黄色冲积土层；此外，陵园南部的几条冲积沟（如霸王沟、董家沟等）打破了该区域普遍存在的秦代地层——黑色冲积土层，在冲积沟两侧的断面上发现其上有一层以较大的砾石块构成的砾石层。就此引出如下问题：从地层堆积层次关系判断，多层沙石层的形成时期应不同，那么每一层沙石层的堆积时间大致在何时？冲积沟大约于何时形成的？为何在冲积沟的区域内发现了砾石层，而在其他区域内则没有这种堆积？

我们认为陵园位于骊山北麓的洪积地带，在秦代修陵工程以前，此处的地表东南高、西北低，因季节性山麓洪水的冲刷，在地表形成较多的细小冲积沟漕，洪水的泛滥和冲积也在当时的地表普遍沉降一层沙石层，但因当时水量不大，所以沙石层仅以细沙和较小的石块堆积为主。在陵园修筑工程开始以后，秦人为了保护陵园的地面建筑以免遭到山前洪水的破坏，在陵园的东南修筑了用于阻挡洪水的防洪大堤，即今天所说的五岭遗址。当该防洪大堤修好以后，迫使骊山的部分洪水向东北分流，从而在一定时期对陵园起到了相应的保护作用。但由于在陵园建筑过程中人类活动对该区域（包括南部的骊山）的环境造成了一定影响，植被遭到破坏，因此秦陵建成以后，骊山山麓的洪水量大增，陵南的防洪大堤在洪水日复一日的冲刷下部分地段被冲毁，从而使原本已分流的洪水由防洪大堤的缺口处顺地势奔流而下，冲毁了陵园外城的南城垣，将陵园南部区域的地表冲刷、切割出一道较深的冲积沟壑，即今天所说的霸王沟。由于水量骤增，致使洪水携裹的体量较大的石块顺流而下，并沉降于沟壑的附近区域，形成了我们今天见到的砾石层。当洪水增大至霸王沟等沟道无法容纳之时，洪水向两侧泛滥，较大的砾石块就沉降于沟道附近，而细小的沙石则随着洪水的泛滥沉降于陵园南部的部分区域，形成了我们今天在秦代地表之上所发现的沙石层。

（二）陵园陪葬坑的发现

陵园2000年度考古勘探的中心区域是陵墓封土以南、内城南墙以北的区域，勘探面积达 20 万平方米。根据勘探发现的遗迹、遗物，我们还将勘探区域扩展到了陵墓西侧的内城和外城，以及 K0007 陪葬坑所在的陵园外的东北区域。其中，大部分勘探项目已完成，个别项目延续至下一个工作年度。除 K0001 陪葬坑尚未完工外，2000 年度考古勘探共发现完整意义上的陪葬坑 6 个，即 K0002～K0007，现分述如下。

1. K0002 陪葬坑

（1）位置

K0002 陪葬坑位于陵园内城南门正北 100 米处，北距现封土边缘 95 米，距原封土边缘约 2 米，在东西内、外城垣之间的正中部位。该陪葬坑早年曾被发现，但在已公开发表的论述中仅有简略的介绍，其具体位置及内涵不清[①]。1999 年 11 月～2000 年 4 月，在陵南普探时再次发现。

（2）地层

经过勘探发现，K0002 陪葬坑以外的地层堆积相对较简单，其表层为厚 0.3 米的耕土层，其下为厚 0.6 米的扰土层，在扰土之下为厚 0.8～1.1 米的晚期黄褐色冲积土层，最下层为早期黄色冲积土层，陪葬坑开口在此层下。

K0002 陪葬坑东侧深 7.3、西侧深 6.8 米，坑体内的地层堆积可分为 6 层：第 1 层为耕土层，厚 0.3 米；第 2 层为扰土层，厚 0.6 米；第 3 层为冲积土层，土色呈黄褐色，厚 0.8～2.2 米；第 4 层为五花土层，厚 1.8～2.2 米；第 5 层为经过焚烧的夯土层，厚 2～3 米；第 6 层为陪葬坑底部的夯土基础层，厚 0.2 米。在陪葬坑的坑底没有发现淤土层，夯土基础层下为含细沙的黄色生土。

在陪葬坑的中部有一道高出陵区现地表且中间高、两侧低的南北向土梁，经钻探表明，原应高出秦代地面约 5 米。该土梁夯筑的迹象不明显，形成于陪葬坑建成之后，当系人工堆积而成，在土梁中发现三层较明显的人工踩踏形成的路土层。

（3）形制与结构

陪葬坑平面呈倒凹字形，东西长 194 米，由 2 条斜坡门道、2 个长方形主室和 1 条连接 2 个主室的东西向通道组成（图四）。

斜坡门道　位于东主室南部的东侧和西主室南部的西侧，平面呈梯形。东侧斜坡门道长 15、宽 3.1～6.2 米，其东、西两端距现地表 2～7.3 米，在其南、北两侧距现地表约 4 米处各有一道宽 1 米的生土二层台。西侧斜坡门道长 15、宽 3.6～7.2 米，其东、西两端距现地表 1.2～6.6 米，在其南、北两侧各有一道宽度不等的生土二层台，其中南壁生土二层台最宽处为 0.8 米，北壁生土二层台最宽处为 1.6 米。

主室　位于陪葬坑的东、西两侧，南北向，面积和形制基本相同，二者间由一条东

① 程学华、王育龙：《秦始皇陵陪葬坑综述》，《考古与文物》1998 年 1 期。

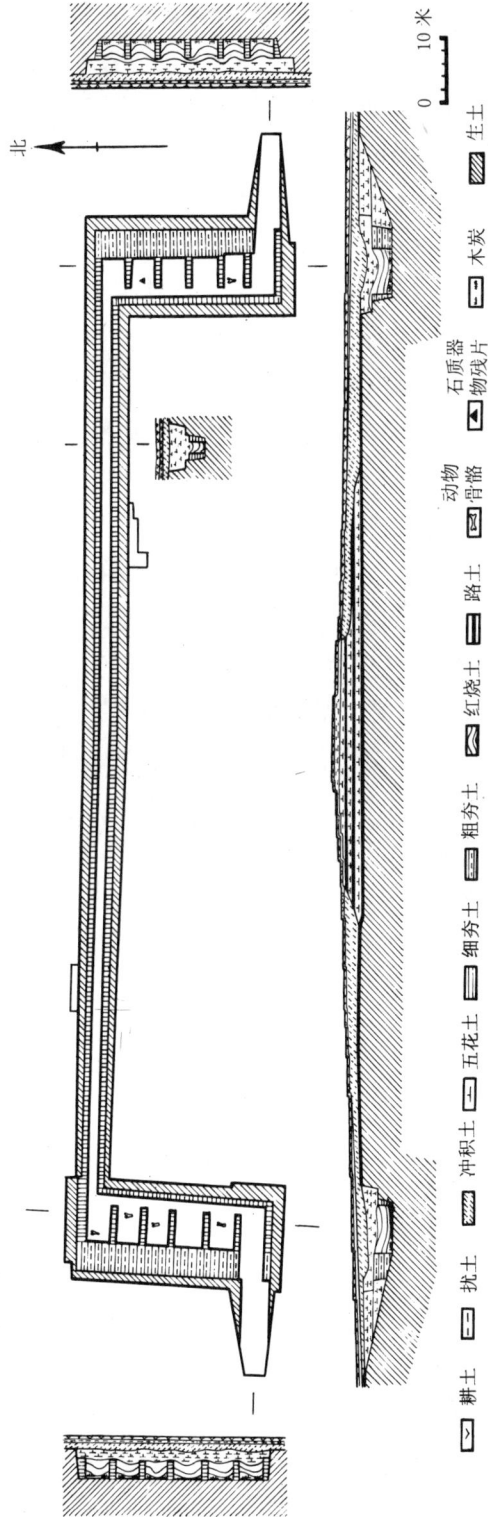

图四　K0002 陪葬坑勘探平、剖面图

耕土　扰土　冲积土　五花土　细夯土　粗夯土　红烧土　路土　动物　石质器　周馆　骨骼　物残片　木炭　生土

北
0　10 米

西向的通道在其北端连通。

东侧主室长 34、宽 16.2、深 7.3 米。主室周壁距现地表 4.2 米处均设置有生土二层台，其中东、西壁生土二层台宽 1.8 米，南壁生土二层台宽 2.1 米，北壁生土二层台宽 1.4 米。紧依东壁生土二层台筑有经粗夯的夯土二层台，宽 4.2 米，每层夯层厚 0.4~0.5 米；紧依南、北、西壁生土二层台内壁分别筑有用以承托棚木、经过细夯的夯土二层台，宽度分别为 1、1、1.2 米，夯层厚约 0.1 米。东侧主室内筑有 5 条东西向的夯土隔墙，隔墙的东端与粗夯的夯土二层台相连，西端与主室西壁间留有长 28.2、宽 1.6 米的通道；隔墙将主室分成 6 个东西向的过洞，自南向北分别长 6、6、5.4、5.4、5.4、5.4 米，宽 4、3.4、4.3、3.8、4.2、3.7 米。

西侧主室长 35.8、宽 15.6、深 6.8 米。主室周壁均设置有生土二层台，因现地表东西高差的原因，生土二层台的顶部距现地表的深度不一，其中东壁生土二层台距现地表约 4.2 米，南、北、西壁的生土二层台距现地表约 3 米；除西壁生土二层台宽 1.4 米外，余三壁的生土二层台均宽 2 米。紧依西壁生土二层台筑有经粗夯的夯土二层台，宽 4.6 米，夯层厚 0.3~0.5 米；紧依南、北、东壁生土二层台内壁分别筑有用以承托棚木、经过细夯的夯土二层台，宽度分别为 1.2、1.8、0.8 米，每层夯层厚约 0.1 米。西侧主室内筑有 5 条东西向的夯土隔墙，隔墙的西端与粗夯的夯土二层台相连，东端与主室东壁间留有长 29.2、宽 1.6 米的通道；隔墙将主室分成 6 个东西向的过洞，过洞长约 5.8 米，自南向北分别宽 4、3.8、4.3、3.8、4、4 米。

通道　在东、西两个主室间有一条以棚木覆顶、长 134.6 米的东西向通道，用以连接东、西两侧的主室。通道的东端宽 7、深 7.8 米，西端宽 5.6、深 6.8 米，在通道的南、北两壁设置有生土二层台，其中南壁生土二层台宽 1~1.6 米，北壁生土二层台宽 1~1.4 米；因地表东高西低，二层台顶部距现地表 3.2~4.4 米。在通道的南、北两侧，紧依生土二层台分别筑有用来承托棚木的东西向细夯土二层台，宽 1.2、高 3 米。

（4）内涵

经过考古勘探，在主室和通道内发现有大量坍塌的红烧土块，局部烧结程度较高；陪葬坑的坑底有一层厚约 20 厘米的细密夯土层，表面平整，其上有一层木炭，推测陪葬坑的坑底原来曾铺设有铺地木等。在主室和通道的夯土二层台上发现有木炭痕迹，表明曾架设有棚木。在东侧主室第 2 过洞（自南向北）的底层发现有动物骨骼等遗物，第 5 过洞底层勘探出石质器物残片，质地与 K9801 陪葬坑出土的石质铠甲一致，但器形和作用不明。在西侧主室过洞的底层也探出有动物骨骼。就现有的勘探资料而言，该陪葬坑的性质尚无法推断。

2.K0003 陪葬坑

（1）位置

K0003 陪葬坑位于陵墓封土西南，南距内城南城垣 137 米，西距内城西城垣 60 米，东距陵墓现封土西侧断崖 7 米。该陪葬坑部分区域早年曾被发现，但总体形制与本年度勘探的结果出入较大①。2000 年 3~6 月，在陵南普探时再次发现。

（2）地层

陪葬坑范围内的现地貌为南高北低，经过对坑体外区域地层的勘探可知，秦代建陵时的地貌和现代地貌相同。

陪葬坑范围内的地层可分为 7 层：第 1 层为耕土层，厚 0.3~0.4 米；第 2 层为扰土层，厚 0.6~1.1 米，土质松散，呈黄褐色，内含陶瓦碎块、沙石及植物根系；第 3 层为陵墓封土层，厚 0.6~1 米，为五花夯土，内含陶片、石块等，陪葬坑东半部有此层，西半部则不见；第 4 层为路土层，系秦代建陵时形成，构成路土的踩踏面厚 5~10 厘米，土质坚硬；第 5 层为黑色冲积土层，厚 0.5~1.4 米，土质紧密，内含植物根系；第 6 层为五花土层，厚 2.5~3 米，为陪葬坑的填土，部分填土已被火焚烧为红烧土；第 7 层为陪葬坑底部的夯土基础层，可见清晰的两层夯层。夯土基础层下为黄色生土。

（3）形制与结构

陪葬坑平面呈不规则的长方形，南北最长 157、东西最宽 64 米，由斜坡门道、二层台、隔墙、过洞、通道等组成（图五）。

斜坡门道　陪葬坑内共有斜坡门道 4 条。

斜坡门道 1：位于陪葬坑南侧，自南向北伸入坑内。长约 20、南端宽约 3、北端宽约 7 米。

斜坡门道 2：位于陪葬坑的西北角，自北向南伸入坑内。长约 20、北端宽约 3、南端宽 9.4 米。

斜坡门道 3：位于陪葬坑的北侧偏东，自北向南伸入坑内。东边长 7.6、西边长 4.8、北端宽 2.8、南端宽 4.8 米。该门道的南端并未延伸至坑底，推测此门道可能是施工时所留的出土通道，便于施工者从坑底将土翻倒在斜坡门道上，再运至地面；也有可能是在最后放置随葬品时，一部分随葬品由此下坑。

斜坡门道 4：位于陪葬坑的东北角，自东向西伸入坑内。北边长 10、南边长 7.8、东端宽 2.2、西端宽 3 米，门道的北边和斜坡门道 3 的东边相连。

二层台　陪葬坑的周壁均设置有二层台，坑壁略有收分。二层台由生土二层台和夯土二层台两部分组成，夯土二层台紧依生土二层台构筑。生土二层台宽 0.4 米，壁面略有收分，其作用是当夯土台紧贴在生土二层台的斜壁上时，不容易发生倒塌现象；夯土

---

① 程学华、王育龙：《秦始皇陵陪葬坑综述》，《考古与文物》1998 年 1 期。

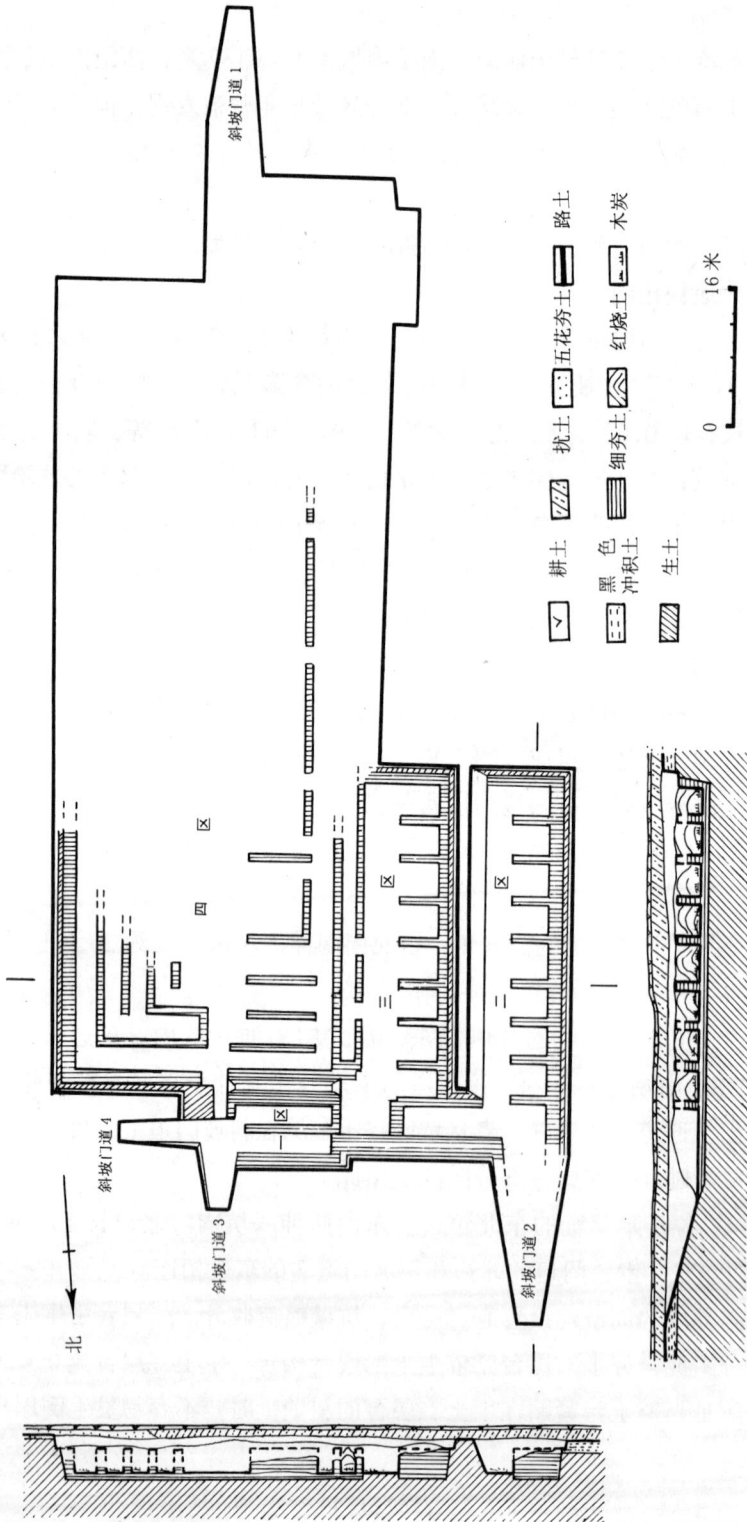

图五　K0003陪葬坑勘探平、剖面图

二层台宽 1.2~1.8、高 3.8 米，近坑内一侧壁面平直。

　　陪葬坑的分区　已经探明部分的陪葬坑内共发现两道生土隔梁。第一道生土隔梁为南北向，位于陪葬坑的西北部、二区与三区之间，西距陪葬坑西壁约 12 米，长约 41、宽约 2 米，南端与坑体连接。生土隔梁的西壁为斜坡状，收分较大，北壁和东壁设置有生土二层台和夯土二层台，位于一区和四区间，生土二层台宽 0.4 米，夯土二层台宽 1.2、高 3.2 米。第二道生土隔梁为东西向，北距陪葬坑北壁 9 米，长 13.2、宽 1 米。生土隔梁的东、西两壁为斜坡状，收分较大，南壁和北壁设置有生土二层台和夯土二层台，生土二层台宽 0.5 米，夯土二层台宽 1、高 2.7 米。陪葬坑由上述两道生土隔梁将坑体北半部分为四个区。

　　一区：位于陪葬坑东北部，由斜坡门道 4 进入。区内中间有一长 11、宽 1 米的东西向夯土隔墙，将此区分成南、北两个过洞。夯土隔墙因火烧已经倒塌，残高 1.3 米。北侧过洞长 12.2、宽 2.4 米，过洞内为倒塌的红烧土块，坑底发现有南北向木炭层，厚 0.1 米，推测为铺地木经火焚后的遗迹。木炭层下为 0.6 米厚的夯土基础层，底部距现地表 5.7 米。南侧过洞的结构与北侧过洞一致，在其底部发现红色细泥陶片。

　　二区：位于陪葬坑西北部，由斜坡门道 2 进入。区内有 8 条夯土隔墙、9 个过洞和 1 条通道。

　　夯土隔墙均东西向，与陪葬坑西壁的夯土二层台垂直相接，长 4.4、宽 1~1.2 米，隔墙的间距为 3.6~4.4 米，保存完好的隔墙高 3.2 米，保存较差的隔墙高 0.5 米。隔墙顶部有南北向的木炭遗迹，厚 0.05~0.1 米。

　　夯土隔墙将二区分成 9 个过洞。第 1 过洞（由北向南）长 18、宽 3.6、距现地表 5.8 米，过洞内堆积着坚硬的红烧土块，在其底部发现厚 0.05~0.1 米的南北向木炭遗迹，木炭层下有 0.6 米厚的夯土基础层。第 1 过洞东端有一条长 4.1、宽 1.2 米的南北向夯土隔墙与三区相隔。

　　二区的东部有一条南北向的通道，长 39.8、宽 3.2、北端距地表约 5.8、南端距地表约 7.1 米。

　　三区：位于陪葬坑北部居中，与二区以南北向生土隔梁相隔。区内有 8 条夯土隔墙、8 个过洞和 1 条通道。

　　夯土隔墙均东西向，长约 5、宽 1、残高 0.5~3 米。

　　夯土隔墙将三区分成 8 个过洞，过洞内有倒塌的红烧土和木炭，其底部有厚 0.05~0.15 米的南北向木炭遗迹，木炭层下有 0.6 米厚的夯土基础层。

　　三区过洞东端向东 4.2 米处，有 3 条一字排列的、南北向的夯土隔墙。第 1 隔墙（由北向南）长 6.4、宽 0.9、残高 2.7 米，北端与东西向生土隔梁的西端外侧相连；第 2 隔墙长 5.6、宽 0.9、残高 2.8 米，与第 1 隔墙相距 2 米；第 3 隔墙现探明长 18.8、宽 0.9、残高 2.4~2.8 米，与第 2 隔墙相距 2 米。

三区的东部有一条南北向的通道，长约 36.5、宽 4.2、北端距地表 5.7、南端距地表 7.1 米。

四区：位于陪葬坑东北部，已钻探部分由一条宽 3 米的南北向通道将其分为东、西两个区域。东部区域的过洞大体呈南北向，西部区域由夯土隔墙、过洞以及夹道等组成。

四区西侧的夹道为南北向，现探明长 26.5、宽 2.1 米。上部铺设有棚木，棚木已坍塌，夹道内填满红烧土块和木炭；底部发现大量的东西向铺地木炭迹，其下有 0.6 米厚的夯土基础层。

四区西部区域自北向南有 9 条夯土隔墙，其中 4 条为东西向、4 条为南北向、1 条为直角形。9 条隔墙自北向南依次介绍如下。

第 1 隔墙为东西向，长 10.8、宽 1、残高 1~2.1 米，距东西向生土隔梁南侧的二层台约 2 米。第 1 隔墙和其北侧的二层台之间形成第 1 过洞，过洞上的棚木因焚毁随上层的填土一起倒塌在过洞内，过洞底部有南北向铺地木炭迹，其下有 0.6 米厚的夯土基础层，过洞底部距地表 5.7 米。在过洞中部钻探时发现有动物骨骼等。

第 2 隔墙为东西向，长 8.6、宽 1、残高 1.8~2 米，距第 1 隔墙 3 米。第 2 隔墙和第 1 隔墙之间形成第 2 过洞，过洞情况与第 1 过洞相同。在过洞底部没有发现遗物。

第 3 隔墙为东西向，长 8.6、宽 1、残高 0.5~1.6 米，距第 2 隔墙 3.2 米。第 3 隔墙和第 2 隔墙之间形成第 3 过洞，过洞情况与第 1 过洞相同。在过洞东部钻探时发现有陶器残片。

第 4 隔墙为直角形，距第 3 隔墙 3.8 米，残高 0.5~1.3 米，其中东西向隔墙长 7.8、宽 1 米，南北向隔墙长 6.6、宽 1 米。第 4 隔墙和第 3 隔墙之间形成第 4 过洞，过洞情况与第 1 过洞相同，过洞底部距地表 6.3 米。

第 5 隔墙为东西向，长 7.8、宽 0.9、残高 1.4~1.7 米，距第 4 隔墙 2.1 米。第 5 隔墙和第 4 隔墙之间形成第 5 过洞，过洞情况与第 1 过洞相同。在过洞底部的西南角钻探时发现有陶器残片。

第 6 隔墙为南北向，长 5.6、宽 1、残高 0.6~1.5 米，距第 5 隔墙 2.3 米。

第 7 隔墙为南北向，长 12.8、宽 0.9、残高 0.5~1 米，距第 6 隔墙 2.2 米。

第 8 隔墙为南北向，长 12.8、宽 0.9、残高 0.5~1.1 米，距第 7 隔墙 2.1 米。

第 9 隔墙为南北向，南端尚未勘探，现长 2、宽约 0.9 米，距第 8 隔墙 2.2 米。

四区东部区域的勘探工作尚未完成，在坑底钻探时发现有大量的红色细泥陶片，个别陶片上有黑色彩绘，因陶片较小，图案不清。

（4）内涵与性质

K0003 陪葬坑是迄今为止在陵园内发现的结构最复杂、勘探难度最大的陪葬坑。在一区和三区发现了大量的红色细泥陶片和少量的动物骨骼，此陪葬坑紧贴封土，其东部还压在封土之下。综合考虑上述因素，推测该陪葬坑可能属于为皇室、甚或秦始皇帝本人提供饮食的机构。

3.K0004 陪葬坑

（1）位置

K0004 陪葬坑位于西内、外城之间，外城西门以南、珍禽异兽坑以西、曲尺形马厩坑以北。2000 年 3～4 月，在陵西勘探时发现。

（2）地层

陪葬坑范围内的地层可分为 5 层：第 1 层为耕土层，厚 0.3～0.4 米；第 2 层为后期堆积土层，厚 0.3 米；第 3 层为冲积沙土层，厚 0.3～0.4 米；第 4 层为五花土层，厚 4.5 米，为陪葬坑的填土；第 5 层为夯土基础层，厚 0.6 米。夯土基础层下为黄色生土。

（3）形制与结构

陪葬坑平面略呈十字形，东西最长 42.3、南北最宽 39.2 米，由斜坡门道、隔墙、过洞、厢房、通道等组成，形制规整，结构简单（图六）。

陪葬坑的坑壁均有一定收分，设置有生土或夯土二层台，二层台距地表约 3 米。其中在坑体北壁和斜坡门道东、西两边设置有宽 0.9 米的生土二层台；在坑体东壁、南壁和西壁设置有宽度不同的夯土二层台，西壁的夯土二层台宽 0.6 米，东壁和南壁的夯土二层台宽 0.9～1.1 米。

斜坡门道　位于陪葬坑的北侧偏西，自北向南伸入坑内。长 14.7、北端宽 3.5、南端宽 5.6 米。

隔墙　陪葬坑内共有 9 条夯土隔墙，其中 6 条为南北向、3 条为东西向。6 条南北向的夯土隔墙宽约 1 米，自东向西分别长 7.4、7.4、9.1、9.1、9.1、9.1 米；3 条东西向的夯土隔墙长 4.5、宽约 1 米。

过洞、厢房　陪葬坑的 6 条南北向夯土隔墙间隔形成 6 个南北向过洞，自东向西分别宽 3.9、3.9、3.9、3.8、3.5、3.7 米。陪葬坑的 3 条东西向夯土隔墙间隔形成 4 个东西向过洞，自南向北分别宽 2.8、3.3、3.8、3.9 米。厢房位于陪葬坑的南侧偏西，与斜坡门道南北相对，长 6.8、宽 3.3 米。

通道　陪葬坑内有南北向和东西向通道各 1 条。东西向通道位于南北向过洞的北侧，长 29.3、宽 2.6～4.3 米。南北向通道位于斜坡门道和厢房之间，宽 5.5 米。

（4）内涵

K0004 陪葬坑曾经遭受过火焚，坑内堆积着大量的红烧土和木炭。钻探过程中在南

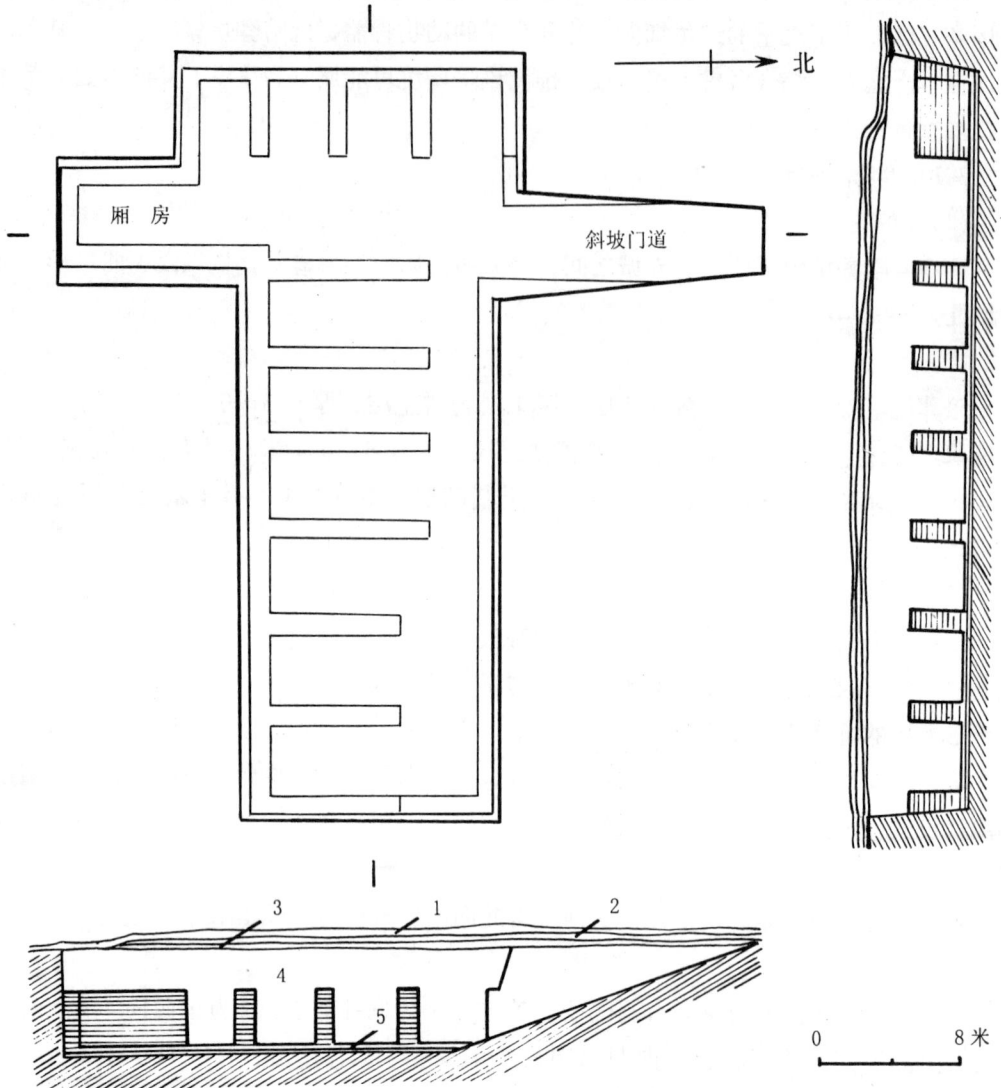

图六　K0004 陪葬坑勘探平、剖面图

1.耕土层　2.后期堆积土层　3.冲积沙土层　4.五花土层　5.夯土基础层

北向的过洞内发现有动物骨骼、陶俑残块和朽木，朽木上有绿色、红色等彩绘残迹。上述迹象表明，该坑可能埋藏有陶俑、动物以及彩绘的木质器具，但目前的发现尚不足以对其性质做出判断。

K0004 位于曲尺形马厩坑西北，其东部的过洞底部有一层淤土，所发现的动物骨骼漂浮在过洞内的填土中，说明火焚应发生在陪葬坑进水以前。也就是说，当陪葬坑内部还完好无损时曾发生过一场火灾，陪葬坑的西部在短时间内坍塌，陪葬坑的东部虽也曾受到火灾的侵扰，但棚木没有彻底被破坏，陪葬坑内还保留有一定的空间，陪葬品因洪水冲刷出现漂浮现象。

4. K0005 陪葬坑

（1）位置

K0005 陪葬坑位于西内、外城之间，曲尺形马厩坑以西、K0004 陪葬坑以南。2000年 4 月，在调查霸王沟的过程中于断崖上发现。

（2）地层

陪葬坑范围内的地层可分为 4 层：第 1 层为现代路土层，厚 0.4~0.5 米；第 2 层为扰土层，厚 0.4~0.5 米；第 3 层为五花土层，厚 2.9 米，为陪葬坑的填土；第 4 层为夯土基础层，厚 0.3 米。夯土基础层下为黄色生土。

（3）形制与结构

陪葬坑残留部分平面略呈横"U"形，坑体西半部已遭水毁，仅残留 2 个过洞（图七）。南侧过洞残长 13.5、宽 4.8、坑底距地表 3.9 米，过洞的南、北两侧距地表 2 米处设置有夯土二层台，分别宽 1.9、0.9 米。在南侧过洞距地表 3 米处发现棚木朽痕。北侧过洞残长 3.6、宽 5、坑底距地表 3.9 米，过洞的东、南、北三侧距地表 2 米处设置有夯土二层台，分别宽 1.4、1.4、1.8 米。在北侧过洞距地表 2.1 米处发现棚木朽痕。

（4）内涵

由于 K0005 陪葬坑遭到严重破坏，坑体残缺不全，加之在钻探过程中也未发现有重要线索的遗迹、遗物，因而对其性质无法进行判断。

5. K0006 陪葬坑

（1）位置

K0006 陪葬坑位于 K0003 陪葬坑南部偏西。该陪葬坑于 20 世纪 70 年代曾被发现，但在已公开发表的论述中仅有简略的介绍，其具体位置及内涵不清①。2000 年春，在陵南普探时再次发现。

（2）地层

陪葬坑范围内的地层可分为 4 层：第 1 层为耕土层，厚 0.2~0.4 米；第 2 层为冲积土层，厚 0.2~1.7 米，呈灰黄色，内含细沙、碎石；第 3 层为五花土层，厚 3~4.8 米，呈灰褐色，粗夯而成，为陪葬坑的填土；第 4 层为夯土基础层，厚 0.7 米。夯土基础层下为黄色生土。

（3）形制与结构

陪葬坑平面呈东西向的中字形，东西长 47、南北宽 2.7~11.8 米，由斜坡门道、

① 程学华、王育龙：《秦始皇帝陵陪葬坑综述》，《考古与文物》1998 年 1 期。

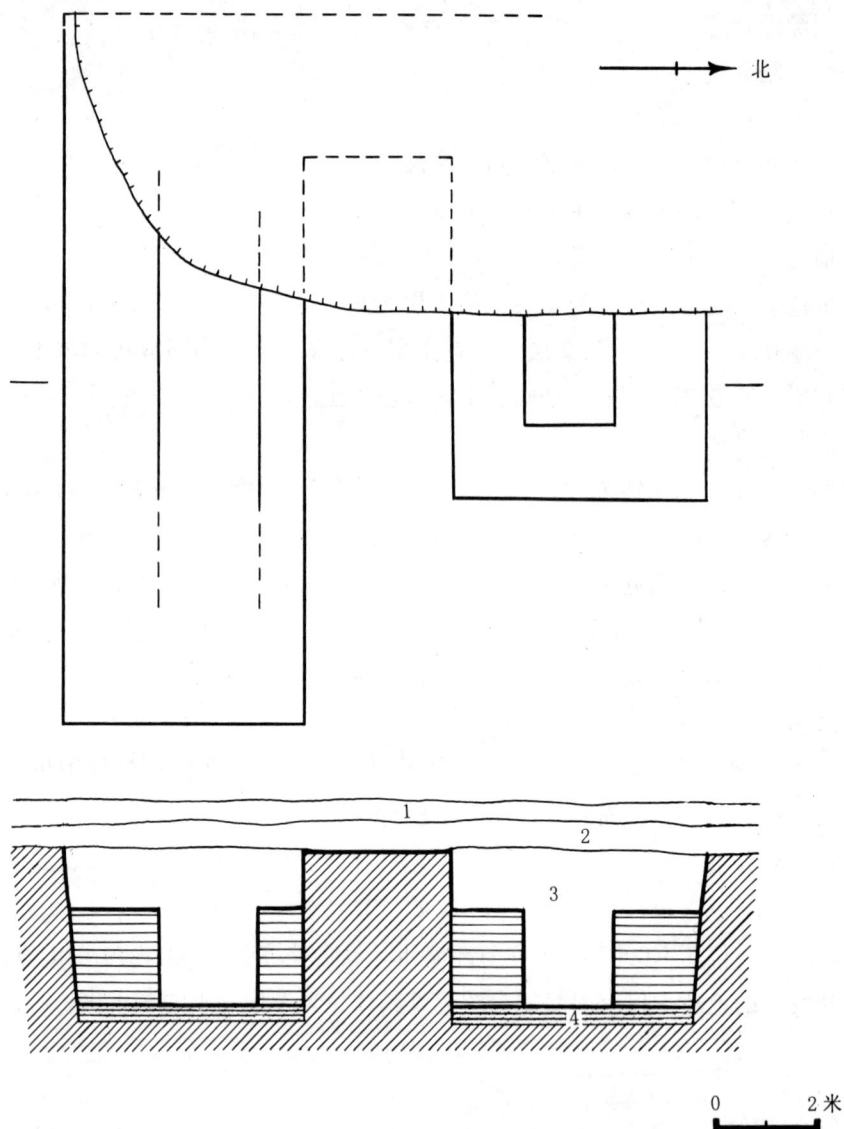

图七　K0005 陪葬坑勘探平、剖面图

1. 现代路土层　2. 扰土层　3. 五花土层　4. 夯土基础层

前室和后室组成（图八）。

　　据勘探了解，陪葬坑的东壁、南壁和北壁均设置有生土二层台和夯土二层台，斜坡门道的南、北两边设置有生土二层台。

　　斜坡门道　位于陪葬坑西侧，自西向东伸入坑内。残长 15、西端宽 3.5、东端宽 7 米。

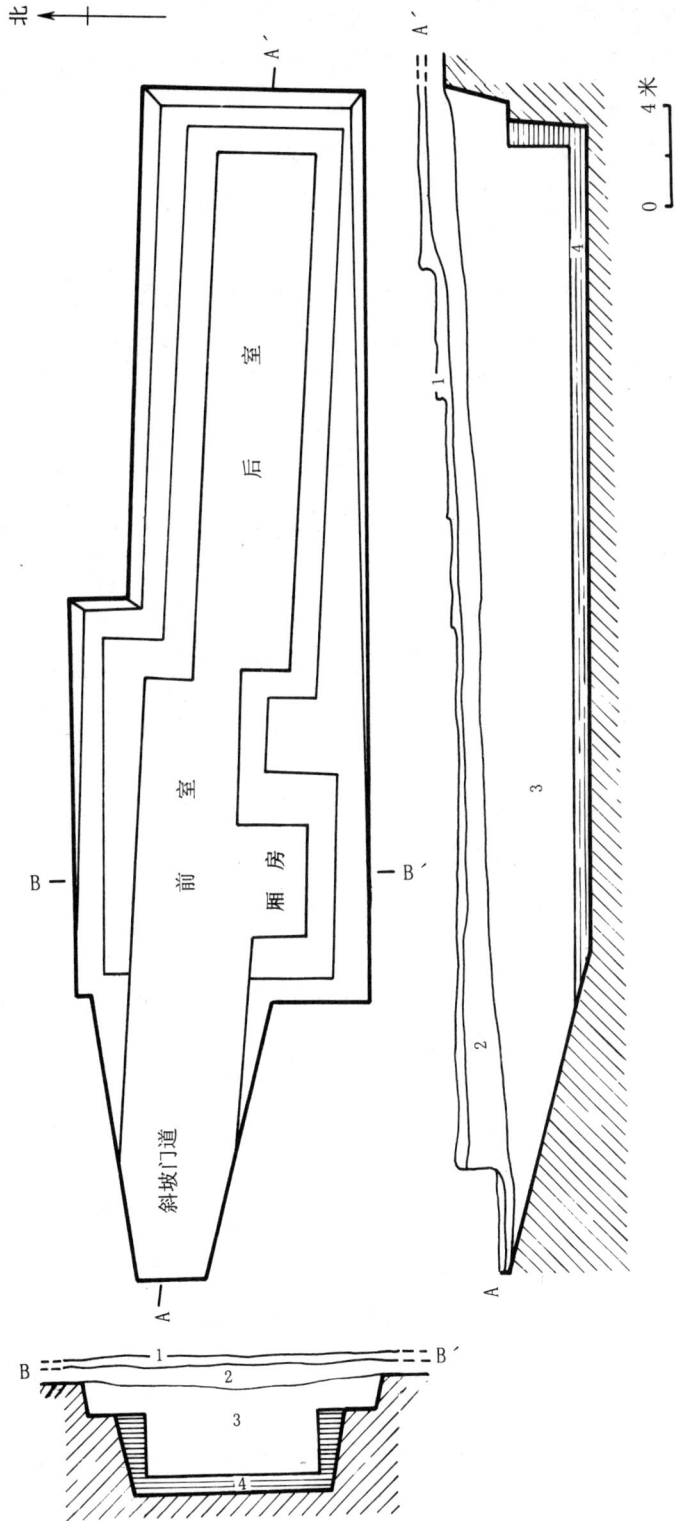

图八 K0006 陪葬坑勘探平、剖面图

1. 耕土层 2. 冲积土层 3. 五花土层 4. 夯土基础层

前室　位于斜坡门道之东，与斜坡门道相通。北壁长 11.8、南壁长 12.3、宽 4～4.5 米，坑底有铺地木，同时发现有彩绘陶俑残块。在前室的南部有一个长 3.8、宽 2.2～2.9 米的厢房，其底部有铺地木。

后室　位于前室之东，为东西向的长方形过洞。长 20.2、宽 3.9 米，以一条宽 2 米的通道与前室相连，坑底有铺地木，同时发现有马骨骼。

（4）内涵

K0006 陪葬坑内出土有彩绘陶俑残块及马骨骼，值得注意的是在坑体范围内没有发现经过火焚形成的红烧土，这在陵园近 180 座陪葬坑中是少见的。2000 年 7～12 月对其进行了全面发掘，详见本章第四节。

6. K0007 陪葬坑

（1）位置

K0007 陪葬坑位于陵园外城东北部，距外城东北角约 900 米。2000 年 7 月发现并勘探。

（2）地层

陪葬坑范围以外的地层可分为 4 层：第 1 层为耕土层，厚 0.3 米；第 2 层为扰土层，厚 0.3 米；第 3 层为冲积土层，厚 0.4 米；第 4 层为黑垆土层，厚 0.3 米。黑垆土层下为黄色生土。

陪葬坑范围内的地层可分为 5 层：第 1 层为耕土层，厚 0.3 米；第 2 层为扰土层，厚 0.3 米；第 3 层为冲积土层，厚 0.3～0.4 米；第 4 层为五花土层，厚约 4.2 米，为陪葬坑的填土；第 5 层为夯土基础层，厚 0.4 米。夯土基础层下为黄色生土。

（3）形制与结构

陪葬坑平面略呈"F"形，由 1 条斜坡门道、2 个南北向过洞和 1 个东西向过洞组成（图九）。根据钻探资料，依其形制可分为三个区。

一区：位于陪葬坑北部，为一条东西向长方形过洞，长 60.2、宽 6～6.4、距地表 2.9 米。在其南、北两壁分别筑有夯土二层台，台面宽 1.5～1.8、高 2.1 米。

二区：位于陪葬坑南部居中，由 1 个南北向过洞、厢房和斜坡门道组成，长 47.2、宽 7～10.6、距地表 2.3～5.4 米。在过洞东、西两壁分别筑有夯土二层台，台面宽 2、高 2.6 米。过洞的南端有一个相对独立的厢房，长 6.3、宽 2.8 米，其西侧以一条长 4.5、宽 0.8、高 1.8 米的夯土隔梁与过洞相隔，厢房的南部西侧以宽 1.8 米的通道与过洞相通。过洞和厢房内发现有大量的红烧土。斜坡门道位于二区的最南端，平面呈梯形，长 17.2、宽 2.8～6.2、深 1～5.4 米。

三区：位于陪葬坑东部，为一条南北向长方形过洞，长 31、宽 8.9、距地表 3.5～6 米。在其东、西、南壁分别筑有夯土二层台，台面宽 1.5、高 2.2 米。

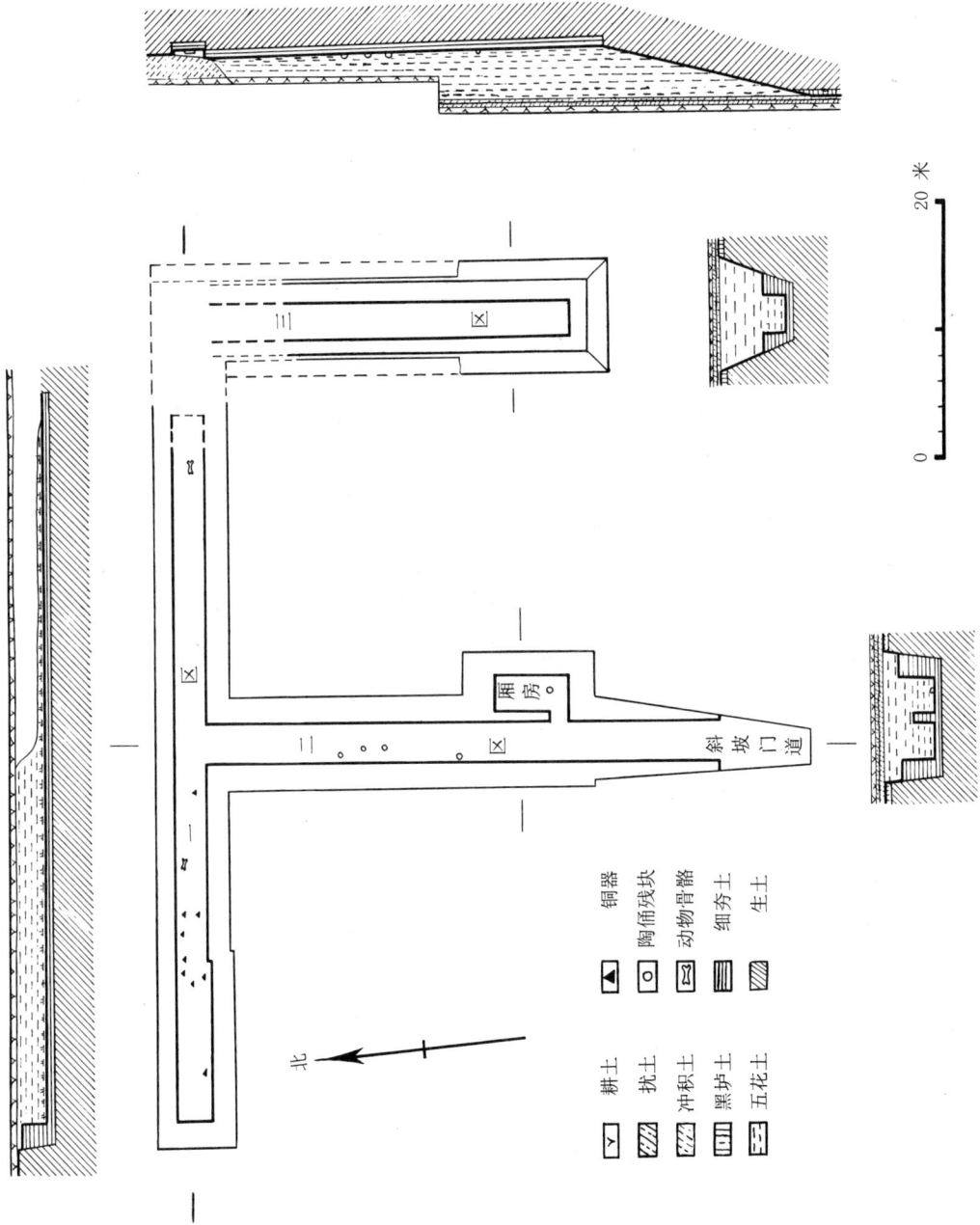

图九　K0007陪葬坑勘探平、剖面图

图例：
铜器　▲　　耕土　▽
陶俑残块　　扰土
动物骨骼　　冲积土
细夯土　　黑垆土
生土　　五花土

北

（4）内涵

在 K0007 陪葬坑一区发现有动物骨骼和铜器，铜器集中分布于西部；二区发现有原大的陶俑残块，这些现象表明 K0007 是一座重要的陪葬坑。

（三）陵墓封土至内城南垣间的石道

1999 年 5 月～2000 年 7 月，在陵墓封土与内城南垣间、K0002 陪葬坑的东、西两侧发现并试掘了石道遗迹，其平面呈"Z"形（图一〇）。

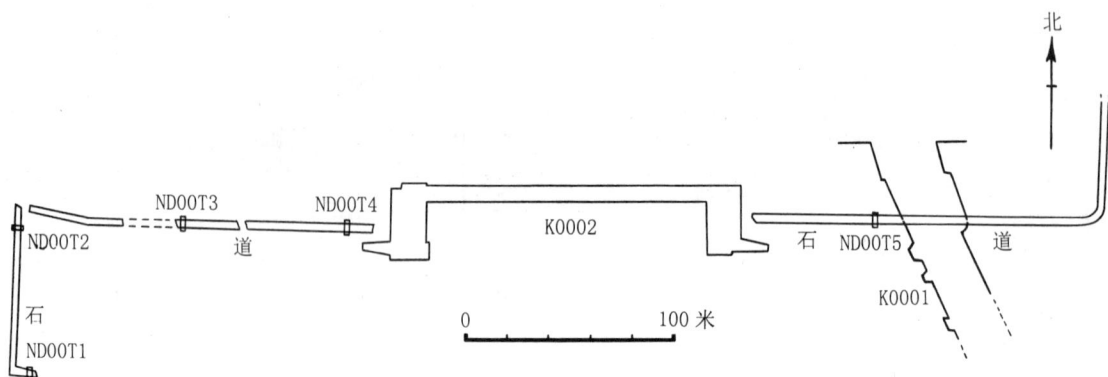

图一〇　内城南部石道平面图

石道分东、西、南三段，铺设于秦代地表之上。石道上部的地层较单纯，第 1 层为耕土层，厚 0.2 米；第 2 层为冲积沙石层，厚 0.5～0.55 米，内含大量的沙石；第 3 层为黄褐色冲积土层，厚 1～1.1 米，含有较多的料礓石，石道位于该层下。铺设石道的石材未经打磨雕琢，似采自骊山。石道上未见踩踏的路土，也未见淤土层。详见本章第三节。

（四）陵园地下深层阻排水系统

2000 年度发现的陵园地下深层阻排水系统由阻水渠和排水渠构成，阻水渠位于陵墓封土的东、南、西三侧，平面略呈"U"形（图一一）；排水渠位于陵墓封土的西侧，平面略呈"Z"形，由明井和暗渠组成（图一二）。整个陵园的地貌呈东南高西北低的缓坡状，考古勘探表明，陵园地下深层阻排水系统是随着陵园的自然地势由高到低布设的。

阻水渠自陵墓封土东侧开始向南延续至封土东南角后西折，至封土西南角后折而向北，与排水渠相通，其宽度和深度不一，但其下层均以质地细密的青灰泥夯填，上层则以填土夯筑，经勘探证明当为深层人工沟渠。陵墓封土东侧的阻水渠起于封土东西中轴线偏北 56 米处，长 238、上口宽 40～52、北端深 30.5 米；陵墓封土南侧的阻水渠长 354、上口宽 84、底宽 9.4、渠中心处深 39.4 米，至距封土西侧边缘约 36 米处折而向北；陵墓封土西侧的阻水渠位于现封土下，长 186、上口宽 24、深 23.5 米。

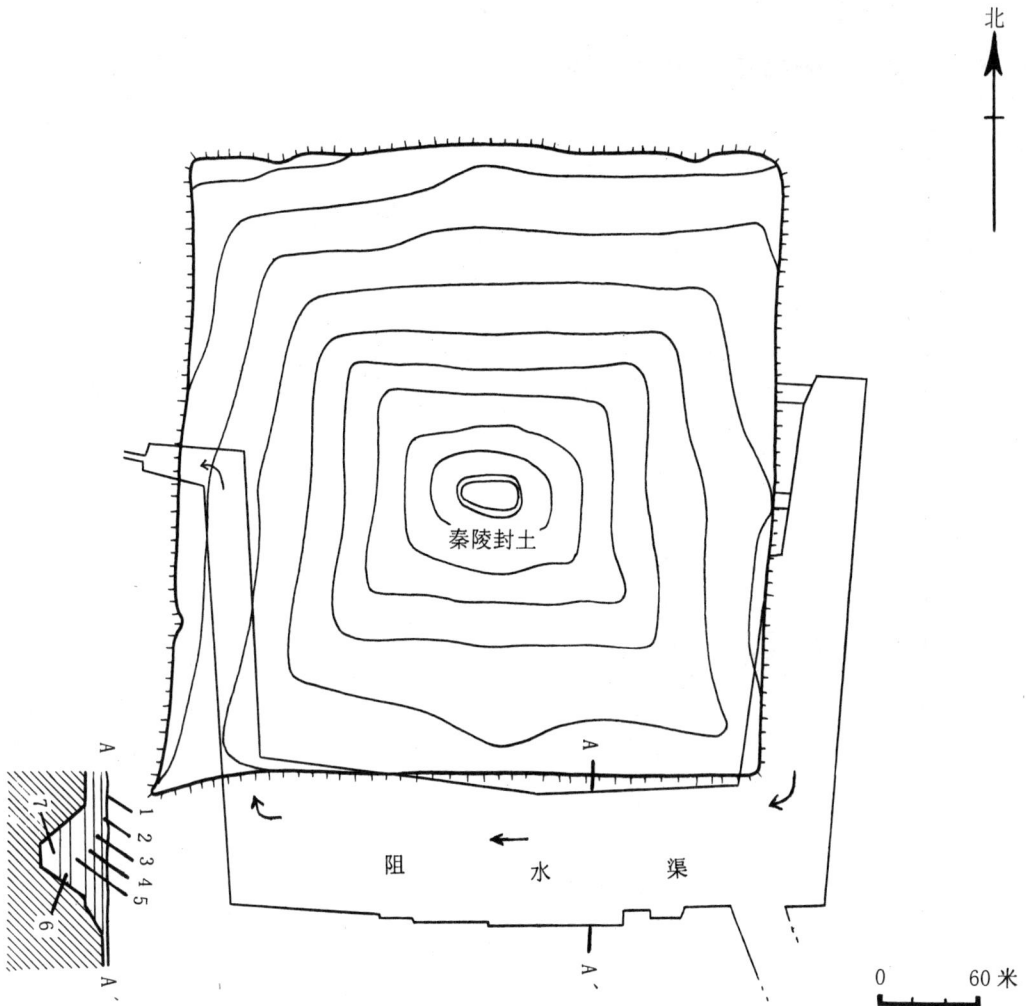

图一一　阻水渠平、剖面图

1. 耕土层　2. 冲积土层　3. 五花土层　4. 粗夯土层　5. 细夯土层　6. 青灰泥夯层　7. 青灰泥层

　　排水渠的东端位于现封土下，向西延续穿过内城西门后沿内城西垣西侧向北延续，然后折而向西，至外城西垣后又向北延续①，目前已探出明井 8 处、暗渠 7 处，全长 525 米。8 处明井的形制大体相同，口大底小，壁面收分较大，多留有生土二层台；明井间以口大底小、拱形顶的暗渠相通，暗渠顶部已基本坍塌。现将明井和暗渠自东向西分述如下。

———————————

① 2000 年度考古勘探的区域北至临马公路。

图例：

断崖　　明井　　生土

夯土　　耕土　　城门

0　　　　50 米

北

西　垣

内　城

西　垣

外　城

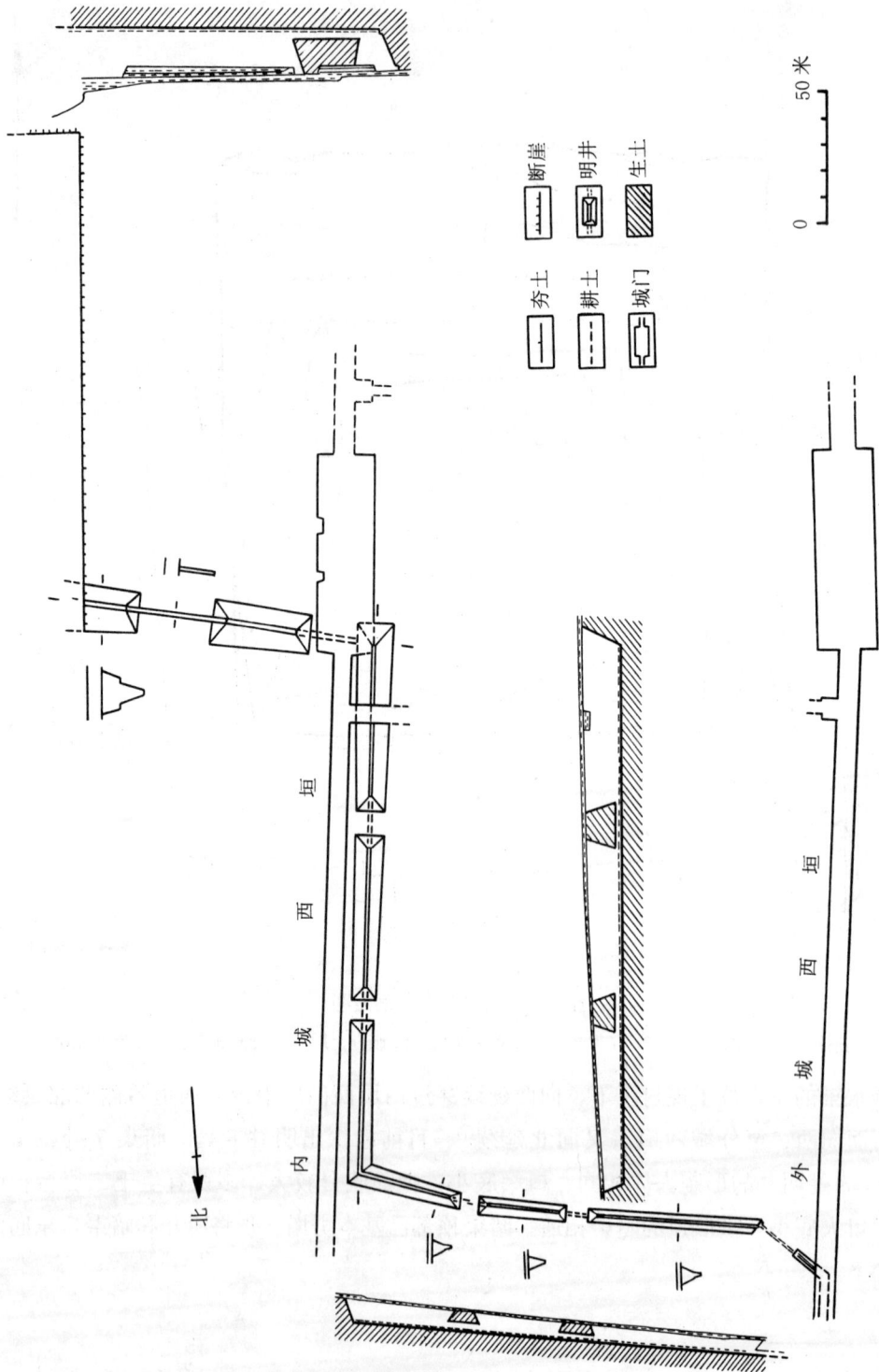

图一三　排水渠平、剖面图

第1明井　封土以外的部分长22、口宽15～17.5、底宽约1、深23.5米，在南、北壁距地表14米处设置有宽2.5米的生土二层台[①]。

第1暗渠　长31.5、口宽1.5～2.5、底宽约1、深20～21.5米。该段暗渠从铜车马陪葬坑下穿过，秦代时它们均在封土的覆盖之下[②]。

第2明井　长38、口宽15.5～18.5、底宽约1、深20米。

第2暗渠　长18、口宽1.5、底宽约1、深17.5～20米。

第3明井　长74、口宽12.5～16、底宽约1、深16～17米，在东、西壁距地表15米处设置有宽0.8米的生土二层台。内城西门北侧夯土建筑打破该明井中部，说明明井建设在先、地面建筑在后。

第3暗渠　长9、口宽1.5、底宽约1、深15.5～16米。

第4明井　长66、口宽10.5～14、底宽约1、深13～16米。

第4暗渠　长8、口宽1.5、底宽约1、深7.5～8米。

第5明井　平面近似"L"形，全长109、口宽7～9.5、底宽约1、深8.5～12.5米。

第5暗渠　长7、口宽1.5、底宽约1、深8.5米。

第6明井　长36、口宽7.3、底宽约1、深8～8.5米。

第6暗渠　长9.5、口宽1.5、底宽约1、深8.5米。该段暗渠在目前勘探发现的暗渠中是保存最为完整的一段，渠顶距地表5米，内部充满淤土及坍塌的生土。

第7明井　长73、宽2～5、底宽约1、深8.5～9米。

第7暗渠　长10.5、口宽1.5、底宽约1、深8米。

第8明井　平面近似"L"形，其西北端压于外城西垣下，外城西垣以外的部分长10、口宽3.5、底宽约1、深8米。

在已探明的8处明井中均回填有土质杂乱的粗夯土，夯层厚度不均，夯土中含有大量的粗沙砾石。据观察这种土系陵园附近一带的地表土，当排水渠失去它最初的排水功能后，由人工就地取料回填，然后进行简单的夯打处理。

《史记·秦始皇本纪》载："穿三泉，下铜而致椁。"在秦陵地宫的开挖过程中，三泉是什么、穿什么样的三泉以及如何穿三泉，长期以来是学者们普遍关心的课题，陵园地下深层阻排水系统的发现为研究秦陵地下阻排水设施提供了重要的资料。

陵园所在区域的地貌呈东南高西北低的缓坡状，外城南门海拔高523.6米，外城北门海拔高445.7米，南北相差77.9米；外城东门海拔高495.4米，外城西门海拔高480.2米，东西相差15.2米。就东西向的临马公路而言，其东端与外城垣相交处海拔

---

① 20世纪70年代末在勘探铜车马陪葬坑时曾发现了部分遗迹，并判断是陵墓西侧的墓道。

② 当年施工的顺序是先挖渠道、再建地宫、最后建铜车马陪葬坑，因此暗渠上部的地层已被扰乱。

高 478.73 米，西端与外城垣相交处海拔高 468.69 米，东西相差 10.04 米。由此可知，陵园西北部的地势最低，这样一来，大量的地表流水和地下潜水则自东南流向西北。在阻水渠南侧区域的考古勘探中，距地表 2.6、5.7、11、14~17、24.8~25.4、28.1~29 米处共发现了 6 层淤沙石层，其厚度分别为 0.3、0.25、0.3、3、0.6、0.9 米，它们应是修建地宫时不同层位的地下潜水层。

在建造地宫的过程中如何排导地宫中的泉水以及有效阻挡地宫周围的地下来水是陵园设计与施工中不可回避的问题，"下锢三泉"[1]、"锢水泉绝之"[2]、"冶铜锢其内"[3] 等简略的文献记载说明当时从根本上已经解决了地宫建成后外围来水的问题。

陵墓封土东侧和南侧的阻水渠将封土以南区域与地宫全部隔断，西侧的阻水渠将地下水由明井和暗渠中排走。经钻探发现，阻水渠两侧的后期地层堆积仅 2~6 米，下为未经扰动的生土；明井和暗渠底层还普遍有一层淤积土。陵园地下深层阻排水系统的作用是在修筑地宫的过程中阻挡、疏导地下水，使其不能进入地宫范围内，这项工程可能就是文献中所记载的"穿三泉"。但要彻底弄清排水渠的末端至何处将地下水排出地面以及排向何处等问题，还需进一步勘探。当然目前勘探出的阻排水系统可能并不是地宫周围惟一的阻排水设施，具备同样功能的设施可能还会有所发现。

（五）陵园外城南门门址

外城南门位于秦陵村陈西组北，与内城南门同在陵墓封土的中轴线上，北距内城南门 420 米。2000 年 7 月，对外城南门门址进行了勘探。门址的平面呈长方形，长 68、复原宽 22.8 米（图一三）。

外城南门门址的东、西两部分现被压于民宅院落内，地势为中间低两边高。门址范围内的地层可分为 4 层：第 1 层为后期生活堆积层，厚 0.7 米；第 2 层为路土层，厚 0.1 米；第 3 层为秦代以后的冲积土层，厚 0.4 米；第 4 层为夯土层，夯层细密，每层厚 6~7 厘米。夯土层下为黄色生土。门址之外距地表 1.2 米以上的地层与门址范围内的地层基本相同，秦代以后的冲积土层下为粗沙堆积层，厚 0.2 米；粗沙堆积层下为秦

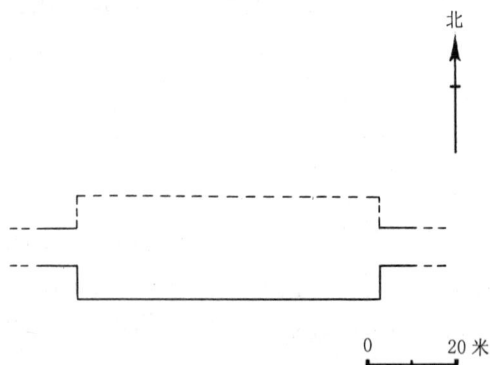

北

0　　　20 米

图一三　外城南门平面图

① 《汉书·刘向传》。

② 《汉旧仪》。

③ 《汉书·贾山传》。

代地面；秦代地面下为夹沙冲积土层，厚 0.8 米；夹沙冲积土层下为黄色生土。从门址内外的地层可以看出，勘探中发现的外城南门门址仅保留了其基础部分，原地面之上保留的高度仅 20 厘米。

（六）陵园内城西门门址

内城西门位于陵墓封土东西中轴线的正西方向，东距现封土西边断崖 90 米。2000 年 3~5 月，对内城西门门址进行了勘探，门址的西半部已被破坏殆尽，东半部的南端保存较好。门址的平面呈长方形，长 77.4、宽 22.8 米。夯土层厚 2~5 米，南部夯层较厚，北部夯层较薄。夯土台基的南、北两端与内城西垣相接，墙体宽 3.5 米，墙体的东、西两侧分别有宽 1.6 米的廊房基础（图一四）。

在门址夯土台基东侧的中部有两个向西伸进的凹槽，两凹槽南北相距 14.4 米，南部凹槽面宽 6、进深 2.4 米，北部凹槽面宽 4.4、进深 3 米。两凹槽内的台阶不明显，但发现有秦代建筑遗存。两凹槽间的夯土台基上有一段保存较好的石散水，长 10.6、宽 0.8、深 0.5~0.7 米，石散水延续至凹槽处断开。从凹槽的位置以及其内的建筑物分析，凹槽可能为两处门道。

在门址夯土台基的南部发现一高台建筑遗址，长 19、宽 14.2 米，现存高度约高于门址夯土台基 1.5 米，并在其上发现有大量的板瓦、筒瓦、烧土、炭迹等，堆积厚度为 0.6 米。在高台建筑的东侧发现两级台阶，第 1 级台阶宽 1.6、距地表 2.2 米；第 2 级台阶宽 1.6、距地表 3.2 米。在第 2 级台阶的东侧发现有石散水遗迹，长 21.6、宽 0.8、距地表 1.4~3.1 米。初步推测，两级台阶属于高台建筑周边的回廊建筑，又从高台建筑所处的位置分析，在门址夯土台基的北端亦应有与高台建筑对称的建筑,惜已遭破坏。

在门址夯土台基南 20.6 米处，有一向西凸出长 7 米、宽 8.4 米的夯土台基，由其至门址夯土台基间内城西垣的两侧均有长廊建筑及石散水设施，长廊为夯土基础，宽 1.6、夯层厚 2~3 米，石散水宽 1 米。在门址夯土台基北 20 米处，也发现一向西凸出长 7 米、宽 8.2 米的夯土台基，由其至门址夯土台基间内城西垣的两侧亦发现有长廊建筑及石散水设施，形制及尺寸与南端的相同，只是保存状况较差。

（七）陵园外城西门门址

外城西门位于陵墓封土东西中轴线的正西方向，东距内城西门 174 米。2000 年度对外城西门门址进行了勘探，门址大部分被压在自临马公路通往秦陵村岳沟组的水泥路下，门址的东南有一条洪水冲刷的沟壑。门址的平面呈长方形，长 78.2、宽 22.8、距地表 0.2~1.5 米，夯土台基上的建筑遗迹和遗物较少（图一五）。

在门址夯土台基南 20.2 米处，有一向东凸出长 7.2 米、宽 7.6 米的夯土台基，其上发现有筒瓦、板瓦等建筑构件。在门址夯土台基北 20 米处，也发现一向东凸出长 6.4 米、宽 7.4 米的夯土台基。

北

0　　　10 米

☑ 耕土 ☐ 扰土 ▨ 冲积土 ☐ 路土 ▤ 夯土 ▥ 建筑遗迹 ▨ 生土

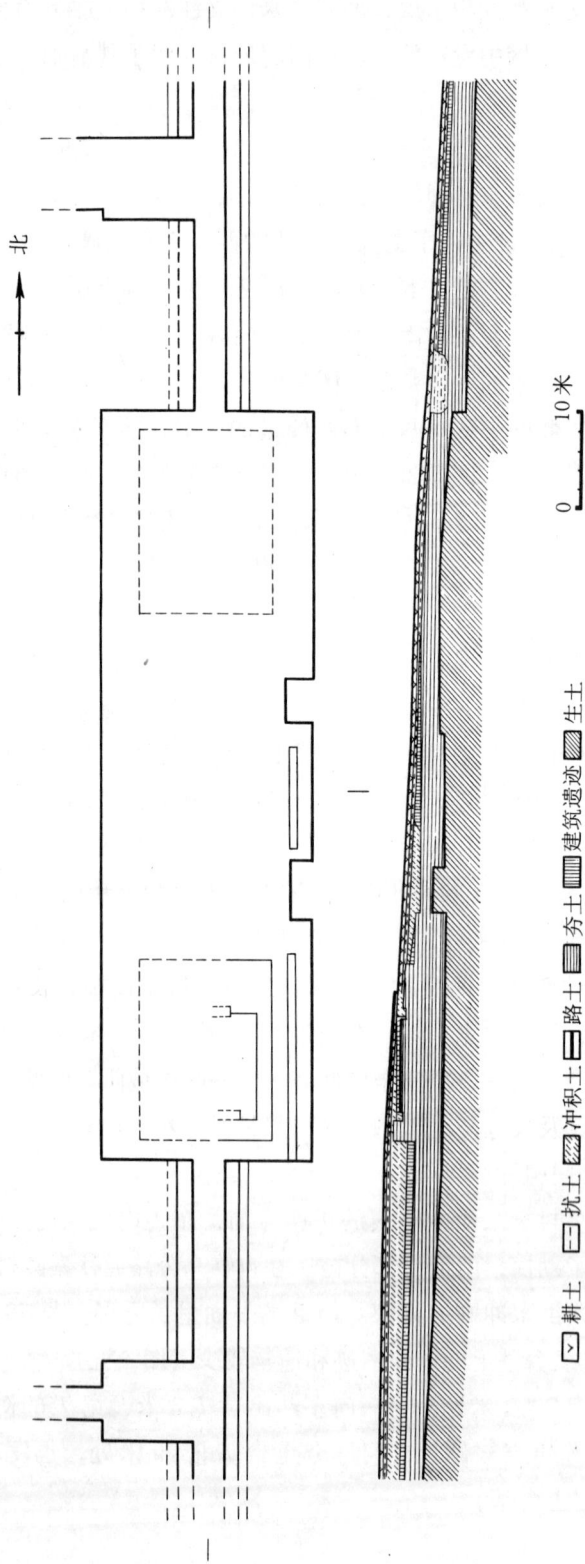

图一四　内城西门平、剖面图

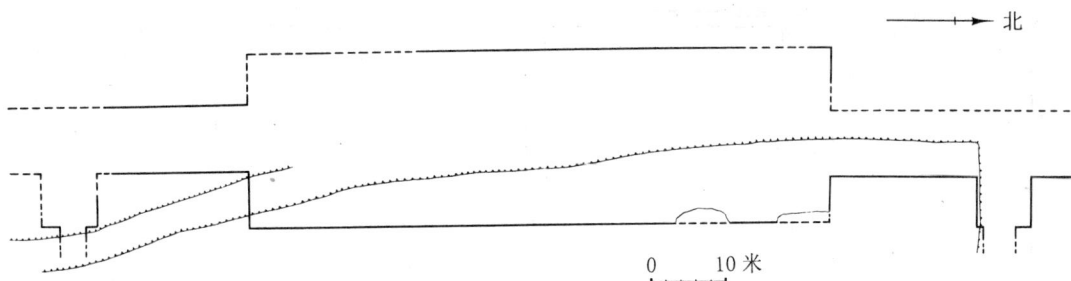

图一五　外城西门平面图

门址的南北两端与外城西垣连接，城垣宽8.8米，两侧无建筑。

（八）陵园西部内、外城之间的建筑遗址

2000年度经过考古勘探，在陵园西部内、外城之间发现的建筑遗址有司马道南、北两侧及司马道以北的夯土台基以及三出阙遗址（图一六）。它们所在的地表地势较为开阔平坦，栽种着大量的石榴树，地表虽经过平整，但基本未及秦代地面。

司马道平面呈东西向的长方形，长187、宽118米，其上的踩踏面因遭破坏而呈断续状分布。司马道南、北两侧的夯土台基分别与内城西垣和外城西垣相接，平面略呈中字形。南侧的夯土台基在距内城西垣22.5米处有一长33、宽19.4米的夯土台基，在其周边（尤其是东边和南边）发现有建筑遗存，似为廊房建筑。北侧的夯土台基在距内城西垣36米处有一长38、宽14.5米的夯土台基，其上未见建筑遗存。

在司马道以北发现三条相互连接的夯土台基，其中两条为南北向，平行排列，另一条为东西向。两条南北向的夯土台基相距55米，东侧夯土台基长78、宽4.5、距地表0.6米，在其东部有一廊房建筑，残长52、宽1、距地表1.2米；西侧夯土台基长75、宽11、距地表0.8米。东西向的夯土台基长134、宽3.5～4.5、距地表0.5米，在其西北部有一廊房建筑，残长44、宽1、距地表0.7米。

上述司马道南、北两侧的夯土台基与内、外城垣将内、外城西门之间分隔成一个相对封闭的区域。

在内、外城西门之间相对封闭的区域的中部发现一组南、北相对的三出阙，二者相距29米，形制基本相同。

南部三出阙通长46米，主阙长29.5、宽15米，自南向北的两个子阙分别长8.5、8米，分别宽5、8.5米（图一七）。在其中部有一甲字形夯土台基，长34.5、宽4.5～10、距地表1.4米，夯土台基厚2.3米。在甲字形夯土台基周边宽约2米的范围内也发现有夯土台基，但其仅厚0.8米。在三出阙遗址范围内，建筑遗存较为丰富，发现有大量的板瓦、筒瓦、红烧土、木炭等，推测甲字形夯土台基应为三出阙建筑的主体，四周

北

外
城
西
门
门
址

司　　　　　马　　　　　道

三出阙

断　　　　　崖

三出阙

内
城
西
门
门
址

岳

K0004

沟

0　　　　　30米

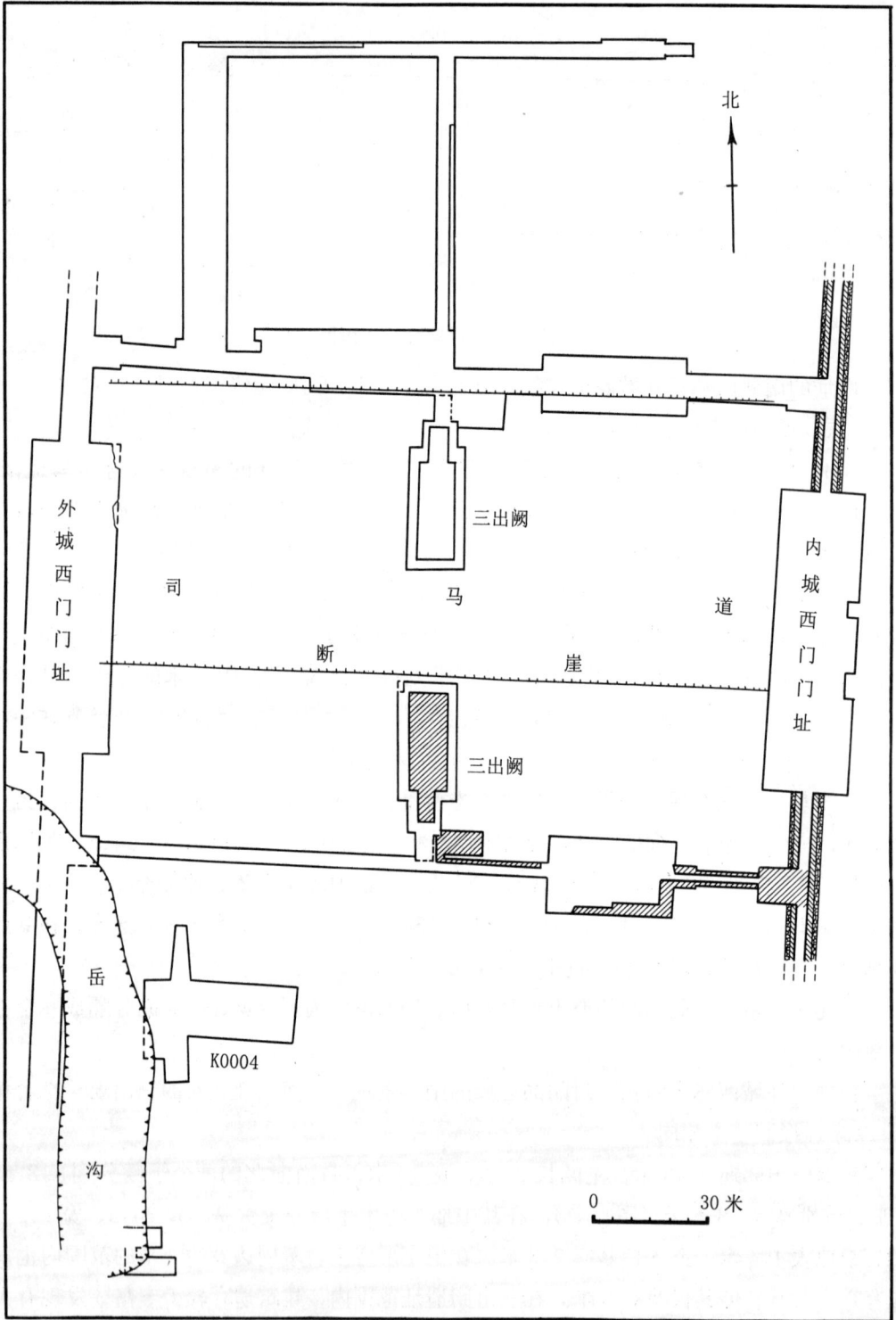

图一六　陵园西部内、外城之间建筑遗址平面图

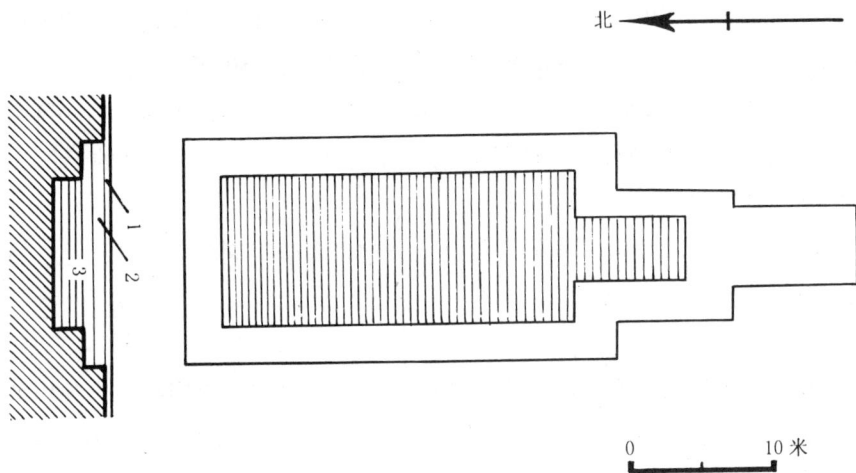

图一七　三出阙遗址平、剖面图
1. 耕土层　2. 五花土层　3. 夯土层

较薄的夯土台基可能是回廊建筑。

　　三出阙遗址的南端有一向东凸出的长方形夯土台基，与三出阙遗址的第2子阙相连，长12.5、宽6.5米，在距地表1.3米处发现有建筑遗存，似为阙旁的附属建筑。

　　陵园中三出阙的发现，对了解秦代建筑，尤其是对认识陵园陵寝制度以及陵园的方向具有重要的学术价值。

　　（九）陵园外城北门遗址的探寻

　　长期以来人们普遍认为陵园外城北门位于外城北垣的中部。1999年通过GPS勘测，外城北垣长971.112米，在其中部现有多处现代民居。民居东、西两侧的城垣宽7米，城垣基础保存状况较差，上层1.4米为后期堆积扰动层，其下为0.3～0.5米的夯土层，在外城北垣中部28米长的范围内没有发现夯土层。为了全面了解外城北门遗址，2000年冬季对外城北垣中部进行了勘探，并于2001年夏季又进行了复探，均没有发现与陵园其他门址相似的夯土台基和归属于北门遗址的建筑遗迹，也没有发现有关北门遗址的任何线索。在外城北垣断开处18米长的范围内也没有发现城垣有加宽的迹象，且其尺寸与其他门址也不合，说明此处不是北门遗址。

　　1969年在陵园北部曾出土一件铜器，据说其上有"北门钥"等字样，惜此件文物已不存，有人认为它是发现在外城北门附近的开启北门的钥匙①。2001年7月22日，

---

① 袁仲一：《秦始皇陵兵马俑研究》23页，文物出版社，1990年；王学理：《秦始皇陵研究》54页，上海人民出版社，1994年。

我们就此事寻访了这件铜器的发现者——晏寨村毛南组毛志峰先生。据毛先生言，这件铜器是在距外城北垣约 240、距外城西垣约 10、距地表约 1 米处发现的，出土时被压在一块长约 70、宽约 50、厚约 6 厘米的青石板下。铜器长约 50 厘米，由三部分组成，前两部分为端部有暗榫卯结构相互套接的长方体，其间有青铜插销连接，后一部分是一端有榫、一端为截面的扁平圆柱体，圆柱体的上面有 4 个字，据已过世的毛振文先生辨认，其中两字为“北门”，余二字不识。

陵园外城北门遗址对于陵园布局、陵墓主方向以及陵寝制度等的研究至关重要，在今后的工作中应予以特别重视。

（一〇）五岭遗址考古调查

陵园在设计和施工时还有一项配套工程——五岭防洪堤，以阻挡来自骊山的常年溪水和季节性洪水。《史记·秦始皇本纪》中《正义》引《关中记》云：“始皇陵在骊山。泉本北流，障使东西流。有土无石，取大石于渭北诸山”，杭德洲先生认为“障”即防水堤。《水经·渭水注》载：“水出骊山东北，本导源北流，后始皇葬于山北，水过而曲行，东注北转。”由此看来，兴建秦始皇帝陵时在陵南修建防洪设施以改变水流方向在文献中有明确的记载。

陵园坐落在骊山北麓的洪积扇与黄土台塬的交接地带，南部地表以砾、沙石为主，并含有泥沙；北部地表以泥沙土为主，夹杂有小石块。自骊山而下的诸多山谷多呈南北向，冲出谷口的溪水、洪水将山北的地面冲刷成一道道的沟壑，沟壑随水流的方向多呈南北向，沟壑之间是被水流切割成的大小不同的台地，陵园的主体工程就在其中最大的一块台地上，修陵人墓地、马厩坑、兵马俑坑、陵北动物坑等则分布在其他大小不同的台地上。

陵园南部最大的山谷为大水沟，自大水沟流出的涧水出谷口后分成两支，一支向北流去，流经陈家窑村南、杨家村东、李家村西、缝纫机公司东侧、上焦村西、西孙村西，直至向北汇入鱼池；另一支向西北流去，从陈家窑村西流过，经上陈村村中向北直抵陵园内城南垣下，遇阻后再折向西至岳家沟，然后折向西北穿过陵园外城西垣，再向北过临马公路。除了上述两条支流外，大水沟之西的溪水出谷口后流向西北，过董家沟村西南、姚池头村与赵背户村之间，顺赵背户村西流向西北一直到砖房村。因此，在大水沟前修建防洪堤以阻挡大水沟及其东侧水沟的来水就成为陵园建设的必然之举。在秦陵附近的民间流传着“北筑长城挡蕃蛮，南打五岭堵水源”这样一句话，曾经有学者认为，五岭遗址“从大水沟西边山脚开始，至王硷村与三任村之间止，呈西南东北向，全长约 3500 米”①。经过考察发现，五岭遗址呈西南—东北走向，西起大水沟，从陈家窑

① 袁仲一：《秦始皇陵兵马俑研究》46 页，文物出版社，1990 年。

村东南向东北逶迤而去，过杨家村东南、李家村东南直到杜家村东南，全长约1700米（图一八；图版2）。

"五岭"之词最早出现的时间不早于北魏，因为郦道元在《水经·渭水注》中没有提到它，但其出现的具体时间目前并不确知。经过考察发现，在五岭遗址之南、大水沟之东依次有大水沟、杨家村东南的无名沟峪、尚家村西南的沟峪、尚家村东南的沟峪、上杜家村东的沟峪五条沟壑。从杜家村开始往东，地势为西南高东北低。因此"五岭"可能是指防洪堤之南所对应的山岭以及山岭之间的五条沟壑。目前五岭遗址保存较好的是杨家村东南至李家村东南间的一段，宽89.2米，现存最高处为8.5米，系就地取土粗夯而成，土质杂乱，土色呈黑褐色，夯层厚0.32~0.46米，其间夹杂有大量大小不一的石块（图版3）。

五岭遗址靠近骊山的一侧有一条依遗址走向的沟壕，综合沟壕周围地势、山谷方向、沟壕南侧地层等分析，这条沟壕可能是人工所建，且五岭防洪堤所用的土绝大部分就是从沟壕中挖取的，但由于多年的冲刷，其宽度和深度已不可确知。

（一）霸王沟的形成

在陵园西南的内、外城之间有一道沟壕，呈不规则状，其周边深浅不一，深者达10米，浅者三四米（图一九）。沟壕的西侧紧依外城西垣，北侧靠近内城西南角的外侧，部分沟壕已将城垣外侧冲蚀剥离。这条沟壕除了"岳沟"的名称外，还有一个俗称叫"霸王沟"，当地人们传说是西楚霸王项羽入关后盗挖秦陵时所留。项羽的确是最早对秦陵进行破坏的著名人物，他所率领的起义军对陵园地面上豪华的建筑大肆焚烧，但对其盗掘始皇陵一事，谨慎的学者则持怀疑态度。

霸王沟不仅是指秦陵村岳家沟及其村北这一段，与之相通的沟壕向南一直延伸至秦陵村陈西组，再往南与大水沟相接。沿着此沟壕自南向北行进，在陈家窑、杨家村和陈东、陈西村之间的地面上沙石遍布，且愈是靠近山前地带，沙石块分布的区域愈宽泛；向北经过陈西村，沟壕受地形的影响收缩变窄，此地正位于陵园外城南门之处，沟壕穿过外城南垣进入陵园。沟壕进入陵园后，在靠近内、外城间的北部时因地面平缓而又呈扇状分布，大小不一的沙石块随着沟壕中的洪水堆积在陵园内，沙石块由南向北的分布符合水动力学原理，即较大沙石块在山前地带堆积下来，下游的沙石块逐渐变小。当南北向行进的沟壕内洪水遇到内城南垣的阻挡后，水势减缓，并依地势走向顺内城南垣向西到达岳家沟，再折向北行冲出外城西垣。

从外城西门外、外城西门内、内城西南角和内、外城南门之间四处霸王沟的剖面图中，可以清楚地看到沟壕的形状、冲积的程度以及后代的堆积现象，并将黄褐色土层定为秦汉时期的地层，将黄色冲积土层、浅黄色冲积土层、黄褐色冲积土层和夹沙冲积土层定为生土层。

北

秦陵
封土

五岭防洪堤

A

A′

0　　　　　　400 米

A

1

2

3

A′

0　　　30 米

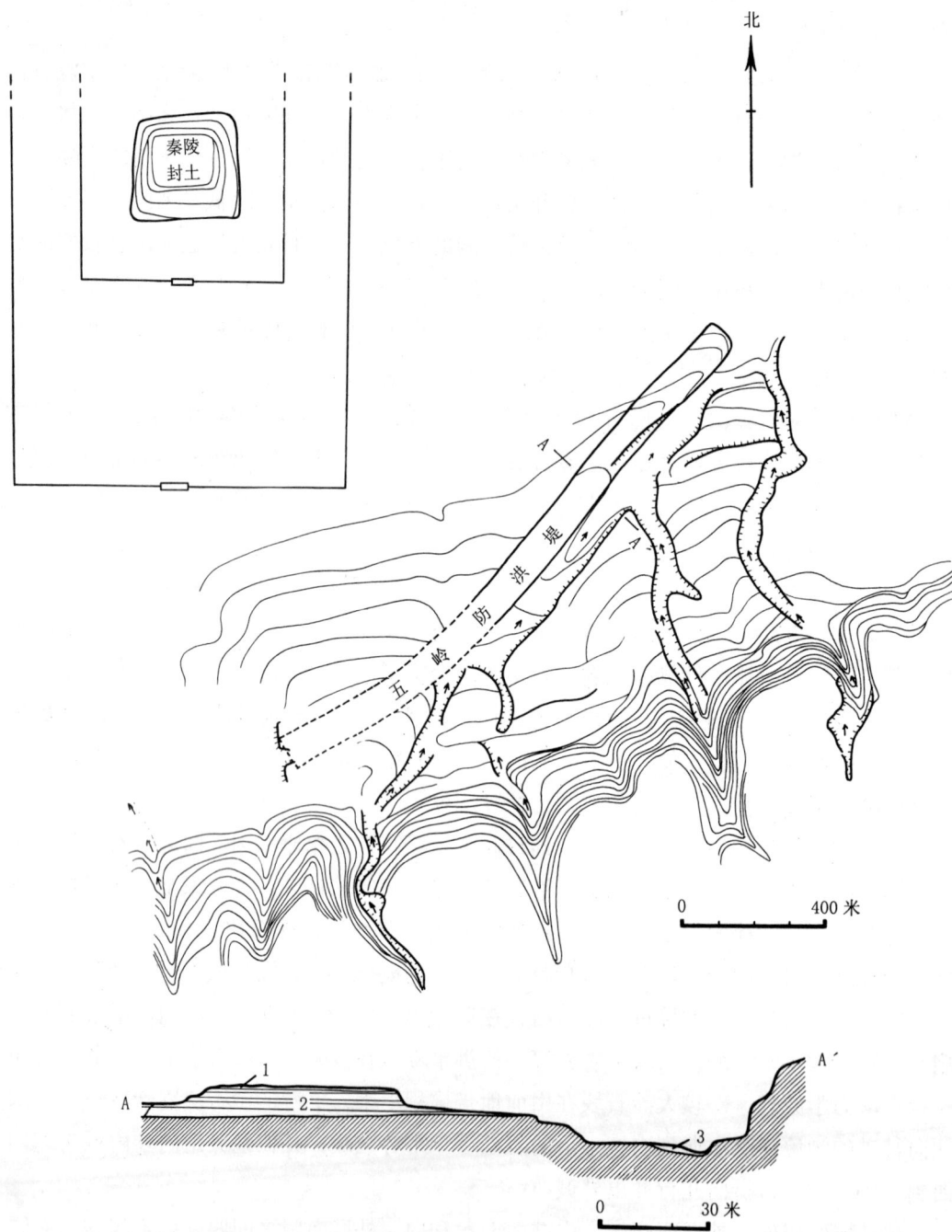

图一八　五岭遗址平、剖面图
1.耕土层　2.夯土层　3.沙石层

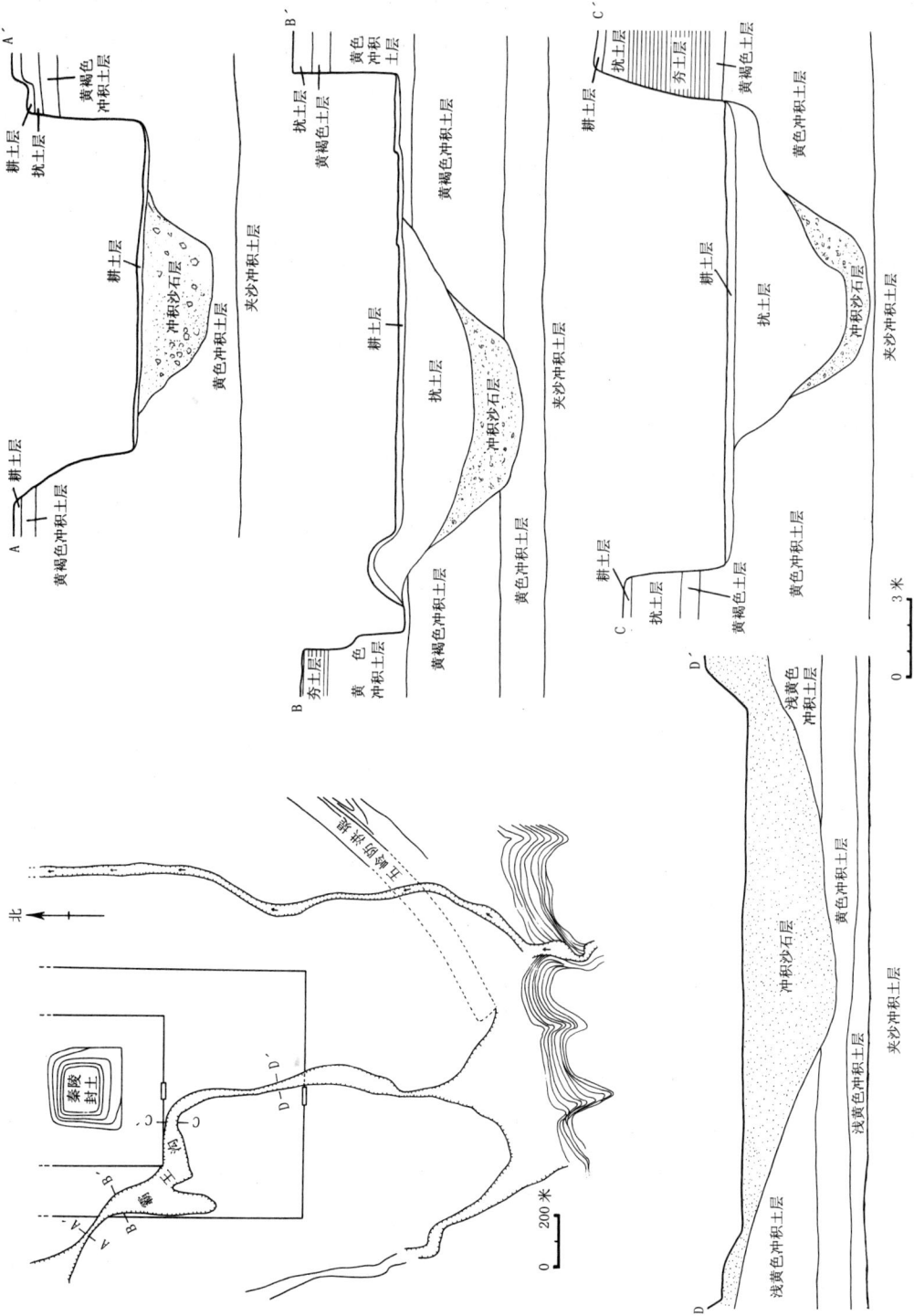

图一九　霸王沟平、剖面图

综上所述，霸王沟的形成与西楚霸王项羽无关，它是因为横挡在大水沟前的五岭防洪堤被水冲毁后，原来东西向的洪水改变了方向后从外城南门处涌入陵园内，直向北顺地势流至内城南门脚下，又因内城南垣的阻挡沿内城南垣外侧向西流，在内城西南角地带因无地面夯土建筑的阻力，洪水向西、向北流去，向西最远到达外城西垣内侧，向北因受内、外城西门之间夯土建筑的阻挡，将外城西垣冲垮奔泻出陵园。

通过调查发现，秦代时霸王沟尚未形成，依据有二：其一，在现今沟壑内发现有陪葬坑，沟壑已将 K0004、K0005 陪葬坑的局部破坏，露出了坑体（图版 6、7）。同时在岳家沟村东边几户人家的院内崖壁上有陪葬坑坑壁遗迹；其二，在靠近外城西垣的郑选利家已废弃院落的窑顶，至今还保留有一组上、下两排的五角形排水管道，它从陵园内穿过外城西垣通向陵园外，排水的方向为东西向，说明当年此地没有大的沟壑，平缓的地面使得地表流水通过排水管道顺畅地流向陵园外。

需要说明的是，水流冲刷并非是形成霸王沟今天这种形状和规模的惟一原因，人类的生存和繁衍所起的作用不可低估。从 1981 年拍摄的航空照片看，当时外城西垣以西的区域内还没有一处民居，如今已建成成排的民房。目前沟壑内、外居住有 130 多户、400 多人，农户的院落在靠近崖畔处多挖有窑洞（图版 8）。

第二节　内城南垣试掘报告

20 世纪六七十年代，考古学者在对陵园进行调查和勘探时，发现了宽约 8 米的陵园夯土城垣[1]。在 1999 年的考古勘探中，我们在内城南垣的南、北两侧发现了连续的廊房建筑和石散水遗迹[2]，发现内城南垣宽仅 4 米。为了准确地了解内城南垣的建筑结构及规模，2000 年 5 月在其西南角和内城南门东、西两侧进行试掘，探方为 NN00T1～NN00T3（图二〇），现将试掘情况报道如下。

一、概　　述

内城南垣位于陵墓封土南侧边沿以南 196 米处，与陵墓封土的东西中轴线平行，长 526.5 米，内城南门门址长 65.4 米，总长 591.9 米。NN00T1 位于内城南门以东 24 米城垣南侧；NN00T2 位于内城南门以西 66 米城垣上；NN00T3 位于内城南垣与内城西

① 陕西省文物管理委员会：《秦始皇陵调查简报》，《考古》1962 年 8 期；袁仲一：《秦始皇陵兵马俑研究》，文物出版社，1990 年。

② 陕西省考古研究所、秦始皇兵马俑博物馆编著：《秦始皇帝陵园考古报告（1999）》，科学出版社，2000 年。

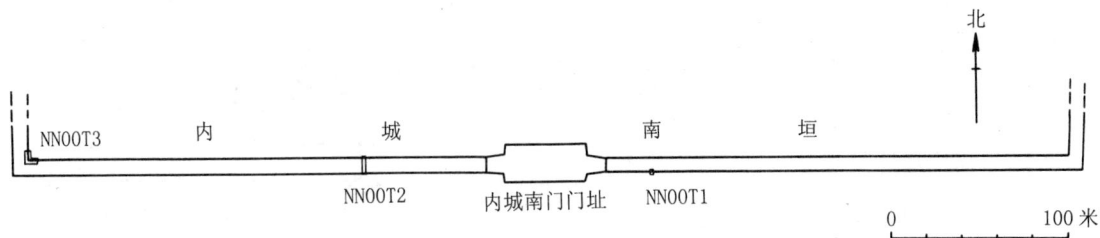

图二〇 内城南垣平面图

垣交汇处城垣内侧，东距 NN00T2 约 179 米。经过试掘，内城南垣墙体宽 3.5 米，其南、北两侧的廊房及石散水基础宽 4.68 米，内城南垣的夯土基础总宽 8.18 米，残留于地表下的内城南垣主体高 0.2～0.8 米。

需要说明的是，在内城南垣南、北两侧发现的进深约 1.45 米、东西相连、外有石散水遗迹的建筑遗址类似廊房，但没有发现一处柱础，因暂时没有合适的名称，我们姑且称之为廊房。

二、地层堆积

内城南垣所在的地表东高西低，东西高差约为 10 米，地势起伏不平。由于洪水流经的线路以及洪水径流量不同，导致陵园地表堆积着厚薄不同、含沙石大小及多少不一的洪水残留物，也造成 NN00T1～NN00T3 地层堆积的厚度不一。现以 NN00T2 西壁剖面为例予以说明，除夯土外共分 5 层（图二一）。

第 1 层：耕土层，厚 0.1～0.2 米。土质疏松，土色呈深褐色，内含植物根系。

第 2 层：建筑材料覆盖层，厚 0.3～1 米。土质较硬，呈颗粒状，土色呈黄褐色，内含大量的筒瓦和板瓦残片、红烧土残块及少量的木炭。该层下即为廊房地面和石散水。

第 3 层：踩踏层，厚 0.02 米。土质较硬，呈层状，土色呈深褐色。该层系廊房修建后踩踏而成。

第 4 层：填土层，厚 0.8～1.4 米。似经粗夯，土质松散，土色驳杂，内含少量细沙粒。该层系廊房、石散水修筑后的填土层。

第 5 层：踩踏层，厚 0.16～0.19 米。土质较硬，呈层状，土色呈深褐色。该层系修建陵园时人为踩踏而成。

通过试掘发现，NN00T1～NN00T3 内的城垣及其南、北两侧的廊房、石散水处于同一夯土基础上，即在原秦代地面向下挖一凹槽，从槽底开始细夯至高出秦代地表，形成城垣、廊房和石散水的夯土基础；在夯土基础的中部修建城垣，在其南、北两侧修建

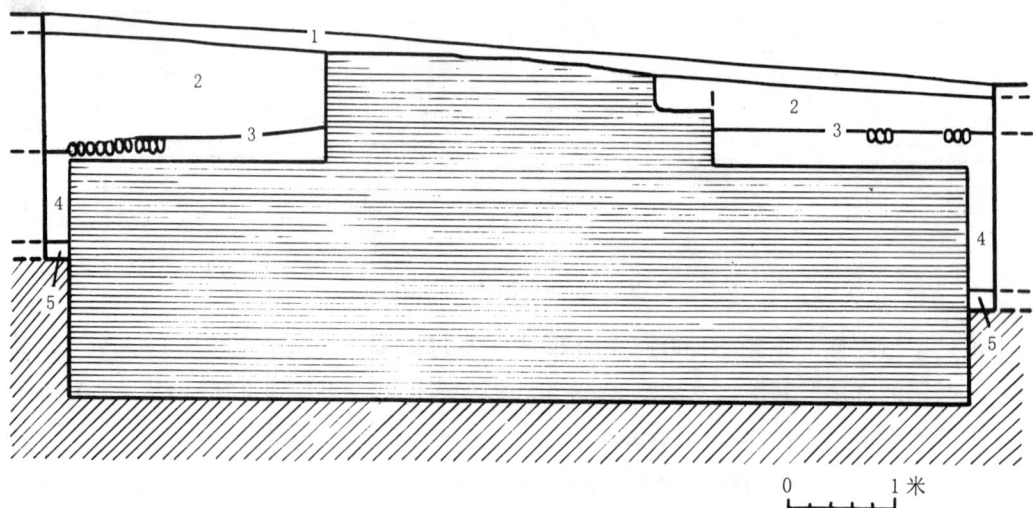

图二一　NN00T2西壁剖面图
1. 耕土层　2. 建筑材料覆盖层　3. 踩踏层　4. 填土层　5. 踩踏层

廊房和石散水。

三、探方发掘情况

（一）NN00T1

位于内城南门以东24米城垣南侧，南北向，长3、宽2米（图二二）。该处城垣夯土层上距地表0.3米，城垣残高1.5～1.8、残宽0.4米，夯层厚8厘米，夯面平整。城垣南壁抹有一层厚2～4厘米的草拌泥，表面光洁。廊房、石散水上堆积着大量粗绳纹板瓦、筒瓦、脊瓦残片及红烧土残块，残瓦片上有戳印的"寺水"陶文10余处。廊房进深1.45米，地面上残留有2～3厘米的零散木炭。廊房南沿外为石散水，宽0.95～0.98米，内高外低，高差3厘米；石散水的内、外沿规整平齐，外沿砌石多为25×15厘米，内沿砌石多为8×12厘米，中部砌石则大小不一、形状各异，所用石材与骊山之石相同。受试掘面积的限制，未找到廊房的柱洞、柱础遗迹。

（二）NN00T2

位于内城南门以西66米城垣上，南北向，长9、宽2米（图二三）。该处城垣夯土层上距地表0.1～0.2米，城垣残高0.2～0.8、宽3.5米，夯层厚6厘米，夯面平整。城垣南、北两壁均抹有一层厚4厘米的草拌泥，表面光洁。廊房、石散水上堆积着大量粗绳纹板瓦、筒瓦、脊瓦残片及瓦当残块等，残瓦片上有戳印的"左水"、"宫畉"、"北

北

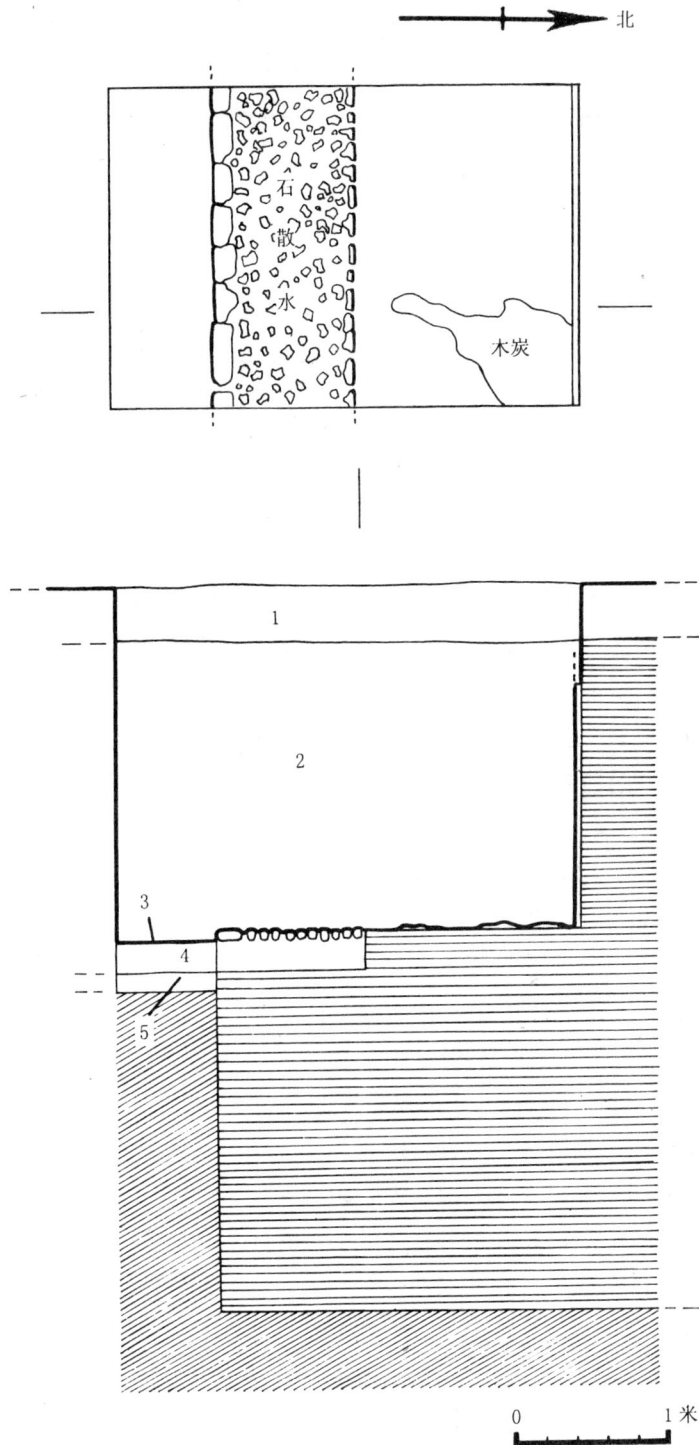

图二二　NN00T1 平、剖面图

1. 耕土层　2. 建筑材料覆盖层　3. 踩踏层　4. 填土层　5. 踩踏层

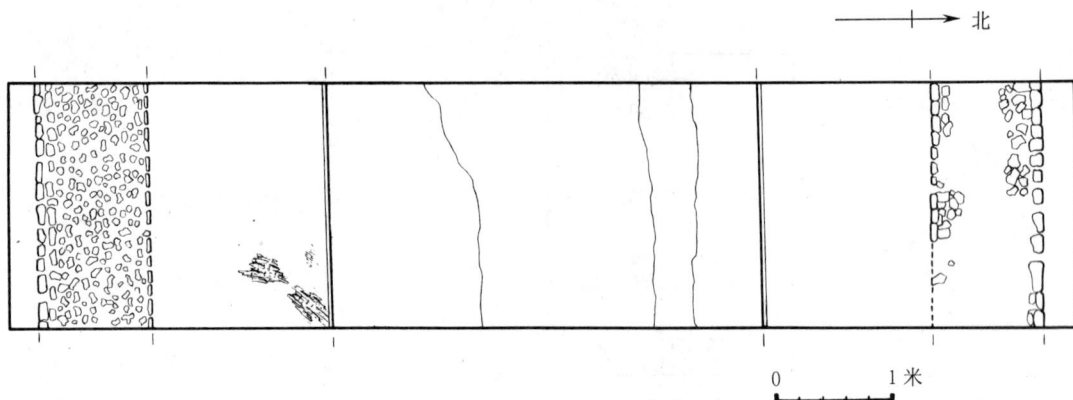

北

0   1 米

图二三　NN00T2 平面图

司"、"大匠"、"大"、"左司"等陶文 20 余处。南、北两侧廊房进深约 1.4 米，地面上残留有 2～3 厘米的零散木炭。南、北两侧廊房外为石散水，宽 0.93～0.98 米，内高外低；石散水的内、外沿规整平齐，所用石材与骊山之石相同。

（三）NN00T3

位于内城南垣与内城西垣交汇处城垣内侧，平面呈直角形，长 6.8、宽 6.25、东端宽 3、北端宽 4 米（图二四；图版 9）。该处城垣夯土层上距地表 0.2 米，内城南垣残高0.6、内城西垣残高 0.4 米，夯层厚 5 厘米或 8 厘米两种，夯面平整（图版 10）。内城南垣北壁抹有三层泥，厚约 5 厘米，第一、二层均为草拌泥，第三层为厚 1 厘米的细泥，细泥表面涂有粉红、白色彩绘，粉红彩绘面上依稀有黑色图案，这种在壁面涂彩绘的做法曾见于秦咸阳宫、秦始皇陵陵寝建筑。廊房、石散水上堆积着大量粗绳纹板瓦、筒瓦、脊瓦残片及云纹瓦当等，残瓦片上有戳印的"左司"、"左水"、"寺水"、"北司"、"大水"、"大匠"、"宫眕"等陶文 80 余处。廊房进深 1.48 米，地面上残留有 2～3 厘米的零散木炭（图版 11）。廊房外为石散水，宽 0.98～1 米，内高外低；石散水的内、外沿用较规整的条形沙石砌筑，中部砌石则大小不一、形状各异，所用石材与骊山之石相同；东西向与南北向石散水的交汇线清晰，组成两个 45°角的直角三角形。

NN00T3 是试掘中面积最大、出土物最丰富的探方，但依然没有发现廊房的柱洞和柱础遗迹；从出土的夔纹遮朽和大量的板瓦、筒瓦、脊瓦等建筑材料以及内城南垣北壁的彩绘，可以窥见当年城垣及附属建筑的壮丽景象。

四、遗　物

试掘中出土的遗物均为建筑材料，有板瓦、筒瓦、脊瓦、瓦当和遮朽，多已是碎

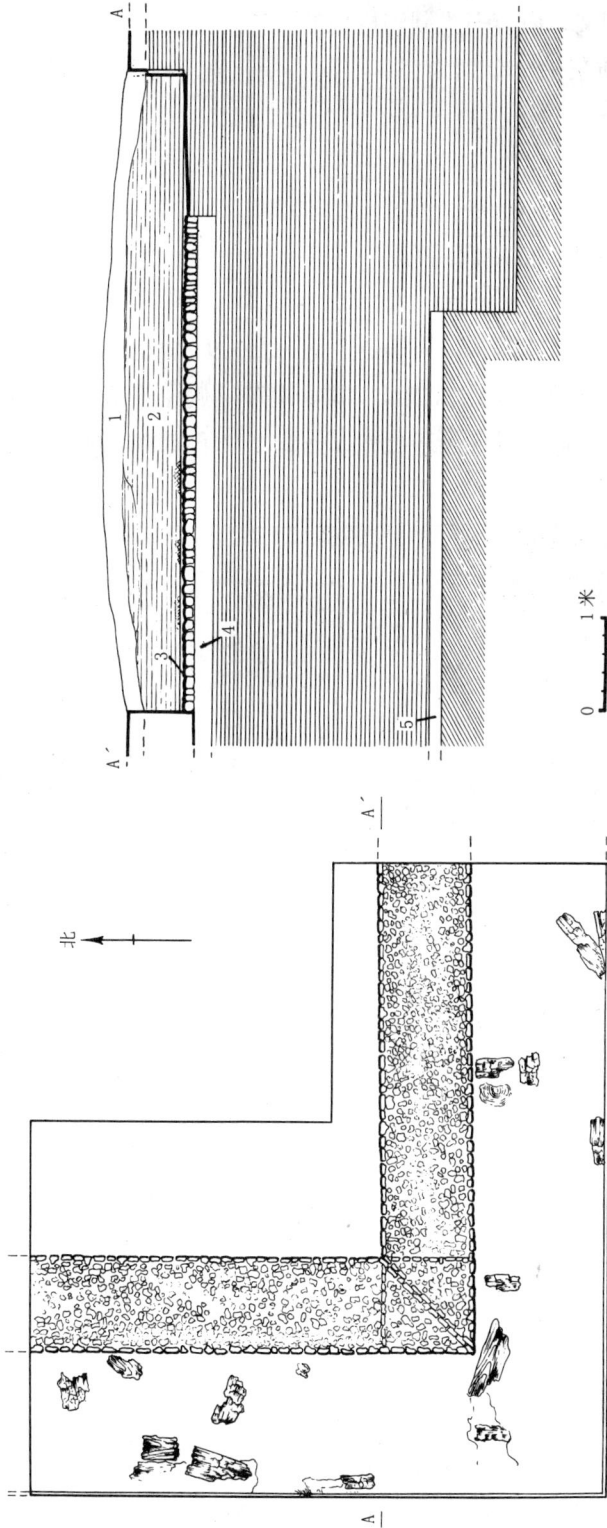

图二四　NN00T3 平、剖面图

1. 耕土层　2. 建筑材料覆盖层　3. 踩踏层　4. 填土层　5. 踩踏层

片，瓦片上发现有大量的陶文，内容多为制陶机构的名称。

　　板瓦　12件。多为泥质灰陶，个别为泥质红陶。呈上宽下窄的弧面长方形。外饰粗绳纹，内为素面。分二型。

　　A型　6件。形体较大。

　　标本NN00T2∶1，长94、上宽45、下宽42、厚1.4～2.5、弦高10.5厘米（图二五，1；图版12）。这种尺寸规格的板瓦为首次发现。

　　B型　6件。形体较小。

　　标本NN00T2∶4，长58.3、上宽44.3、下宽41、厚0.9～1.6、弦高9.5厘米（图二五，2；图版13）。该型板瓦在秦咸阳宫遗址、秦始皇陵北侧建筑基址中均有发现。

　　板瓦为模制，四个板瓦的截面拼合起来可构成一个上粗下细的圆筒。尚志儒先生曾

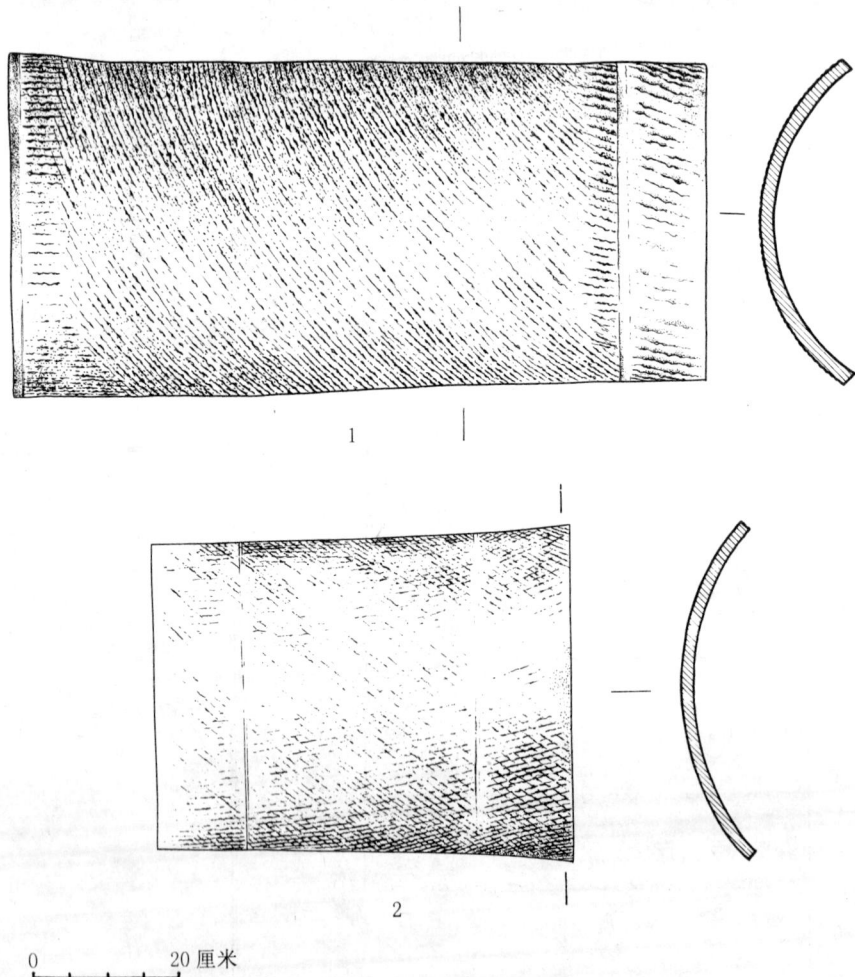

0　　　　　20厘米

图二五　内城南垣出土板瓦

1.A型（NN00T2∶1）　2.B型（NN00T2∶4）

认为"板瓦为泥条盘筑法制成，板瓦内模为圆柱状体，内模取出后，瓦胎内壁还经抹光，多数为素面"①，通过仔细观察与分析，上述板瓦虽为内模制作但不是采用泥条盘筑法，而是用厚度均匀的泥板敷在内模上进行拍打，待瓦胎稍事晾干再取出内模进行切割。切割的方式为内切法，切痕 0.6～1 厘米，切割线不均匀，有些板瓦上留有几道错割线。板瓦外饰粗绳纹是用外覆绳纹编织物的工具经拍打而形成的。

筒瓦　36 件。泥质灰陶。半圆筒状，一端内收为瓦唇。外饰绳纹，内饰麻点纹。分二型。

A 型　35 件。形体较小。分二亚型。

Aa 型　34 件。无当，两端抹光。

标本 NN00T2:1，长 54、宽 16.4、厚 1.2 厘米，唇长 3、宽 13.6、厚 1 厘米（图二六，1；图版 14）。

Ab 型　1 件。有当。

标本 NN00T3:1，当面饰圆形云纹。长 56.5、宽 16.2、厚 1.5 厘米，唇长 3、宽 13.2、厚 1 厘米，当径 16.2 厘米（图二六，2；图版 15）。

B 型　1 件。形体较大。

标本 NN00T3:21，长 67、宽 51、厚 1.4 厘米，唇长 3.2、厚 1.2 厘米（图二六，3；图版 16）。

筒瓦的制作程序是：先制作泥条，将制作好的泥条盘筑在敷有编织物的圆筒状内模上，其外再覆编织物进行拍打、挤压，使之坚实；然后取掉外覆编织物，用瓦唇模挤压出瓦唇；其后取掉内模，稍事晾干后将其竖向二等份切割；最后待瓦胎欲干未干时轻轻敲击胎体，使其分开，便成为所需的筒瓦。有当筒瓦是将以范制成的云纹瓦当与圆筒状的筒瓦粘接在一起，然后用细绳索或刀具在瓦当背面进行切割，使之分别成为半圆形的无当筒瓦和有当筒瓦。切割筒瓦时采用外切法，切痕 0.3～0.6 厘米。

脊瓦　23 件。泥质灰陶。半圆筒状，凸面有一梯形脊顶，一端内收为瓦唇，有的在另一端有当。外饰绳纹，内饰麻点纹，脊部抹光。

标本 NN00T3:41，当面饰圆形云纹。近瓦唇端部戳印有"左水"陶文。长 90、宽 16.2、高 12.5 厘米，脊顶长 42 厘米，当径 16.4 厘米（图二七，图版 17）。

脊瓦的制作程序是：先制作好筒瓦（或有当），然后将模制的梯形脊顶粘在筒瓦的凸面上，经挤压、抹光而成。从脊瓦出土时的分布情况来看，它并非只用在屋脊上，同时亦被当做扣在板瓦缝上的筒瓦来使用。

瓦当　42 件。有当筒瓦与有当脊瓦的瓦当的形制、大小基本相同，皆为圆形，当

① 尚志儒：《秦瓦研究》，《文博》1990 年 5 期。

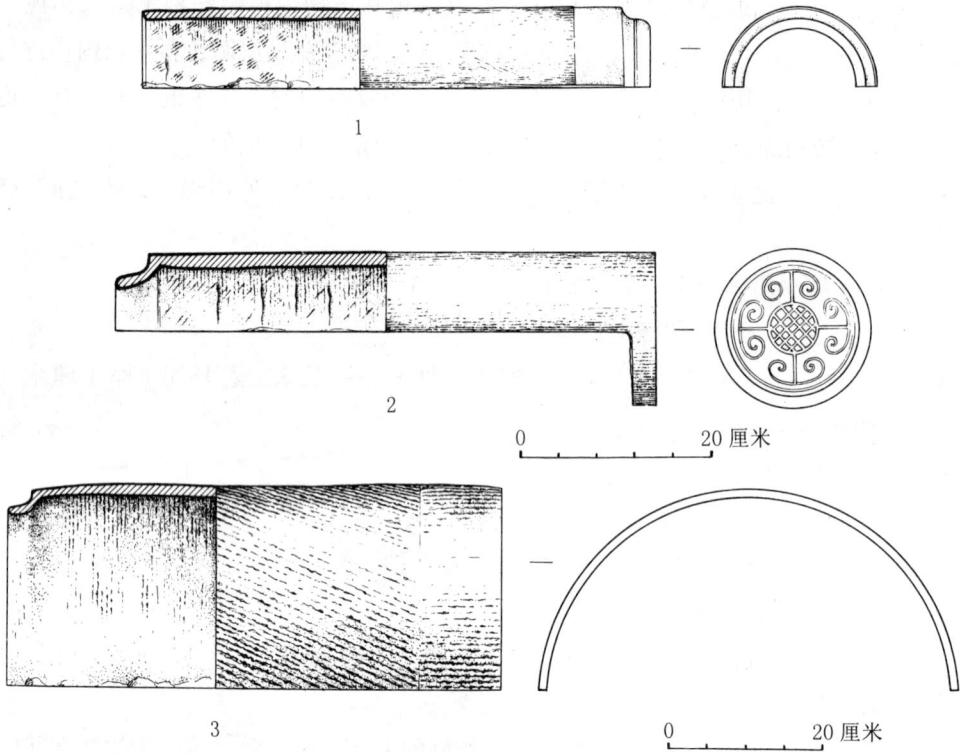

图二六　内城南垣出土筒瓦

1.Aa 型（NN00T2∶1）　2.Ab 型（NN00T3∶1）　3.B 型（NN00T3∶21）

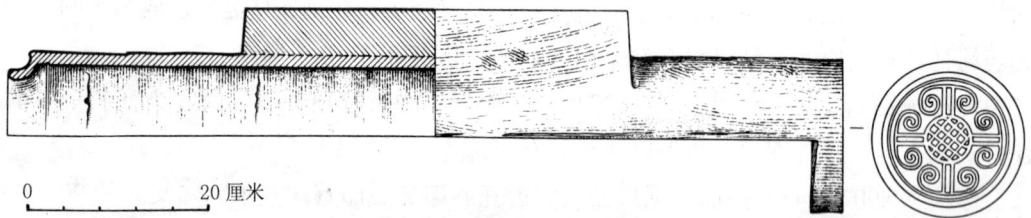

图二七　内城南垣出土脊瓦（NN00T3∶3）

面由单线或双线分割成 4 个界格，界格顶端饰卷云纹或涡形云纹，当心由 6 条或 8 条单线组成菱形纹，当周边有单线一周（图二八、二九；图版 18～21）。

标本 NN00T1∶1，当径 16.9、沿宽 0.9、当心径 6.5 厘米（图二八，1）。标本 NN00T3∶21，当径 16.4、沿宽 1.4、当心径 6.1 厘米（图二九，1）。

纵观瓦当的变化，由西周至秦代经历了半圆形→大半圆形→圆形三个发展阶段，从

图二八　内城南垣出土瓦当

1.NN00T1:1　2.NN00T3:11　3.NN00T2:7　4.NN00T2:33　5.NN00T3:22　6.NN00T1:2　7.NN00T3:24
8.NN00T3:12　9.NN00T3:16

此圆形瓦当作为中国建筑装饰材料使用了两千余年，其纹饰由素面、动物纹、植物纹发展到葵纹、旋涡纹、云纹，云纹是秦瓦当中最主要的纹样，影响至两汉。内城南垣出土的42件瓦当，时间跨度为战国晚期至秦帝国灭亡，恰好反映了当时秦国瓦当的艺术风格。

图二九　内城南垣出土瓦当

1.NN00T3:21　2.NN00T3:29　3.NN00T3:10　4.NN00T3:19　5.NN00T3:24　6.NN00T3:32

7.NN00T3:39　8.NN00T3:31　9.NN00T3:27

遮朽　1件。

标本 NN00T3:01，大半圆形，其上高浮雕夔纹。最大径52、高38.6、厚3.2厘米（图三〇；图版22）。它是秦汉时期高等级建筑屋脊两端装饰与实用兼备的建筑材料。

0 ├────┤ 12 厘米

图三〇　内城南垣出土夔纹遮朽

五、内城南垣出土建筑材料上的陶文

　　内城南垣出土的板瓦、筒瓦、脊瓦等建筑材料上发现有陶文 110 余处，内容有"左司"、"北司"、"大匠"、"寺水"、"大"、"大水"、"左水"、"宫畎"等。板瓦上的陶文一般在其凹面的右上角，筒瓦、脊瓦上的陶文一般在其凸面的近瓦唇处或近当端。陶文皆为戳印，有阴文、阳文两种，字数 1~2 个，多为上下排列，个别为左右排列，周有边栏，字间无界格，字体为小篆（图三一、三二；图版 23~30）。现将内城南垣出土的建筑材料上的陶文列表统计如下（表一）。

　　从表一可以看出，能辨识的陶文中数量最多的是"左司"，其次是"北司"、"大匠"、"寺水"、"大水"、"大"、"左水"和"宫畎"。"左司"即左司空，左司空和右司空

图三一　内城南垣出土建筑材料上的陶文

1.宫眹（NN00T2:6）　2.宫眹（NN00T2:14）　3.大（NN00T2:11）　4.大（NN00T2:20）　5.寺水（NN00T2:15）　6.寺水（NN00T2:22）　7.寺水（NN00T1:1）　8.大匠（NN00T3:33）　9.大匠（NN00T3:37）　10.大匠（NN00T3:39）　11.大匠（NN00T3:59）　12.大匠（NN00T3:69）　13.左水（NN00T2:5）　14.左水（NN00T3:62）　15.左水（NN00T3:41）　16.大水（NN00T3:29）　17.大水（NN00T3:48）　18.大水（NN00T3:91）　19.北司（NN00T3:40）　20.北司（NN00T2:8）21.北司（NN00T2:17）　22.北司（NN00T3:34）　23.北司（NN00T3:52）　24.北司（NN00T3:74）

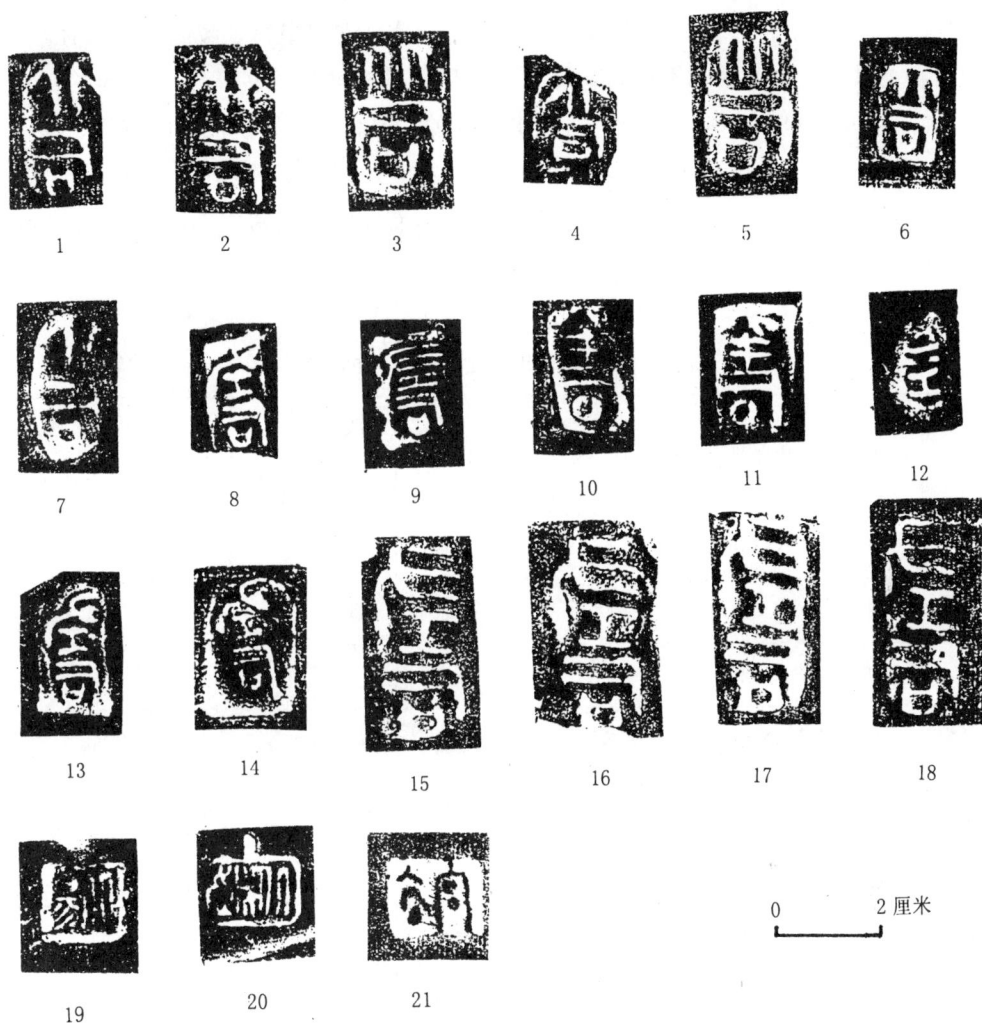

图三二　内城南垣出土建筑材料上的陶文

1. 北司（NN00T3：75）　2. 北司（NN00T3：76）　3. 北司（NN00T3：83）　4. 北司（NN00T3：84）

5. 北司（NN00T3：85）　6. 北司（NN00T3：89）　7. 北司（NN00T3：96）　8. 左司（NN00T3：30）

9. 左司（NN00T3：43）　10. 左司（NN00T3：49）　11. 左司（NN00T3：64）　12. 左司（NN00T3：92）

13. 左司（NN00T3：97）　14. 左司（NN00T3：58）　15. 左司（NN00T2：16）　16. 左司（NN00T2：18）

17. 左司（NN00T2：25）　18. 左司（NN00T3：56）　19. ?（NN00T3：63）　20. ?（NN00T3：65）

21. 宫?（NN00T3：71）

是三公九卿中少府的属官，少府主管山海池泽收入和皇室手工业制造，为皇帝的私府。
"北司"所属关系不详。秦代文献中不见"大匠"一职，《汉书·百官公卿表》记载秦代
有将作少府之职，掌治宫室；汉景帝时改称将作大匠。《后汉书·百官志》："（将作大

匠）掌修作宗庙、路寝、宫室、陵园土木之功。"因此有学者认为秦代可能已经存在将
作大匠，"大匠"是将作大匠的省称，其职责之一是负责向皇宫、陵园提供砖瓦。"寺
水"和"大水"所属关系亦不详。"大"应是某一机构的省称，就陵园目前的发现而
言，"大"字开头的陶文有"大匠"、"大水"两种，但究竟是哪一机构的省称，尚不清
楚。"左水"与曾经发现的陶文"右水"可相互对应。"宫眈"均在脊瓦上，"宫"是
"宫水"的简称，"宫水"是烧造砖瓦的官署机构，有左宫、右宫之别；"眈"是制作者
的名字。

表一　内城南垣出土建筑材料上的陶文

整理号	出土编号	出土地点	陶 文	通 假	刻印方式		位置（凸面、凹面）		
					阴文	阳文	板瓦	筒瓦	脊瓦
1	11	NN00T1		寺水	√		凹面		
2	11	NN00T1		寺水	√			凸面	
3	11	NN00T1		寺水	√			凸面	
4	1	NN00T2		大		√		凸面	
5	2	NN00T2		左水	√		凹面		
6	3	NN00T2		宫眈		√			凸面
7	5	NN00T2		寺水	√		凹面		
8	6	NN00T2		北司	√		凹面		
9	9	NN00T2		大		√			凸面
10	10	NN00T2		大匠		√	凹面		
11	13	NN00T2		大		√		凸面	
12	15	NN00T2		北司	√		凹面		
13	16	NN00T2		大		√		凸面	
14	18	NN00T2		宫眈		√			凸面
15	20	NN00T2		寺水	√		凹面		

整理号	出土编号	出土地点	陶　文	通　假	刻印方式		位置（凸面、凹面）		
					阴文	阳文	板瓦	筒瓦	脊瓦
16	21	NN00T2		左司	√		凹面		
17	22	NN00T2		北司	√		凹面		
18	23	NN00T2		左司	√		凹面		
19	26	NN00T2		北司	√		凹面		
20	27	NN00T2		大		√	凸面		
21	27	NN00T2		寺水	√		凹面		
22	27	NN00T2		寺水	√		凹面		
23	27	NN00T2		寺水	√		凹面		
24	1	NN00T3		左司	√		凹面		
25	2	NN00T3		左司	√		凹面		
26	3	NN00T3		左司	√		凹面		
27	4	NN00T3		左司	√		凹面		
28	5	NN00T3		左司	√		凹面		
29	6	NN00T3		大水	√		凹面		
30	7	NN00T3		左司	√			凸面	
31	8	NN00T3		大水	√		凹面		
32	9	NN00T3		左司	√		凹面		

整理号	出土编号	出土地点	陶　文	通　假	刻印方式		位置（凸面、凹面）		
					阴文	阳文	板瓦	筒瓦	脊瓦
33	10	NN00T3		大匠		√	凹面		
34	11	NN00T3		北司	√			凸面	
35	12	NN00T3		左司	√		凹面		
36	13	NN00T3		北司	√		凹面		
37	14	NN00T3		大匠		√	凹面		
38	15	NN00T3		大匠	√		凹面		
39	16	NN00T3		大匠	√		凹面		
40	17	NN00T3		北司	√		凹面		
41	18	NN00T3		左水	√				凸面
42	19	NN00T3		左司	√		凹面		
43	20	NN00T3		左司	√		凹面		
44	21	NN00T3		左司	√		凹面		
45	22	NN00T3		大水	√		凹面		
46	23	NN00T3		左司	√			凸面	
47	24	NN00T3		左司	√		凹面		
48	25	NN00T3		大水	√		凹面		
49	26	NN00T3		左司	√		凹面		
50	27	NN00T3		左司	√		凹面		
51	28	NN00T3		北司	√		凹面		

续表一

整理号	出土编号	出土地点	陶 文	通 假	刻印方式		位置（凸面、凹面）		
					阴文	阳文	板瓦	筒瓦	脊瓦
52	29	NN00T3		北司	√		凹面		
53	30	NN00T3		北司	√		凹面		
54	31	NN00T3		左司	√		凸面		
55	32	NN00T3		左司	√		凹面		
56	33	NN00T3		左司	√		凹面		
57	34	NN00T3		左司	√		凹面		
58	35	NN00T3		左司	√		凸面		
59	36	NN00T3		大匠		√	凹面		
60	37	NN00T3		北司	√		凹面		
61	38	NN00T3		？匠	√		凹面		
62	39	NN00T3		左水	√		凹面		
63	40	NN00T3		？	√		凸面		
64	41	NN00T3		左司	√		凹面		
65	42	NN00T3		？	√		凸面		
66	43	NN00T3		大匠	√		凹面		
67	44	NN00T3		大匠	√		凹面		
68	45	NN00T3		大匠		√	凹面		
69	46	NN00T3		大匠	√		凹面		

续表一

整理号	出土编号	出土地点	陶　文	通　假	刻印方式		位置（凸面、凹面）		
					阴文	阳文	板瓦	筒瓦	脊瓦
70	47	NN00T3		大匠		√	凹面		
71	48	NN00T3		宫？		√	凹面		
72	49	NN00T3		大匠	√		凹面		
73	50	NN00T3		北司	√		凹面		
74	51	NN00T3		北司	√		凹面		
75	52	NN00T3		北司	√		凹面		
76	53	NN00T3		北司	√		凹面		
77	54	NN00T3		左司	√			凸面	
78	55	NN00T3		北司	√		凹面		
79	56	NN00T3		北司	√		凹面		
80	58	NN00T3		北司	√		凹面		
81	59	NN00T3		北司	√		凹面		
82	60	NN00T3		北司	√		凹面		
83	61	NN00T3		北司	√		凹面		
84	62	NN00T3		北司	√			凸面	
85	63	NN00T3		北司	√		凹面		
86	64	NN00T3		北司	√		凹面		
87	65	NN00T3		北司	√		凹面		
88	66	NN00T3		北司	√		凹面		

续表一

整理号	出土编号	出土地点	陶　文	通　假	刻印方式		位置（凸面、凹面）		
					阴文	阳文	板瓦	筒瓦	脊瓦
89	67	NN00T3	〔陶文〕	北司	√			凸面	
90	68	NN00T3	〔陶文〕	左司	√		凹面		
91	69	NN00T3	〔陶文〕	大水	√		凹面		
92	70	NN00T3	〔陶文〕	左司	√		凹面		
93	72	NN00T3	〔陶文〕	左司	√		凹面		
94	73	NN00T3	〔陶文〕	左司	√		凹面		
95	74	NN00T3	〔陶文〕	左司	√		凹面		
96	75	NN00T3	〔陶文〕	北司	√			凸面	
97	76	NN00T3	〔陶文〕	左司	√		凹面		
98	77	NN00T3	〔陶文〕	左司	√		凹面		
99	79	NN00T3	〔陶文〕	左司	√		凹面		
100	80	NN00T3	〔陶文〕	左司	√		凹面		
101	81	NN00T3	〔陶文〕	左司	√		凹面		
102	82	NN00T3	〔陶文〕	左司	√		凹面		
103	83	NN00T3	〔陶文〕	左司	√		凹面		
104	84	NN00T3	〔陶文〕	左司	√		凹面		

整理号	出土编号	出土地点	陶 文	通 假	刻印方式		位置（凸面、凹面）		
					阴文	阳文	板瓦	筒瓦	脊瓦
105	86	NN00T3		左司	√			凸面	
106	87	NN00T3		左司	√		凹面		
107	88	NN00T3		左司	√		凹面		
108	89	NN00T3		左司	√		凹面		
109	90	NN00T3		左司	√		凹面		
110	92	NN00T3		左司	√		凹面		

　　从陶文看，负责为陵园提供砖瓦的官府机构十分庞杂。《吕氏春秋·孟冬记》："物勒工名，以考其诚，工有不当，必行其罪，以穷其情。"上述陶文既是秦代物勒工名制度的反映，又为我们研究参加陵园建设的机构、人员等问题提供了丰富的资料。

六、内城南垣建筑结构

　　截至目前，在陵园地面上共发现内、外两重相互套合的城垣，其外是否还有隍壕设施不得而知，但从秦国陵寝制度的渊源上看，外城之外应当还有一周隍壕。从现有考古资料可知，陵园外城周长 6322 米，内城周长 3870 米，内城之内的小城除去与内城共用的城垣部分其长 1000 米，总计陵园城垣总长 11192 米。因此仅城垣夯土基础的工程就相当巨大，按夯土基础宽 8、高 2.5～3 米计算，城垣夯土基础土方的开掘量和回填量约为 40 万立方米。

　　内城南垣总长 591.9 米，墙体宽 3.5 米。战国时已进入城垣建设的成熟阶段，墙体高与宽的比例已基本定型，但有关文献的记载却彼此相差较大。《考工记·匠人为沟洫》："墙厚三尺，崇三之"，《九章算术·商功篇》："今有城，下广四丈，上广二丈，高五丈"，北宋熙宁年间的《营造法式》卷三："筑墙之制，每墙厚三尺高九尺"。若按《考工记》和《营造法式》所言墙体的高、宽之比，则内城南垣高应为 10.5 米；若按《九章算术》所言墙体的高、宽之比，则内城南垣高仅 4.38 米，这与实际情况可能不符。

内城南垣建筑结构在设计上遵循力学原理，夯土基础的宽度大于墙体的宽度，截面呈凸字形，可使墙体稳固，不易坍塌。内城南垣、廊房和石散水三者的修建程序是：从当时地表向下挖宽8.18、深约3米的凹槽，回填纯净黄土层层夯打作为三者的基础。夯打时先用小圆夯夯打，后用平夯夯实，城垣及基础的夯层薄厚均匀，密度较大，其强度仅次于青砖。出于坚固耐久的考虑，夯土基础高出秦代地表约1米。然后夯筑城垣，墙体居中，使墙基承重均衡，地基不易下陷。之后在墙内、外两侧修建廊房、石散水，自石散水基础向外至秦代地面之间用土铺成斜坡面，起到保护城垣及基础的作用。此外，通过NN00T3可以清楚地看到城垣的主体在此处呈直角转角。

经过勘探、试掘发现，内城南垣在同一东西轴线上，其走向与陵墓封土基本平行，方向为东偏北5°，但内城南垣夯土基础并没有保持在同一高度上，它随地势的起伏而变化。在试掘中我们对内城南垣的相关位置进行了测量，并结合现地表的海拔得出NN00T1～NN00T3内城南垣夯土基础的海拔（表二）。

表二 内城南垣夯土基础海拔　　　　　　单位：米

测量位置	现地表海拔	秦代地表海拔	廊房地面海拔	夯土基础海拔
NN00T1	508.2	505.55	506.04	503.68
NN00T2	504.2	501.9	503.3	500.8
NN00T3	499.9	496.3	499.26	496.45

注：夯土基础海拔指夯土基础底部的海拔。

从表二可以看出，内城南垣夯土基础的底部呈东高西低状，并结合内城南垣的夯层面呈水平状分布的情况，可以推断内城南垣夯土基础是随着当时秦代地表东高西低的地势修建的，呈东高西低、高低错落、局部水平状，内城南垣的顶部可能亦如此。

七、廊房建筑结构复原蠡测

由于焚毁、坍塌等原因，廊房的外观形态及屋架结构已无从判断，并且在试掘范围内没有发现柱洞、柱础遗迹，廊房上的檩、椽、柱、梁等的形制及结构更是无从得知，这给廊房建筑的复原工作带来了一定的困难。我们根据出土的板瓦、筒瓦、脊瓦的数量、尺寸以及廊房地面的宽度，推测复原其建筑结构可能有两种形式，即双层结构和单层结构（图三三）。双层结构是上层建在城垣顶部，呈人字形屋面，屋面的坡长及与城垣顶部的夹角不详；下层建在城垣两侧，分别为单面坡，坡顶与墙壁相交，其梁或插入墙体或穿透墙体，或有柱或无柱，鉴于秦俑坑中出土的长兵器长约3.5米，故其高度应大

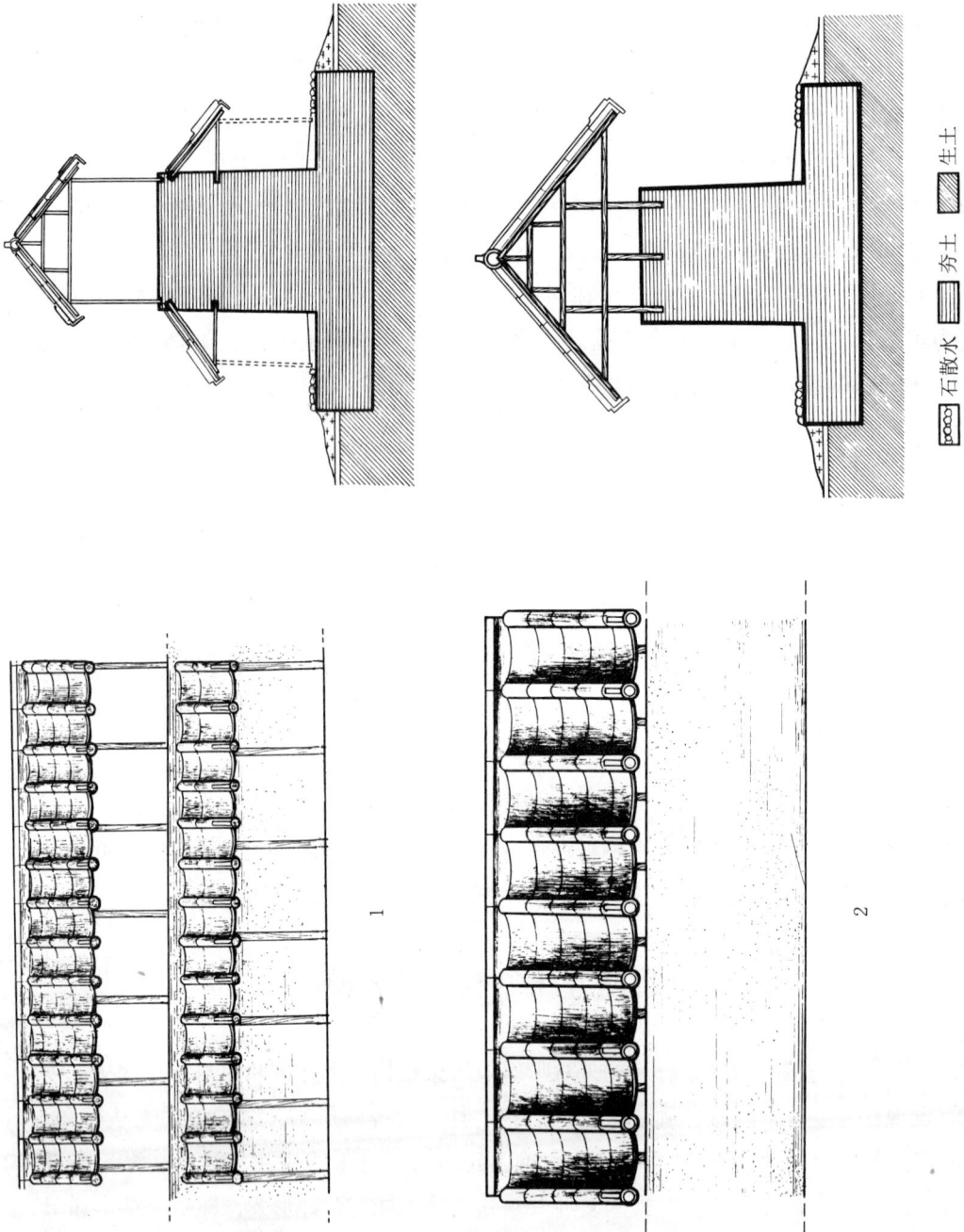

图三三　廊房建筑结构推测复原示意图

1. 双层结构　2. 单层结构

于 3.5 米。单层结构是屋架结构建在城垣顶部，呈人字形屋面，中心柱插入墙体，但各部位的具体尺寸及结构不详。

八、小　结

2000 年度对内城南垣进行试掘的主要收获体现在以下几个方面。

（1）关于内城南垣的宽度，1999 年度勘探时受附属建筑的影响我们判定为 4 米，2000 年度通过试掘确认其宽 3.5 米。

（2）内城南垣南、北两侧分别建有廊房之类的附属建筑，这在中国古代陵寝建筑中属首次发现。廊房地面上有一层踩踏层，壁面涂有彩绘，外侧设有石散水。城垣、廊房、石散水建在同一座夯土基础上。

（3）廊房屋面所用的板瓦较大，长者达 94 厘米，短者为 59 厘米，为复原屋面建筑提供了广阔的思维空间。从 2000 年度的试掘情况看，脊瓦可能不仅用在屋脊上，而且还用在屋面上，所起的作用与筒瓦一样。

（4）出土的板瓦、筒瓦、脊瓦等建筑材料均用黄土细泥制作，内含少量沙粒。虽然烧制砖瓦的陶窑在秦陵地区发现的不多，但秦陵以西的赵背户、陵北的黄土塬边，尤其是黄土塬下的新丰镇一带有着丰富的黄土资源和充沛的水源，因此我们推测陶窑应在秦陵附近。

（5）从战国中期开始，秦国的瓦当发生了重大变化，秦帝国的建立使得瓦当作为一种艺术日趋成熟，并最终形成了秦瓦当的独特风格，内城南垣出土的大量云纹瓦当恰好反映了当时秦国瓦当的艺术风格。

值得一提的是内城南垣南、北两侧所建的廊房之类的附属建筑。中国古代有关宫室建筑的汉字主要集中在"宀"和"广"两部。"宀"是"交覆深屋"之意，指有堂有室有柱的建筑，如家、宇、宫、室等。"广"是半边屋顶的象形，即一边为壁、一边立柱，上有屋顶、屋下为通道，如廊、厢、庑等。凡从"广"者都不是宫室的主体，而是宫室的附属建筑。廊与庑在概念上略有区别。廊本作郎，得义于良，有空明之义。廊者，敞亮空明适于人通行的过道式建筑。庑，从广无声，"无"有大的含义，"庑"会其义即为大屋，《尔雅·释名》："大屋曰庑，屋，幠也，幠覆也。"大屋即屋顶较大的建筑。但《说文·广部》释庑："堂下周屋。"即庑是殿堂、楼阁前面或周围的檐屋，一边是主体建筑的墙，一边是立柱，上建屋顶，是主体建筑的延伸。如此，庑与廊在形式、结构上则区别不大，均依附于主体建筑而存在，仅进深、长度不同，称庑者大而短，称廊者小而长。因此从词义看，陵园内城南垣南、北两侧的附属建筑应当属于廊。

第三节　内城南部石道试掘报告

为了弄清内城南部石道的结构、布局与走向，2000 年 6 月 18 日～7 月 2 日在其东、西两侧的不同部位布探方 5 个（ND00T1～ND00T5）进行试掘（见图一〇），现将试掘情况报告如下。

一、地层堆积

石道所在的地势呈南高北低的缓坡状，中部略高，东、西两侧较低。石道的中间断开，由东、西、南三段组成，东段地势呈西高东低的缓坡状，西段地势呈东高西低的阶梯状。现以 ND00T1 和 ND00T5 为例说明其地层堆积情况（图三四、三五）。

（一）ND00T1

第 1 层：耕土层，厚 0.1～0.2 米。土质疏松，土色为深褐色。内含较小沙石和植物根系。

第 2 层：冲积土层，厚 0.3～0.4 米。土质疏松，土色为黄色。内含沙石。

第 3 层：五花土层，据土色分 3a、3b 两层。3a 层为褐色五花土层，厚 0.4～0.6 米，多含沙石；3b 层为黄色五花土层，厚 0.7～1 米。此层是陵园主体工程完成后的垫土层，石道就建在其上。

第 4 层：踩踏层，厚 0.1～0.2 米。此层是修陵前的秦代地表。

（二）ND00T5

第 1 层：耕土层，厚 0.2 米。土质疏松，土色为深褐色。内含较小沙石和植物根系。

第 2 层：冲积沙石层，厚 0.5～0.55 米。土质疏松，土色为黄色。内含大量沙石。

第 3 层：黄褐色冲积土层，厚 1～1.1 米。土质较硬，呈颗粒状，土色呈黄褐色。

第 4 层：五花土层，厚 0.08～0.2 米。此层是陵园主体工程完成后的垫土层，石道就建在其上。

二、石道结构

石道总长 476 米，宽 2～4 米，用未经加工过的自然沙石砌筑，石块大小不一，道面凹凸不平；石道基础未经夯打，截面略呈"∪"形。现将每个探方中石道的结构介绍如下。

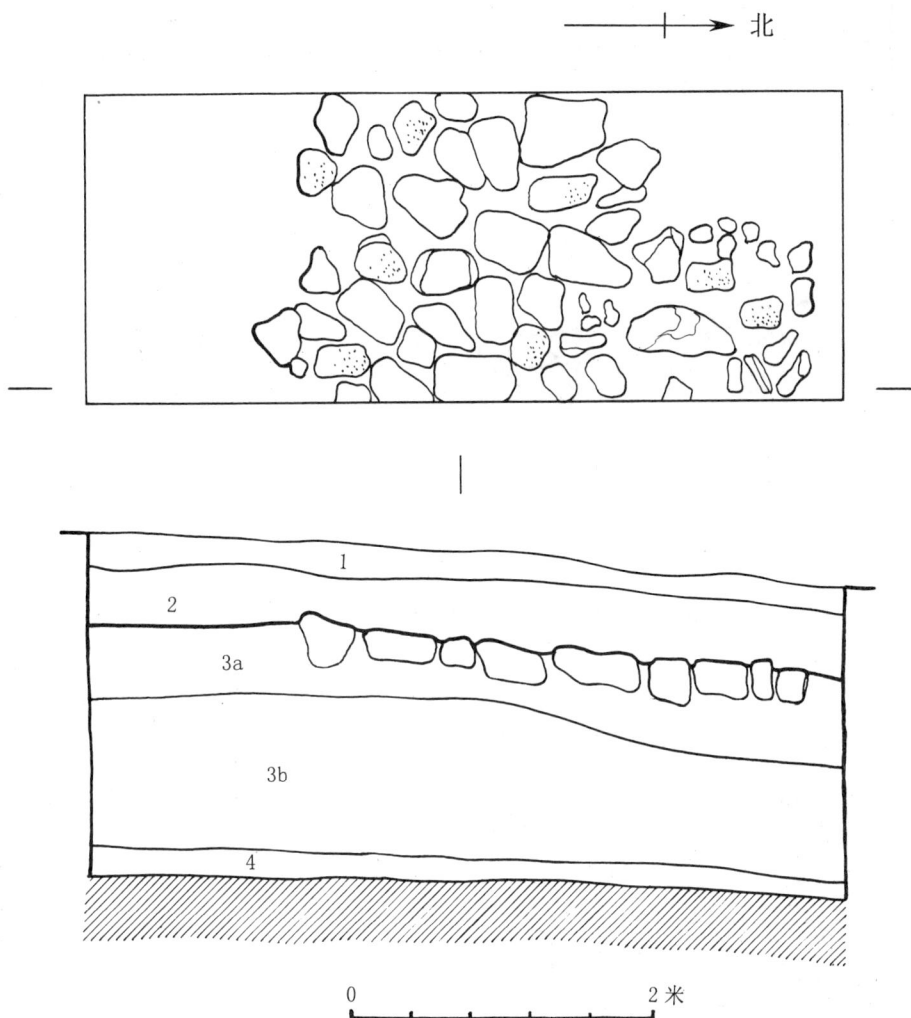

图三四 ND00T1 平、剖面图

1.耕土层 2.冲积土层 3a.褐色五花土层 3b.黄色五花土层 4.踩踏层

（一）ND00T1

位于石道南段东折 10 米处，南北向，探方为 5 米×2 米。该段石道为东西向，宽 2.4～3.7 米，石道外沿不齐，道面南高北低，其上发现 1 件脊瓦残块。

（二）ND00T2

位于石道南段北部，东西向，探方为 3 米×1.5 米。该段石道为南北向，宽 2.2 米，石道外沿不齐，道面南高北低，其上发现铁钱 1 枚，字迹朽蚀不清。

（三）ND00T3

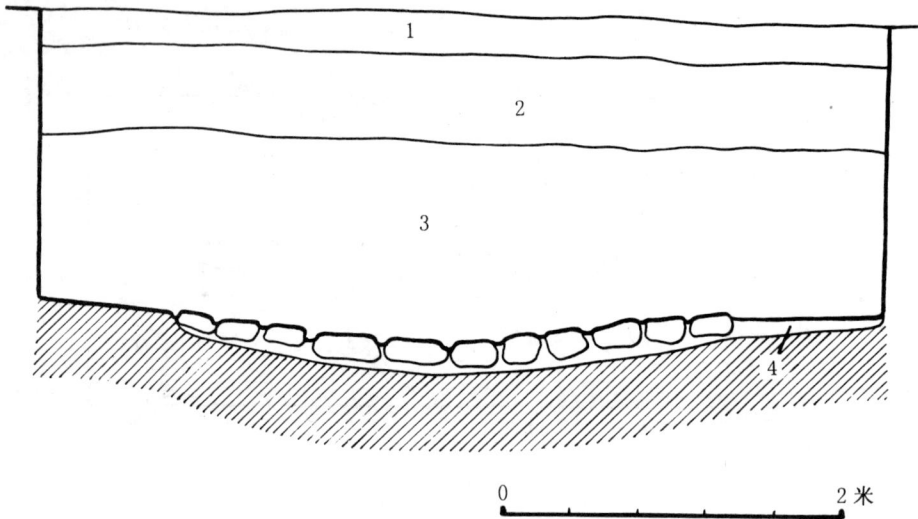

图三五　ND00T5 西壁剖面图

1. 耕土层　2. 冲积沙石层　3. 黄褐色冲积土层　4. 五花土层

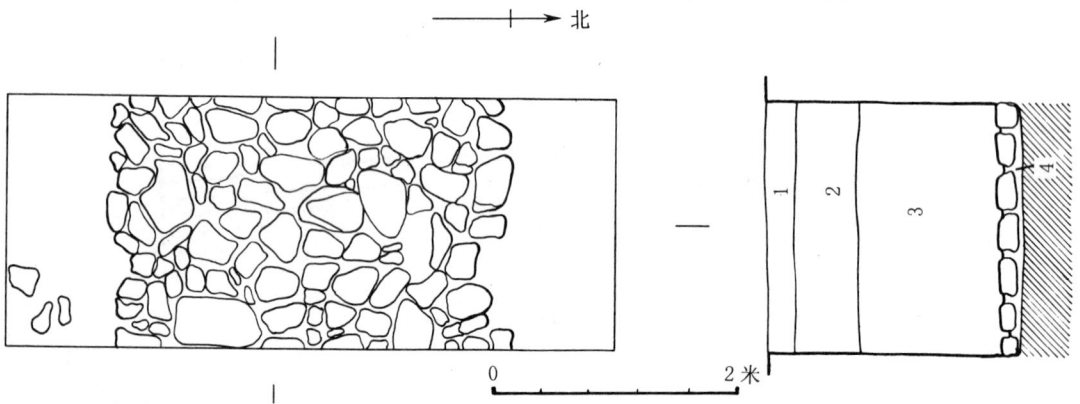

图三六　ND00T5 平、剖面图

1. 耕土层　2. 冲积沙石层　3. 黄褐色冲积土层　4. 五花土层

位于石道西段中部，南北向，探方为 5 米×2 米。该段石道为东西向，宽 3.2 米，石道外沿规整，道面南北两侧高于中心面 0.25 米，其上发现"道光通宝"铜钱 1 枚。

（四）ND00T4

位于石道西段东端，南北向，探方为 5 米×3 米。该段石道为东西向，宽 3.4 米，石道外沿规整，道面南北两侧高于中心面 0.25 米（图版 31）。

（五）ND00T5

位于石道东段，南北向，探方为 5 米×2 米。该段石道为东西向，宽 3.3 米，石道外沿不齐，道面南北两侧高于中心面 0.2～0.3 米，在石道南沿外发现剩余沙石 3 块（图三六）。

三、石道的布局与走向

石道东段呈"L"形，西距 K0002 陪葬坑约 4.5 米，距内城东垣 26 米处向北折 50 米，总长 218 米；石道西段略呈"L"形，东距 K0002 陪葬坑约 8 米，向西延伸 135 米，其西端向西北斜伸 35 米至内城西垣下，但未出城，总长 170 米；石道南段呈"L"形，由西段石道西端向南延伸 78 米，再向东折 10 米，总长 88 米。石道整体的走向是随着秦代地势的起伏由高向低修筑的。

第四节　K0006 陪葬坑第一次发掘报告

一、概　　述

K0006 陪葬坑位于西安市临潼区秦陵村岳家沟组东侧的台地上（图版 32），北距陵墓现封土约 50 米，南距内城南垣约 120 米，西距内城西垣约 58 米（见图一）。勘探表明，K0006 陪葬坑平面呈东西向的中字形，由斜坡门道、前室和后室组成，是一座地下坑道式土木结构的陪葬坑。在前室发现有彩绘陶俑残块，后室发现有马骨，坑体范围内没有发现红烧土。针对勘探中的发现，始皇陵考古队从陵园陵寝制度研究的需要出发，2000 年 7～12 月对其进行了全面发掘（图三七；图版 33），本报告为 K0006 陪葬坑第一次发掘的阶段性成果。

发掘期间，陕西省文物局组织了由秦始皇兵马俑博物馆、陕西省考古研究所、西安文物保护修复中心三家单位组成的文物保护专项小组，对出土的遗迹、遗物进行了卓有成效的现场实地保护，并有效地防止了坑体的霉变，使出土的遗迹、遗物得到了科学、有效的保护。

二、发掘目的与程序设计

目前在陵区共发现了 180 座形制不同、内涵各异的陪葬坑，其中陵园外为 104 座，陵园内为 76 座。20 世纪 70 年代曾对陵园内的珍禽异兽坑、曲尺形马厩坑、铜车马坑进行过发掘，90 年代后期曾对含石甲胄的 K9801、含彩绘百戏陶俑的 K9901 进行过小规模的试掘，所获资料对于陵园陵寝制度的研究具有片面性，同时无法对如此众多的陪葬坑在形制、内涵和性质方面有一个全面而准确的认识。

首先，当中国古代陵寝制度发展到春秋战国时，帝王陵墓的陪葬内容主要是车马，发现的陪葬坑为车马坑，而秦始皇帝陵园却出现了众多的形制、内涵殊异的陪葬坑，这一现象的时代背景以及深藏其后的文化理念是值得重视的。

其次，陵园中的陪葬坑从形制到内涵都对汉代帝王陵墓产生了极大的影响，汉陵尤其是汉景帝阳陵的考古成果对于秦始皇帝陵园的考古研究提供了很大的帮助。

第三，受地理环境的制约，或是受陵园设计思想的支配，陪葬坑对称性分布的特点在陵园中并未得到充分体现，依据目前资料尚不能总结出陪葬坑的分布规律。从陪葬坑距离陵墓的远近看，距离的远近与其对于始皇帝在另外一个世界生活的重要性有关，同时也反映了设计者的主次意识。

第四，在已发现的陵园陪葬坑中，被大火焚烧导致坑体破坏是一个普遍现象，这种现象是出于葬仪的要求，还是陪葬坑自燃，抑或是人为因素，时至今日尚不能解答。

（一）发掘目的

全面发掘 K0006 陪葬坑是 2000 年度陵园考古的首选课题，它能在以下几个方面为我们提供有价值的资料。

（1）K0006 陪葬坑的发掘对于研究陵园陵寝制度有一定的帮助。迄今发现的陵园外藏系统可分为四个层次，从距离陵墓的远近依次为：第一层次是陵园外的陪葬坑，如兵马俑坑、上焦村马厩坑等；第二层次是内外城之间的陪葬坑，如珍禽异兽坑、K9901 陪葬坑、K9801 陪葬坑等；第三层次是陵墓封土周围、地宫之外的陪葬坑，如铜车马陪葬坑、K0006 陪葬坑等；第四层次是地宫之内的陪葬坑（勘探表明距地表约 20 米的原封土之下还分布有陪葬坑）。K0006 陪葬坑属于陵园外藏系统的第三层次，发掘并了解其形制、内涵和性质，必然会更加丰富对于陵园陪葬坑的整体认识。

（2）K0006 陪葬坑坑体面积较小，对其进行全面发掘具有较强的可操作性，能够完整地获得一个陪葬坑的相关资料。此前陵园中陪葬坑的考古发掘受试掘面积的限制，所获资料往往带有片面性，得出的结论有证据不足的弊端，K0006 陪葬坑坑体面积仅约 144 平方米，对其进行全面发掘有助于系统了解 K0006 陪葬坑的形制、内涵及性质。

（3）K0006 陪葬坑是陵园中少见的未被焚毁的陪葬坑，对其进行全面发掘能为研究陪葬坑的焚毁原因提供重要的线索。

（二）发掘程序设计

K0006 陪葬坑所在的地表覆盖着一层冲积沙石，关中地区典型的黑垆土层在秦陵地区发育不良，因此确定其开口层位非常重要。由于秦陵建成后曾遭遇过自然和人为破坏，陪葬坑的原始面貌发生了改变，陪葬坑封土的范围是仅限于陪葬坑，还是大于陪葬坑？陪葬坑封土的原始高度是与地表平齐，还是高于地表？若高于地表则高出多少？这些问题都需要在发掘之初做出判断。

根据勘探资料，K0006 陪葬坑的结构与陵园中其他相类似的陪葬坑基本相同：底部有铺地木、生土二层台之外是夯土二层台、夯土二层台之上是棚木、棚木之上是苇席、苇席之上是夯筑的封土。但是，生土二层台和夯土二层台的深度、宽度，夯层的厚度，棚木的长度、宽度，厢板的结构，铺地木的长度、宽度、厚度，封门的结构以及斜坡门道夯土二层台的结构等问题均需在发掘过程中解决。此外，文物的清理次序、彩绘陶俑的发掘与保护、马骨骼的清理与保护以及车迹的清理方法等都需要预先做出规划。

因此，在正式发掘 K0006 陪葬坑前，依据勘探资料并从田野考古学的技术出发，设计出一套有针对性的发掘程序十分必要，主要包括陪葬坑所在区域秦代环境信息的收集和分析，陪葬坑封土及开口层位的确定以及埋藏后地貌变迁的研究，陪葬坑形制、结构及相关研究资料的收集和分析，陪葬坑出土遗物、遗迹研究资料的收集和分析，陪葬坑出土文物发掘与保护预案及阶段性工作目标的制订以及多层次、多角度考古信息收集和分析手段的运用等。

三、地 层 堆 积

K0006 陪葬坑位于骊山北麓的冲积扇上，原始地貌为东南高、西北低，现地貌呈自东向西逐渐降低的台阶状，地表有石榴树林。现以后室中部南北向剖面为例对其地层堆积介绍如下（图三八）。

第 1 层：耕土层，厚 0.2～0.3 米。土质疏松，土色花杂。内含沙石和植物根系。

第 2 层：冲积土层，厚 0.4～2 米。土质疏松，土色灰黄。内含细沙、碎石、淤土。该层堆积厚度高差较大，呈锅底形，系陪葬坑坍塌后洪水淤积所成。

第 3 层：五花土层，厚 0.8～2.6 米。土色灰褐。该层系粗夯而成，为陪葬坑的填土，棚木之上的夯层较清晰，并有席纹印痕，坑体中部已坍塌成锅底状。

第 4 层：坍塌土层，厚 0.5～0.8 米。位于棚木之下，土色花杂。内含夯土块及厢板朽迹。该层系坑壁倒塌形成。

第 5 层：夯土基础层，厚 0.7 米。位于铺地木之下，土质纯净、坚硬，土色浅黄。该层是陪葬坑坑底地基夯筑处理层。

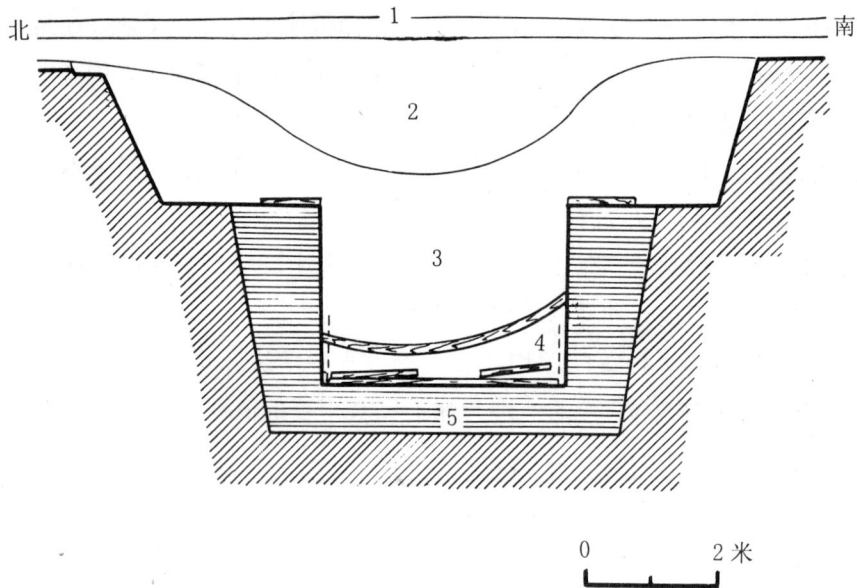

图三八　K0006 陪葬坑后室中部南北向剖面图

四、建筑结构

K0006 陪葬坑为地下坑道式土木结构，由斜坡门道、前室和后室组成，前室、后室南北交错，形成两个分藏不同埋藏物的相对独立的单元。现将 K0006 陪葬坑的建筑结构分述如下。

（一）边壁与生土二层台

陪葬坑的边壁略向外侈，收分较大，距地表 2.1 米处沿坑体周壁设置宽 0.5～1 米的生土二层台，生土二层台收分较大，至坑底宽 1.5 米。

（二）夯土二层台

陪葬坑周壁的生土二层台之外有一周夯土二层台，距地表 1.9～3.2、高 2.7、顶宽 1.3～1.5、底宽 0.8 米。夯土二层台质地坚硬、夯层均匀，每层厚 8～9 厘米，夯窝为圆形圜底，直径 5～7 厘米。

后室东壁　夯土二层台长 3.8 米。台面上残留有南北向棚木 1 根，长 5.8、宽 0.2 米；壁面上残留有厢板朽迹，大部分厢板倒塌在坑内。

后室南壁　夯土二层台长 19.6 米。台面上残留有南北向棚木 22 根，长 5.8、宽 0.2～0.35 米；东段壁面上部已坍塌，西段壁面上残留有厢板朽迹。在壁面底部发现 11

东 —

西

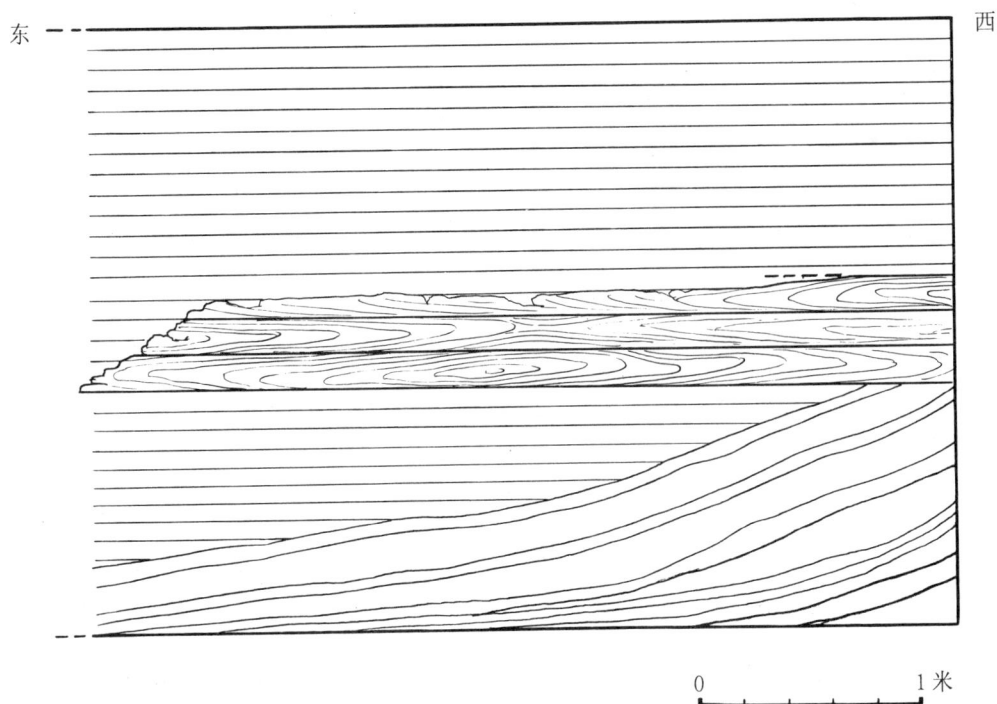

0　　　　　　　　　　　　1 米

图三九　K0006 陪葬坑后室南壁西端淤泥层及厢板朽迹

层淤泥，呈西高东低状，厚5～23厘米（图三九），推测该坑曾进水11次。

　　后室西壁　夯土二层台长1.8米。台面被水冲毁，壁面多有坍塌。在西壁距坑底
1.28米处有一不规则形的进水口，长0.95、宽0.50米（图四〇）。

　　后室北壁　夯土二层台长20.3米。壁面保存较好，夯层清晰。

　　前室东壁　夯土二层台长1.9米。壁面上残留有厢板朽迹。

　　前室南壁　呈曲尺形，夯土二层台壁面上残留有厢板朽迹。在南壁有一长3.8、宽
2.2～2.9米的厢房。

　　前室北壁　夯土二层台长10.5米。台面上残留有宽0.3米的南北向棚木朽迹；壁
面已坍塌。

　　（三）前室与后室

　　前室长10.6、宽4.05米（图版34），在南壁有一长3.8、宽2.9米的厢房（图版
35），前室内出土12件陶俑及陶罐、铜钺等遗物，并清理出木车遗迹一处；后室长
20.2、宽3.9米，出土马骨骼等遗物（图版36）。

　　（四）挡水墙

　　在K0006陪葬坑后室北壁坑口外有一高出坑口的东西向夯土台，随坑形向西延伸

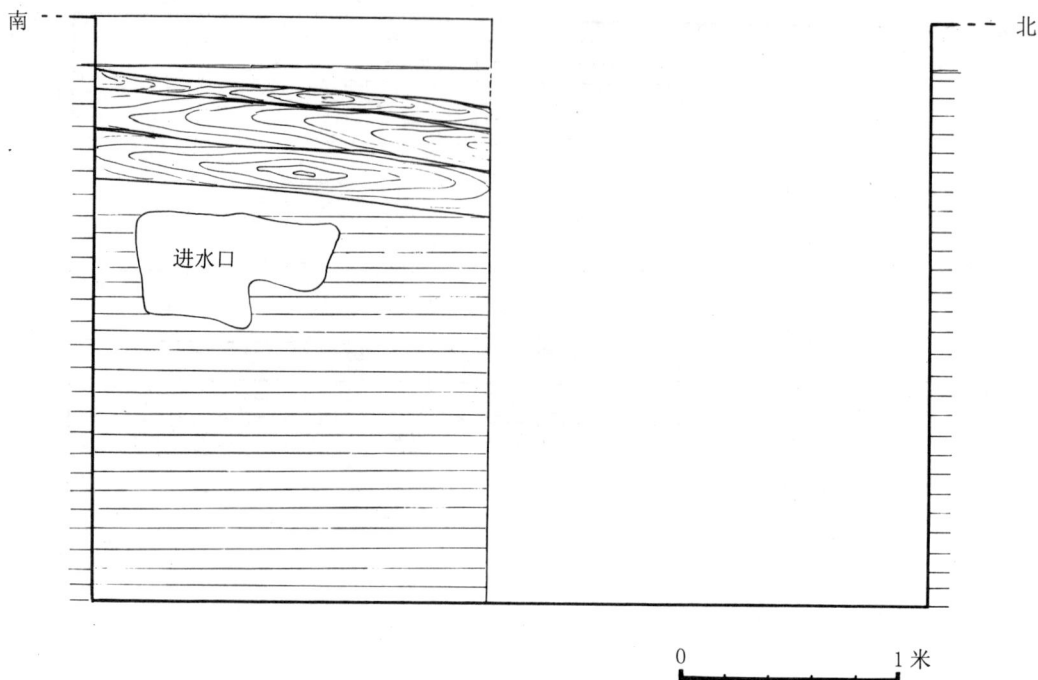

图四〇　K0006 陪葬坑后室西壁正视图

至前室，长 28.5、宽 0.4、残高 0.2 米。由于陪葬坑北侧紧邻陵墓封土，此夯土台可能为挡水墙，防止陵墓封土的地表水灌入坑内。

（五）斜坡门道

斜坡门道呈口大底小的梯形，残长 15、东端宽 7、西端宽 3.5 米，近坑体处发现有横砌的木封门，封门外侧填土夯实至坑口（图版 37）。

（六）木结构遗迹

K0006 陪葬坑是陵园中少见的未被焚烧过的陪葬坑，木结构遗迹较完整，经清理发现有棚木、厢板、铺地木、封门木等，现分别介绍如下。

棚木　坑体上部均覆盖有一层棚木，前室、后室的棚木为南北向铺设，前室厢房的棚木为东西向铺设，多为方木，个别为圆木，长 5.7～5.8、宽 0.2～0.4 米（图四一）。坑体中部的棚木均塌陷至坑底，夯土二层台上的棚木保存较好。

厢板　夯土二层台的周壁原以板木上下垒砌构成主室的厢板，除后室南壁西段的厢板保存较好外，其余均倒塌于坑底（图版 38）。在后室中部清理出 25 块东西向厢板，可分为东、西两组，西侧一组的厢板长 5.25、宽 0.2～0.3、厚约 0.1 米，东侧一组的厢板长 2.5、宽 0.2～0.3、厚约 0.1 米。两组厢板间发现有倒塌于坑底的南北向方木，

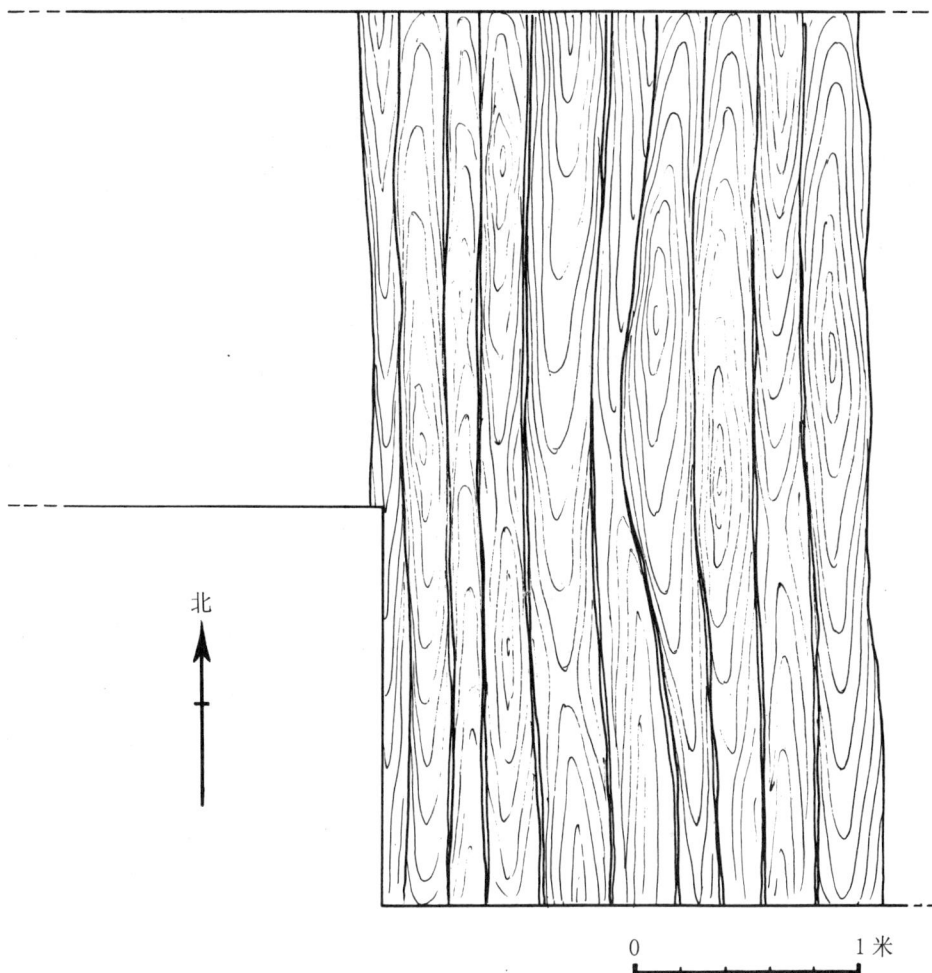

北

0　　　　　　　1 米

图四一　K0006 陪葬坑后室西端棚木

长 1.8、宽 0.3 米，似为厢板间的立柱（图四二）。在后室西端清理出东西向厢板 6 块，长 6.25、宽 0.2～0.3、厚约 0.1 米（图四三）。

铺地木　除斜坡门道外，坑底均以经过修整的木板铺地，铺地木已腐朽，但迹象大多保存完整。前室铺地木为南北向，东端 10 块，长 3.7、宽 0.18～0.28 米（图版 39）；西端 8 块，已清理部分长 2.7、宽 0.25～0.3 米。前室厢房铺地木 11 块，呈东西向，长 3.8、宽 0.23～0.27 米。在后室西端已清理的 6.5 米范围内发现南北向铺地木 21 块，长 3.2、宽 0.25～0.35 米（见图四二）。

封门木　在斜坡门道与坑体结合部的北壁发现一处高 2.5、宽 0.13、深 0.05 米的凹槽，槽内有立柱朽迹，在斜坡门道近底部发现有南北向平砌的封门木，立柱与封门木

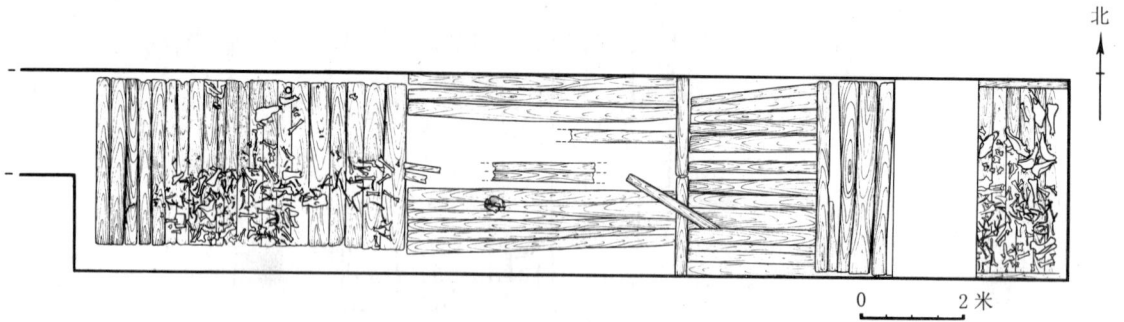

图四二　K0006 陪葬坑后室木结构遗迹及马骨

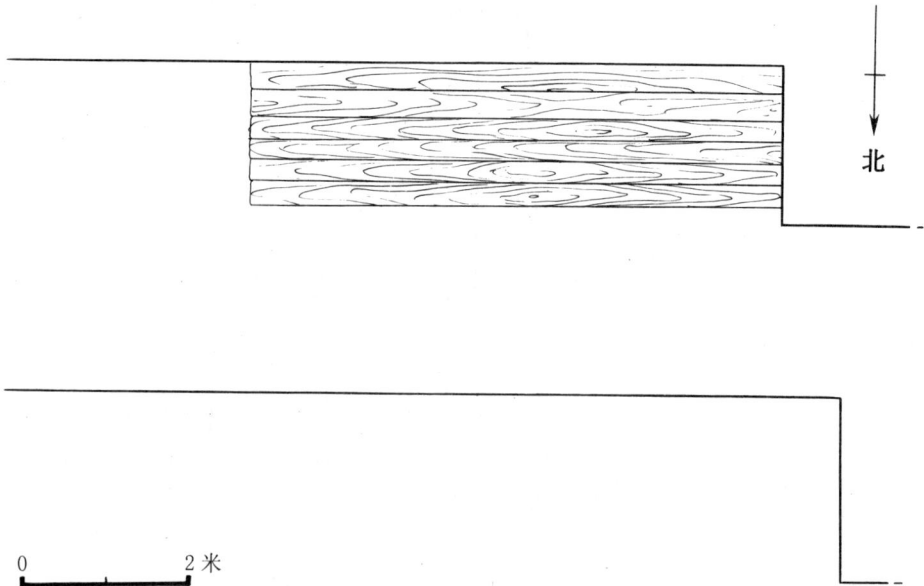

图四三　K0006 陪葬坑后室西端厢板

待清理。

（七）封土与席纹

封土　棚木之上是苇席，苇席上是经过粗夯的封土，土色花杂、质地坚硬，内含板瓦残片等，夯层较清晰，每层厚 8~9 厘米，夯窝直径 6~8 厘米。原封土的高度现已无法知晓，从陪葬坑部分区域现封土高出坑口约 0.2 米推测，原封土应高出秦代地面。

席纹　棚木上发现有席纹残迹，为人字形一经一纬交叠编织，篾条长 1.5、宽 1 厘米，铺席的作用是防止棚木上的封土渗漏于坑内（图版 40）。

五、陶　俑

（一）陶俑出土现状

K0006 陪葬坑前室出土陶俑 12 件，编号 1～12 号陶俑（K0006：1～K0006：12）。陶俑出土时已残破为碎块，其中 1 号陶俑头南足北仰卧（见图三七）；2～11 号陶俑呈一字形排列，均头北足南俯卧；12 号陶俑面西站立（图四四；图版 41）。踏板多保留于原位，间距约为 40 厘米。由此可见，1 号陶俑面北站立于厢房入口处，2～11 号陶俑面北紧依前室南壁站立，12 号陶俑面西紧依前室东壁站立。陶俑表面原饰有红、绿、黑、粉、白等彩绘，因水浸及坑体倒塌等原因大多已剥落，仅在面部保留有较多的残迹。初步分析，陶俑倒塌与人为破坏或厢板坍塌有一定关系，倒塌的时间是基本一致的；从陶俑破碎的程度和个别陶俑破碎的方式看，人为破坏痕迹明显，是陪葬坑建成后不久、棚木尚未坍塌时被破坏的。

图四四　K0006 陪葬坑前室陶俑出土现状

（二）陶俑类别

K0006 陪葬坑前室出土的 12 件陶俑可分为袖手俑和御手俑两类，其中袖手俑 8 件，御手俑 4 件。目前已修复袖手俑 7 件，御手俑 2 件，现将已修复的陶俑按类别分述如下。

1. 袖手俑

1 号陶俑（K0006:1） 通高 189、肩宽 47 厘米。头戴双版长冠，冠带系结于颌下，上身着双层交领右衽齐膝长襦，衣襟交掩于背后。腰束革带，右腰间贴塑悬挂状的削、砥石。下着长裤，足蹬齐头方口浅履，袖手站立于长方形踏板上，踏板长 39、宽 35、厚 4 厘米。左臂与躯干间有一椭圆形孔，孔径 3×9 厘米；衣摆后部有一圆形排气孔，孔径 5 厘米。陶俑恭谨祥和，低眉颔首，微露喜悦（图四五；图版 42～44）。

7 号陶俑（K0006:7） 通高 187、肩宽 40 厘米。头绾扁髻，戴单版长冠，冠带系结于颌下，上身着单层交领右衽齐膝长襦，衣襟交掩于背后。腰束革带，右腰间贴塑悬挂状的削、砥石。下着长裤，足蹬齐头方口浅履，履后跟及帮部有 3 个纽鼻，袖手站立于长方形踏板上，踏板长 35.5、宽 31、厚 4 厘米。左臂与躯干间有一椭圆形孔，孔径 2×8 厘米；衣摆后部有一圆形排气孔，孔径 5 厘米。陶俑留八字形胡须，面部饰粉红色彩绘，仰头挺胸鼓腹（图四六；图版 45～47）。

8 号陶俑（K0006:8） 通高 182、肩宽 39 厘米。头戴双版长冠，冠带系结于颌下，上身着单层交领右衽齐膝长襦，衣襟交掩于背后。腰束革带，右腰间贴塑悬挂状的削、砥石。下着长裤，足蹬齐头方口浅履，袖手站立于长方形踏板上，踏板长 37.5、宽 35.5、厚 3 厘米。左臂与躯干间有一椭圆形孔，孔径 2×8 厘米。陶俑面部饰粉红色彩绘，面庞清秀（图四七；图版 48～50）。

9 号陶俑（K0006:9） 通高 184、肩宽 44 厘米。头戴双版长冠，冠带系结于颌下，上身着单层交领右衽齐膝长襦，衣襟交掩于背后。腰束革带，右腰间贴塑悬挂状的削、砥石。下着长裤，足蹬齐头方口浅履，袖手站立于长方形踏板上，踏板长 38、宽 34、厚 3.5 厘米。左臂与躯干间有一椭圆形孔，孔径 2×7 厘米；衣摆后部有一圆形排气孔，孔径 5 厘米。陶俑留三滴水形胡须，表情温文尔雅（图四八；图版 51～53）。

10 号陶俑（K0006:10） 通高 189、肩宽 47 厘米。头戴双版长冠，冠带系结于颌下，上身着单层交领右衽齐膝长襦，衣襟交掩于背后。腰束革带，右腰间贴塑悬挂状的削、砥石。下着长裤，腿缚护腿，足蹬齐头方口浅履，袖手站立于长方形踏板上，踏板长 40、宽 35、厚 2.8 厘米。左臂与躯干间有一椭圆形孔，孔径 3×13 厘米；双手交合处有一长方形孔，孔径 1.6×4.5 厘米。陶俑留三滴水形胡须，表情恭谨温和（图四九；图版 54、55）。

11 号陶俑（K0006:11） 通高 188、肩宽 40 厘米。头戴双版长冠，冠带系结于颌下，上身着单层交领右衽齐膝长襦，衣襟交掩于背后。腰束革带，右腰间贴塑的悬挂状的削、砥石已残失。下着长裤，腿缚护腿，足蹬齐头方口浅履，袖手站立于长方形踏板上，踏板长 36、宽 33、厚 3 厘米。左臂与躯干间有一椭圆形孔，孔径 3×11 厘米；双

图四五　K0006 陪葬坑前室出土的 1 号陶俑

0　　20 厘米

图四六　K0006 陪葬坑前室出土的 7 号陶俑

0　　　　　20 厘米

图四七　K0006 陪葬坑前室出土的 8 号陶俑

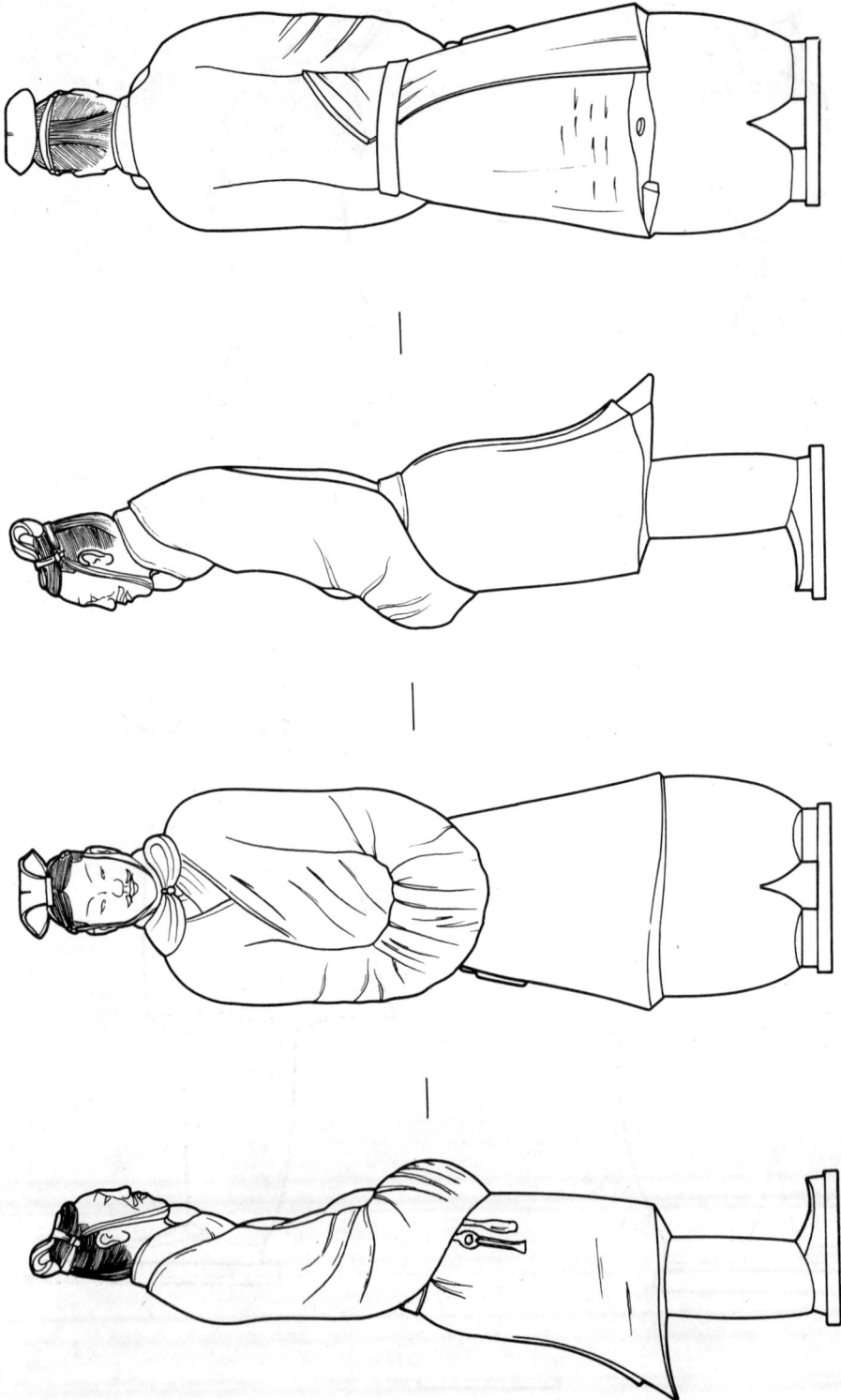

图四八 K0006 陪葬坑前室出土的 9 号陶俑

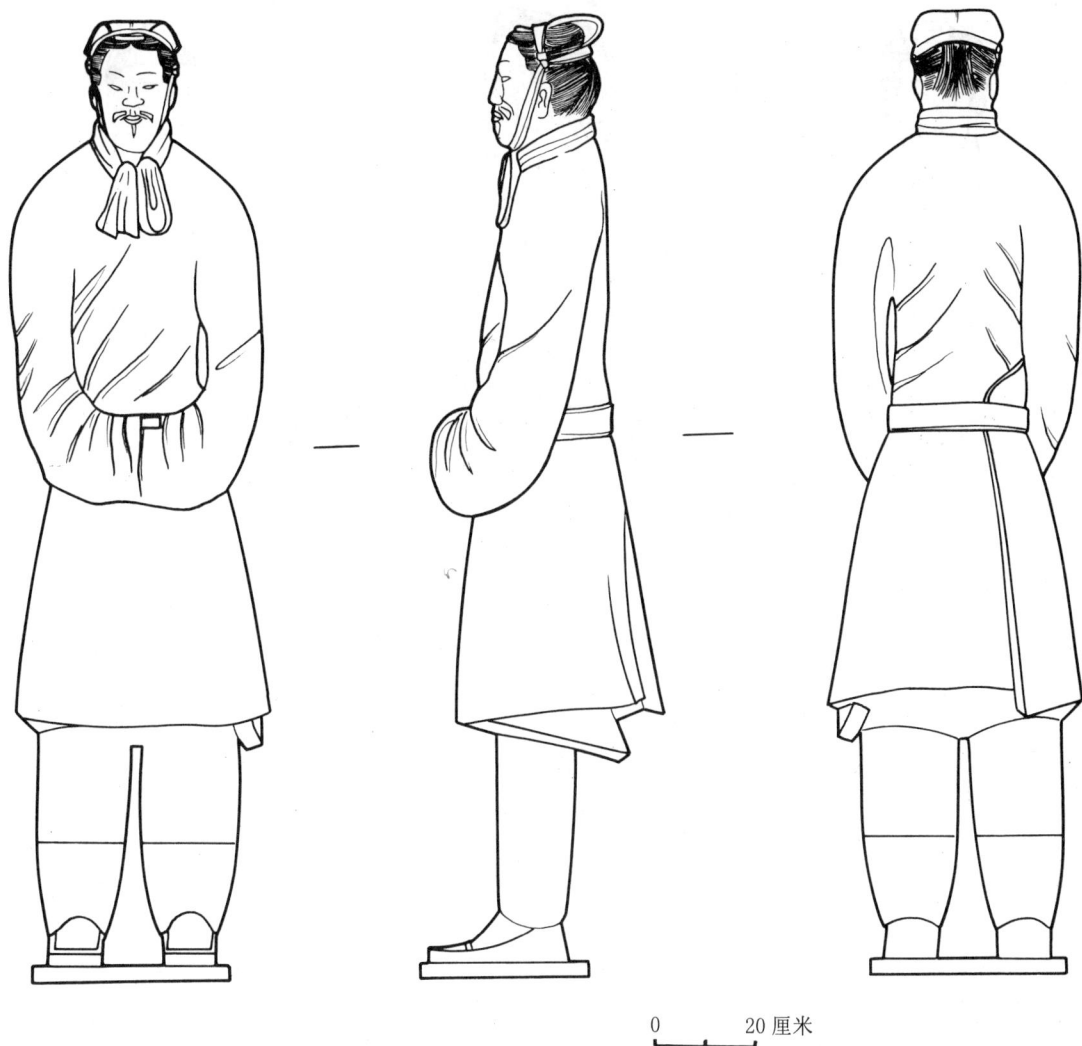

0　　　20 厘米

图四九　K0006 陪葬坑前室出土的 10 号陶俑

手交合处有一长方形孔，孔径 1.6×4 厘米。陶俑留八字形胡须，面带微笑（图五○；图版 56）。

　　12 号陶俑（K0006∶12）　　通高 185、肩宽 42 厘米。头戴双版长冠，冠带系结于颌下，上身着双层交领右衽齐膝长襦，衣襟交掩于背后。腰束革带，右腰间贴塑悬挂状的削、砥石。下着长裤，足蹬齐头方口浅履，袖手站立于长方形踏板上，踏板长 38、宽 35、厚 3 厘米。左臂与躯干间有一椭圆形孔，孔径 3×11 厘米（图五一；图版 57～59）。

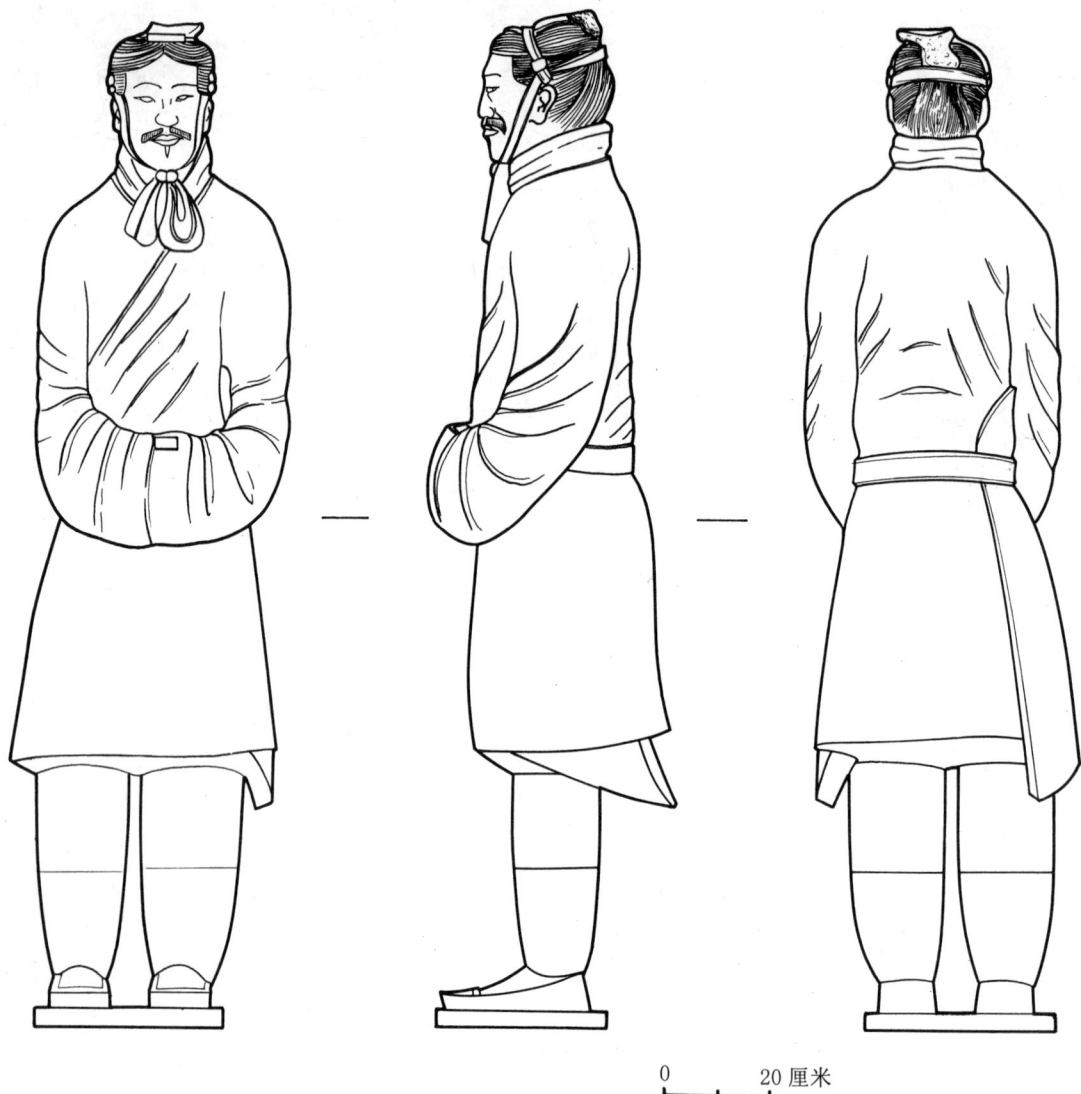

0　　　　20 厘米

图五〇　K0006 陪葬坑前室出土的 11 号陶俑

2．御手俑

3 号陶俑（K0006：3）　通高 193、肩宽 43 厘米。头绾扁髻，戴双版长冠，冠带系结于颌下，上身着单层褐红色交领右衽齐膝长襦，衣襟交掩于背后。腰束饰有黑色菱形花纹的革带，琵琶形带钩。下着长裤，足蹬齐头方口浅履，站立于长方形踏板上，踏板长 35、宽 33、厚 4 厘米。陶俑双臂前伸，双手半握拳作揽辔状（图五二；图版 60、61）。

4 号陶俑（K0006：4）　通高 185、肩宽 45 厘米。头戴单版长冠，冠带系结于颌

图五一　K0006 陪葬坑前室出土的 12 号陶俑

0　　　　20厘米

图五二　K0006 陪葬坑前室出土的 3 号陶俑

下，上身着单层交领右衽齐膝长襦，衣襟交掩于背后。腰束革带，以帽形带扣扣接。下着长裤，足蹬齐头方口浅履，站立于长方形踏板上，踏板长 37.5、宽 33.5、厚 4 厘米。陶俑双臂前伸，双手半握拳作揽辔状。

（三）陶俑服饰

已经修复的 9 件陶俑的衣着基本相同，上身着单层或双层交领右衽齐膝长襦，腰束革带，下着长裤，有的陶俑有护腿，足蹬齐头方口浅履。现将陶俑的衣着详述如下。

1. 上衣

陶俑的上衣均为交领右衽齐膝长襦，衣襟交掩于背后，领部上不壅颈，袖口宽大，下摆呈喇叭口状，并饰有褐红、粉红、绿、孔雀蓝、紫色等彩绘。其中有双层的，如标本 1 号陶俑，外衣长 105、内衣长 115 厘米（见图四五；图版 42、43）；有单层的，如标本 3 号陶俑，衣长 118 厘米（见图五二；图版 60、61）。

2. 裤

陶俑下身均着长裤，裤管紧束，呈上大下小的圆筒形，其腰部为上衣掩盖，形制不明。裤的质地厚重，似装有絮，并饰褐色彩绘。分二型。

A 型　4 件。联裆位于膝下，裤管肥大。

标本 1 号陶俑，裤管径 21 厘米（见图四五；图版 42、43）。

B 型　5 件。联裆位于膝上，裤管略瘦于 A 型。

标本 11 号陶俑，裤管径 18 厘米（见图五〇；图版 56）。

3. 护腿

2 件。呈上粗下细的筒形，自腿下部缚于长裤的外侧，至足腕及履口收束，似有带束扎。

标本 11 号陶俑，护腿长 22、最大径 18 厘米（见图五〇；图版 56）。

4. 腰带

陶俑均腰束革带，腰带宽约 4 厘米，带面为褐色。袖手俑的腰带为褐色素面，带扣系于腹部，因衣袖遮掩，其长度及扣接方式不明。御手俑的腰带按扣接方式可分二型。

A 型　1 件。琵琶形带钩。

标本 3 号陶俑，腰带饰有黑色菱形花纹，带尾有 3 个长方形孔。长 95、宽 4 厘米（见图五二；图版 60、61）。

B 型　1 件。帽形带扣。

标本 4 号陶俑，腰带原饰花纹已剥蚀不清，带尾有 3 个长方形孔。长 101、宽 3.8 厘米（图版 62）。

5. 履

陶俑均足蹬齐头方口浅履，前方后圆，履帮前低后高，大多呈褐黑色。分二型。

A 型　3 件。履头翘起。

标本 8 号陶俑，履长 28、宽 12、高 3～4 厘米（图五三，1）。标本 7 号陶俑，履后跟及两侧帮上各有一个纽鼻。履长 27.5、宽 12、高 3.5～5 厘米（图五三，2）。

B 型　6 件。履头不翘起。

标本 3 号陶俑，履长 29、宽 12、高 3～6 厘米（图五三，3）。标本 10 号陶俑，履面有一宽 1.8 厘米的履衽。履长 27、宽 11、高 3.5～7 厘米（图五三，4）。

6. 冠

陶俑均头戴长冠，冠分二型。

A 型　2 件。单版长冠。

标本 7 号陶俑，冠前段平直，后段略折上翘，尾部成三角形凹槽，下折如钩。冠长

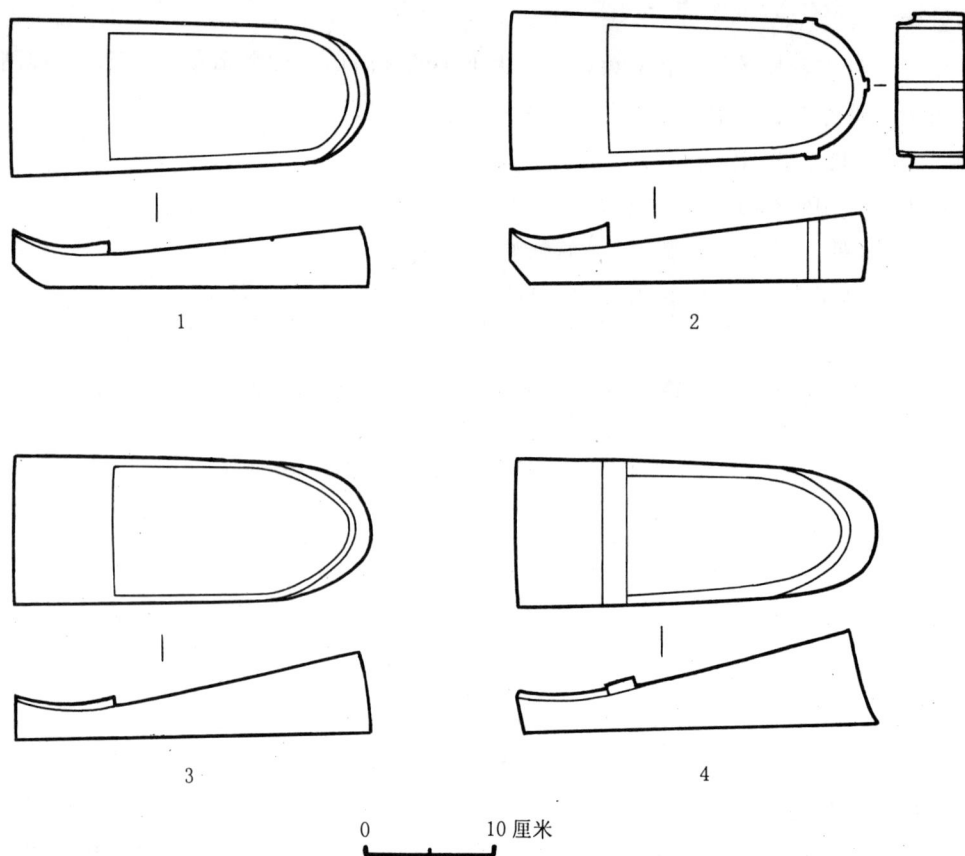

图五三　K0006陪葬坑前室出土陶俑的履

1、2.A型（K0006:8、K0006:7）　3、4.B型（K0006:3、K0006:10）

18、前端宽7.2、后端宽10.5、高11厘米（图五四，1；图版63）。

B型　7件。双版长冠。由两片大小相同的版并列拼合而成，冠版正中有一条纵缝。分二亚型。

Ba型　3件。冠版后段上翘，两版于冠顶拼合成弧形。

标本8号陶俑，冠长21、前端宽7、后端宽11、高12厘米（图五四，2；图版64、65）。

Bb型　4件。冠版后段弧平，两版于冠顶平直拼合。

标本3号陶俑，冠长18、前端宽5.5、后端宽11、高7厘米（图五四，3；图版66）。

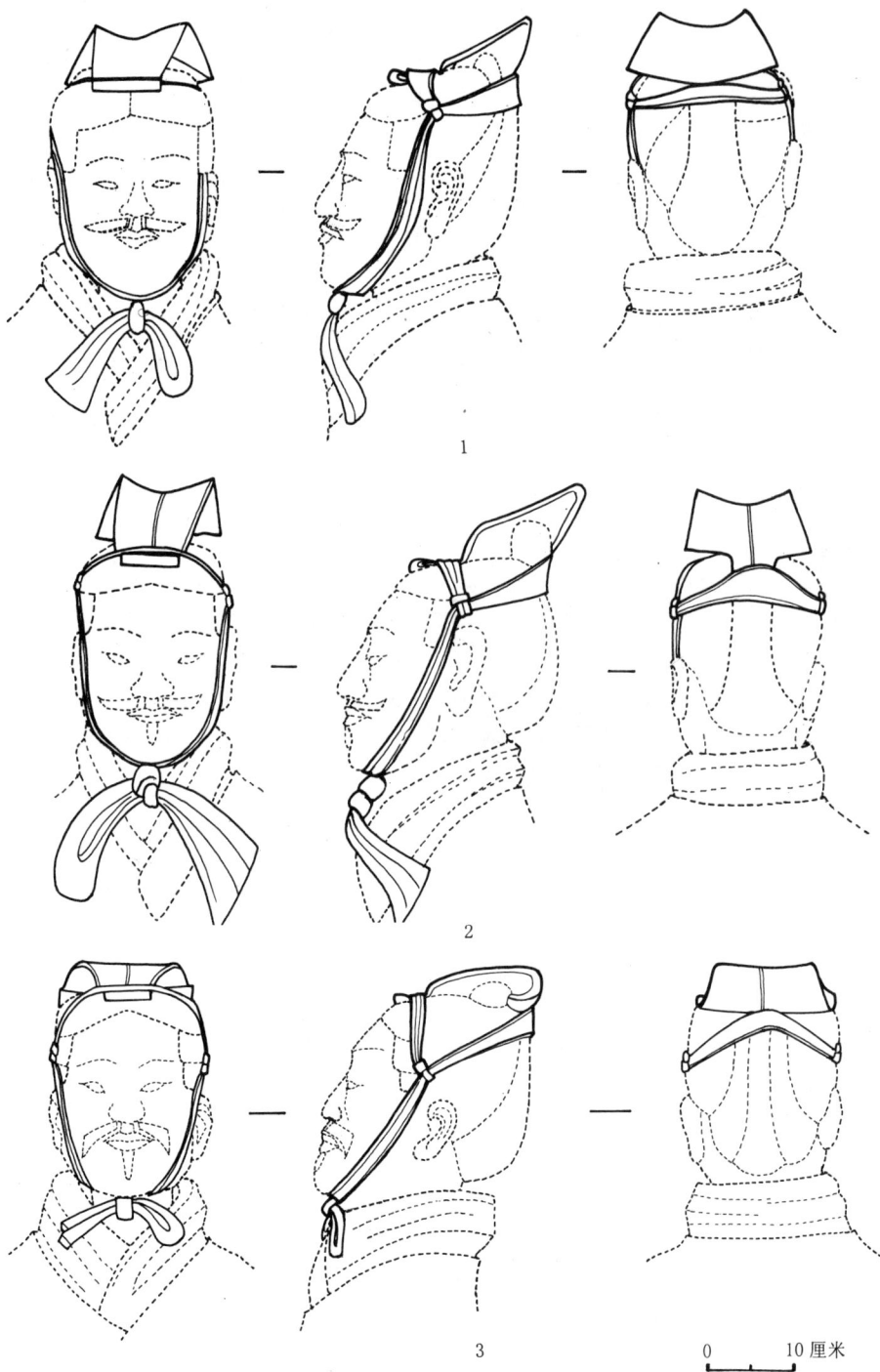

图五四　K0006 陪葬坑前室出土陶俑的冠

1.A 型（K0006:7）　　2.Ba 型（K0006:8）　　3.Bb 型（K0006:3）

六、车迹、马骨及其他随葬品

（一）车迹

在 K0006 陪葬坑前室西部、斜坡门道的入口处发现木车残迹一处，因坍塌、腐朽车迹已凌乱不堪。从清理现状看，车为单辕双轮木乘车，辕西舆东放置，辕残长 220、宽 10 厘米，衡残长 115、宽 10 厘米，舆残长 110、残宽 40 厘米，舆上发现经纬交织的舆底。在车辕上部、后部发现三处方格状的木迹，疑为车舆木栏。在车辕后部发现车辐和车轮残迹，车辐 4 根，残长 25 厘米，车轮轮牙残长 50、宽 3 厘米。在车迹间散落有铜盖弓帽 10 个（图五五；图版 67）。

北

0   1 米

图五五　K0006 陪葬坑前室出土的木车残迹

（二）马骨

在 K0006 陪葬坑后室发现大量的马骨，目前仅清理了后室西部 14.4 平方米和东部 7.22 平方米的范围。后室东部的马骨保存状况尚好，后室西部的马骨移位现象严重，骨架凌乱不堪（图五六）。在后室西部发现马头骨 4 具，后室东部发现马头骨 5 具，均头北尾南排列（见图四二；图版 68、69）。经鉴定，9 具马骨均为成年马，其中 8 具为公马，1 具为母马或被阉割的公马。按照马骨排列的密度推算，后室原应葬马 20 余匹，均头北尾南排列。后室中除一件铜环外，未见其他马具。

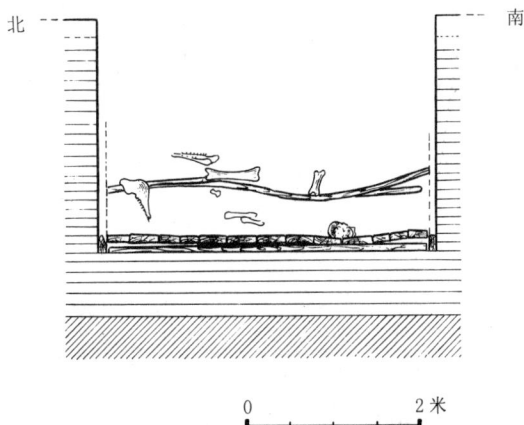

图五六　K0006 陪葬坑后室西部漂浮在棚木上的马骨

（三）其他随葬品

铜钺　4 件。出土于 K0006 陪葬坑前室厢房东壁下的铺地木上、1 号陶俑的东侧（图五七）。平面呈矩形，直刃，中部以木柄夹绑。

标本 K0006:13，两侧有木柄夹绑痕迹。长 16.4、宽 10～11、厚 0.75 厘米（图五八，1；图版 70）。

铜环　1 件。出土于 K0006 陪葬坑后室西部北壁下。

标本 K0006:17，截面呈椭圆形。外径 5.8、内径 3.2 厘米（图五八，2；图版 71）。

铜盖弓帽　10 件。出土于 K0006 陪葬坑前室西部车迹间。

标本 K0006:21，长 5.3、最大径 1.6、钩长 1.3 厘米（图五八，3；图版 72）。

陶罐　1 件。出土于 K0006 陪葬坑前室厢房的东南角（见图五七）。

标本 K0006:18，泥质灰陶。侈口，小折沿，丰肩，上腹外鼓，下腹内收，平底内凹。盖有子口，钉帽状纽。通高 67、口径 29、腹径 73、底径 26、盖径 30 厘米（图五八，4;图版 73）。

七、小　结

K0006 陪葬坑第一次发掘取得的成果，对于全面了解其内涵以及深入研究陵园陪葬坑具有十分重要的意义。

（1）陵园陪葬坑的结构具有较大的一致性。K0006 陪葬坑与已经发掘的 K9801、K9901 陪葬坑皆为地下坑道式土木结构，其施工程序和建筑形式基本相同，但与陵园外兵马俑陪葬坑的结构有所不同，后者不见铺地木和厢板。

（2）K0006 陪葬坑是中央政府权力机构在地下的反映。K0006 陪葬坑中发现的 12

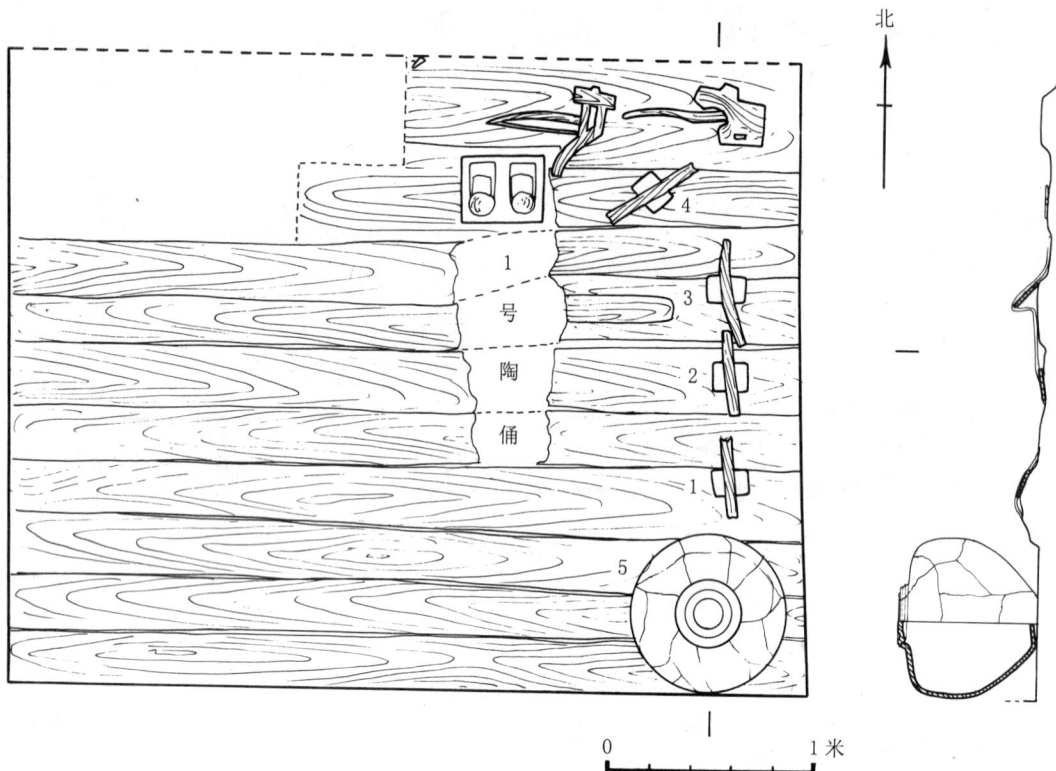

图五七　K0006 陪葬坑前室铜钺、陶罐出土现状

1～4.铜钺（K0006:13、K0006:14、K0006:15、K0006:16）　5.陶罐（K0006:18）

件陶俑，无论是袖手俑还是御手俑均头戴长冠。据传长冠是刘邦发明的，《史记·高祖本纪》："高祖为亭长，乃以竹皮为冠，令求盗之薛治之，时时冠之，及贵常冠，所谓'刘氏冠'乃是也。"颜师古云："其后诏曰'爵非公乘以上不得冠刘氏冠'。"汉承秦制，为"公乘"八级爵，则秦代戴长冠者的爵位至少为八级，那么 K0006 陪葬坑中陶俑的身份当不低于八级爵位。袖手俑右腰间贴塑的削应为书刀，在江陵凤凰山 168 号汉墓中发现与此相类的铜书刀[①]；袖手俑右腰间贴塑的砥石在洛阳一座战国早期墓中也有发现[②]，有砥砺书刀之用。袖手俑的左臂与躯干间均有一椭圆形孔，孔中没有发现遗物，推测原应插有简牍。由此可见，袖手俑均是有至少八级公乘爵位的文官，从汉陵陪葬坑出土的官府印章资料分析，K0006 陪葬坑应为由文官主导的中央政府权力机构。

（3）K0006 陪葬坑可能象征秦代主管监狱与司法的廷尉。K0006 陪葬坑的前室厢房

① 纪南城一六八号汉墓发掘整理小组：《湖北江陵凤凰山一六八号汉墓发掘简报》，《文物》1975 年 9 期。
② 洛阳市第二文物工作队：《洛阳（洛界）高速公路伊川段 LJYM74 发掘简报》，《文物》2001 年 6 期。

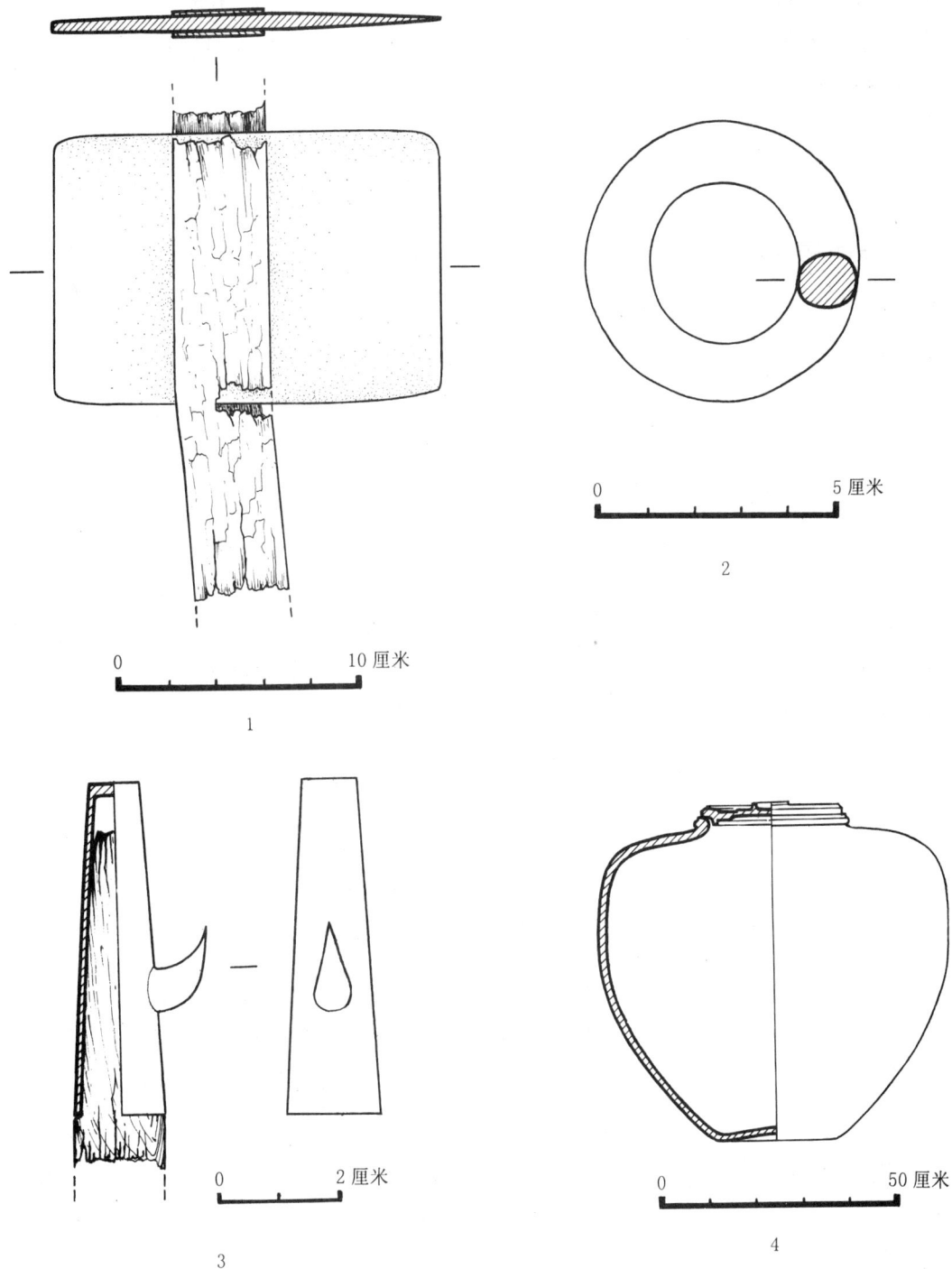

图五八　K0006 陪葬坑出土的其他随葬品

1. 铜钺（K0006：13）　2. 铜环（K0006：17）　3. 铜盖弓帽（K0006：21）　4. 陶罐（K0006：18）

中出土了 4 件铜钺，同时 2 件袖手俑双手交合处均有一长方形孔，孔的大小与夹绑铜钺的木柄大小相近，推测这 2 件袖手俑应为执钺者，并结合该陪葬坑的其他情况，我们认为 K0006 陪葬坑可能象征的是秦代由文职人员执掌的主管监狱与司法的廷尉。

第五节　　K0006 陪葬坑出土陶俑的制作工艺

K0006 陪葬坑出土陶俑的制作工艺与秦兵马俑及 K9901 陪葬坑出土的彩绘百戏陶俑基本相同，即以塑为主，塑模结合。陶俑的制作程序大体可分为制胎、焙烧、彩绘三个阶段，现分阶段叙述如下。

一、制　　胎

陶俑的泥胎制作又可分为初胎制作和细部修饰两个步骤。

（一）初胎制作

1. 踏板、履

踏板呈长方形，四侧面及正面均为素面，底面粗糙并留有粗绳纹的印痕。踏板的制作程序是先将泥条填入长方形踏板模具中，再用缠有粗绳的木棒拍打成型，然后将踏板模具翻过来堆塑陶俑的履，履和踏板间没有接合面（图五九）。

2. 腿

陶俑均上着齐膝长襦，因此腿的塑造一般只及膝下。已修复的 9 件陶俑腿有粗、细两种，粗为空心腿，细者为实心腿。空心腿系以泥条盘筑法成型，所用泥条宽约 5 厘米，中空部分高 25、壁厚 5 厘米，其下端和足跟相连处为实心（图六〇，1）。实心腿是用泥片卷搓后锤打成型的（图六〇，2）。

3. 躯干

陶俑的躯干采用由下而上、逐层叠塑的泥条盘筑法，其制作程序是先在陶俑双腿的上部覆泥制作躯干下部的底盘，底盘一般呈椭圆形，长 51、宽 31 厘米，为防止底盘在制作过程中下坠，在其下部用木架等支撑（图六一）；然后在底盘上自下而上用泥条盘筑法制作躯干的初形，所用泥条宽约 4 厘米；最后用工具拍打躯干的内、外壁进行修整，内壁发现有木棒挤压痕、粗绳纹印痕以及手指压印纹等制作痕迹（图六二）。当陶俑躯干基本制成后，再在肩部用缠有绳纹的工具拍打出凹凸不平的粘合面，以便双臂与之能紧密接合（图六三）。

4. 手臂

陶俑的手臂均是单独泥条盘筑成型后粘接于躯干的两侧，周边覆泥加固、抹光，其

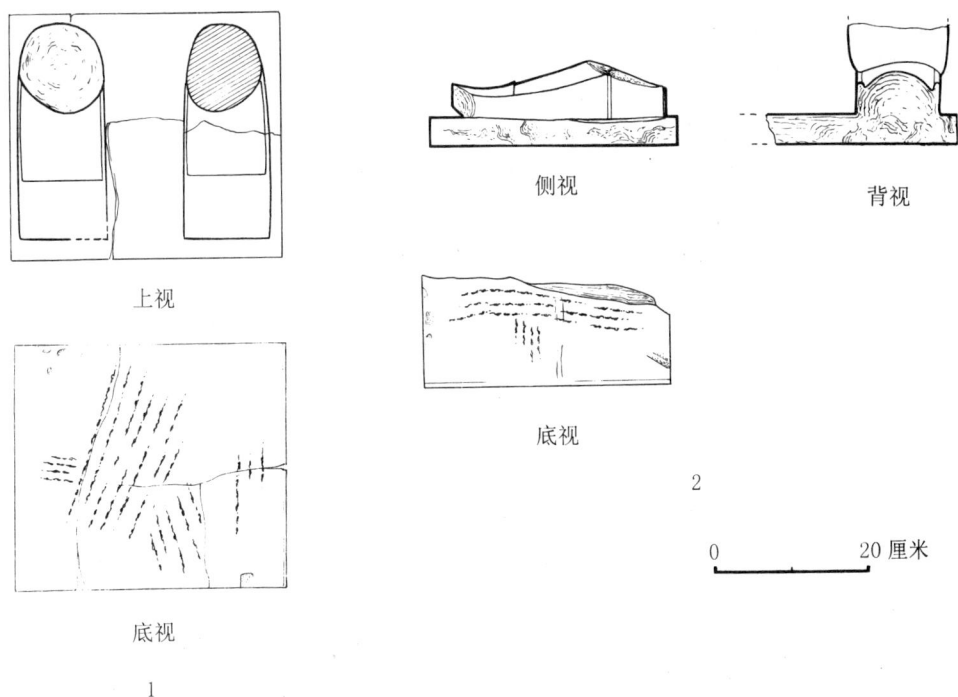

上视

底视

1

侧视

背视

底视

2

0　　　　　　20 厘米

图五九　K0006 陪葬坑出土陶俑踏板、履的制作痕迹
1.踏板　2.履

中袖手俑双手交合处的下方曾以木架支撑
以防在制作过程中手臂脱落。御手俑的双
手是塑模成型后插于袖筒内，再以泥条塞
实并抹光（图六四）。

5.头

陶俑头的制作程序是先用前后合模法
制作头的初胎，合模线位于耳后；然后覆
泥堆塑后脑、发髻；最后粘接上模制的颈、
耳朵以及长冠等，并将接合处用细泥抹光。
头颈内中空，内壁凹凸不平并留有制作痕
迹，有的陶俑颈部用泥块封堵或为实心。

（二）细部修饰

陶俑的初胎制成后，要对其各部位二
次覆泥，并进行细部修整和雕饰，刻画出

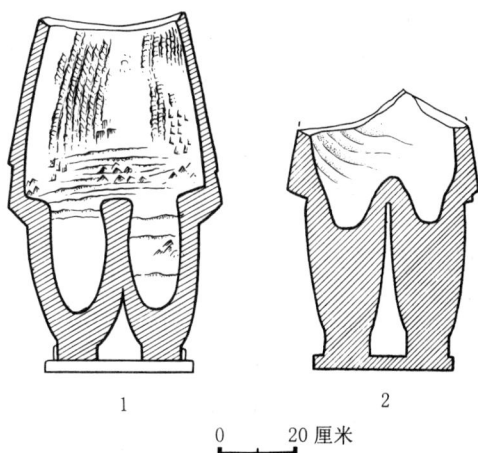

1　　　　　　2

0　　20 厘米

图六〇　K0006 陪葬坑出土陶俑腿的制作痕迹
1.空心腿　2.实心腿

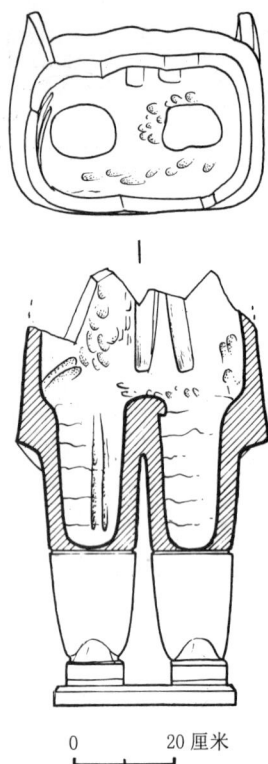

图六一　K0006 陪葬坑出土陶俑
　　　　底盘的制作痕迹

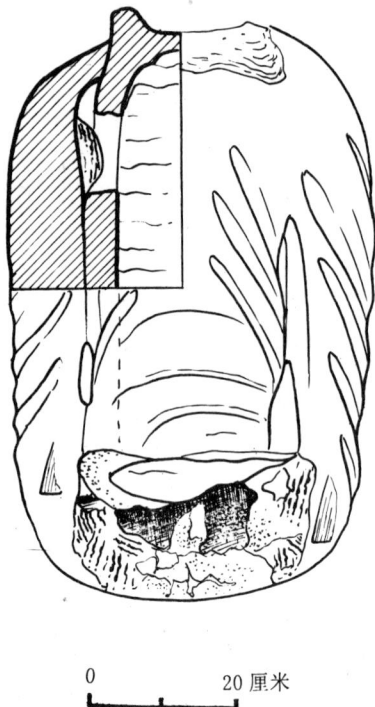

图六二　K0006 陪葬坑出土陶俑躯干
　　　　内壁的制作痕迹

陶俑的衣着、姿态和神情，从而使陶俑的形象生动多姿。

1.头

根据陶俑的身份、性格、表情，雕刻出不同特点的眼、鼻、嘴以及面部肌肉。胡须是先粘贴泥片再刮削、刻划进行细部修饰。双耳是先单模制成后再粘接于面颊上。发髻是用覆泥法堆塑，依据造型与部位的不同，覆泥的厚薄不均，其后再用篦状工具刻划出发丝；发股是先捏塑成型，再用篦状工具刻划出发丝。陶俑的面部及发髻修饰完后，再将单独制成的长冠和冠带粘贴于头部，冠带及系结的纽鼻用刀等工具刻划修饰(图六五)。

2.躯干、腿

陶俑躯干的修饰是用刀等工具刻划出粗细不一的线条来表现衣褶、衣襟，并用堆塑减地法雕刻出衣领以及袖口的折痕。袖手俑的腰带是用泥片粘贴而成的；御手俑的腰带则为线雕而成，再刻划出带孔，堆塑出带钩、带扣。陶俑腿是先用刀刮削出腿形，再打磨光滑，有的陶俑还用工具刻划出护腿。

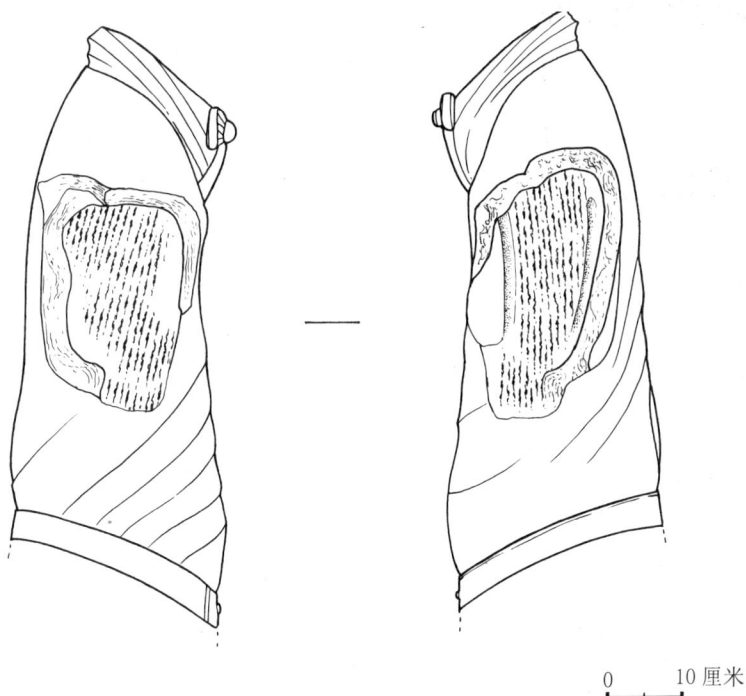

0　　　10厘米

图六三　　K0006 陪葬坑出土陶俑肩、臂接合处的制作痕迹

3. 履

陶俑履的修饰是用减地法雕刻出履形，有的履切削成翘尖式，有的履面用工具刻画出履絣，有的履后跟及两侧帮上浅雕出穿带用的纽鼻。足面的筋骨、肌肉也经过了细致的刻划。

二、焙　　烧

陶俑的泥胎经过初胎制作和细部修饰，待其完全阴干后即可放入窑内焙烧。从目前出土的陶俑看，陶色均为青灰色，质地坚硬，烧结程度较好，没有夹生现象，其烧成温度应为 1000℃ 左右。在烧制过程中为通气流畅，防止炸裂，还在陶俑的躯干部位留有透气孔，以便泥胎受火均匀、通体温度一致。

三、彩　　绘

陶俑经过焙烧后则需进行彩绘。首先在陶俑身上涂一层黑褐色的生漆作底，然后

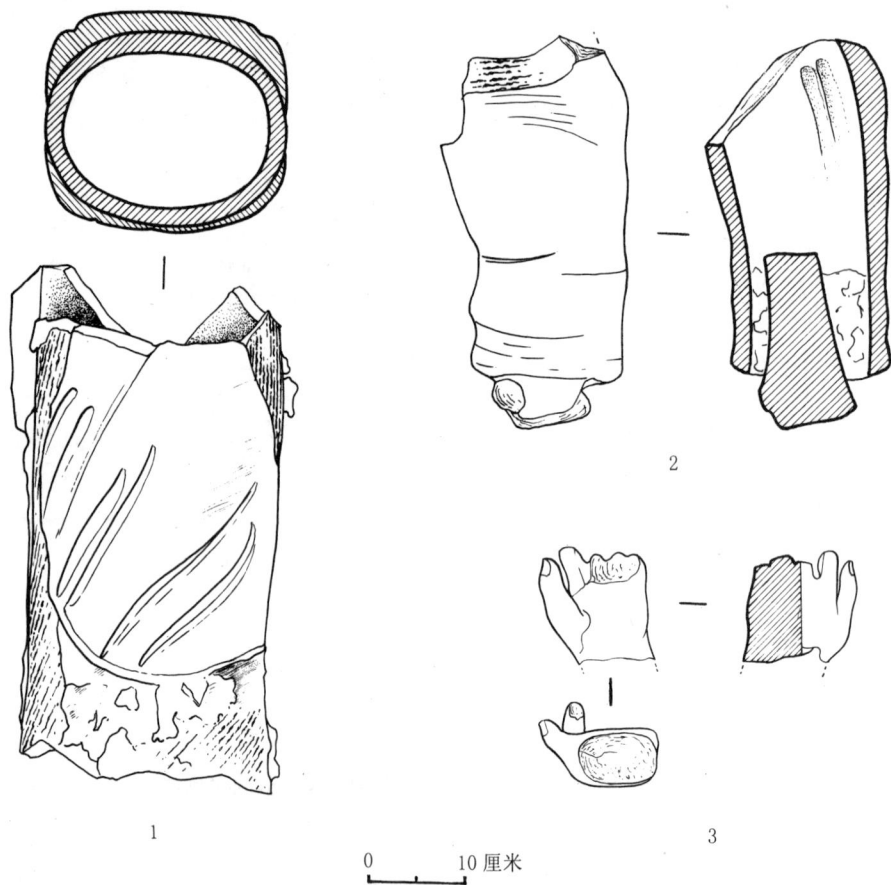

0 —— 10 厘米

图六四　K0006 陪葬坑出土陶俑手臂的制作痕迹

1. 袖手俑臂　2. 御手俑臂　3. 御手俑手

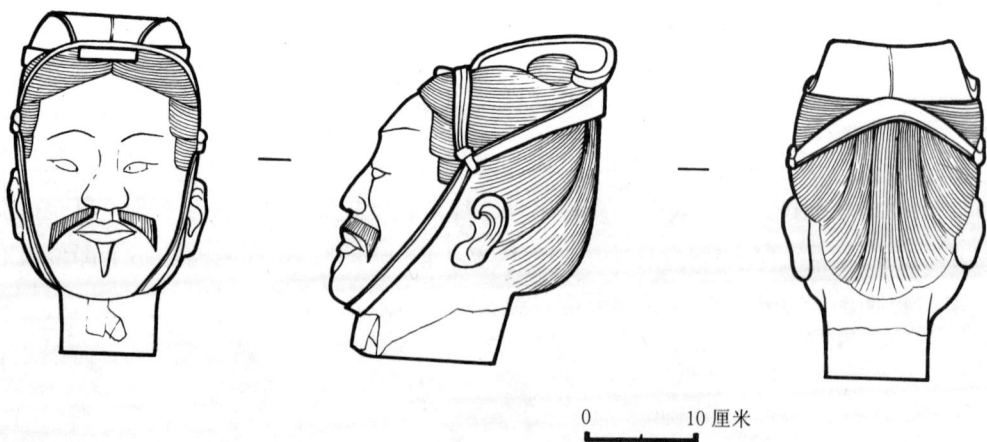

0 —— 10 厘米

图六五　K0006 陪葬坑出土陶俑头部修饰

在其不同部位用不同的颜色涂彩装饰：面部以粉色打底，在粉色上饰粉红色，表现出人体的自然肤色；衣领、衣袖饰红色；袍饰粉色、粉红色、红色、褐色等；裤饰粉红色、褐色；手和足饰粉白色；腰带饰褐色，御手俑的腰带上还用黑色绘出菱形几何图案；削、砥石囊饰粉红色，等等。经过彩绘的陶俑，神情各异，生动活泼，栩栩如生。

第六节　K9801T2G2 甲 4 整理报告

K9801T2G2 甲 4 位于 K9801 陪葬坑 T2G2 中部偏南，与 K9801T2G2 甲 1 同在一处，甲 1 的整理与修复情况见《秦始皇帝陵园考古报告（1999）》[①]。在甲 1 的基础上，对于甲 4，我们拟定了更加科学的清理、提取和修复整理计划。这次工作大体可分为三个步骤：一是现场清理与提取；二是将甲 4 移至室内进行拼对修复；三是进行资料的系统整理。为便于整理，我们对铠甲和甲片的一些部位作了相应的规定：①将铠甲的横向甲片定为排、纵向甲片定为列；铠甲分为主体部位和非主体部位两大部分，其中主体部位包括领、肩、前后身上旅、前后腰，非主体部位包括前后身下旅、左右披膊（图六六）。②将任一甲片按正方向放置，从上开始，顺时针依上、右、下、左的顺序将各边分别定名为 A、B、C、D、E 边；相应各角分别定名为 AB、BC、CD、DE、EA 角（图六七）。

一、现场清理与提取

由于甲 4 曾遭到大火焚烧，因而保存不完整，甲片裂隙、层解现象较严重，但其形制比较完整，在现场可以清楚地观察到其结构和编缀情况（图六八、六九；图版 74、75）。首先我们对甲片进行细部清理，按出土现状从上至下统一编号，并将写有编号的标签纸粘贴在甲片上；然后将涤纶膜平铺在甲 4 上，绘出现状图，尤其要注意甲片的叠压关系、铜丝穿连线路、丝带痕迹及文字、刻划符号等，并对其做相应的文字和图像记录；最后进行局部整体提取，先提取第一层甲片，再提取第二层甲片。

二、甲 4 甲片的类型

依据甲片的平面形状，将甲 4 实有甲片 325 片分为 8 类，现将各类甲片的情况介绍

---

① 陕西省考古研究所、秦始皇兵马俑博物馆：《秦始皇帝陵园考古报告（1999）》，科学出版社，2000 年。

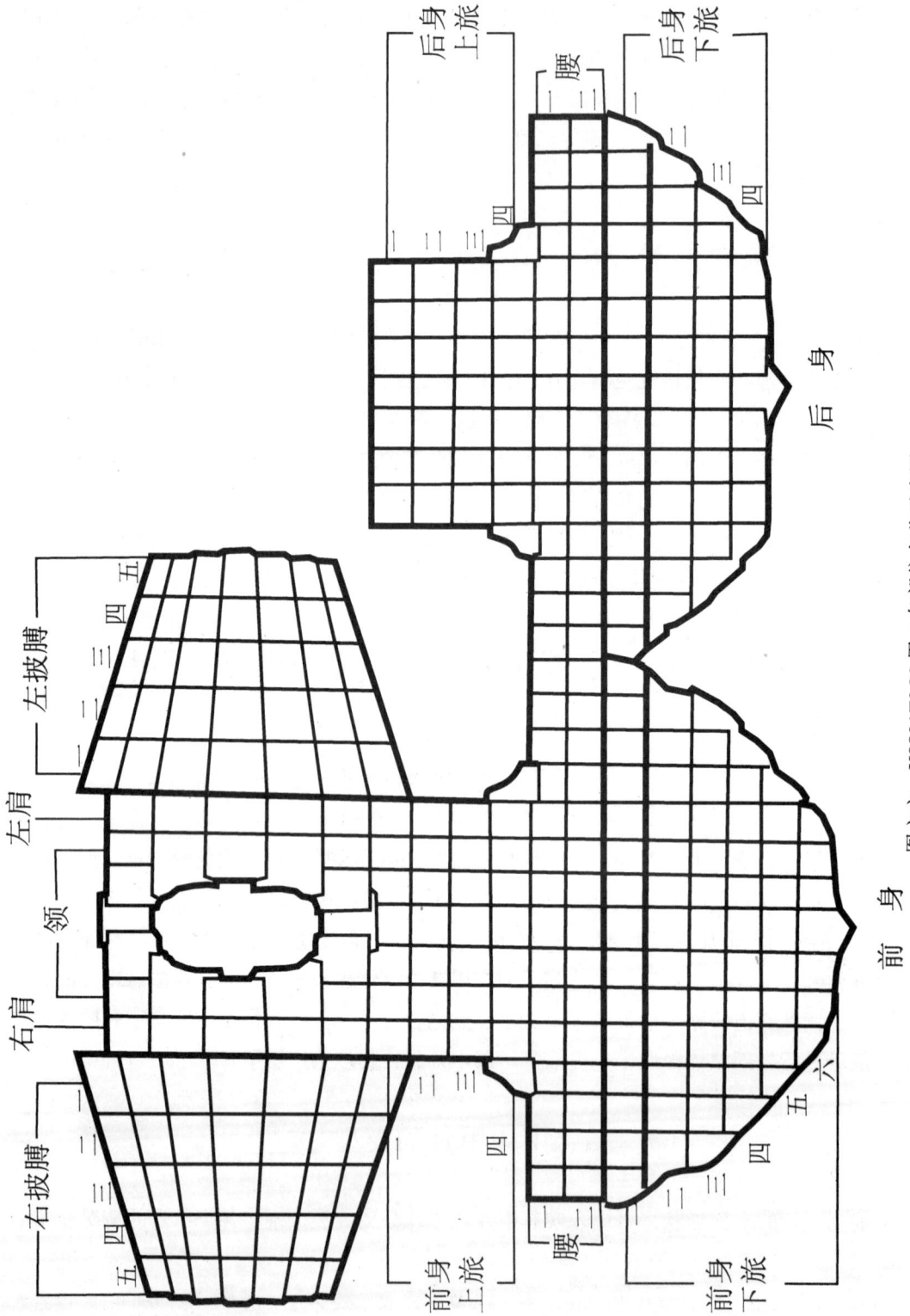

图六六　K9801T2G2 甲 4 各部位名称示意图

（图中一～六代表不同部位甲片的排数）

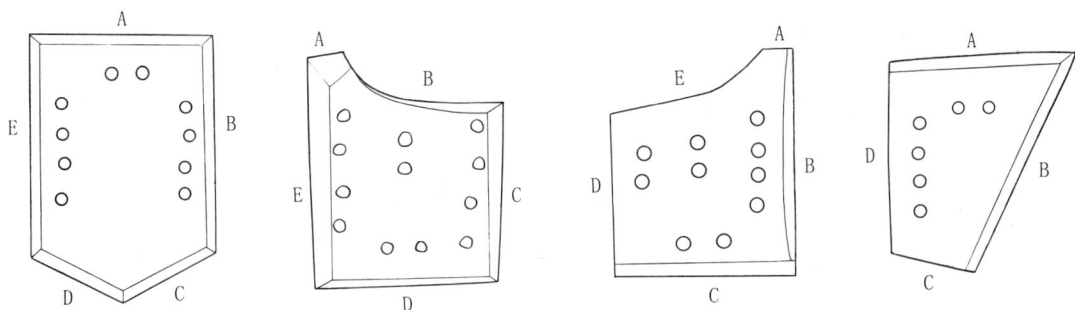

图六七　K9801T2G2甲4甲片各边名称示意图

如下。

（一）第一类

共计189片，平面为纵长方形，纵向长度大于横向宽度。此类甲片构成了甲4前后身上下旅和腰部（图版76）。依据甲片A、C边的布孔情况，分七型。

A型　25片。A、C边有横排2孔，B、D边有纵列4孔。依甲片抹棱和抹角的组合形式，分四亚型。

Aa型　6片。甲片正面B、C、D边有抹棱，AB、DA角有抹角（图七〇，1）。该型甲片位于甲4前身上旅和前腰正中一列。

Ab型　7片。甲片正面B、C、D边有抹棱，AB角有抹角（图七〇，2）。该型甲片位于甲4前身上旅中片左侧。

Ac型　5片。甲片正面C、D边有抹棱，DA角有抹角（图七〇，3）。该型甲片位于甲4前后身上旅和前后腰右半部。

Ad型　7片。甲片正面B、C边有抹棱，AB角有抹角（图七〇，4）。该型甲片位于甲4前后身上旅和前后腰左半部。

B型　97片。A边有横排2孔，B、D边有纵列4孔，C边无孔。依甲片抹棱和抹角的组合形式，分五亚型。

Ba型　13片。甲片正面A、B、D边有抹棱，BC、CD角有抹角（图七〇，5）。该型甲片位于甲4前后身下旅正中一列。

Bb型　13片。甲片正面A、B、D边有抹棱，BC、CD角有抹角；甲片背面AB角有抹角（图七〇，6）。该型甲片位于甲4前后身下旅左半部。

Bc型　38片。甲片正面A、B边有抹棱，BC角有抹角（图七〇，7）。该型甲片位于甲4前后身下旅左半部。

Bd型　32片。甲片正面A、D边有抹棱，CD角有抹角（图七〇，8）。该型甲片位

北

0　　5厘米

图六八　K9801T2G2甲4第一层（前身）平面图

图六九 K9801T2G2甲4第二层（后身）平面图

于甲4前后身下旅右半部。

Be型 1片。甲片正面B、C边有抹棱，无抹角（图七〇，9）。该型甲片位于甲4领部。

C型 2片。A边无孔，B、D边有纵列4孔，C边有横排2孔。依甲片抹棱和抹角的组合形式，分二亚型。

Ca型 1片。甲片正面B、C、D边有抹棱，AB、DA角有抹角（图七一，1）。该型甲片位于甲4前身上旅第一排右半部。

Cb型 1片。甲片正面C、D边有抹棱，DA角有抹角（图七一，2）。该型甲片位于甲4前身上旅第一排右半部。

D型 18片。A、C边有横排2孔，B边有纵列4孔，D边无孔。依甲片抹棱和抹角的组合形式，分四亚型。

Da型 2片。甲片正面A、B、D边有抹棱，BC角有抹角（图七一，3）。该型甲片位于甲4前后身上旅右边缘一列。

Db型 7片。甲片正面B、C、D边有抹棱，AB角有抹角（图七一，4）。该型甲

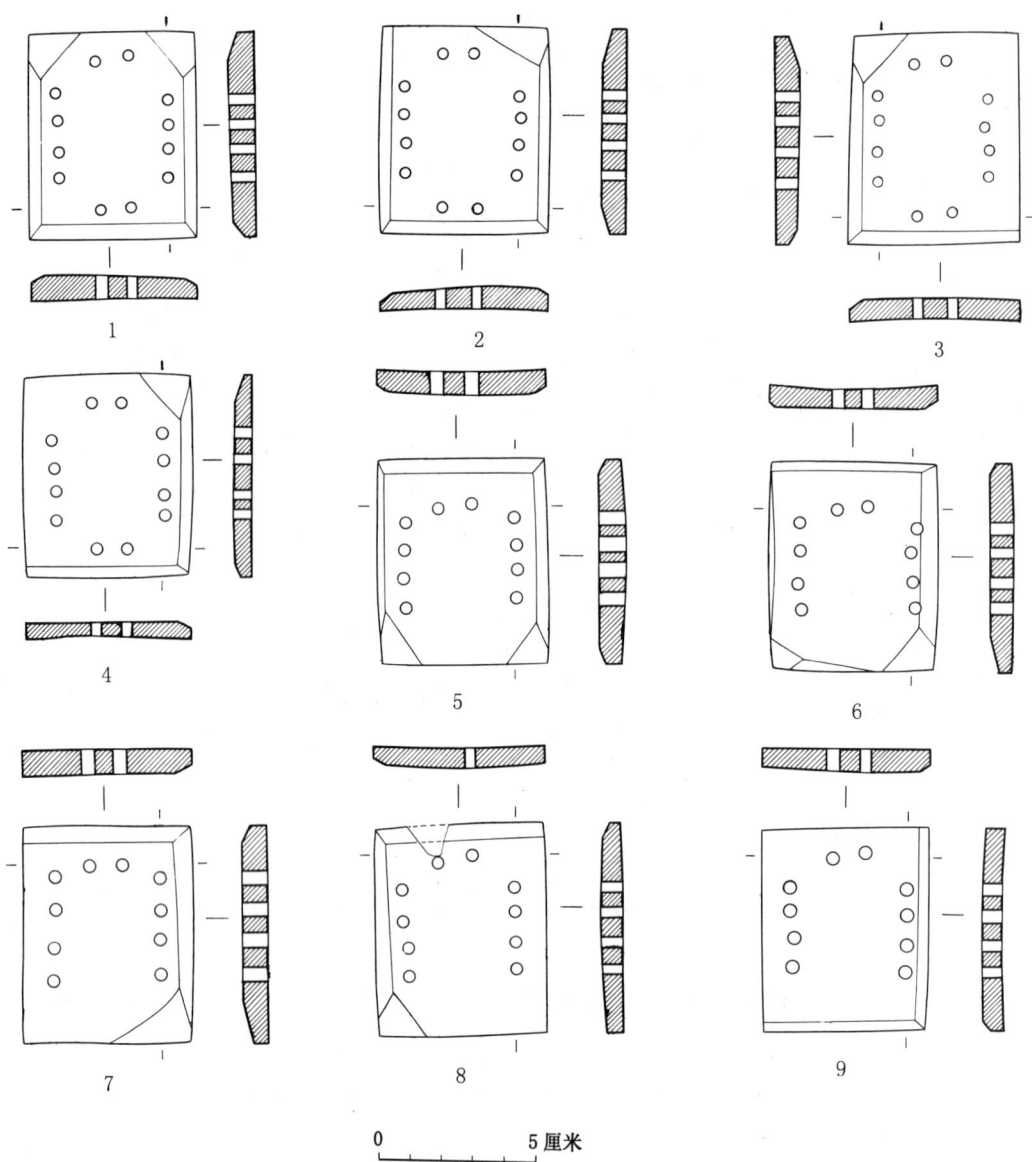

图七〇　K9801T2G2 甲 4 第一类 A、B 型甲片

1.Aa 型　2.Ab 型　3.Ac 型　4.Ad 型　5.Ba 型　6.Bb 型　7.Bc 型　8.Bd 型　9.Be 型

片位于甲 4 后身上旅左边缘一列。

　　Dc 型　2 片。甲片正面 C、D 边有抹棱，无抹角（图七一，5）。该型甲片位于甲 4 前身上旅右边缘一列。

　　Dd 型　7 片。甲片正面 A、C、D 边有抹棱，无抹角（图七一，6）。该型甲片位于

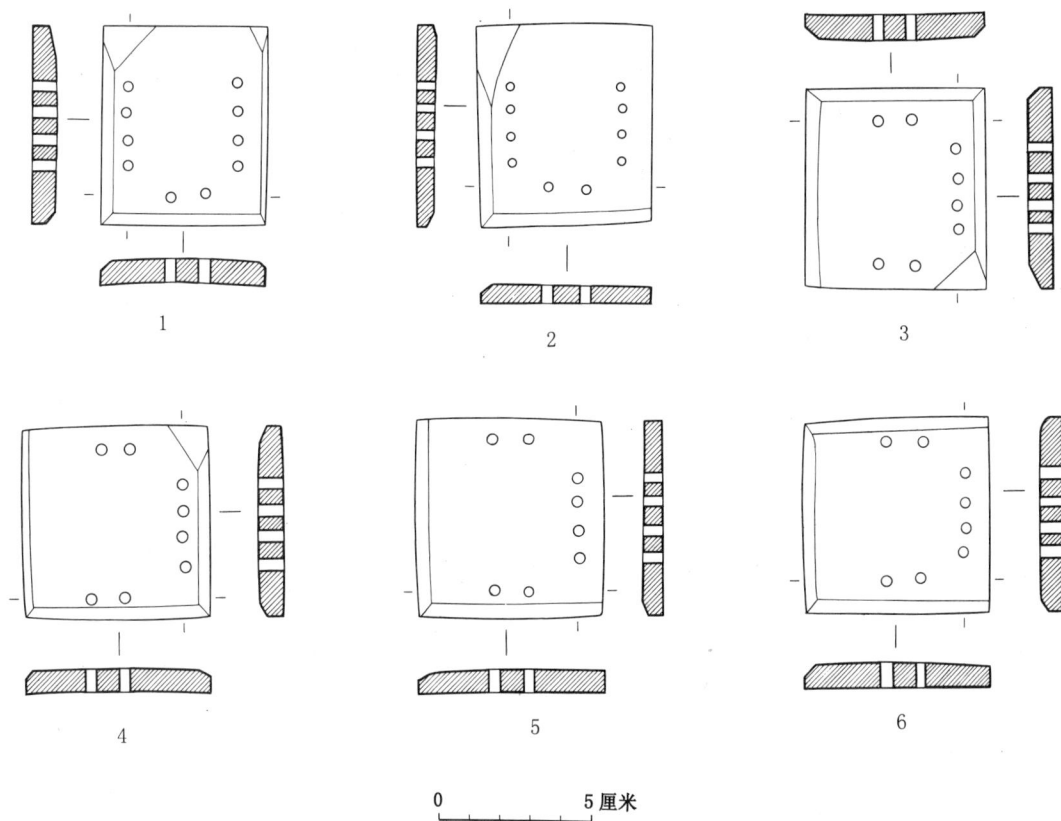

图七一　K9801T2G2甲4第一类C、D型甲片
1.Ca型　2.Cb型　3.Da型　4.Db型　5.Dc型　6.Dd型

甲4前身腰部右边缘一列。

E型　14片。A、C边有横排2孔，B边无孔，D边有纵列4孔。依甲片抹棱和抹角的组合形式，分二亚型。

Ea型　7片。甲片正面B、C、D边有抹棱，DA角有抹角（图七二，1）。该型甲片位于甲4后身上旅和后腰右边缘一列。

Eb型　7片。甲片正面B、C边有抹棱（图七二，2）。该型甲片位于甲4前身上旅左边缘一列。

F型　3片。A、C边有横排2孔。依甲片抹棱和抹角的组合形式，分二亚型。

Fa型　1片。B边有纵列4孔，D边有纵列2孔。甲片正面B、C边有抹棱；甲片背面AB角有抹角（图七二，3）。该型甲片位于甲4后领左半部。

Fb型　2片。B边有纵列2孔，D边有纵列4孔。甲片正面C、D边有抹棱（图

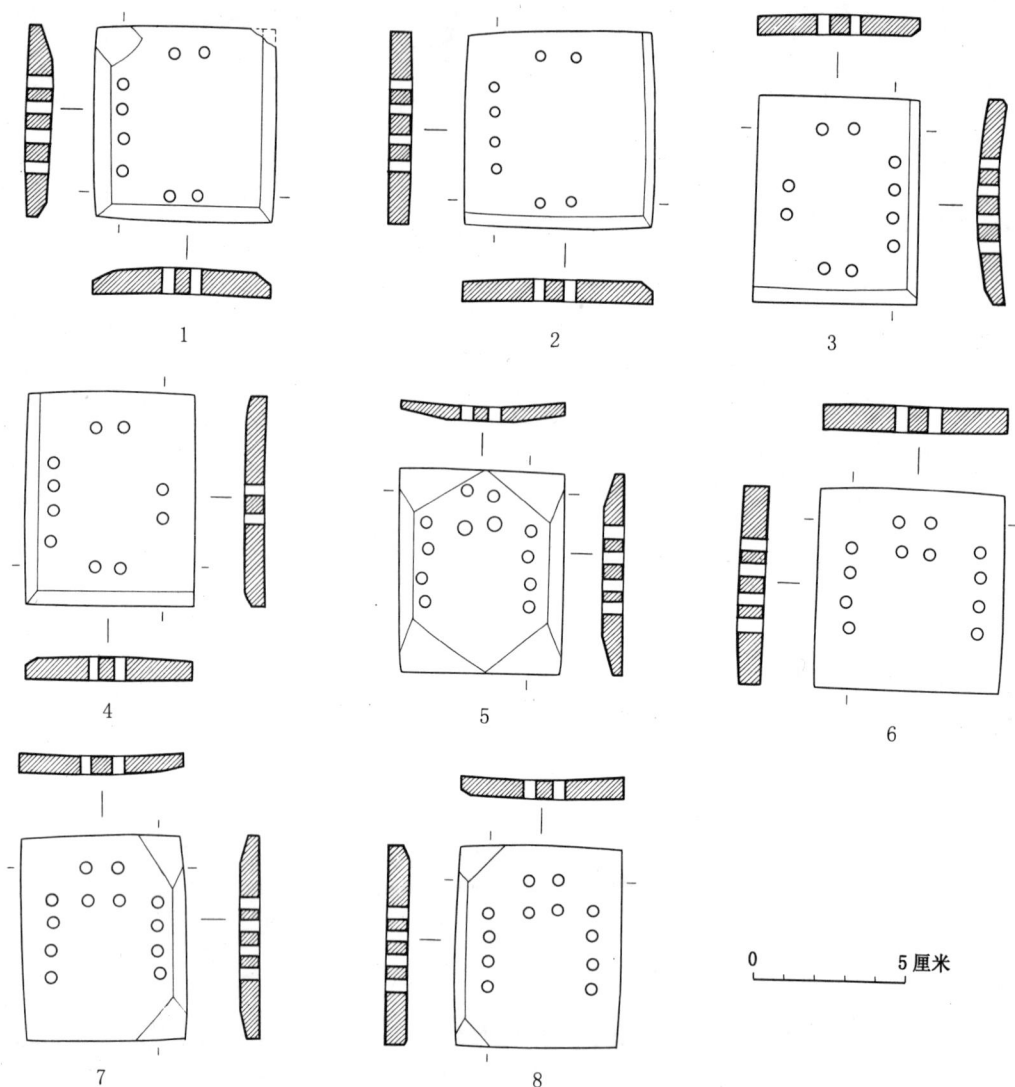

图七二　K9801T2G2甲4第一类E、F、G型甲片

1.Ea型　2.Eb型　3.Fa型　4.Fb型　5.Ga型　6.Gb型　7.Gc型　8.Gd型

七二，4）。该型甲片位于甲4前领左半部和后领右半部。

　　G型　30片。A边有横排2组4孔，B、D边有纵列4孔，C边无孔。依甲片抹棱和抹角的组合形式，分四亚型。

　　Ga型　1片。甲片正面B、D边有抹棱，四角均有抹角（图七二，5）。该型甲片为甲4前身下旅最上排中间片。

　　Gb型　1片。甲片无抹棱、抹角（图七二，6）。该型甲片为甲4后身下旅最上排中间片。

Gc 型　14 片。甲片正面 B 边有抹棱，AB、BC 角有抹角（图七二，7）。该型甲片位于甲 4 前后身下旅最上排甲片左半部。

Gd 型　14 片。甲片正面 D 边有抹棱，CD、DA 角有抹角（图七二，8）。该型甲片位于甲 4 前后身下旅最上排甲片右半部。

（二）第二类

共计 12 片，平面为横长方形，横向宽度大于纵向长度。此类甲片构成了甲 4 领部中片及后身上下旅中片（图版 77）。依据甲片 A、C 边的布孔情况，分四型。

A 型　6 片。A、C 边有横排 2 孔，B、D 边有纵列 4 孔。依甲片抹棱和抹角的组合形式，分二亚型。

Aa 型　3 片。甲片正面 C 边有抹棱；甲片背面 BC、CD 角有抹角（图七三，1）。该型甲片位于甲 4 后身上旅正中一列。

Ab 型　3 片。甲片正面 C 边有抹棱；甲片正背面 BC、CD 角皆有抹角（图七三，2）。该型甲片位于甲 4 后身上旅和后腰正中一列。

B 型　2 片。A 边有横排 2 孔，B、D 边有纵列 4 孔，C 边无孔。甲片正面 A 边有抹棱；甲片背面 AB、DA 角有抹角（图七三，3）。该型甲片位于甲 4 后身下旅正中一列。

C 型　1 片。A 边无孔，B 边有纵列 4 孔，C 边有横排 2 孔，D 边有纵列 2 孔。甲片正面 B、C、D 边有抹棱（图七三，4）。该型甲片为甲 4 前领中间片。

D 型　3 片。A 边有纵列 2 孔，B、D 边有纵列 4 孔，C 边有横排 2 孔。依甲片抹棱和抹角的组合形式，分二亚型。

Da 型　2 片。甲片正面 A、B、D 边有抹棱，BC、CD 角有抹角（图七三，5）。该型甲片为甲 4 左右领中间片。

Db 型　1 片。甲片正面 C 边有抹棱；甲片背面 CD 角有抹角（图七三，6）。该型甲片为甲 4 后领中间片。

（三）第三类

共计 16 片，平面略呈上宽下窄的直角梯形，此类甲片构成了甲 4 前后身下旅左右两侧的边缘（图版 78）。依据甲片 A 边的布孔情况，分二型。

A 型　2 片。A 边有横排 2 组 4 孔，C 边无孔；无抹棱、抹角现象。依甲片 B、D 边的布孔情况，分二亚型。

Aa 型　1 片。D 边有纵列 4 孔，B 边无孔（图七四，1）。该型甲片位于甲 4 后身下旅最上排的左边缘。

Ab 型　1 片。B 边有纵列 4 孔，D 边无孔（图七四，2）。该型甲片位于甲 4 后身下

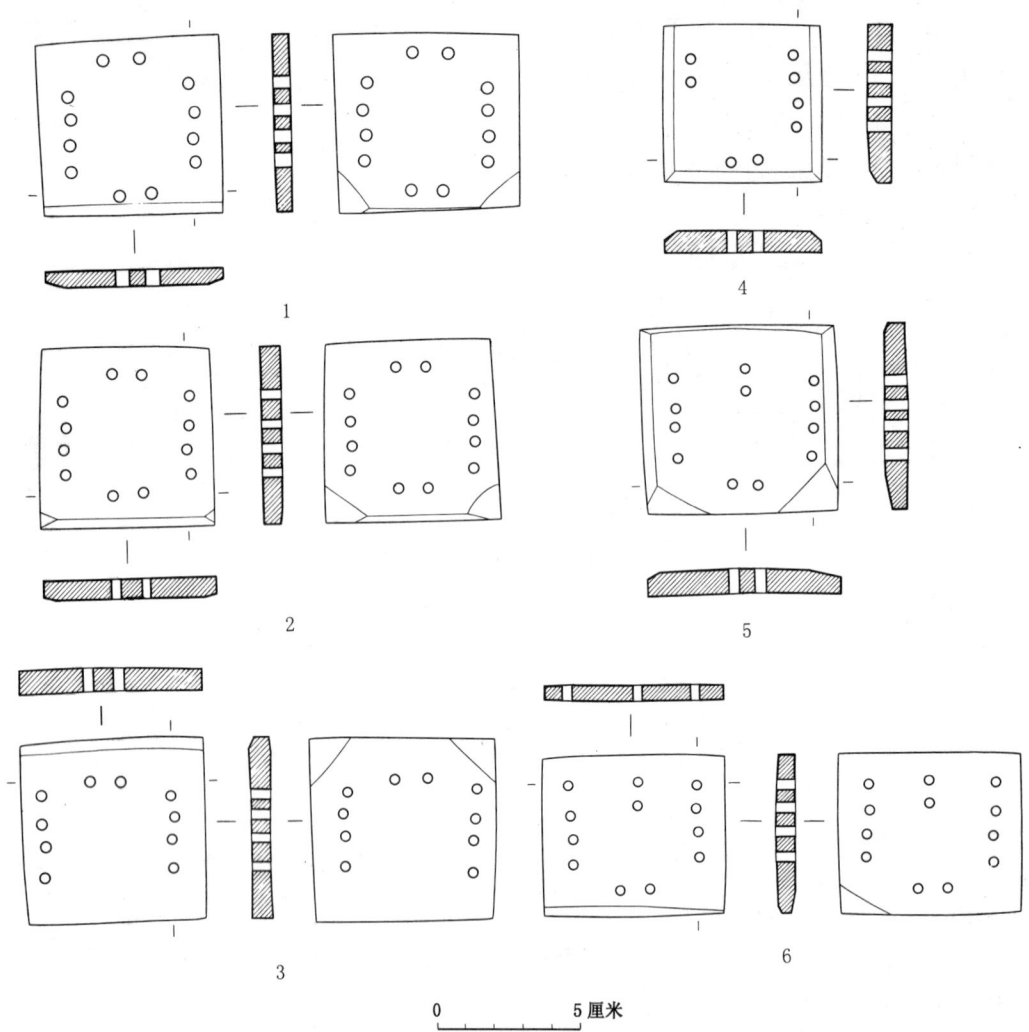

图七三　K9801T2G2甲4第二类甲片

1.Aa型　2.Ab型　3.B型　4.C型　5.Da型　6.Db型

旅最上排的右边缘。

　　B型　14片。A边有横排2孔，C边无孔。依甲片B、D边的布孔情况以及甲片抹棱和抹角的组合形式，分三亚型。

　　Ba型　7片。D边有纵列4孔。甲片正面A、B边有抹棱（图七四，3）。该型甲片位于甲4后身下旅右边缘和前身下旅左边缘。

　　Bb型　6片。B边有纵列4孔。甲片正面A、D边有抹棱（图七四，4）。该型甲片位于甲4前身下旅右边缘和后身下旅左边缘。

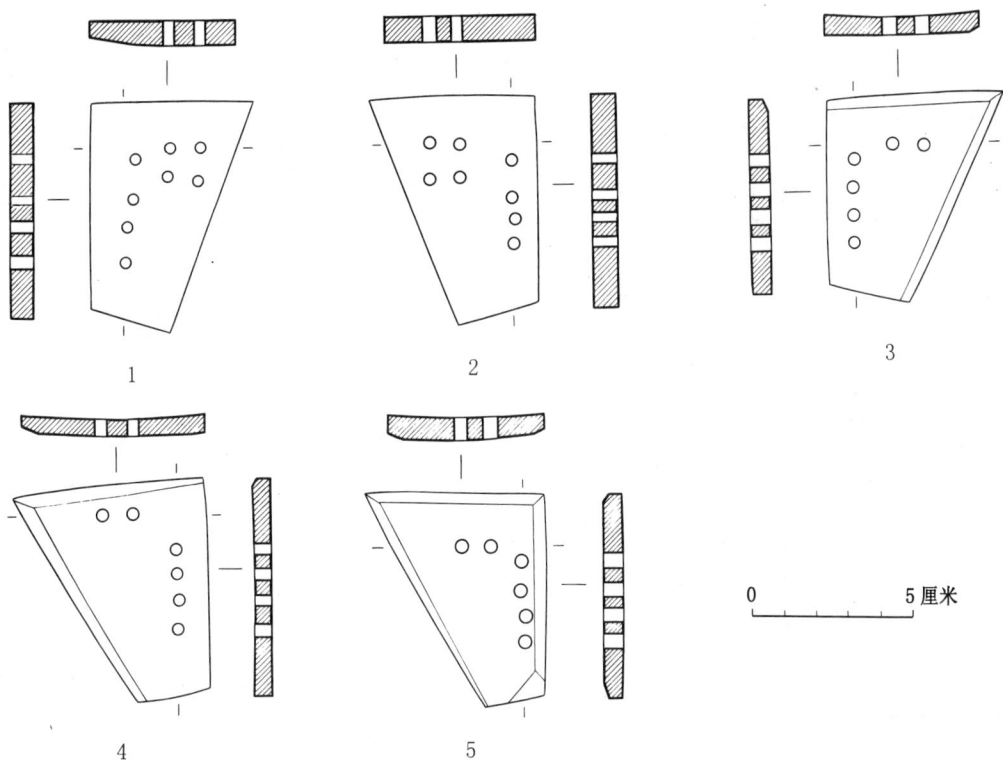

图七四　K9801T2G2 甲 4 第三类甲片
1.Aa 型　2.Ab 型　3.Ba 型　4.Bb 型　5.Bc 型

Bc 型　1 片。B 边有纵列 4 孔。甲片正面 A、B、D 边有抹棱，BC 角有抹角（图七四，5）。该型甲片位于甲 4 后身下旅左边缘。

（四）第四类

共计 12 片，平面近似靴形，即一边为凹弧形。此类甲片构成了甲 4 腰部和领部（图版 79、80）。依据甲片弧形边位置的不同，分二型。

A 型　6 片。E 边为弧形边。依甲片的布孔情况以及甲片抹棱和抹角的组合形式，分四亚型。

Aa 型　1 片。B 边有纵列 4 孔，C 边有横排 2 孔。甲片正面 B、C、D、E 边有抹棱，AB 角有抹角（图七五，1）。该型甲片位于甲 4 后身上旅第四排左边缘，形成腰部转角。

Ab 型　1 片。B 边有纵列 4 孔，C 边有横排 2 孔。甲片正面 B、C、D、E 边有抹棱，BC 角有抹角（图七五，2）。该型甲片位于甲 4 前身上旅第四排右边缘，形成腰部转角。

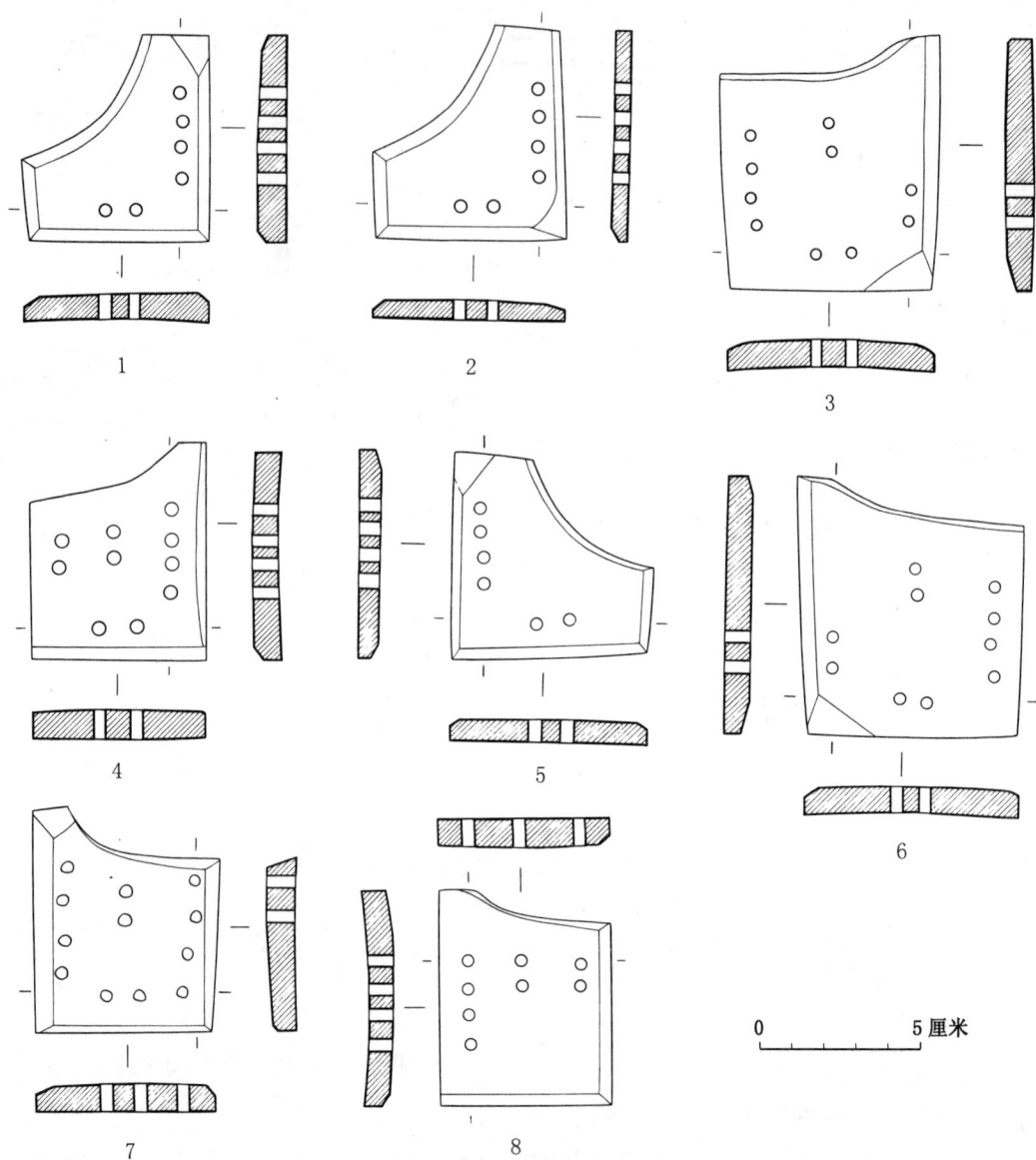

图七五　K9801T2G2甲4第四类甲片

1.Aa型　2.Ab型　3.Ac型　4.Ad型　5.Ba型　6.Bb型　7.Bc型　8.Bd型

　　Ac型　2片。B、E边有纵列2孔，C边有横排2孔，D边有纵列4孔。甲片正面B、E边有抹棱，BC角有抹角（图七五，3）。该型甲片位于甲4领部转角处。

　　Ad型　2片。B边有纵列4孔，C边有横排2孔，D、E边有纵列2孔。甲片正面B、C边有抹棱（图七五，4）。该型甲片位于甲4领部转角处。

B型　6片。B边为弧形边。依甲片的布孔情况以及甲片抹棱和抹角的组合形式，分四亚型。

Ba型　2片。D边有横排2孔，E边有纵列4孔。甲片正面B、C、D、E边有抹棱，EA角有抹角（图七五，5）。该型甲片位于甲4前身上旅第四排左边缘和后身上旅第四排右边缘，形成腰部转角。

Bb型　2片。B、E边有纵列2孔，C边有纵列4孔，D边有横排2孔。甲片正面A、B、E边有抹棱，DE角有抹角（图七五，6）。该型甲片位于甲4领部转角处。

Bc型　1片。B边有纵列2孔，C、E边有纵列4孔，D边有横排2孔。甲片正面B、C、D、E边有抹棱，AB角有抹角（图七五，7）。该型甲片位于甲4领部转角处。

Bd型　1片。B、C边有纵列2孔，D边无孔，E边有纵列4孔。甲片正面B、C、D边有抹棱（图七五，8）。该型甲片位于甲4领部转角处。

（五）第五类

共计2片，平面为五边形。此类甲片为甲4前后身下旅末排中间片（图版81）。A边有横排2孔，B、E边有纵列4孔，C、D边无孔。依据甲片抹棱情况，分二型。

A型　1片。甲片正面A、B、C、D、E边均有抹棱（图七六，1）。该型甲片位于甲4前身下旅末排正中。

B型　1片。甲片正面A、C、D边有抹棱（图七六，2）。该型甲片位于甲4后身下旅末排正中。

（六）第六类

共计10片，平面为四边形。此类甲片位于甲4前后身下旅末排。A边有横排2孔，B、D边有纵列4孔，C边无孔。依据甲片抹棱情况，分二型。

A型　5片。甲片正面A、C、D边有抹棱（图七六，3）。该型甲片位于甲4前身下旅末排右边和后身下旅末排左边。

B型　5片。甲片正面A、B、C边有抹棱（图七六，4）。该型甲片位于甲4前身下旅末排左边和后身下旅末排右边。

（七）第七类

共计4片，平面呈弧刃形，弧形外凸。此类甲片位于前后身下旅末排两侧边缘（图版82）。依据甲片弧刃形边位置的不同，分二型。

A型　2片。弧刃形边位于甲片右下侧。A边有横排2孔，B、C边无孔，D边有纵列4孔。依甲片抹棱情况，分二亚型。

Aa型　1片。甲片正面A、B、C边有抹棱（图七六，5）。该型甲片位于甲4前身下旅末排左边缘。

Ab型　1片。甲片正面A、B、C、D边均有抹棱（图七六，6）。该型甲片位于甲4

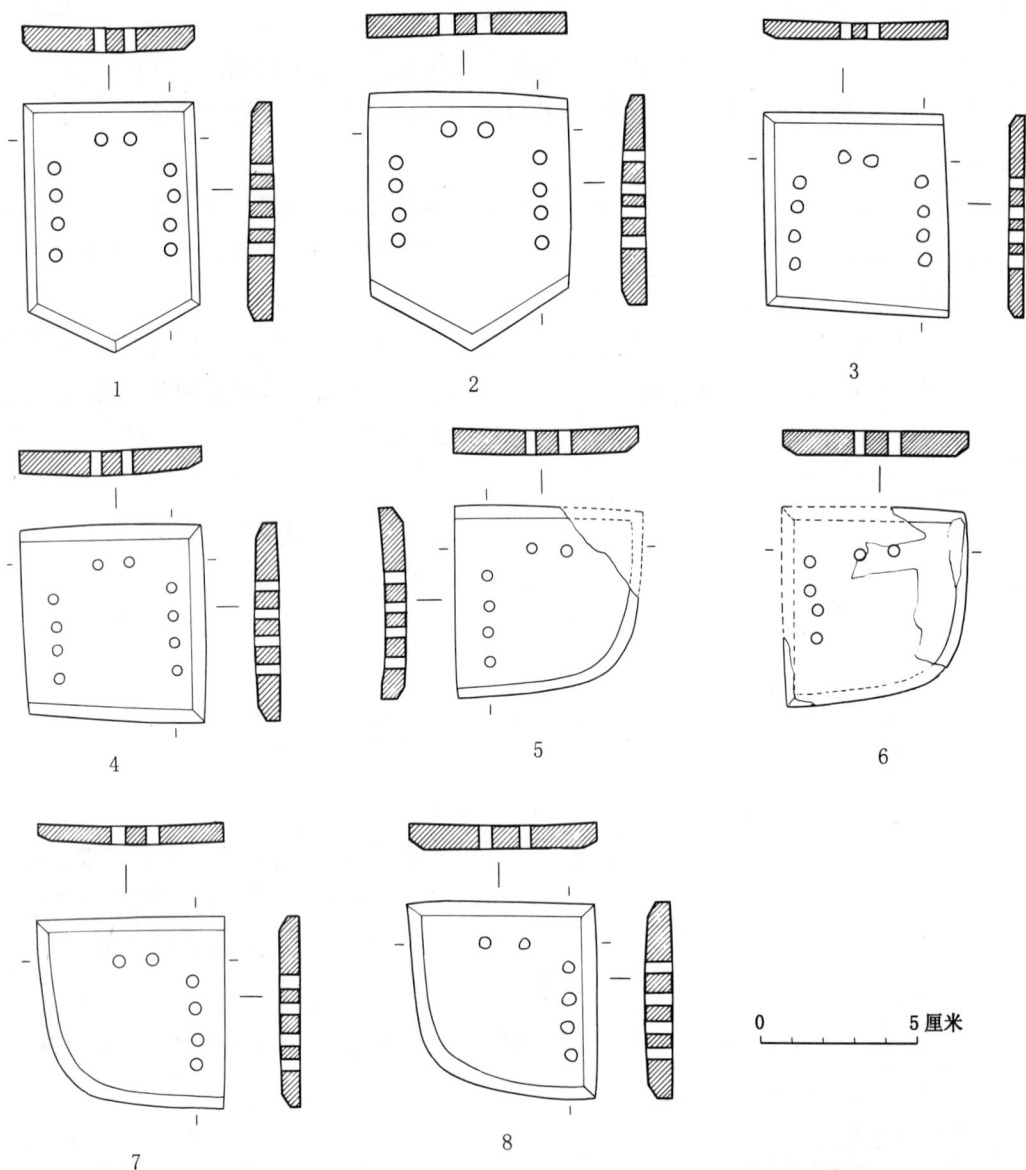

图七六　K9801T2G2 甲 4 第五～七类甲片

1.第五类 A 型　2.第五类 B 型　3.第六类 A 型　4.第六类 B 型　5.第七类 Aa 型　6.第七类 Ab 型

7.第七类 Ba 型　8.第七类 Bb 型

后身下旅末排右边缘。

　　B 型　2 片。弧刃形边位于甲片左下侧。A 边有横排 2 孔，B 边有纵列 4 孔，C、D 边无孔。依甲片抹棱情况，分二亚型。

　　Ba 型　1 片。甲片正面 A、C、D 边有抹棱（图七六，7）。该型甲片位于甲 4 前身下旅末排右边缘。

　　Bb 型　1 片。甲片正面 A、B、C、D 边均有抹棱（图七六，8）。该型甲片位于甲 4 后身下旅末排左边缘。

　　（八）第八类

　　共计 80 片，平面略呈上宽下窄的等腰梯形。此类甲片构成了甲 4 双肩和披膊。依据甲片 B、D 边的布孔情况，分三型。

　　A 型　50 片。A 边有横排 2 孔，B、D 边有纵列 4 孔，C 边无孔。依甲片抹棱和抹角的组合形式，分六亚型。

　　Aa 型　8 片。甲片正面 A、B、D 边有抹棱，BC、CD 角有抹角（图七七，1）。该型甲片位于甲 4 左右披膊中列（不含边缘片）。

　　Ab 型　4 片。甲片正面 A、B、C、D 边均有抹棱（图七七，2）。该型甲片为甲 4 左右披膊中列的边缘片、左披膊中列边缘片右侧第 2 甲片和右披膊中列边缘片左侧第 1 甲片。

　　Ac 型　16 片。甲片正面 A、B 边有抹棱，BC 角有抹角（图七七，3）。该型甲片位于甲 4 左右披膊中列右部（不含边缘片）。

　　Ad 型　16 片。甲片正面 A、D 边有抹棱，CD 角有抹角（图七七，4）。该型甲片位于甲 4 左右披膊中列左部（不含边缘片）。

　　Ae 型　3 片。甲片正面 A、B、C 边有抹棱（图七七，5）。该型甲片为甲 4 左右披膊第五排中片右部的边缘片。

　　Af 型　3 片。甲片正面 A、C、D 边有抹棱（图七七，6）。该型甲片为甲 4 左右披膊第五排中片左部的边缘片。

　　B 型　23 片。A 边有横排 2 孔；B、D 边中一边有纵列 4 孔，另一边无孔或有纵列 2 孔；C 边无孔或有横排 2 孔。依甲片 B、C、D 边的布孔情况以及甲片抹棱情况，分九亚型。

　　Ba 型　8 片。B 边有纵列 4 孔，C、D 边无孔。甲片正面 A、D 边有抹棱（图七八，1）。该型甲片位于甲 4 左披膊第一～三排左边缘和右披膊右边缘一列。

　　Bb 型　6 片。B、C 边无孔，D 边有纵列 4 孔。甲片正面 A、B 边有抹棱（图七八，2）。该型甲片位于甲 4 左披膊右边缘一列和右披膊第一、二、四排右边缘。

　　Bc 型　2 片。B、C 边无孔，D 边有纵列 4 孔。甲片正面 A、B、D 边有抹棱（图七八，3）。该型甲片位于甲 4 左右披膊第三排右边缘。

　　Bd 型　2 片。B、C 边无孔，D 边有纵列 4 孔。甲片正面 A、B、C 边有抹棱（图七八，4）。该型甲片位于甲 4 左右披膊第五排右边缘。

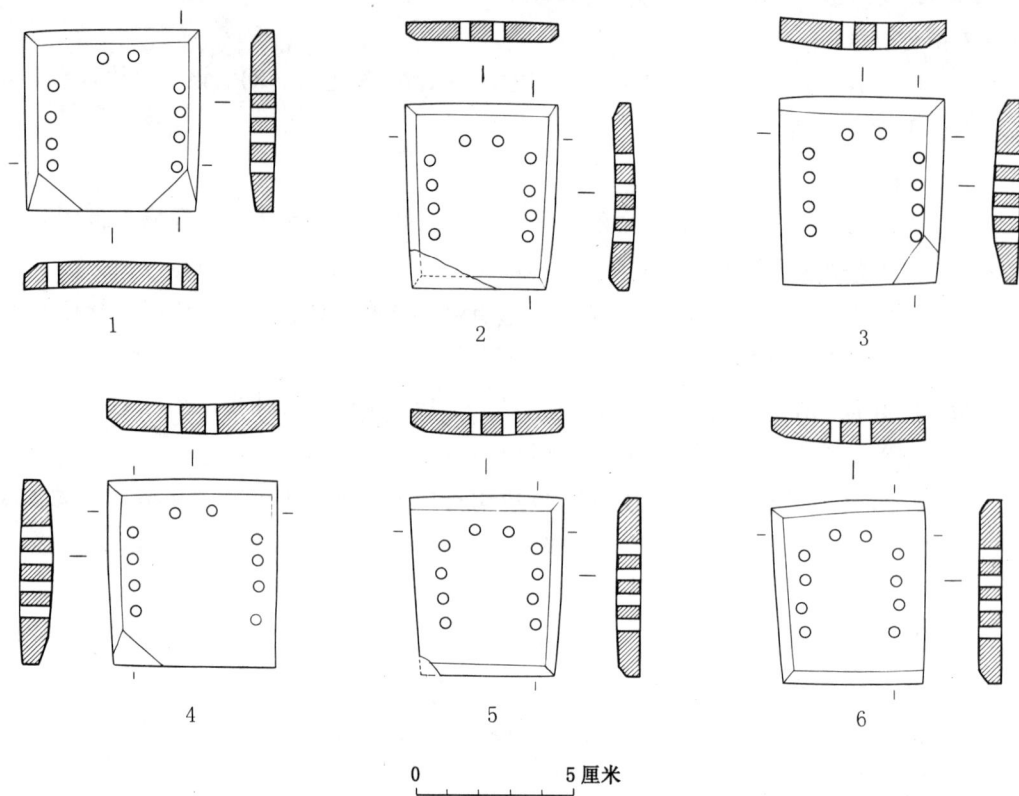

图七七　K9801T2G2 甲 4 第八类 A 型甲片
1.Aa 型　2.Ab 型　3.Ac 型　4.Ad 型　5.Ae 型　6.Af 型

Be 型　1 片。B 边有纵列 4 孔，C、D 边无孔。甲片正面 A、C、D 边有抹棱（图七八，5）。该型甲片位于甲 4 左右披膊第五排左边缘。

Bf 型　1 片。B 边有纵列 4 孔，C、D 边无孔。甲片背面 A、D 边有抹棱（图七八，6）。该型甲片位于甲 4 左披膊第四排左边缘。

Bg 型　1 片。B 边有纵列 2 孔，C 边有横排 2 孔，D 边有纵列 4 孔。甲片正面 A、B 边有抹棱（图七八，7）。该型甲片位于甲 4 左肩。

Bh 型　1 片。B 边无孔，C 边有横排 2 孔，D 边有纵列 4 孔。甲片正面 A、B 边有抹棱（图七八，8）。该型甲片位于甲 4 右肩边缘。

Bi 型　1 片。B 边有纵列 4 孔，C 边有横排 2 孔，D 边有纵列 2 孔。甲片正面 A、D 边有抹棱（图七八，9）。该型甲片位于甲 4 左肩。

C 型　7 片。A、C 边有横排 2 孔，B、D 边有纵列 4 孔。依甲片抹棱和抹角的组合形式，分四亚型。

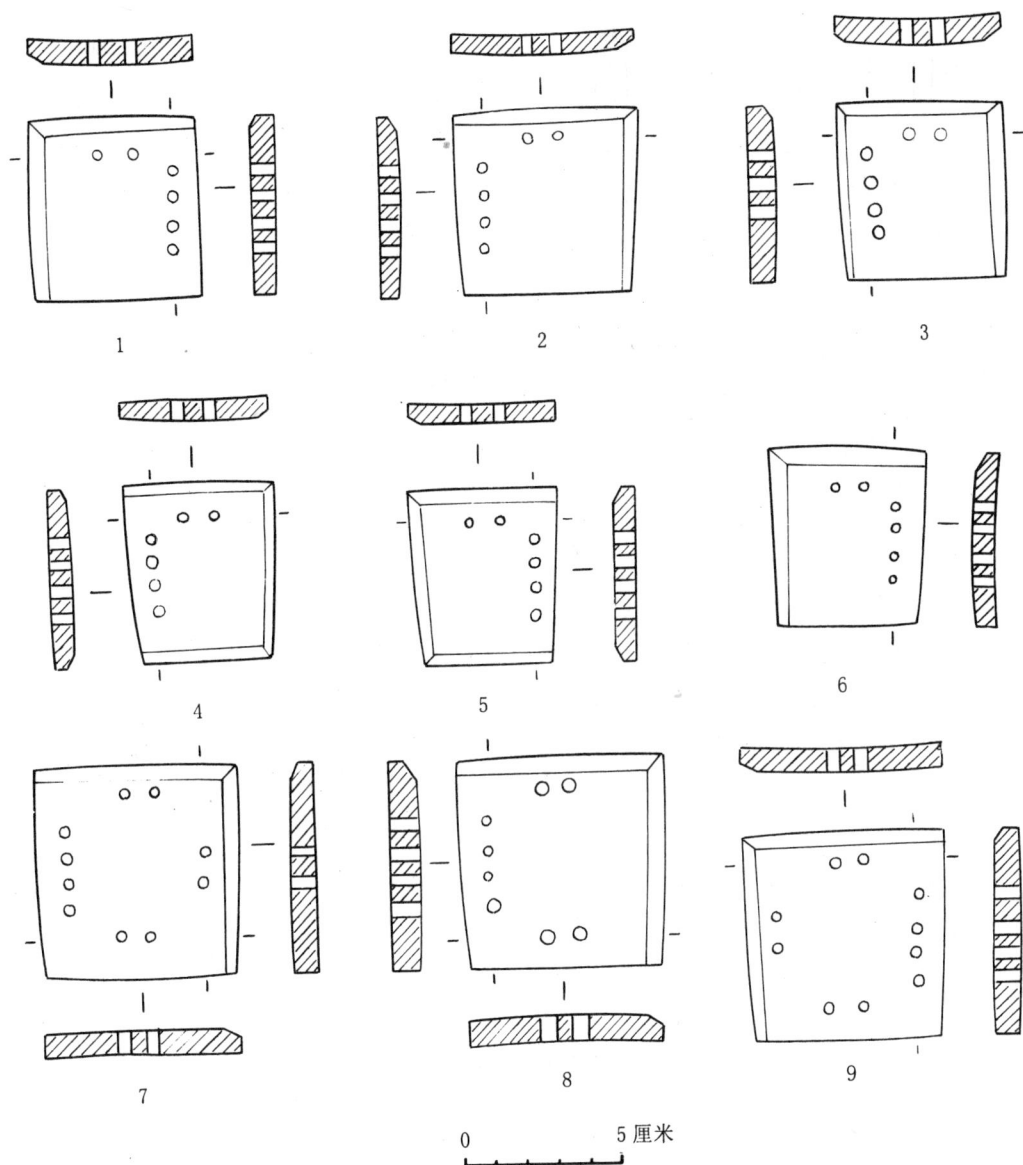

图七八 K9801T2G2 甲 4 第八类 B 型甲片
1.Ba 型 2.Bb 型 3.Bc 型 4.Bd 型 5.Be 型 6.Bf 型 7.Bg 型 8.Bh 型 9.Bi 型

Ca 型 2 片。甲片正面 A、B、D 边有抹棱，BC、CD 角有抹角；甲片背面 A 边有抹棱（图七九，1）。该型甲片为甲 4 左右肩的中片。

Cb 型 2 片。甲片正面 A、D 边有抹棱，CD 角有抹角；甲片背面 AB、DA 角有抹角（图七九，2）。该型甲片位于甲 4 右肩。

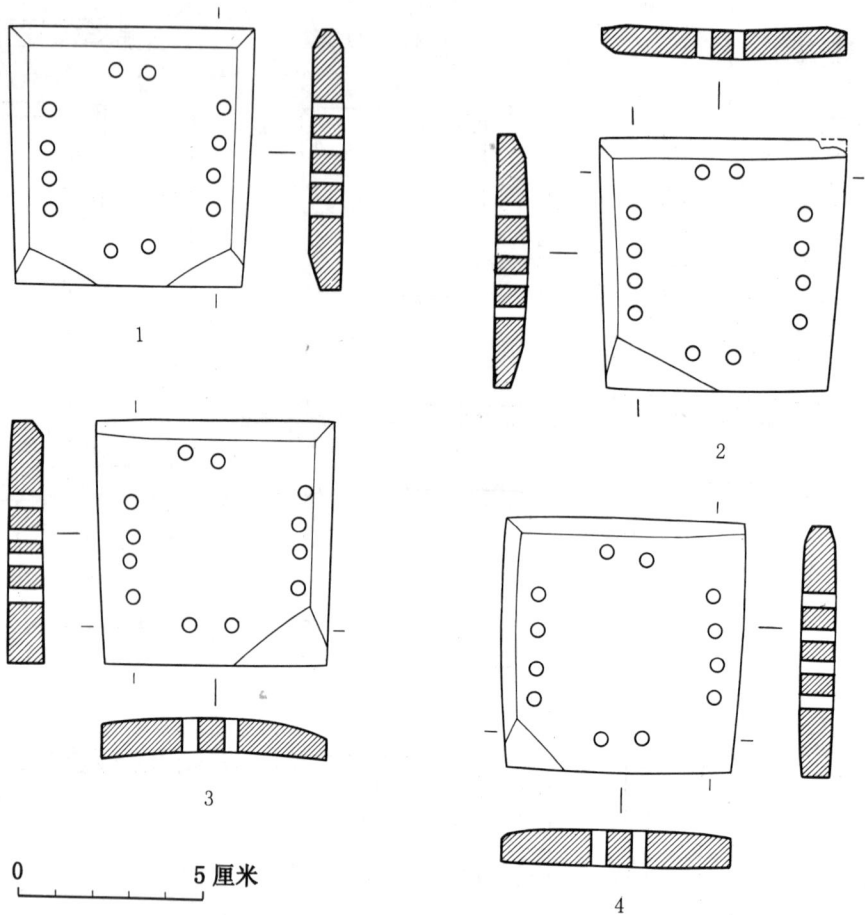

图七九　K9801T2G2 甲 4 第八类 C 型甲片

1.Ca 型　2.Cb 型　3.Cc 型　4.Cd 型

　　Cc 型　2 片。甲片正面 A、B 边有抹棱，BC 角有抹角；甲片背面 DA 角有抹角（图七九，3）。该型甲片位于甲 4 右肩。

　　Cd 型　1 片。甲片正面 A、D 边有抹棱，CD 角有抹角；甲片背面 AB 角有抹角（图七九，4）。该型甲片位于甲 4 右肩。

三、甲 4 甲片形制分析

　　甲 4 实有甲片 325 片，另又复制 7 片，整领铠甲应有 332 片，现对其大小、厚度、重量及抹棱、抹角情况分析如下。

（一）甲片大小

甲 4 甲片的边长详见表三。

表三　甲 4 甲片边长统计表　　　　　　　　　单位：厘米

部位	边长及位置 编号	A边	B边	C边	D边	E边	位置
领	154	6.39	4.29	5.67	1.78	6.72	前领
	155	6.52	6.38	5.28	6.93		前领
	212	5.53	5.54	5.62	6.95		前领
	213	5.56	6.8	6.16	5.3	4.85	前领
	214	5.49	6.82	5.62	5.55		前领
	148	8.04	7.08	7.62	5.83	5.82	左领
	149	5.6	6.93	6.62	6.79		左领
	150	1.13	7.2	6.5	5.57	1.81	左领
	215	6.5	6.8	5.47	5.6		后领
	216	0.9	4.65	5.27	4.88	6.92	后领
	217	5.6	5.6	6.5	6.8		后领
	218	8.02	6.72	5.52	6.55	4.48	后领
	219	6.45	6.8	5.6	6.76		后领
	151	2.71	1.41	5.94	7.99	6.63	右领
	152	5.36	6.93	6.43	6.36		右领
	153	1.25	5.31	1.75	5.53	6.49	右领
肩	156	6.73	6.74	6.15	6.7		右肩
	157	6.82	6.87	6.75	6.14		右肩
	158	6.61	6.72	6.07	6.56		右肩
	159	6.68	6.69	6.06	6.66		右肩
	160	6.58	6.6	6.3	6.57		右肩

部位	边长及位置 编号	A边	B边	C边	D边	E边	位置
肩	144	6.67	6.57	6.27	6.52		左肩
	145	6.72	6.91	6.15	6.78		左肩
	146	6.48	6.63	6.16	6.63		左肩
	147	6.71	6.64	6.22	6.57		左肩
	328	6.69	6.66	6.28	6.73		左肩
前身上旅	103	6.1	6.39	6.13	6.13		第一排
	104	5.4	6.37	5.27	6.28		第一排
	105	5.4	6.44	5.41	6.42		第一排
	106	5.37	6.49	5.36	6.52		第一排
	107	5.59	6.52	5.6	6.5		第一排
	108	5.82	6.48	5.68	6.61		第一排
	109	6.1	6.32	6.12	6.43		第一排
	96	6.12	6.38	6.13	6.54		第二排
	97	5.46	6.34	5.26	6.47		第二排
	98	5.44	6.43	5.39	6.47		第二排
	99	5.61	6.66	5.52	6.7		第二排
	100	5.39	6.62	5.5	6.42		第二排
	101	5.35	6.72	5.44	6.86		第二排
	102	6.07	6.63	6.11	6.62		第二排
	89	5.52	6.63	5.52	6.36		第三排
	90	5.53	6.59	5.59	6.51		第三排
	91	5.27	6.32	5.34	6.42		第三排
	92	5.56	6.71	5.6	6.67		第三排

部位	边长及位置 编号	A边	B边	C边	D边	E边	位置
前身上旅	93	5.36	6.67	5.37	6.58		第三排
	94	5.39	6.65	5.55	6.58		第三排
	95	5.97	6.59	6.13	6.49		第三排
	81	2.11	6.53	6.03	2.74	6.3	第四排
	82	5.28	6.58	5.27	6.53		第四排
	83	5.48	6.43	5.42	6.39		第四排
	84	5.56	6.59	5.49	6.6		第四排
	85	5.37	6.67	5.31	6.5		第四排
	86	5.58	6.9	5.76	6.52		第四排
	87	5.47	6.5	5.43	6.56		第四排
	88	5.27	6.68	5.47	6.53		第四排
	326	2.3	4.3	3.6	6.5	7.2	第四排
后身上旅	220	6.2	6.38	6.26	6.45		第一排
	221	5.04	6.69	5.27	6.59		第一排
	222	5.45	6.44	5.22	6.29		第一排
	223	6.05	6.61	6.05	6.05		第一排
	224	5.48	6.53	5.43	6.49		第一排
	225	5.59	6.66	5.67	6.65		第一排
	226	5.94	6.34	5.99	6.37		第一排
	227	6.26	6.15	6.24	6.3		第二排
	228	5.6	6.31	5.74	6.38		第二排
	229	5.75	3.98	5.29	6.73		第二排
	230	6.36	6.6	6.22	6.6		第二排
	231	5.41	6.77	5.45	6.86		第二排
	232	5.36	6.59	5.39	6.58		第二排
	233	5.86	6.28	6.23	6.56		第二排
	234	6.23	6.56	6.26	6.48		第三排
	235	5.53	6.49	5.61	6.56		第三排

部位	编号 边长及位置	A边	B边	C边	D边	E边	位置
后身上旅	236	5.44	6.67	5.49	6.61		第三排
	237	6.27	6.53	6.44	6.44		第三排
	238	5.59	6.4	5.47	6.40		第三排
	239	5.38	6.54	5.31	6.59		第三排
	240	6.14	6.53	5.1	6.41		第三排
	241	2.14	6.4	5.72	2.51	6.2	第四排
	242	5.3	6.78	5.31	6.7		第四排
	243	5.64	6.72	5.89	6.65		第四排
	244	5.48	6.62	5.57	6.55		第四排
	245	6.19	6.62	6.26	6.49		第四排
	246	5.32	6.58	5.52	6.53		第四排
	247	5.41	6.82	5.53	6.74		第四排
	248	5.44	6.91	5.59	6.58		第四排
	249	2.54	6.24	2.71	6.44	6.8	第四排
前身腰	66	5.6	6.31	5.65	6.46		第一排
	67	5.58	6.74	5.63	6.62		第一排
	68	4.94	6.31	5.13	6.27		第一排
	69	5.18	6.22	5.28	6.11		第一排
	70	5.71	6.65	5.55	6.69		第一排
	71	5.49	6.11	5.49	6.12		第一排
	72	5.35	6.44	5.31	6.42		第一排
	73	5.38	6.45	5.39	6.5		第一排
	74	5.37	6.45	5.62	6.42		第一排
	75	5.52	6.64	5.58	6.62		第一排
	76	5.51	6.71	5.4	6.71		第一排
	77	5.4	6.53	5.61	6.52		第一排
	78	5.35	6.47	5.17	6.59		第一排
	79	5.56	6.42	5.64	6.56		第一排

部位	边长及位置 编号	A边	B边	C边	D边	E边	位置
前腰	80	6.31	6.44	6.26	6.21		第一排
	49	6.31	6.26	6.17	6.26		第二排
	50	5.54	6.75	5.2	6.6		第二排
	51	5.37	6.6	5.43	6.56		第二排
	52	5.45	6.56	5.36	6.58		第二排
	53	5.69	6.59	5.59	6.61		第二排
	54	5.33	6.53	5.17	6.6		第二排
	55	5.39	6.17	5.37	6.23		第二排
	56	5.25	6.46	5.4	6.51		第二排
	57	5.48	6.33	5.53	6.33		第二排
	58	5.32	6.63	5.43	6.86		第二排
	59	5.4	6.4	5.37	6.46		第二排
	60	5.25	6.41	5.21	6.38		第二排
	62	5.47	6.5	5.33	6.45		第二排
	63	5.83	6.56	5.86	6.47		第二排
	64	5.74	6.43	5.9	6.56		第二排
后腰	250	6.35	6.67	6.42	6.67		第一排
	251	5.4	6.57	5.51	6.9		第一排
	252	5.58	6.63	5.38	6.74		第一排
	253	5.61	6.66	5.46	6.46		第一排
	254	5.25	6.52	5.52	6.61		第一排
	255	5.44	6.52	5.59	6.48		第一排
	256	5.63	6.36	5.55	6.44		第一排
	257	6.08	6.24	6.33	6.25		第一排
	258	5.45	6.37	5.62	6.52		第一排
	259	5.6	6.6	5.45	6.49		第一排
	260	5.29	6.34	5.38	6.53		第一排
	261	5.54	6.54	5.56	6.41		第一排

部位	编号	A边	B边	C边	D边	E边	位置
后腰	262	5.63	6.66	5.52	6.59		第一排
	329	5.45	6.69	5.4	6.53		第一排
	330	5.53	6.66	5.53	6.66		第一排
	263	5.44	6.61	5.56	6.59		第二排
	264	5.29	6.27	5.39	6.68		第二排
	265	5.52	6.44	5.54	6.31		第二排
	266	5.52	6.6	5.42	6.66		第二排
	267	5.31	5.56	5.51	6.49		第二排
	268	6.57	6.2	6.45	5.99		第二排
	269	5.46	6.78	5.45	6.84		第二排
	270	5.34	6.62	5.42	6.55		第二排
	271	5.46	6.71	5.35	6.65		第二排
	272	5.25	6.52	5.16	6.62		第二排
	273	5.42	6.86	5.6	6.73		第二排
	274	5.19	6.17	5.23	6.31		第二排
	275	6.09	6.3	5.99	6.23		第二排
	331	5.3	6.5	5.3	6.5		第二排
	332	5.3	6.4	5.3	6.4		第二排
前身下旅	188	6.01	6.52	2.33	7.42		第一排
	189	5.5	6.42	5.62	6.42		第一排
	190	5.66	6.67	5.6	6.63		第一排
	191	5.42	6.57	5.37	6.56		第一排
	192	5.53	6.92	5.43	6.96		第一排
	193	5.44	6.32	5.26	6.38		第一排
	194	5.37	6.51	5.33	6.56		第一排
	195	5.51	6.56	5.36	6.7		第一排
	196	5.36	6.61	5.4	6.59		第一排
	197	5.48	6.51	5.08	6.38		第一排

续表三

部位	编号 边长及位置	A边	B边	C边	D边	E边	位置
前身下旅	198	5.39	6.48	5.27	6.29		第一排
	199	5.53	6.45	5.41	6.55		第一排
	200	5.23	6.41	5.35	6.44		第一排
	201	5.33	6.38	5.33	6.51		第一排
	334	6.1	7.5	2.5	6.6		第一排
	37	5.47	6.69	5.52	6.66		第二排
	38	5.37	6.48	5.27	6.57		第二排
	39	5.51	6.93	5.54	6.9		第二排
	40	5.34	6.56	5.26	6.59		第二排
	41	5.44	6.55	5.54	6.46		第二排
	42	5.31	6.72	5.35	6.62		第二排
	43	5.22	6.54	5.23	6.48		第二排
	44	5.38	6.59	5.49	6.49		第二排
	45	5.42	6.65	5.17	6.47		第二排
	46	5.5	6.86	5.6	6.95		第二排
	47	5.21	6.27	5.37	6.26		第二排
	48	6.25	6.62	2.36	7.62		第二排
	325	5.93	7.41	2.37	6.3		第二排
	26	5.79	6.48	2.15	7.2		第三排
	27	5.49	6.51	5.41	6.52		第三排
	28	5.22	6.63	5.32	6.62		第三排
	29	5.44	6.58	5.5	6.63		第三排
	30	5.53	6.62	5.25	6.51		第三排
	31	5.33	6.43	5.32	6.32		第三排
	32	5.46	6.48	5.55	6.53		第三排
	33	5.1	6.27	5.45	6.19		第三排
	34	5.25	6.42	5.26	6.46		第三排
	35	5.32	6.44	5.4	6.43		第三排

部位	编号	A边	B边	C边	D边	E边	位置
	36	5.72	6.54	5.53	6.5		第三排
	65	5.31	6.36	5.33	6.33		第三排
	333	5.37	7.3	2.24	6.6		第三排
	17	5.46	6.4	5.28	6.33		第四排
	18	5.58	6.45	5.49	6.67		第四排
	19	5.43	6.5	5.42	6.4		第四排
	20	5.47	6.57	5.45	6.5		第四排
	21	5.49	6.58	5.52	6.49		第四排
	22	5.39	6.53	5.27	6.48		第四排
	23	5.38	6.41	5.47	6.42		第四排
	24	5.26	6.61	5.27	6.48		第四排
	25	6.03	6.57	2.24	7.76		第四排
前	323	5.63	7.36	2.43	6.26		第四排
身	324	5.38	6.56	5.42	6.45		第四排
下	8	5.87	6.16	2.81	6.91		第五排
旅	9	5.23	6.3	5.47	6.47		第五排
	10	5.17	6.49	5.3	6.54		第五排
	11	5.8	6.57	5.33	6.52		第五排
	12	5.39	6.56	5.34	6.52		第五排
	13	5.19	6.52	5.25	6.47		第五排
	14	5.31	6.64	5.28	6.64		第五排
	15	5.52	6.56	5.37	6.48		第五排
	16	5.68	7.21	2.66	5.79		第五排
	1	6.18	5.16	5.65	6.1		第六排
	2	5.83	5.69	5.77	5.88		第六排
	3	5.89	6.14	5.97	6.46		第六排
	4	5.62	6.53	3.25	3.16	6.81	第六排
	5	5.87	9.14	5.92	6.12		第六排

部位 边长及位置 编号	A边	B边	C边	D边	E边	位置
前身下旅 6	5.94	6.16	5.93	5.26		第六排
前身下旅 7	6.18	6.12	5	5.81		第六排
后身下旅 61	5.13	6.44	2.78	7.52		第一排
后身下旅 276	5.1	7.51	2.74	6.37		第一排
后身下旅 277	5.42	6.63	5.28	6.4		第一排
后身下旅 278	5.24	6.53	5.19	6.6		第一排
后身下旅 279	5.27	6.5	5.33	6.5		第一排
后身下旅 280	5.6	6.63	5.32	6.59		第一排
后身下旅 281	5.45	6.52	5.39	6.44		第一排
后身下旅 282	5.36	6.53	5.59	6.49		第一排
后身下旅 283	6.22	6.56	6.24	6.51		第一排
后身下旅 284	5.22	6.55	5.27	6.5		第一排
后身下旅 285	5.64	6.63	5.45	6.64		第一排
后身下旅 286	5.38	6.42	5.04	6.41		第一排
后身下旅 287	5.33	6.49	5.07	6.36		第一排
后身下旅 288	5.5	6.19	5.37	6.37		第一排
后身下旅 289	5.37	6.35	5.34	6.39		第一排
后身下旅 290	5.95	6.56	2.28	7.67		第二排
后身下旅 291	5.28	6.5	5.43	6.7		第二排
后身下旅 292	5.21	6.62	5.38	6.6		第二排
后身下旅 293	5.48	6.48	5.43	6.34		第二排
后身下旅 294	5.36	6.47	5.31	6.47		第二排
后身下旅 295	5.61	6.81	5.58	6.69		第二排
后身下旅 296	6.48	6.65	6.28	6.61		第二排
后身下旅 297	5.37	6.66	5.47	6.41		第二排
后身下旅 298	5.11	6.27	5.19	6.24		第二排
后身下旅 299	5.41	6.59	6.46	6.6		第二排
后身下旅 300	5.35	6.44	5.3	6.33		第二排

部位	边长及位置编号	A边	B边	C边	D边	E边	位置
后身下旅	301	5.61	6.4	5.41	6.43		第二排
	302	5.87	7.47	2.44	6.32		第二排
	303	5.98	7.43	2.39	6.22		第三排
	304	5.25	6.54	5.33	6.43		第三排
	305	5.25	6.44	5.09	6.42		第三排
	306	5.25	6.63	5.36	6.62		第三排
	307	5.52	6.7	5.53	6.53		第三排
	308	6.63	6.36	6.39	6.2		第三排
	309	5.21	6.65	5.15	6.57		第三排
	310	5.32	6.65	5.31	6.51		第三排
	311	5.19	6.38	5.29	6.45		第三排
	312	5.43	6.53	5.49	6.51		第三排
	313	5.59	6.24	2.07	7.5		第三排
	314	6.17	6.18	5.26	5.08		第四排
	315	5.17	6.51	5.36	6.11		第四排
	316	6.03	6.33	5.85	5.91		第四排
	317	5.54	7.06	5.71	6.59		第四排
	318	6.48	6.02	3.83	3.7	6.44	第四排
	319	5.8	6.16	5.83	6.41		第四排
	320	5.2	5.97	5.5	6.48		第四排
	321	5.22	6.18	5.4	6.52		第四排
	322	6.01	5.32	5.15	6.31		第四排
左披膊	110	10.81	5.82	4.42	5.68		第五排
	111	4.7	5.61	4.42	5.57		第五排
	112	7.87	5.52	4.6	5.63		第五排
	113	4.87	5.42	4.38	5.56		第五排
	114	4.94	5.56	4.43	5.74		第五排
	115	4.81	5.52	4.3	5.61		第五排

部位	边长及位置 编号	A边	B边	C边	D边	E边	位置
左披膊	116	4.87	5.68	4.32	5.72		第五排
	117	5.56	5.62	4.89	5.71		第四排
	118	4.87	5.74	4.35	5.69		第四排
	119	4.87	5.75	4.54	5.81		第四排
	120	4.93	5.53	4.42	5.43		第四排
	121	5.16	5.3	4.51	5.4		第四排
	122	5.65	5.87	4.83	5.75		第四排
	123	5.19	5.54	4.64	5.67		第四排
	124	5.42	4.67	5.25	5.59		第三排
	125	1.54	5.5	5.88	4.97		第三排
	126	5.52	5.76	4.95	5.79		第三排
	127	5.63	5.81	5.21	5.76		第三排
	128	5.24	5.64	4.56	5.64		第三排
	129	5.11	5.53	4.79	5.47		第三排
	130	6.16	5.92	5.51	5.79		第三排
	131	5.68	5.67	5.35	5.72		第二排
	132	5.94	5.81	5.4	5.96		第二排
	133	5.47	5.71	5.08	5.84		第二排
	134	5.68	5.81	5.55	5.94		第二排
	135	5.67	5.91	5.09	8.92		第二排
	136	6.06	5.79	5.63	5.9		第二排
	137	5.59	5.72	5.38	5.57		第二排
	138	5.95	5.85	5.92	5.84		第一排
	139	5.86	5.78	5.49	5.89		第一排
	140	5.95	5.86	5.62	5.82		第一排
	141	5.95	5.75	5.13	5.73		第一排
	142	5.93	5.84	5.76	5.96		第一排
	143	5.43	5.98	5.32	5.99		第一排

部位 \ 编号 \ 边长及位置		A边	B边	C边	D边	E边	位置
左披膊	327	5.93	5.96	5.6	5.87		第一排
右披膊	161	6.1	6	5.5	5.92		第五排
	162	5.75	5.97	5.59	5.86		第五排
	163	5.88	6.1	5.59	6.12		第五排
	164	5.88	5.9	5.47	5.94		第五排
	165	6.03	5.86	6.52	5.71		第五排
	210	6.18	5.88	5.63	5.86		第五排
	211	5.86	5.78	5.41	5.91		第五排
	167	5.9	6	5.51	5.86		第四排
	168	5.9	5.92	5.46	5.83		第四排
	169	5.56	5.85	5.03	5.91		第四排
	170	5.97	5.96	5.69	6.04		第四排
	171	5.68	5.88	5.44	5.72		第四排
	172	6.06	5.96	5.32	5.86		第四排
	209	6.13	5.87	6.05	6.96		第四排
	173	5.47	5.62	5.14	5.18		第三排
	174	5.31	5.78	5.02	5.92		第三排
	175	5.53	5.77	5.01	5.8		第三排
	176	5.7	5.72	5.48	5.64		第三排
	177	6.06	5.91	5.62	6.03		第三排
	206	5.6	5.84	5.35	5.82		第三排
	207	5.41	5.72	5.46	5.66		第三排
	178	5.25	5.41	4.67	5.57		第二排
	179	5.43	5.61	5.1	5.36		第二排
	180	5.3	5.47	4.55	5.63		第二排
	181	5.27	5.78	4.68	5.76		第二排
	182	5.02	5.45	4.86	5.43		第二排
	204	5.05	5.52	4.45	5.54		第二排

续表三

边长及位置 部位 编号	A边	B边	C边	D边	E边	位置
205	5.36	5.42	4.71	5.47		第二排
183	4.89	5.64	4.2	5.78		第一排
184	4.98	5.83	4.48	5.92		第一排
右披膊 185	4.94	5.66	4.36	5.64		第一排
186	4.93	5.8	4.33	5.77		第一排
187	4.97	5.76	4.73	5.62		第一排
202	4.91	5.48	4.38	5.41		第一排
203	4.84	5.65	4.17	5.57		第一排

从表三可以看出，同一排中甲片的大小基本一致；披膊和肩部，从上至下，每排甲片逐渐变小。

（二）甲片厚度

以甲片最厚处为测量点，测量出甲 4 甲片的厚度，详见表四。

表四　甲 4 甲片厚度统计表

部位 编号 厚度	厚度（毫米）	部位 编号 厚度	厚度（毫米）
154	9.6	219	8.5
155	7.5	151	9.4
212	9.1	领 152	8.5
213	8.1	153	8.9
214	9.2	156	10.5
148	10.4	157	9.4
领 149	10	158	6.8
150	11.5	肩 159	10
215	7.4	160	8.7
216	11	144	9.6
217	6.8	145	8.8
218	9.8	146	10.9

部位	编号	厚度（毫米）	部位	编号	厚度（毫米）
肩	147	10.3	前身上旅	86	9.2
	328	8.4		87	9.1
前身上旅	103	8.3		88	9.6
	104	7		326	9.4
	105	9.8	后身上旅	220	8.3
	106	9.9		221	7.9
	107	9.4		222	7
	108	7.1		223	10
	109	9		224	9.9
	96	8.9		225	10.4
	97	6.1		226	9.4
	98	8.6		227	9
	99	8.5		228	10.1
	100	9		229	9.2
	101	8.1		230	8.4
	102	8.1		231	8.3
	89	8.6		232	9.3
	90	10.4		233	9.4
	91	6.7		234	8.5
	92	9.1		235	6.6
	93	8.9		236	10.3
	94	8.6		237	8.9
	95	9.4		238	8.3
	81	7.3		239	9
	82	7.9		240	8.6
	83	9.2		241	8.8
	84	8.7		242	7.8
	85	8.9		243	7.8

部位	编号	厚度（毫米）	部位	编号	厚度（毫米）
后身上旅	244	9	前腰	56	8.8
	245	8.1		57	8.9
	246	7		58	7.4
	247	8.5		59	9.4
	248	7.4		60	8.4
	249	9		62	8.2
前腰	66	10.6		63	6.1
	67	8.3		64	8
	68	6	后腰	250	10
	69	8.4		251	10
	70	8.8		252	8
	71	9.5		253	7.8
	72	6.2		254	9
	73	10.2		255	8.1
	74	9.5		256	7.5
	75	8.7		257	7.5
	76	10.7		258	7.8
	77	8.9		259	9
	78	8.7		260	6.8
	79	11.3		261	7.7
	80	10.2		262	8
	49	9		329	8.7
	50	9.2		330	7.5
	51	8.6		263	8.9
	52	8.7		264	8.1
	53	10		265	9.5
	54	10		266	9.4
	55	8.7		267	8.8

部位	编号	厚度（毫米）	部位	编号	厚度（毫米）
后腰	268	6.4	前身下旅	40	8.3
	269	8.2		41	8.6
	270	8.9		42	8.3
	271	9.2		43	7.7
	272	8.4		44	8.8
	273	9.9		45	9.7
	274	8.7		46	8.9
	275	10.9		47	9.6
	331	6.5		48	8.9
	332	7		325	9.3
前身下旅	188	7.8		26	8.9
	189	7.8		27	8.5
	190	8.2		28	7.3
	191	9.6		29	8
	192	8.1		30	9
	193	8		31	8.7
	194	8		32	9.1
	195	6.8		33	6.6
	196	7.4		34	8.1
	197	7.8		35	8
	198	10.4		36	9.2
	199	8.3		65	7.5
	200	8.4		333	9.8
	201	8.5		17	9.6
	334	9.4		18	8.1
	37	10		19	9.3
	38	9.2		20	9.3
	39	8.9		21	7.8

部位	编号	厚度（毫米）	部位	编号	厚度（毫米）
前身下旅	22	8.3	后身下旅	281	8
	23	8.9		282	8.5
	24	6.8		283	9
	25	8.5		284	8.1
	323	9.5		285	9
	324	8.3		286	9.4
	8	9		287	9.1
	9	8.6		288	8.7
	10	8.6		289	9.5
	11	7.6		290	9.2
	12	7.6		291	8.1
	13	7.6		292	8
	14	8.8		293	7.8
	15	8.9		294	8.6
	16	8.2		295	8.7
	1	10.4		296	6.8
	2	8.7		297	8.2
	3	10.1		298	8.1
	4	9.8		299	8.2
	5	6.7		300	9.5
	6	10.1		301	9.5
	7	7.5		302	8.5
后身下旅	61	8.6		303	9
	276	8.2		304	9.3
	277	8.1		305	8
	278	9.1		306	8.3
	279	8.8		307	7.9
	280	6.6		308	10.3

部位	编号	厚度	厚度（毫米）	部位	编号	厚度	厚度（毫米）
后身下旅	309		9.6	左披膊	124		8.8
	310		8.6		125		8.3
	311		8.9		126		7.9
	312		6.4		127		7.3
	313		9.2		128		9
	314		9.7		129		8.2
	315		8.3		130		8.4
	316		8.9		131		8.3
	317		7.5		132		8.9
	318		8.7		133		8.7
	319		9.1		134		10.4
	320		10.2		135		8.8
	321		8.5		136		8.7
	322		9.2		137		9.1
左披膊	110		8.4		138		7.4
	111		8.3		139		9
	112		9.2		140		8.8
	113		8.4		141		8.6
	114		7.2		142		7.6
	115		8.6		143		9.1
	116		8.9		327		9.8
	117		8.1	右披膊	161		10
	118		7.6		162		10.6
	119		8.4		163		8.3
	120		7.1		164		10.5
	121		9.7		165		7.9
	122		8.6		210		8.9
	123		8.1		211		9.8

续表四

部位	编号 厚度	厚度（毫米）	部位	编号 厚度	厚度（毫米）
右披膊	167	10.5	右披膊	178	9.1
	168	9.4		179	8.7
	169	8.1		180	8.5
	170	8.4		181	8.7
	171	9.9		182	9.3
	172	9.9		204	8.4
	209	9.1		205	8.5
	173	8.7		183	8.3
	174	8.7		184	8.9
	175	8.9		185	8.8
	176	9.2		186	8.7
	177	8.8		187	8.5
	206	9.3		202	9.1
	207	8.7		203	8.7

由表四可以看出，甲片的厚度多集中在 7～11 毫米，说明甲 4 甲片的厚度相差不大，只是由于手工制作等技术原因导致其略有差异。

（三）甲片重量

甲 4 甲片的重量详见表五。

表五　甲 4 甲片重量统计表　　　　　　单位：克

部位	编号 重量	重量	合计	部位	编号 重量	重量	合计
领	155	47.22	1209.26	领	150	111.08	
	154	71.2			215	57.07	
	212	64.03			216	52.19	
	213	52.06			217	50.06	
	214	60.56			218	66.39	
	148	115.48			219	54.02	
	149	100.24			151	107.46	

部位	编号	重量	合计	部位	编号	重量	合计
领	152	94.12			91	53.48	
	153	106.08			92	76.97	
肩	156	83.09	872.6		93	70.46	
	157	89.12			94	66.22	
	158	73.1			95	71.88	
	159	94.2		前身上旅	81	48.11	
	160	69.21			82	60.56	
	144	96.29			83	66.5	
	145	91.7			84	69.9	
	146	101.74			85	58.58	
	147	93.97			86	79.8	
	328	80.18			87	58.58	
前身上旅	103	73.86	1981.98		88	79.8	
	104	52.63			326	33.36	
	105	76.69		后身上旅	220	76.26	2044.42
	106	66.22			221	49.49	
	107	77.82			222	53.51	
	108	57.16			223	70.24	
	109	80.08			224	79.36	
	96	81.78			225	87.68	
	97	45.84			226	79.94	
	98	50.09			227	82.9	
	99	70.46			228	77.48	
	100	73.58			229	77.85	
	101	66.78			230	70.94	
	102	73.86			231	66.41	
	89	61.69			232	72.48	
	90	79.24			233	75.5	

续表五

部位 编号 重量	重量	合计	部位 编号 重量	重量	合计
234	72.81		78	64.02	
235	47.91		79	78.65	
236	73.78		80	65.65	
237	72.06		49	71.2	
238	63.21		50	69.88	
239	63.5		51	68.8	
240	72.33		52	69.72	
后身上旅　241	48.98		前腰　53	68.24	
242	57.95		54	70.18	
243	68.86		55	58.58	
244	75.27		56	65.37	
245	75.84		57	71.88	
246	58.87		58	59.43	
247	58.93		59	70.22	
248	61.08		60	64.12	
249	53		62	65.93	
66	82.91		63	51.23	
67	72.12		64	48.39	
68	43.2		250	71.82	
69	54.6		251	72.3	
70	63.93		252	64.33	
前腰　71	70.03	1986.58	253	77.37	
72	48.15		后腰　254	72.31	1806
73	74.02		255	48.12	
74	68.88		256	59.29	
75	73.06		257	73.06	
76	85.54		258	59.82	
77	68.65		259	71.09	

部位 编号 重量	重量	合计	部位 编号 重量	重量	合计
260	51.15		196	61.12	
261	67.78		197	61.41	
262	67.23		198	52.35	
329	28.57		199	66.78	
330	22.76		200	67.32	
263	68.57		201	67.22	
264	44.42		334	22.3	
265	64.82		37	80.65	
266	72.83		38	67.92	
267	60.36		39	81.78	
268	62.94		40	65.09	
269	66.09		41	60.27	
270	68.89		42	64.8	
271	69.27		43	63.1	
272	57.32		44	71.88	
273	86.94		45	70.75	
274	56.36		46	73.01	
275	74.36		47	69.33	
331	22.3		48	53.77	
332	23.53		325	56.6	
188	40.75		26	52.35	
189	59.71		27	73.01	
190	65.37		28	64.65	
191	67.63		29	69.62	
192	69.9	4239.84	30	53.77	
193	58.86		31	68.2	
194	63.95		32	76.72	
195	48.11		33	50.94	

部位：后腰、前身下旅、前身下旅

部位	编号	重量	合计	部位	编号	重量	合计
前身下旅	34	62.54		前身下旅	4	80.94	
	35	62.54			5	54.62	
	36	58.01			6	64.2	
	65	55.18			7	56.32	
	333	22.3		后身下旅	61	20.39	
	17	74.46			276	45.93	
	18	65.93			277	54.95	
	19	75.27			278	70.36	
	20	71.88			279	57.34	
	21	67.92			280	48.87	
	22	69.52			281	62.01	
	23	65.09			282	68.88	
	24	53.04			283	80.06	
	25	54.9			284	70.05	
	323	61.41			285	76.08	
	324	57.73			286	62.2	2924.42
	8	43.86			287	68.27	
	9	66.79			288	56.66	
	10	68.77			289	59.76	
	11	56.03			290	45.98	
	12	52.07			291	61.57	
	13	58.29			292	61.09	
	14	70.75			293	60.04	
	15	70.75			294	62.28	
	16	48.39			295	75.54	
	1	70.24			296	60.86	
	2	60.44			297	63.21	
	3	78.67			298	59.04	

部位	编号	重量	合计	部位	编号	重量	合计
后身下旅	299	53.35		左披膊	114	35.01	
	300	65.27			115	44.29	
	301	54.68			116	50.16	
	302	48.37			117	50.48	
	303	52.91			118	38.13	
	304	61.35			119	52.27	
	305	58.18			120	39.26	
	306	56.79			121	48.49	
	307	58.57			122	56.89	
	308	82.28			123	50.42	
	309	62.19			124	61.12	
	310	60.57			125	42.36	
	311	58.2			126	52.24	
	312	54.24			127	47.27	
	313	49.43			128	48.73	
	314	65.42			129	47.67	
	315	58.98			130	63.92	
	316	75.47			131	48.98	
	317	58.74			132	68.34	
	318	78.34			133	60.04	
	319	78.23			134	55.28	
	320	68.93			135	51.17	
	321	63.65			136	63.86	
	322	48.86			137	64.55	
左披膊	110	49.37	1864.5		138	33.36	
	111	45.38			139	72.42	
	112	48.09			140	63.24	
	113	43.17			141	62.42	

部位	编号	重量	重量	合计	部位	编号	重量	重量	合计
左披膊	142		65.3		右披膊	175		51.75	
	143		68.54			176		65.34	
	327		72.28			177		74.47	
右披膊	161		79.3	1958.47		206		71.14	
	162		75.68			207		59.19	
	163		46.5			178		50.77	
	164		74.45			179		38.67	
	165		61.37			180		51.72	
	210		63.86			181		60.19	
	211		52.63			182		51.9	
	167		62.36			204		45.67	
	168		64.11			205		48.89	
	169		56.7			183		41.78	
	170		61.73			184		41.1	
	171		59.35			185		47.46	
	172		51.05			186		33.89	
	209		69.32			187		46.91	
	173		58.37			202		43.17	
	174		54.28			203		43.4	
合计								20888.07	

由表五可知，甲4甲片的总重量约为20.89千克。

（四）甲片抹棱

甲片经过抹棱后，一方面能增加甲片间的灵活性，另一方面能使铠甲的外观显得光滑流畅。甲4甲片的抹棱情况详见表六、七。

由表六、七可知，抹棱绝大部分在甲片正面，极少数甲片的背面也有抹棱。甲片抹棱的基本情况是：甲片正面三个边有抹棱的甲片位于甲4前后身和左右披膊的中列，其他部位的甲片正面则多是两个边有抹棱；甲片正面暴露于外的边一般有抹棱，叠压在下的边一般没有抹棱；前后身甲片正面的抹棱基本相同，A、B边有抹棱的甲片位于前后身下旅的左半部分，A、D边有抹棱的甲片位于前后身下旅的右半部分，B、C边有抹棱的甲片位于前后身上旅的左半部分，C、D边有抹棱的甲片位于前后身上旅的右半部分。

表六　甲4甲片抹棱位置统计表

部位	编号	位　置	部位	编号	位　置
领	154	正面A、B、C、D边，背面D边	前身上旅	103	正面C边
	155	正面B、C边		104	正面B、C边
	212	正面B、C、D边		105	正面B、C边
	213	正面A、B、D、E边		106	正面B、C、D边
	214	正面C、D边		107	正面B、C、D边
	148	正面B、E边		108	正面C、D边
	149	正面A、B、D边		109	正面C、D边
	150	正面A、B、E边		96	正面C、D边
	215	正面B、C边		97	正面C、D边
	216	正面C、D、E边		98	正面C、D边
	217	正面C边		99	正面B、C、D边
	218	正面B、C边		100	正面B、C边
	219	正面C、D边		101	正面B、C边
	151	正面A、B、E边		102	正面B、C边
	152	正面A、B、D边		89	正面B、C边
	153	正面B、E边		90	正面B、C边
肩	156	正面A、B边		91	正面B、C边
	157	正面A、B、D边		92	正面C、D边
	158	正面A、B、D边，背面A边		93	正面C、D边
	159	正面A、D边，背面B、D边		94	正面C、D边
	160	正面A、D边		95	正面A、B、D边
	144	正面A、B边		81	正面B、C、D、E边
	145	正面A、B、D边，背面A边		82	正面B、C、D边
	146	正面A、D边		83	正面C、D边
	147	正面A、D边		84	正面C、D边
	328	正面A、B边		85	正面B、C、D边

部位	编号	抹棱	位　置	部位	编号	抹棱	位　置
前身上旅	86		正面 B、C 边	后身上旅	244		正面 B、C 边
	87		正面 B、C 边		245		正面 C 边
	88		正面 B、C 边		246		正面 C、D 边
	326		正面 D 边		247		正面 C 边
后身上旅	220		正面 B、C、D 边		248		正面 C、D 边
	221		正面 C、D 边		249		正面 B、C、D、E 边
	222		正面 C、D 边	前腰	66		正面 B、C 边
	223		正面 B、C、D 边		67		正面 B、C 边
	224		正面 B、C 边		68		正面 B、C 边
	225		正面 B、C 边		69		正面 B、C 边
	226		正面 C、D 边		70		正面 B、C 边
	227		正面 B、C、D 边		71		正面 B、C 边
	228		正面 B、C 边		72		正面 B、C 边
	229		正面 B、C 边		73		正面 B、C、D 边
	230		正面 C 边		74		正面 C、D 边
	231		正面 C、D 边		75		正面 C、D 边
	232		正面 C、D 边		76		正面 C、D 边
	233		正面 C 边		77		正面 C、D 边
	234		正面 C 边		78		正面 C、D 边
	235		正面 C、D 边		79		正面 C、D 边
	236		正面 C、D 边		80		正面 C、D 边
	237		正面 C 边		49		正面 C、D 边
	238		正面 B、C 边		50		正面 C、D 边
	239		正面 A、D 边		51		正面 C、D 边
	240		正面 B、C、D 边		52		正面 C、D 边
	241		正面 B、C、D、E 边		53		正面 C、D 边
	242		正面 B、C 边		54		正面 C、D 边
	243		正面 B、C 边		55		正面 C、D 边

部位	编号	抹棱	位　置	部位	编号	抹棱	位　置
前腰	56		正面 B、C、D 边	后腰	268		正面 C 边
	57		正面 B、C 边		269		正面 C、D 边
	58		正面 B、C 边		270		正面 C、D 边
	59		正面 B、C 边		271		正面 C、D 边
	60		正面 B、C 边		272		正面 C、D 边
	62		正面 B、C 边		273		正面 C、D 边
	63		正面 B、C 边		274		正面 C、D 边
	64		正面 B、C 边		275		正面 B、C、D 边
后腰	250		正面 A、B、C 边		331		正面 B、C 边
	251		正面 C、D 边		332		正面 B、C 边
	252		正面 C、D 边	前身下旅	188		正面 A、D 边
	253		正面 C、D 边		189		正面 A、B、C、D 边
	254		正面 C、D 边		190		正面 D 边
	255		正面 C、D 边		191		正面 D 边
	256		正面 C、D 边		192		正面 D 边
	257		正面 C 边		193		正面 D 边
	258		正面 B、C 边		194		正面 D 边
	259		正面 B、C 边		195		正面 B、D 边
	260		正面 B、C 边		196		正面 B 边
	261		正面 B、C 边		197		正面 B 边
	262		正面 B、C 边		198		正面 B 边
	329		正面 B、C 边		199		正面 B 边
	330		正面 B、C 边		200		正面 B 边
	263		正面 B、C 边		201		正面 B 边
	264		正面 B、C 边		334		正面 A、B 边
	265		正面 B、C 边		37		正面 A、B 边
	266		正面 B、C 边		38		正面 A、B 边
	267		正面 B、C 边		39		正面 A、B 边

部位	编号	抹棱	位　置	部位	编号	抹棱	位　置
前身下旅	40		正面 A、B、C、D 边	前身下旅	22		正面 A、D 边
	41		正面 A、B 边		23		正面 A、D 边
	42		正面 A、B、D 边		24		正面 A、B 边
	43		正面 A、D 边		25		正面 A、D 边
	44		正面 A、D 边		323		正面 A、B 边
	45		正面 A、D 边		324		正面 A、B 边
	46		正面 A、D 边		8		正面 A、C 边
	47		正面 A、D 边		9		正面 A、B、D 边
	48		正面 A、B、D 边		10		正面 A、D 边
	325		正面 A、B、D 边		11		正面 A、B 边
	26		正面 A、D 边		12		正面 A、B、D 边
	27		正面 A、D 边		13		正面 A、B 边
	28		正面 A、D 边		14		正面 A、B 边
	29		正面 A、D 边		15		正面 A、B 边
	30		正面 A、D 边		16		正面 A、B 边
	31		正面 A、D 边		1		正面 A、B、C 边
	32		正面 A、B、D 边		2		正面 A、B 边
	33		正面 A、B 边		3		正面 A、B、C 边
	34		正面 A、B 边		4		正面 A、B、C、D、E 边
	35		正面 A、B、D 边		5		正面 A、C、D 边
	36		正面 A、B 边		6		正面 A、B、C、D 边
	65		正面 A、B 边		7		正面 A、C、D 边
	333		正面 A、B 边	后身下旅	61		无
	17		正面 A、B 边		276		无
	18		正面 A、B 边		277		正面 D 边
	19		正面 A、B 边		278		正面 D 边
	20		正面 A、B 边		279		正面 D 边
	21		正面 A、D 边		280		正面 D 边

部位	编号	抹棱	位 置	部位	编号	抹棱	位 置
	281		正面D边		309		正面A、D边
	282		正面B、D边		310		正面A、D边
	283		无		311		正面A、D边
	284		正面B边		312		正面A、D边
	285		正面B边		313		正面A、B、D边
	286		正面B边	后	314		正面A、B、C、D边
	287		正面B边	身	315		正面A、B、C边
	288		正面B边	下	316		正面A、B、C边
	289		正面B边	旅	317		正面A、B、C边
	290		正面A、B、D边		318		正面A、C、D边
	291		正面C、D边		319		正面A、C、D边
	292		正面C、D边		320		正面A、C、D边
后	293		正面C、D边		321		正面A、C、D边
身	294		正面A、B边		322		正面A、B、C、D边
下	295		正面A、B边		110		正面A、C、D边
旅	296		正面A边		111		正面A、C、D边
	297		正面A、D边		112		正面A、D边
	298		正面A、D边		113		正面A、B、D边
	299		正面A、B边		114		正面A、B、C、D边
	300		正面A、B边		115		正面A、B、C、D边
	301		正面A、B边	左	116		正面A、B、C边
	302		正面A、B、C、D边	披	117		正面A、B、D边
	303		正面A、B、D边	膊	118		正面A、B、C边
	304		正面A、D边		119		正面A、B、C边
	305		正面A、D边		120		正面A、B、C、D边
	306		正面A、C、D边		121		正面A、D边
	307		正面A、D边		122		正面A、B边
	308		正面A边		123		背面A、B边

部位	编号	抹棱	位　置	部位	编号	抹棱	位　置
左披膊	124		正面A、D边	右披膊	167		正面A、B边
	125		正面A、D边		168		正面A、B边
	126		正面A、D边		169		正面A、B、D边
	127		正面A、D边		170		正面A、B边
	128		正面A、B边		171		正面A、B边
	129		正面A、B边		172		正面A、B边
	130		正面A、B边		209		正面A、B边
	131		正面A、B边		173		正面A、B、D边
	132		正面A、B边		174		正面A、B、D边
	133		正面A、B边		175		正面A、B边
	134		正面A、B、D边		176		正面A、B、D边
	135		正面A、D边		177		正面A、B、D边
	136		正面A、D边		206		正面A、B、D边
	137		正面A、D边		207		正面A、D边
	138		正面A、D边		178		正面A、D边
	139		正面A、D边		179		正面A、D边
	140		正面A、B、D边		180		正面A、B边
	141		正面A、B、D边		181		正面A、B边
	142		正面A、B边		182		正面A、B边
	143		正面A、B边		204		正面A、D边
	327		正面A、B边		205		正面A、D边
右披膊	161		正面A、D边		183		正面A、B、C边
	162		正面A、D边		184		正面A、B、C边
	163		正面A、B边		185		正面A、B、C、D边
	164		正面A、B边		186		正面A、B、C、D边
	165		正面A、B边		187		正面A、C、D边
	210		正面A、B、D边		202		正面A、D边
	211		正面A、D边		203		正面A、C、D边

表七　各种抹棱组合的甲片在甲4各部位的分布情况　　　单位：片

抹　棱	领	肩	前身上旅	后身上旅	前腰	后腰	前身下旅	后身下旅	左披膊	右披膊	合计
正面A边								2			2
正面A、B边		3					23	5	11	13	55
正面A、B、C边						1	2	3	3	2	11
正面A、B、C、D边							3	3	3	2	11
正面A、B、C、D、E边							1				1
正面A、B、C、D边，背面D边	1										1
正面A、B、D边	2	1	1				7	3	5	7	26
正面A、B、D、E边	1										1
正面A、B、D边，背面A边		2									2
正面A、B、E边	2										2
正面A、C边							1				1
正面A、C、D边							2	5	2	2	11
正面A、D边		3		1			17	9	11	9	50
正面A、D边，背面B、D边		1									1
正面B边							6	6			12
正面B、C边	3		11	8	14	14					50
正面B、C、D边	1		5	4	2	1					13
正面B、C、D、E边			1	2							3
正面B、D边							1	1			2
正面B、E边	2										2
正面C边	1		1	6		2					10
正面C、D边	2		10	9	14	12		3			50

抹　　棱	领	肩	前身上旅	后身上旅	前腰	后腰	前身下旅	后身下旅	左披膊	右披膊	合计
正面 C、D、E 边	1										1
正面 D 边			1				5	5			11

（五）甲片抹角

甲片经过抹角后，能使甲片之间更好地贴合，增强铠甲的外观美感。甲 4 甲片的抹角情况详见表八、九。

表八　甲 4 甲片抹角位置统计表

部位	编号	抹角位置	部位	编号	抹角位置
领	154	无	肩	158	背面 BC、CD 角
	155	无		159	正面 CD 角
	212	无		160	背面 AB 角
	213	无		144	背面 BC 角
	214	无		145	背面 BC、CD 角
	148	正面 DE 角		146	背面 AB、CD 角
	149	背面 BC、CD 角		147	正面 DA 角
	150	正面 BC 角		328	无
	215	背面 AB、CD 角	前身上旅	103	无
	216	正面 EA 角		104	正面 AB 角
	217	背面 BC、CD 角		105	正面 AB 角
	218	背面 BC、CD 角		106	正面 AB、DA 角
	219	无		107	正面 AB 角
	151	正面 DE 角		108	正面 AB 角
	152	背面 BC、CD 角		109	正面 AB 角
	153	正面 BC 角		96	正面 AB 角
肩	156	正面 BC 角		97	正面 DA 角
	157	正面 BC 角，背面 DA 角		98	正面 AB 角

部位	编号	抹角 位置	部位	编号	抹角 位置
前身上旅	99	正面 DA 角	后身上旅	228	正面 AB 角，背面 CD 角
	100	正面 AB 角		229	正面 AB 角
	101	正面 AB 角		230	无
	102	无		231	正面 DA 角
	89	无		232	正面 DA 角，背面 BC 角
	90	正面 AB 角		233	背面 CD 角
	91	正面 AB 角		234	背面 CD 角
	92	正面 DA 角		235	正面 DA 角，背面 BC 角
	93	正面 DA 角		236	正面 DA 角
	94	正面 DA 角		237	背面 BC、CD 角
	95	正面 BC 角		238	正面 AB 角，背面 CD 角
	81	正面 BC 角		239	正面 CD 角
	82	正面 DA 角		240	正面 AB 角
	83	正面 DA 角		241	正面 AB 角
	84	正面 DA 角		242	正面 AB 角
	85	正面 AB、DA 角		243	正面 AB 角
	86	正面 AB 角		244	正面 AB 角
	87	正面 AB 角		245	背面 BC、CD 角
	88	正面 AB 角		246	正面 DA 角
	326	无		247	正面 DA 角
后身上旅	220	正面 DA 角		248	正面 DA 角
	221	正面 DA 角，背面 BC 角		249	正面 DA 角
	222	正面 AB 角	前腰	66	正面 AB 角
	223	正面 AB 角		67	正面 AB 角
	224	正面 AB 角，背面 CD 角		68	正面 AB 角，背面 CD 角
	225	正面 AB 角		69	无
	226	正面 AB 角，背面 CD 角		70	正面 AB 角
	227	正面 AB 角		71	正面 AB 角

部位	编号	抹角 位 置	部位	编号	抹角 位 置
前腰	72	正面 AB 角	后腰	254	正面 DA 角
	73	正面 AB、DA 角		255	正面 DA 角
	74	正面 DA 角		256	正面 DA 角
	75	正面 DA 角		257	正面 BC、CD 角
	76	正面 DA 角		258	正面 AB 角，背面 CD 角
	77	正面 DA 角		259	正面 AB 角
	78	正面 DA 角		260	正面 AB 角
	79	正面 DA 角		261	正面 AB 角，背面 CD 角
	80	无		262	正面 AB 角
	49	正面 AB、BC 角		329	正面 AB 角
	50	正面 DA 角		330	正面 AB 角
	51	正面 DA 角		263	正面 AB 角
	52	正面 DA 角		264	正面 AB 角
	53	正面 DA 角		265	正面 AB 角
	54	正面 DA 角		266	正面 AB 角
	55	正面 DA 角		267	正面 AB 角
	56	正面 AB、DA 角		268	背面 BC、CD 角
	57	正面 AB 角		269	正面 DA 角，背面 BC 角
	58	正面 AB、BC 角，背面 CD 角		270	正面 DA 角
	59	正面 AB 角，背面 CD 角		271	正面 DA 角
	60	正面 AB 角		272	正面 DA 角
	62	正面 AB 角		273	正面 DA 角
	63	正面 AB 角		274	正面 DA 角，背面 BC、CD 角
	64	正面 AB 角		275	正面 DA 角
后腰	250	无		331	正面 AB 角
	251	正面 DA 角		332	正面 AB 角
	252	正面 DA 角			
	253	正面 DA 角			

部位	编号	抹角	位　置	部位	编号	抹角	位　置
前身下旅	188		无	前身下旅	26		正面 DA 角
	189		正面 CD、DA 角		27		正面 CD 角
	190		正面 CD、DA 角		28		正面 CD 角
	191		正面 CD、DA 角		29		正面 CD 角
	192		正面 CD、DA 角		30		正面 CD 角
	193		正面 CD、DA 角		31		正面 CD 角
	194		正面 CD、DA 角		32		正面 BC、CD 角
	195		正面 AB、BC、CD、DA 角		33		正面 BC 角
	196		正面 AB、BC 角		34		正面 BC 角
	197		正面 AB、BC 角		35		正面 BC 角
	198		正面 AB、BC 角		36		正面 BC 角
	199		正面 AB、BC 角		65		正面 BC 角
	200		正面 AB、BC 角		333		无
	201		正面 AB、BC 角		17		正面 BC 角
	334		无		18		正面 BC 角
	37		正面 CD 角		19		正面 BC 角
	38		正面 BC 角		20		正面 BC、CD 角
	39		正面 BC 角		21		正面 AB、CD 角
	40		正面 BC、CD 角		22		无
	41		正面 BC 角		23		正面 CD 角
	42		正面 BC、CD 角		24		正面 CD 角
	43		正面 CD 角		25		无
	44		正面 CD 角		323		正面 BC 角
	45		正面 CD 角		324		无
	46		正面 CD 角		8		无
	47		正面 CD 角，背面 AB 角		9		正面 BC 角
	48		正面 BC 角		10		正面 CD 角
	325		正面 CD 角		11		无

部位	编号	抹角	位 置	部位	编号	抹角	位 置
前身下旅	12		正面 BC、CD 角	后身下旅	291		背面 DA 角
	13		正面 BC 角		292		背面 DA 角
	14		正面 BC 角		293		正面 DA 角，背面 BC 角
	15		正面 BC 角		294		正面 BC 角
	16		无		295		正面 BC 角
	1		无		296		背面 DA 角
	2		无		297		正面 CD 角
	3		无		298		正面 CD 角
	4		无		299		无
	5		无		300		正面 BC 角
	6		无		301		正面 BC 角
	7		无		302		无
后身下旅	61		无		303		正面 CD 角
	276		无		304		正面 CD 角
	277		正面 CD、DA 角		305		正面 CD 角
	278		正面 CD、DA 角		306		正面 CD 角
	279		正面 CD、DA 角		307		正面 CD 角
	280		正面 CD、DA 角		308		正面 AB、DA 角
	281		正面 CD、DA 角		309		正面 BC 角
	282		正面 AB、BC、CD、DA 角		310		正面 BC 角
	283		无		311		正面 BC 角
	284		正面 AB、BC 角		312		正面 BC 角
	285		正面 AB、BC 角		313		正面 BC 角
	286		正面 AB、BC 角		314		无
	287		正面 AB、BC 角		315		无
	288		正面 AB、BC 角		316		无
	289		正面 AB、BC 角		317		无
	290		正面 BC 角		318		无

部位	编号	抹角	位　置	部位	编号	抹角	位　置
后身下旅	319		无	左披膊	134		正面 BC、CD 角
	320		无		135		无
	321		无		136		背面 CD 角
	322		无		137		无
左披膊	110		无		138		无
	111		无		139		背面 CD 角
	112		无		140		背面 CD 角
	113		正面 BC、CD 角		141		正面 BC、CD 角
	114		无		142		背面 BC 角
	115		无		143		背面 BC 角
	116		无		327		无
	117		无	右披膊	161		正面 CD 角
	118		无		162		正面 CD 角
	119		无		211		无
	120		正面 BC、CD 角		163		无
	121		正面 CD 角		164		正面 BC 角
	122		正面 BC 角		165		无
	123		无		210		正面 BC、CD 角
	124		无		167		正面 CD 角
	125		无		168		正面 CD 角
	126		背面 CD 角		169		正面 BC、CD 角
	127		正面 BC、CD 角		170		正面 BC 角
	128		背面 BC 角		171		正面 BC 角
	129		背面 BC 角		172		无
	130		无		209		无
	131		无		173		无
	132		背面 BC 角		174		正面 BC 角
	133		背面 BC 角		175		正面 BC 角

续表八

部位	编号	抹角	位　置	部位	编号	抹角	位　置
右披膊	176		正面 BC、CD 角	右披膊	204		正面 CD 角
	177		无		205		无
	206		正面 CD 角		183		无
	207		无		184		无
	178		正面 CD 角		185		无
	179		正面 BC、CD 角		186		无
	180		正面 BC 角		187		无
	181		正面 BC 角		202		正面 CD 角
	182		无		203		无

表九　各种抹角组合的甲片在甲 4 各部位的分布情况　　　　单位：片

抹　角	领	肩	前身上旅	后身上旅	前腰	后腰	前身下旅	后身下旅	左披膊	右披膊	合计
背面 AB 角		1									1
背面 AB、CD 角	1	1					1				3
背面 BC 角		1								6	7
背面 BC、CD 角	4	2			2	1					9
背面 CD 角					2					4	6
背面 DA 角								3			3
正面 AB 角			14	10	10	12					46
正面 AB 角，背面 CD 角				4	2	2					8
正面 AB、BC 角						1	6	6			13
正面 AB、BC 角，背面 CD 角						1					1
正面 AB、BC、CD、DA 角							1	1			2
正面 AB、DA 角			2		2			1			5
正面 BC 角	2	1	2				17	10	1	7	40
正面 BC、CD 角						1	5		5	4	15
正面 BC 角，背面 DA 角		1									1

抹　　角	领	肩	前身上旅	后身上旅	前腰	后腰	前身下旅	后身下旅	左披膊	右披膊	合计
正面 CD 角		1		1			14	7	1	8	32
正面 CD、DA 角							6	5			11
正面 CD 角，背面 AB 角							1				1
正面 DA 角，背面 BC 角				3		1		1			5
正面 DA 角		1	8	7	12	11	1				40
正面 DA 角，背面 BC、CD 角						1					1
正面 DE 角	2										2
正面 EA 角	1										1

　　由表八、九可知，抹角绝大部分在甲片正面，少数甲片的背面也有抹角；仅有正面一个抹角的甲片占多数，正面 AB 角、正面 BC 角、正面 CD 角、正面 DA 角、正面 DE 角、正面 EA 角分别有抹角的甲片合计 161 片，约占有抹角甲片总数的 63.6%。前后身甲片正面的抹角基本相同，BC 角有抹角的甲片位于前后身下旅的左半部分，CD 角有抹角的甲片位于前后身下旅的右半部分，AB 角有抹角的甲片位于前后身上旅的左半部分，DA 角有抹角的甲片位于前后身上旅的右半部分。

四、甲 4 的结构

　　甲 4 由主体部位和非主体部位两部分组成，主体部位包括领、肩、前身上旅、后身上旅、前腰和后腰，非主体部位包括前身下旅、后身下旅、左披膊和右披膊。各部位的甲片数量详见表一〇。

表一〇　甲 4 甲片数量统计表　　　　　　　　单位：片

部　位	主　体　部　位						非　主　体　部　位				合　计
	领	肩	前身上旅	后身上旅	前腰	后腰	前身下旅	后身下旅	左披膊	右披膊	
应有数	16	10	30	30	30	30	68	48	35	35	332
实有数	16	10	30	30	30	26	66	47	35	35	325
修补数	10	3	13	13	5	9	10	26	12	15	116
复制数					4	2	1				7

五、甲4甲片布孔规律与铜丝穿连方式

甲4各部位的甲片是由扁铜丝通过每片甲片上布设的孔眼连缀在一起的，甲片上布设的孔眼是有一定规律的，铜丝的穿连方式也因不同部位而不同。

（一）孔眼

甲4多数甲片有4个边，少数甲片有5个边，孔眼基本上位于甲片各边缘，距甲片边缘约1厘米，孔眼间距一般为1~1.2厘米。甲4甲片孔眼情况详见表一一。

表一一　甲4甲片孔眼统计表

部位　　编号	孔形	孔径（毫米）	孔数（个）
154	圆形	4.3~4.51	8
155	圆形	4.4~4.76	10
212	圆形	4.09~4.63	8
213	圆形	4.13~4.45	12
214	圆形	3.01~4.22	12
148	圆形	4.39~4.57	10
149	圆形	4.09~5.11	12
150	圆形	4.32~4.77	10
215	圆形	4.01~4.15	10
216	三角形	4.53~5.44	12
217	圆形	4.04~4.39	12
218	圆形	4.36~4.66	10
219	圆形	4.2~4.26	10
151	圆形	3.73~4.32	10
152	三角形	3.89~4.91	12
153	圆形	4~4.41	10
156	圆形	4.33~5.46	8
157	圆形	4.06~4.84	12
158	圆形	4.27~4.52	12
159	圆形	3.63~4.8	12

部位：领（154~153）、肩（156~159）

部位 编号	孔　形	孔径（毫米）	孔数（个）
160	圆形	4.54～4.92	10
144	圆形	4.07～4.56	12
145	圆形	4.39～4.73	12
146	圆形	4.31～4.82	12
147	圆形	4.3～5.28	10
328	圆形	3.72～4.29	10
103	圆形	3.91～4.46	6
104	圆形	4.11～4.29	12
105	圆形	4.32～5.21	12
106	圆形	3.32～4.07	12
107	圆形	3.58～4.32	10
108	圆形	3.49～4.39	10
109	圆形	3.41～4.11	10
96	圆形	3.94～4.65	8
97	圆形	3.97～4.4	12
98	圆形	4.36～4.99	12
99	圆形	4.16～4.33	12
100	圆形	3.59～3.74	12
101	圆形	3.95～4.48	12
102	圆形	4.29～4.45	8
89	圆形	3.18～3.86	8
90	圆形	4.24～4.41	12
91	圆形	4.32～4.57	12
92	圆形	3.83～4.56	12
93	圆形	4.2～5	12
94	圆形	3.82～4.3	12
95	圆形	4.08～4.29	8
81	三角形	4.07～4.44	6

部位：肩（160、144、145、146、147、328）；前身上旅（103～81）

部位　　编号		孔　形	孔径（毫米）	孔数（个）
前身上旅	82	圆形	4.02~4.45	12
	83	圆形	3.87~4.1	12
	84	圆形	4.15~5.09	12
	85	圆形	4.04~4.67	12
	86	圆形	3.86~4.37	12
	87	圆形	3.99~4.36	12
	88	圆形	3.9~4.45	12
	326	圆形	4.3	6
后身上旅	220	圆形	3.75~4.39	8
	221	圆形	3.78~4.82	12
	222	圆形	3.84~4.41	12
	223	圆形	4.27~4.51	8
	224	圆形	4.02~4.6	12
	225	圆形	3.88~4.47	12
	226	圆形	4.39~4.78	8
	227	圆形	4.39~4.54	8
	228	圆形	3.89~4.86	12
	229	圆形	3.91~4.03	12
	230	圆形	3.66~4.64	12
	231	圆形	4.07~4.78	12
	232	圆形	4.2~4.71	12
	233	圆形	3.48~3.98	8
	234	圆形	3.89~5.13	8
	235	圆形	3.68~4.35	12
	236	圆形	4.42~4.82	12
	237	圆形	4.56~5.44	12
	238	圆形	3.91~4.38	12
	239	圆形	3.82~4.21	12

部位	编号	孔形	孔径（毫米）	孔数（个）
后身上旅	240	圆形	4.15～4.77	8
	241	圆形	3.73～3.99	6
	242	圆形	3.82～4.3	12
	243	三角形	4.6～5.16	12
	244	圆形	4.25～4.8	12
	245	圆形	3.66～4.04	12
	246	圆形	4.15～4.8	12
	247	圆形	4.2	12
	248	圆形	3.39～4.33	12
	249	圆形	4.36～4.62	6
前腰	66	圆形	4.46～4.86	12
	67	圆形	3.78～4.47	12
	68	圆形	3.76～4.1	12
	69	圆形	4.06～4.63	12
	70	圆形	3.66～4.1	12
	71	圆形	3.97～4.25	12
	72	圆形	3.85～4.35	12
	73	圆形	3.84～4.81	12
	74	圆形	4.06～4.72	12
	75	圆形	3.79～4.28	12
	76	圆形	4.46～4.82	12
	77	圆形	3.91～4.58	12
	78	圆形	3.94～4.18	12
	79	圆形	4.21～4.45	12
	80	圆形	4.35～5.19	8
	49	圆形	4.02～4.3	8
	50	圆形	3.91～4.42	12
	51	圆形	4.07～4.33	12

部位 编号	孔　形	孔径（毫米）	孔数（个）
52	圆形	3.86~4.23	12
53	圆形	3.82~4.27	12
54	圆形	3.81~4.42	12
55	圆形	3.89~4.43	12
56	圆形	3.96~5.29	12
57	圆形	3.83~5.06	12
58	圆形	3.26~4.41	12
59	圆形	3.67~4	12
60	圆形	3.75~4.17	12
62	圆形	3.88~4.48	12
63	圆形	3.61~4.23	12
64	圆形	3.74~4.63	12
250	圆形	4.24~5.3	9
251	圆形	4.36~4.65	12
252	圆形	3.81~4.28	12
253	圆形	3.53~4.42	12
254	三角形	4.41~4.46	12
255	圆形	4.19~4.33	12
256	圆形	3.69~4.77	12
257	圆形	3.39~3.89	12
258	圆形	4.17~4.8	12
259	圆形	4.23~4.75	12
260	圆形	3.87~4.03	12
261	圆形	3.98~4.51	12
262	圆形	4.27~4.62	12
329	圆形	4.4	12
330	圆形	4.3	12
263	圆形	3.89~4.37	12

前腰：52~64
后腰：250~263、329、330

部位　　编号	孔　形	孔径（毫米）	孔数（个）
264	三角形	4.27	12
265	圆形	3.92～4.34	12
266	圆形	3.91～4.84	12
267	圆形	4.15～4.46	12
268	圆形	4.28～4.48	12
269	圆形	4.19～4.23	12
270	圆形	4.54～5.02	12
271	圆形	3.94～4.58	12
272	圆形	3.66～5.04	12
273	圆形	3.92～4.6	12
274	圆形	4.41～4.69	12
275	圆形	4.78～4.82	8
331	圆形	4.2	12
332	圆形	4.6	12
188	圆形	4.59～4.63	8
189	圆形	3.71～4.72	12
190	圆形	3.84～4.51	12
191	圆形	3.72～4.61	12
192	圆形	4.32～4.56	12
193	圆形	3.98～4.22	12
194	圆形	4.63～5.09	12
195	圆形	4.16～5.37	12
196	圆形	4.05～5.1	12
197	圆形	4.13～5.36	12
198	圆形	3.68	12
199	三角形	4.29～4.63	12
200	圆形	4～4.81	12
201	圆形	4.02～4.67	12

后腰（264–332），前身下旅（188–201）

部位 \ 编号		孔 形	孔径（毫米）	孔数（个）
	334	圆形	4.5	8
	37	三角形	4～5.07	10
	38	圆形	4.21～4.94	10
	39	圆形	4.16～4.33	10
	40	圆形	3.85～4.22	10
	41	圆形	3.96～4.72	10
	42	圆形	4.17～4.76	10
	43	圆形	4.05～4.24	10
	44	三角形	3.9～4.67	10
	45	三角形	4.27～4.51	10
	46	圆形	3.89～4.67	10
	47	圆形	3.9～4.26	10
前身下旅	48	圆形	4.15～4.3	6
	325	圆形	3.8～4.34	6
	26	圆形	5.21～5.39	6
	27	圆形	3.84～4.57	10
	28	圆形	3.98～4.75	10
	29	圆形	3.84～4.65	10
	30	圆形	3.83	10
	31	圆形	3.62～4.43	10
	32	圆形	4.75～4.98	10
	33	圆形	3.79～4.25	10
	34	圆形	4.86～5.04	10
	35	圆形	4.52～4.66	10
	36	圆形	3.86～4.28	10
	65	圆形	4.2～4.84	10
	333	圆形	4.4	6
	17	圆形	3.87～4.84	10

部位　编号	孔　形	孔径（毫米）	孔数（个）
18	圆形	3.98～4.08	10
19	圆形	3.82～4.74	10
20	圆形	3.91～4.59	10
21	圆形	3.69～4.5	10
22	圆形	4.01～4.86	10
23	圆形	4.02～4.28	10
24	三角形	4.28～4.93	10
25	圆形	3.86～4.46	6
323	圆形	4.46	6
324	圆形	4.35～4.53	10
8	圆形	3.92～4.13	6
9	三角形	4.35～4.95	10
10	圆形	3.81～4.33	10
11	圆形	4	10
12	圆形	3.53～4.81	10
13	圆形	3.93～5.01	10
14	圆形	4.36～4.52	10
15	圆形	3.91～4.6	10
16	圆形	4.18～4.41	6
1	圆形	3.93～4.75	6
2	圆形	4.26～4.53	10
3	圆形	4.32～4.59	10
4	圆形	2.99～3.95	10
5	三角形	4.2～4.5	10
6	圆形	4.39～5.3	10
7	圆形	3.7～3.8	6
61	圆形	4.26	8
276	圆形	3.64～4.38	8

部位栏：前身下旅；后身下旅

部位 编号	孔　形	孔径（毫米）	孔数（个）
277	圆形	3.05～4.74	12
278	圆形	3.74～5.23	12
279	圆形	3.67～4.48	12
280	圆形	3.84～4.1	12
281	圆形	4.93～5.57	12
282	圆形	4.39～4.6	12
283	圆形	4.33～4.97	12
284	圆形	3.77～4.98	12
285	圆形	4.42～4.54	12
286	圆形	4.21～4.48	12
287	圆形	3.88～4.2	12
288	圆形	3.78～5.6	12
289	圆形	4.3～5.3	12
290	圆形	4.11～4.71	6
291	圆形	4.22～5.03	10
292	圆形	4.54～5	10
293	圆形	4～4.5	10
294	圆形	4.3～4.64	10
295	圆形	3.91～4.25	10
296	圆形	3.68～4.62	10
297	圆形	4.31～5.02	10
298	圆形	3.92～4.35	10
299	圆形	4.49～5.4	10
300	圆形	4.56～5.01	10
301	圆形	4.54～4.8	10
302	圆形	4.28～4.58	6
303	三角形	4.85～5	6
304	圆形	4.47～4.79	10

部位：后身下旅

续表一一

部位 编号	孔　形	孔径（毫米）	孔数（个）
305	圆形	3.93～4.92	10
306	圆形	4.3～4.65	10
307	圆形	3.95～4.44	10
308	圆形	4.02～4.53	10
309	圆形	4.1～4.32	10
310	圆形	4.12～4.5	10
311	圆形	4.17～4.61	10
312	圆形	3.35～4.97	10
313	圆形	4.27～4.88	6
314	三角形	4.69～4.93	6
315	圆形	3.7～4.59	10
316	圆形	4.11～4.37	10
317	圆形	3.52～4.07	10
318	圆形	4.57～5.14	10
319	圆形	4.37～5.5	10
320	圆形	4.32～4.85	10
321	圆形	3.8～4.49	10
322	圆形	3.9～4.61	6
110	圆形	3.66～7.15	6
111	圆形	4.02～4.29	10
112	圆形	4.28～4.97	10
113	圆形	3.66～4.45	10
114	圆形	3.95～4.21	10
115	圆形	3.72～4.15	10
116	圆形	3.85～5.1	6
117	圆形	3.94～4.32	6
118	圆形	3.67～4.52	10
119	三角形	3.48～3.74	10

后身下旅（305～322）

左披膊（110～119）

部位 编号	孔 形	孔径（毫米）	孔数（个）
120	三角形	4.14~4.48	10
121	三角形	3.45~4.7	10
122	圆形	3.68~4.51	10
123	圆形	3.69~4.07	6
124	圆形	3.48~3.88	6
125	圆形	3.47~4.07	10
126	圆形	3.9~4.39	10
127	圆形	3.57~4.1	10
128	圆形	4.19~4.38	10
129	圆形	3.76~4.75	10
130	圆形	4.35~5.19	6
左 披 膊 131	圆形	3.12~4.84	6
132	圆形	3.85~4.24	10
133	三角形	4.3~4.95	10
134	圆形	3.81~4.1	10
135	圆形	3.97~4.9	10
136	圆形	4.45~5.05	10
137	圆形	4.36~4.5	6
138	圆形	4.5	6
139	圆形	3.68~3.85	10
140	圆形	3.41~4.05	10
141	圆形	3.71~4.48	10
142	圆形	3.45~4.87	10
143	圆形	3.57~4.42	10
327	圆形	4.41~4.69	6
右 披 膊 161	圆形	3.87	10
162	圆形	4.16	10
163	圆形	4.01	10

部位 编号	孔 形	孔径（毫米）	孔数（个）
164	三角形	3.14~4.36	10
165	圆形	4.33	6
210	圆形	4.54~4.6	10
211	圆形	3.92~4.08	10
167	圆形	4.61~5.07	10
168	圆形	4.25	10
169	圆形	4.4~4.84	10
170	圆形	4	10
171	圆形	3.4~3.75	10
172	三角形	4.23	6
209	圆形	3.95~4.26	6
173	圆形	4.65	6
174	圆形	3.84~4.2	10
175	圆形	3.64~4.24	10
176	圆形	4.38~4.39	10
177	圆形	4~4.55	10
206	三角形	4.11~5.14	10
207	圆形	3.65~4.23	6
178	圆形	3.63~3.82	10
179	圆形	3.28~4.06	10
180	圆形	3.43~3.9	10
181	三角形	3.87	10
182	圆形	4.16	6
204	圆形	3.76~3.99	10
205	圆形	4.63	6
183	三角形	4.04~7.67	6
184	圆形	3.79~4.85	10
185	圆形	3.32~4.68	10

部位栏（跨多行）：右披膊

部　位　　编　号	孔　形	孔径（毫米）	孔数（个）
右 披 膊 186	圆形	4.07～4.28	10
187	圆形	3.77～4.43	10
202	圆形	4.06～4.17	10
203	圆形	3.86～4.8	6

从表一一可以看出：甲 4 甲片的孔眼有圆形和三角形两种，其中圆形孔眼占绝大多数；孔径一般在 3.8～4.5 毫米之间，相穿连的两片甲片的孔径基本相同；甲片上分别有 6、8、10、12 个偶数孔（后腰 250 号甲片的 D 边有一个废弃的孔眼）。

甲 4 甲片各边孔眼分布情况详见表一二。

从表一二可以看出：甲 4 甲片各边的孔眼均为偶数；A、C 边多横排 2 孔，B、D 边多纵列 4 孔；每 2 个孔成一组，形成对孔。

表一二　甲 4 甲片各边孔眼数量统计表　　　　　单位：个

部位　　编号　各边孔眼	A边	B边	C边	D边	E边
154	无	纵2	纵2	无	纵4
155	横2	纵4	无	纵4	无
212	无	纵4	横2	纵2	无
213	无	纵4	横2	纵4	纵2
214	横2	纵2	横2	纵4	纵2
148	无	纵2	纵4	横2	纵2
149	纵2	纵2	横2	纵4	无
150	无	纵2	横2	纵4	纵2
215	横2	纵2	横2	纵4	无
216	无	纵2	纵4	横2	纵4
217	纵2	纵4	横2	纵4	无
218	无	纵4	横2	纵4	纵2
219	横2	纵2	横2	纵4	无
151	无	纵2	纵4	横2	纵2
152	纵2	纵4	横2	纵4	无
153	无	纵2	横2	纵4	纵2

（领 — 部位，跨多行）

部位	各边孔眼编号	A边	B边	C边	D边	E边
肩	156	横2	无	横2	纵4	无
	157	横2	纵4	横2	纵4	无
	158	横2	纵4	横2	纵4	无
	159	横2	纵4	横2	纵4	无
	160	横2	纵4	横2	纵2	无
	144	横2	纵4	横2	纵4	无
	145	横2	纵4	横2	纵4	无
	146	横2	纵4	横2	纵4	无
	147	横2	纵4	横2	纵2	无
	328	横2	纵2	横2	纵4	无
前身上旅	103	横2	无	横2	横2	无
	104	横2	纵4	横2	纵4	无
	105	横2	纵4	纵2	纵4	无
	106	横2	纵4	横2	纵4	无
	107	无	纵4	横2	纵4	无
	108	无	纵4	横2	纵4	无
	109	无	纵4	横2	纵4	无
	96	横2	纵4	横2	无	无
	97	横2	纵4	横2	纵4	无
	98	横2	纵4	横2	纵4	无
	99	横2	纵4	横2	纵4	无
	100	横2	纵4	横2	纵4	无
	101	横2	纵4	横2	纵4	无
	102	横2	无	横2	纵4	无
	89	横2	无	横2	纵4	无
	90	横2	纵4	横2	纵4	无
	91	横2	纵4	横2	纵4	无
	92	横2	纵4	横2	纵4	无

续表一二

部位	各边孔眼编号	A边	B边	C边	D边	E边
前身上旅	93	横2	纵4	横2	纵4	无
	94	横2	纵4	横2	纵4	无
	95	横2	纵4	横2	无	无
	81	无	纵4	横2	无	无
	82	横2	纵4	横2	纵4	无
	83	横2	纵4	横2	纵4	无
	84	横2	纵4	横2	纵4	无
	85	横2	纵4	横2	纵4	无
	86	横2	纵4	横2	纵4	无
	87	横2	纵4	横2	纵4	无
	88	横2	纵4	横2	纵4	无
后身上旅	326	无	无	无	横2	纵4
	220	横2	无	横2	纵4	无
	221	横2	纵4	横2	纵4	无
	222	横2	纵4	横2	纵4	无
	223	横2	纵4	横2	纵4	无
	224	横2	纵4	横2	纵4	无
	225	横2	纵4	横2	纵4	无
	226	横2	纵4	横2	无	无
	227	横2	纵4	横2	无	无
	228	横2	纵4	横2	纵4	无
	229	横2	纵4	横2	纵4	无
	230	横2	纵4	横2	纵4	无
	231	横2	纵4	横2	纵4	无
	232	横2	纵4	横2	纵4	无
	233	横2	无	横2	纵4	无
	234	横2	无	横2	纵4	无
	235	横2	纵4	横2	纵4	无

续表一二

部位	各边编号孔眼	A边	B边	C边	D边	E边
后身上旅	236	横2	纵4	横2	纵4	无
	237	横2	纵4	横2	纵4	无
	238	横2	纵4	横2	纵4	无
	239	横2	纵4	横2	纵4	无
	240	横2	纵4	横2	无	无
	241	无	纵4	横2	无	无
	242	横2	纵4	横2	纵4	无
	243	横2	纵4	横2	纵4	无
	244	横2	纵4	横2	纵4	无
	245	横2	纵4	横2	纵4	无
	246	横2	纵4	横2	纵4	无
	247	横2	纵4	横2	纵4	无
	248	横2	纵4	横2	纵4	无
	249	无	无	无	横2	纵4
前腰	66	横2	纵4	横2	纵4	无
	67	横2	纵4	横2	纵4	无
	68	横2	纵4	横2	纵4	无
	69	横2	纵4	横2	纵4	无
	70	横2	纵4	横2	纵4	无
	71	横2	纵4	横2	纵4	无
	72	横2	纵4	横2	纵4	无
	73	横2	纵4	横2	纵4	无
	74	横2	纵4	横2	纵4	无
	75	横2	纵4	横2	纵4	无
	76	横2	纵4	横2	纵4	无
	77	横2	纵4	横2	纵4	无
	78	横2	纵4	横2	纵4	无
	79	横2	纵4	横2	纵4	无

续表一二

部位	各边孔眼编号	A边	B边	C边	D边	E边
前腰	80	横2	纵4	横2	无	无
	49	横2	纵4	横2	无	无
	50	横2	纵4	横2	纵4	无
	51	横2	纵4	横2	纵4	无
	52	横2	纵4	横2	纵4	无
	53	横2	纵4	横2	纵4	无
	54	横2	纵4	横2	纵4	无
	55	横2	纵4	横2	纵4	无
	56	横2	纵4	横2	纵4	无
	57	横2	纵4	横2	纵4	无
	58	横2	纵4	横2	纵4	无
	59	横2	纵4	横2	纵4	无
	60	横2	纵4	横2	纵4	无
	62	横2	纵4	横2	纵4	无
	63	横2	纵4	横2	纵4	无
	64	横2	纵4	横2	纵4	无
后腰	250	横2	无	横2	纵5	无
	251	横2	纵4	横2	纵4	无
	252	横2	纵4	横2	纵4	无
	253	横2	纵4	横2	纵4	无
	254	横2	纵4	横2	纵4	无
	255	横2	纵4	横2	纵4	无
	256	横2	纵4	横2	纵4	无
	257	横2	纵4	横2	纵4	无
	258	横2	纵4	横2	纵4	无
	259	横2	纵4	横2	纵4	无
	260	横2	纵4	横2	纵4	无
	261	横2	纵4	横2	纵4	无

部位	各边编号 孔眼	A边	B边	C边	D边	E边
后腰	262	横2	纵4	横2	纵4	无
	329	横2	纵4	横2	纵4	无
	330	横2	纵4	横2	纵4	无
	263	横2	纵4	横2	纵4	无
	264	横2	纵4	横2	纵4	无
	265	横2	纵4	横2	纵4	无
	266	横2	纵4	横2	纵4	无
	267	横2	纵4	横2	纵4	无
	268	横2	纵4	横2	纵4	无
	269	横2	纵4	横2	纵4	无
	270	横2	纵4	横2	纵4	无
	271	横2	纵4	横2	纵4	无
	272	横2	纵4	横2	纵4	无
	273	横2	纵4	横2	纵4	无
	274	横2	纵4	横2	纵4	无
	275	横2	无	横2	纵4	无
	331	横2	纵4	横2	纵4	无
	332	横2	纵4	横2	纵4	无
前身下旅	188	横排2组4孔	纵4	无	无	无
	189	横排2组4孔	纵4	无	纵4	无
	190	横排2组4孔	纵4	无	纵4	无
	191	横排2组4孔	纵4	无	纵4	无
	192	横排2组4孔	纵4	无	纵4	无
	193	横排2组4孔	纵4	无	纵4	无
	194	横排2组4孔	纵4	无	纵4	无
	195	横排2组4孔	纵4	无	纵4	无
	196	横排2组4孔	纵4	无	纵4	无
	197	横排2组4孔	纵4	无	纵4	无

续表一二

部位 \ 各边孔眼编号	A边	B边	C边	D边	E边
198	横排2组4孔	纵4	无	纵4	无
199	横排2组4孔	纵4	无	纵4	无
200	横排2组4孔	纵4	无	纵4	无
201	横排2组4孔	纵4	无	纵4	无
334	横排2组4孔	无	无	纵4	无
37	横2	纵4	无	纵4	无
38	横2	纵4	无	纵4	无
39	横2	纵4	无	纵4	无
40	横2	纵4	无	纵4	无
41	横2	纵4	无	纵4	无
42	横2	纵4	无	纵4	无
43	横2	纵4	无	纵4	无
44	横2	纵4	无	纵4	无
45	横2	纵4	无	纵4	无
46	横2	纵4	无	纵4	无
47	横2	纵4	无	纵4	无
48	横2	纵4	无	无	无
325	横2	无	无	纵4	无
26	横2	纵4	无	无	无
27	横2	纵4	无	纵4	无
28	横2	纵4	无	纵4	无
29	横2	纵4	无	纵4	无
30	横2	纵4	无	纵4	无
31	横2	纵4	无	纵4	无
32	横2	纵4	无	纵4	无
33	横2	纵4	无	纵4	无
34	横2	纵4	无	纵4	无
35	横2	纵4	无	纵4	无

前身下旅

部位	编号 各边 孔眼	A边	B边	C边	D边	E边
前身下旅	36	横2	纵4	无	纵4	无
	65	横2	纵4	无	纵4	无
	333	横2	无	无	纵4	无
	17	横2	纵4	无	纵4	无
	18	横2	纵4	无	纵4	无
	19	横2	纵4	无	纵4	无
	20	横2	纵4	无	纵4	无
	21	横2	纵4	无	纵4	无
	22	横2	纵4	无	纵4	无
	23	横2	纵4	无	纵4	无
	24	横2	纵4	无	纵4	无
	25	横2	纵4	无	无	无
	323	横2	无	无	纵4	无
	324	横2	纵4	无	纵4	无
	8	横2	纵4	无	无	无
	9	横2	纵4	无	纵4	无
	10	横2	纵4	无	纵4	无
	11	横2	纵4	无	纵4	无
	12	横2	纵4	无	纵4	无
	13	横2	纵4	无	纵4	无
	14	横2	纵4	无	纵4	无
	15	横2	纵4	无	纵4	无
	16	横2	无	无	纵4	无
	1	横2	无	无	纵4	无
	2	横2	纵4	无	纵4	无
	3	横2	纵4	无	纵4	无
	4	横2	纵4	无	纵4	无
	5	横2	纵4	无	纵4	无

部位 \ 编号 \ 各边 孔眼	A边	B边	C边	D边	E边
前身下旅 6	横2	纵4	无	纵4	无
前身下旅 7	横2	纵4	无	无	无
61	横排2组4孔	纵4	无	无	无
276	横排2组4孔	无	无	纵4	无
277	横排2组4孔	纵4	无	纵4	无
278	横排2组4孔	纵4	无	纵4	无
279	横排2组4孔	纵4	无	纵4	无
280	横排2组4孔	纵4	无	纵4	无
281	横排2组4孔	纵4	无	纵4	无
282	横排2组4孔	纵4	无	纵4	无
283	横排2组4孔	纵4	无	纵4	无
284	横排2组4孔	纵4	无	纵4	无
285	横排2组4孔	纵4	无	纵4	无
286	横排2组4孔	纵4	无	纵4	无
287	横排2组4孔	纵4	无	纵4	无
288	横排2组4孔	纵4	无	纵4	无
289	横排2组4孔	纵4	无	纵4	无
290	横2	纵4	无	无	无
291	横2	纵4	无	纵4	无
292	横2	纵4	无	纵4	无
293	横2	纵4	无	纵4	无
294	横2	纵4	无	纵4	无
295	横2	纵4	无	纵4	无
296	横2	纵4	无	纵4	无
297	横2	纵4	无	纵4	无
298	横2	纵4	无	纵4	无
299	横2	纵4	无	纵4	无
300	横2	纵4	无	纵4	无

（后身下旅）

续表一二

部位	编号 孔眼 各边	A边	B边	C边	D边	E边
后身下旅	301	横2	纵4	无	纵4	无
	302	横2	无	无	纵4	无
	303	横2	无	无	纵4	无
	304	横2	纵4	无	纵4	无
	305	横2	纵4	无	纵4	无
	306	横2	纵4	无	纵4	无
	307	横2	纵4	无	纵4	无
	308	横2	纵4	无	纵4	无
	309	横2	纵4	无	纵4	无
	310	横2	纵4	无	纵4	无
	311	横2	纵4	无	纵4	无
	312	横2	纵4	无	纵4	无
	313	横2	纵4	无	无	无
	314	横2	纵4	无	无	无
	315	横2	纵4	无	纵4	无
	316	横2	纵4	无	纵4	无
	317	横2	纵4	无	纵4	无
	318	横2	纵4	无	纵4	无
	319	横2	纵4	无	纵4	无
	320	横2	纵4	无	纵4	无
	321	横2	纵4	无	纵4	无
	322	横2	无	无	纵4	无
左披膊	110	横2	纵4	无	无	无
	111	横2	纵4	无	纵4	无
	112	横2	纵4	无	纵4	无
	113	横2	纵4	无	纵4	无
	114	横2	纵4	无	纵4	无
	115	横2	纵4	无	纵4	无

续表一二

部位	各边编号孔眼	A边	B边	C边	D边	E边
左披膊	116	横2	无	无	纵4	无
	117	横2	无	无	纵4	无
	118	横2	纵4	无	纵4	无
	119	横2	纵4	无	纵4	无
	120	横2	纵4	无	纵4	无
	121	横2	纵4	无	纵4	无
	122	横2	纵4	无	纵4	无
	123	横2	纵4	无	无	无
	124	横2	纵4	无	无	无
	125	横2	纵4	无	纵4	无
	126	横2	纵4	无	纵4	无
	127	横2	纵4	无	纵4	无
	128	横2	纵4	无	纵4	无
	129	横2	纵4	无	纵4	无
	130	横2	无	无	纵4	无
	131	横2	无	无	纵4	无
	132	横2	纵4	无	纵4	无
	133	横2	纵4	无	纵4	无
	134	横2	纵4	无	纵4	无
	135	横2	纵4	无	纵4	无
	136	横2	纵4	无	纵4	无
	137	横2	纵4	无	无	无
	138	横2	纵4	无	无	无
	139	横2	纵4	无	纵4	无
	140	横2	纵4	无	纵4	无
	141	横2	纵4	无	纵4	无
	142	横2	纵4	无	纵4	无
	143	横2	纵4	无	纵4	无

部位 / 各边编号 / 孔眼		A边	B边	C边	D边	E边
左披膊	327	横2	无	无	纵4	无
右披膊	161	横2	纵4	无	纵4	无
	162	横2	纵4	无	纵4	无
	211	横2	纵4	无	纵4	无
	163	横2	纵4	无	纵4	无
	164	横2	纵4	无	纵4	无
	165	横2	无	无	纵4	无
	210	横2	纵4	无	纵4	无
	167	横2	纵4	无	纵4	无
	168	横2	纵4	无	纵4	无
	169	横2	纵4	无	纵4	无
	170	横2	纵4	无	纵4	无
	171	横2	纵4	无	纵4	无
	172	横2	无	无	纵4	无
	209	横2	纵4	无	无	无
	173	横2	无	无	纵4	无
	174	横2	纵4	无	纵4	无
	175	横2	纵4	无	纵4	无
	176	横2	纵4	无	纵4	无
	177	横2	纵4	无	纵4	无
	206	横2	纵4	无	纵4	无
	207	横2	纵4	无	无	无
	178	横2	纵4	无	纵4	无
	179	横2	纵4	无	纵4	无
	180	横2	纵4	无	纵4	无
	181	横2	纵4	无	纵4	无
	182	横2	无	无	纵4	无
	204	横2	纵4	无	纵4	无

部位	各边 编号 孔眼	A边	B边	C边	D边	E边
右披膊	205	横2	纵4	无	无	无
	183	横2	无	无	纵4	无
	184	横2	纵4	无	纵4	无
	185	横2	纵4	无	纵4	无
	186	横2	纵4	无	纵4	无
	187	横2	纵4	无	纵4	无
	202	横2	纵4	无	纵4	无
	203	横2	纵4	无	无	无

（二）铜丝穿连

甲4不同部位甲片的铜丝穿连方式不同，现介绍以下五种方式。

第一种：将一根较短的U形铜丝的两端分别插入叠压的两片甲片的对孔内，铜丝两端在被叠压甲片的背面交叉固定（图八〇，1）。这种铜丝穿连方式见于肩、前后身上旅甲片各边以及前后身下旅、披膊的B、D边。

第二种：领口一周甲片的中部偏上分别纵列有2个为一组的对孔，将两根较长的U

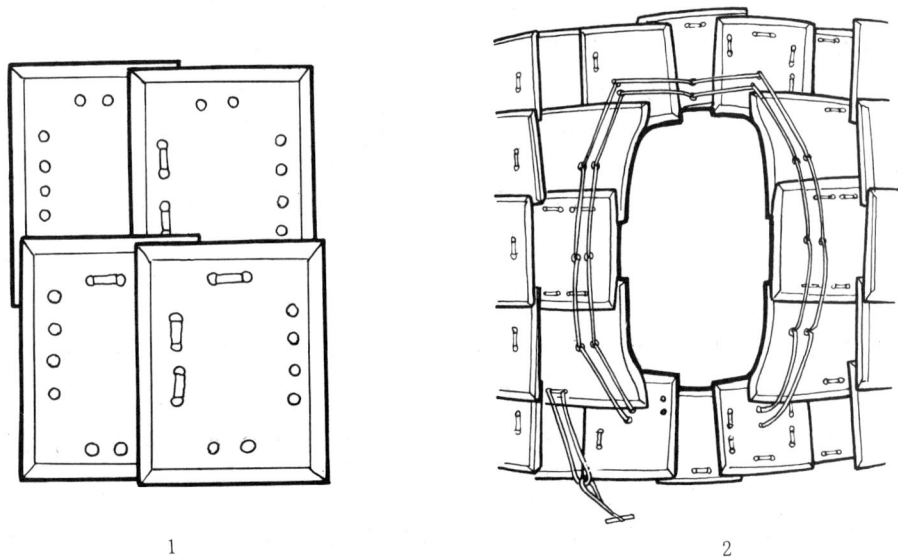

1　　　　　　　　　2

图八〇　K9801T2G2甲4甲片铜丝穿连方式

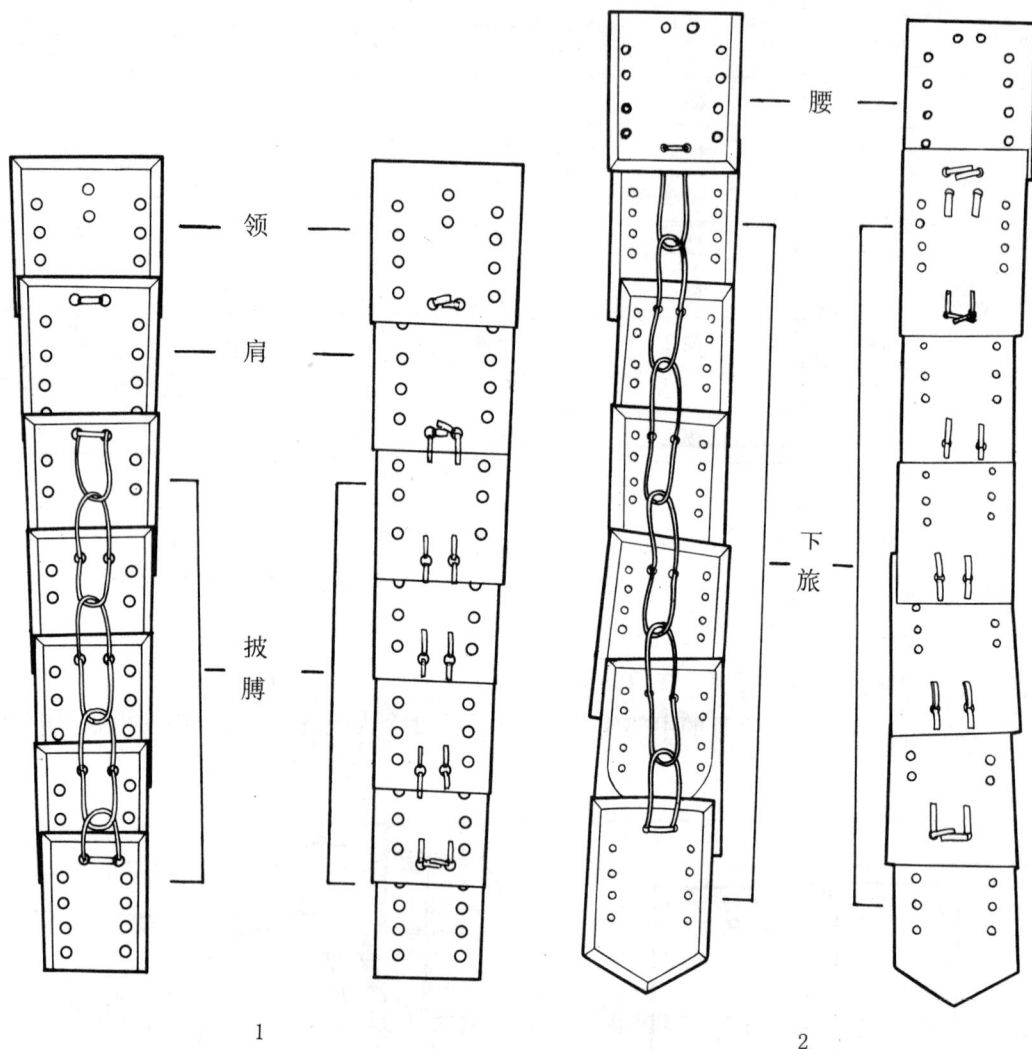

图八一　K9801T2G2 甲 4 甲片铜丝穿连方式

形铜丝的两端分别插入叠压的两片甲片的上孔和下孔，铜丝两端在甲片背面曲折固定（图八〇，2）。这种铜丝穿连方式只在领口起到装饰作用。

　　第三种：将一长一短两根 U 形铜丝的两端分别插入披膊第一排甲片 A 边和肩部甲片 C 边的对孔内，短铜丝的两端在甲片背面交叉固定，长铜丝的两端在甲片背面曲折固定并在甲片正面形成一个半环形，与向上曲折的半环形铜丝相套合（图八一，1）。

　　第四种：下旅第一排甲片 A 边有两组横排对孔，上组对孔的铜丝穿连方式同第一种，下组对孔的铜丝穿连方式同第三种中的长铜丝（图八一，2）。

第五种：将两根长 U 形铜丝的两端分别插入披膊第二～四排、下旅第二～五排甲片 A 边的对孔内，铜丝两端在被叠压甲片的背面交叉或曲折固定，铜丝在甲片正面分别向上、向下形成两个半环形并相互套合（图八一）。

六、甲 4 的编缀与开合

（一）编缀与衔接

从甲 4 的各部位来看，以横为排、纵为列，再由各部位的上、下排衔接成铠甲。现将不同部位的编缀与衔接情况分述如下。

（1）领部。左、右领甲片的中片分别依次向前、后两边叠压，前、后领两边的甲片分别依次向中间叠压。整个领部为左、右领压前、后领，领口四个角分别由弧形缺口甲片形成圆角（图八二，4）。

（2）肩部。左、右肩甲片均为中片依次向两边叠压，左肩甲片压左领甲片，右肩甲片压右领甲片（图八二，4）。

（3）上旅。前身上旅甲片为中片依次向两边叠压，后身上旅甲片为两边依次向中间叠压，上下排甲片之间为上排压下排，前、后领甲片压上旅第一排甲片（图八二，1、3）。

（4）腰部。从前腰的中片依次向两边叠压，至后腰中片合成一周，后腰中片位于最下层。腰部第一排甲片压第二排甲片，上旅第四排甲片压腰部第一排甲片（图八二，1、3）。

（5）下旅。前身下旅甲片为中片依次向两边叠压，后身下旅甲片为两边依次向中间叠压，上下排甲片之间为下排压上排，腰部第二排甲片压下旅第一排甲片（图八二，1、3）。

（6）披膊。左、右披膊第一～五排甲片均为中片依次向两边叠压，上下排甲片之间为下排压上排，披膊第一排甲片压肩部甲片（图八二，4）。

由上述可知，整副铠甲从横向来看，左、右披膊第五排甲片依次向领部叠压收于领部，前身上旅第一排甲片和下旅第六排甲片分别依次向中间逐排叠压收于下旅第一排，后身领部甲片和下旅第四排甲片分别依次向中间逐排叠压收于下旅第一排；从纵向来看，前身中列甲片依次向两边叠压（前领中片除外），后身两边甲片依次向中列叠压。

（二）开合结构与开合铜构件

甲 4 有两处开合结构，一处位于领口，另一处位于腰部。

（1）领口处的开合结构。前领中片和其右侧的两甲片间未用铜丝穿连，且前领中片右侧两甲片的 C 边、右肩右边缘甲片的 B 边以及前身上旅第一排中片右侧三片甲片的

A边均无孔，说明它们之间没有连接关系。由此可以看出，此处处于分离状态，形成领口处的开合结构。甲4出土时，此处的开合铜构件已腐朽断裂，仅余残迹，参照K9801T2G2甲1推测，两者的开合铜构件及其结合方式应基本相同（图八三）。

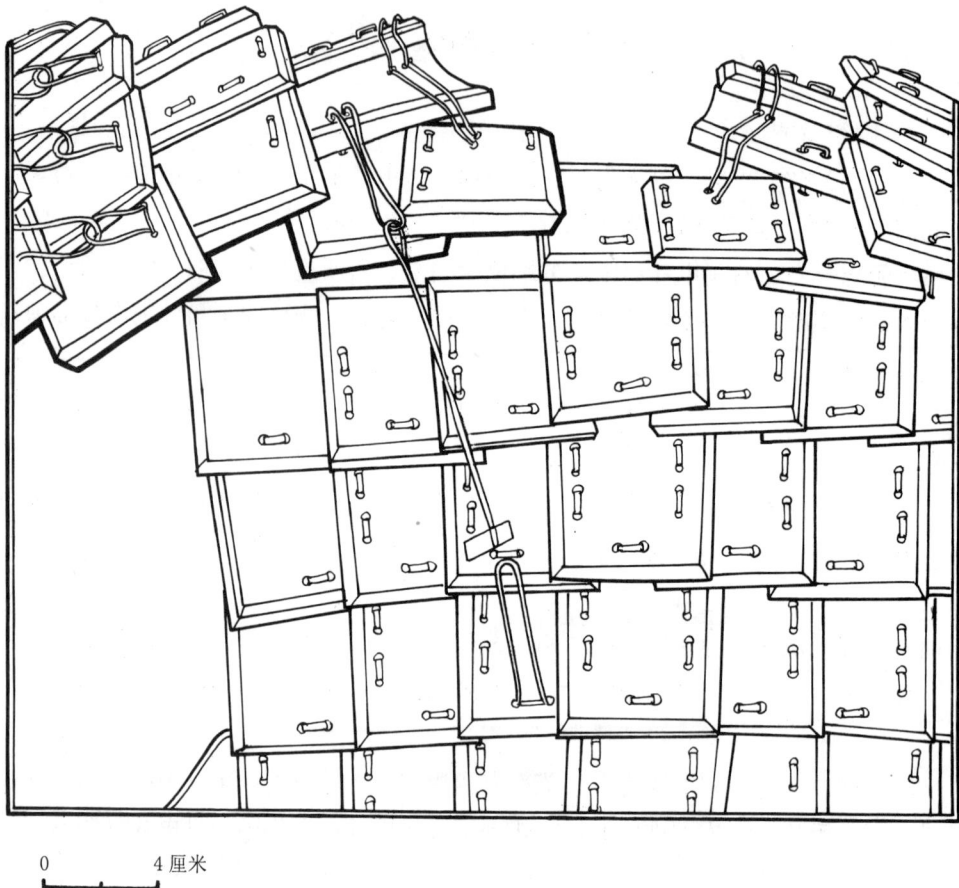

图八三　K9801T2G2甲4领口处开合结构

（2）腰部的开合结构。腰部右侧有两列4片甲片的叠压处无孔，处于敞开状态，形成腰部的开合结构。甲4出土时，未在此处发现开合铜构件。

七、甲4制作问题浅析

甲4应是模拟当时的实用铠甲制作而成的，经过分析其制作程序主要有以下几个步骤。

（1）选材和开片。2001年7月在渭河南岸第二阶台地上的新丰镇长条村弯子组一废弃的秦井中，发现了许多废弃的秦代石铠甲残片和用大块石料开凿的甲片初胎，其上有清晰的凿磨和切割痕迹。根据甲4甲片的纹理与结构分析，甲片的选材以青石为主，依青石的纹理层打凿和切割成与甲片厚薄相近的石板，再在此基础上进行下一步加工。

（2）粗磨。在已打凿成形的石片上进行粗磨，使石片表面更平整。

（3）规划甲片。在已粗磨过的石片上，根据需要刻划出甲片的形状、大小，刻划线内予以保留，刻划线外冗余部分去掉。甲4许多甲片的背面仍留有规划甲片的刻划线。

（4）切割。按照规划甲片的线用金属锯类的工具进行切割。

（5）钻孔。钻孔方式有单面钻和双面钻两种，以单面钻为主。单面钻多是从甲片正面向背面钻孔，少量的是从甲片背面向正面钻孔。双面钻有两种情况，一是先从甲片正面钻，待钻的尖端已钻透甲片但尚未全部穿透时，再从甲片背面露出的小点对钻；二是甲片正背面的钻点稍错位，用锉类工具对孔进行修整，形成三角形孔。

根据钻孔位置分析，甲片上孔眼的布置是有规律的，即一个甲片与它周围相连甲片的孔眼位置基本相同，以方便铜丝穿连和甲片编缀。197号甲片正面C边有2个未钻穿的孔，它们的位置不对，于是废弃不用；85号甲片正面A边有2个孔，旁边另有一钻到一半的废弃孔，当是位置不正确（图八四）。

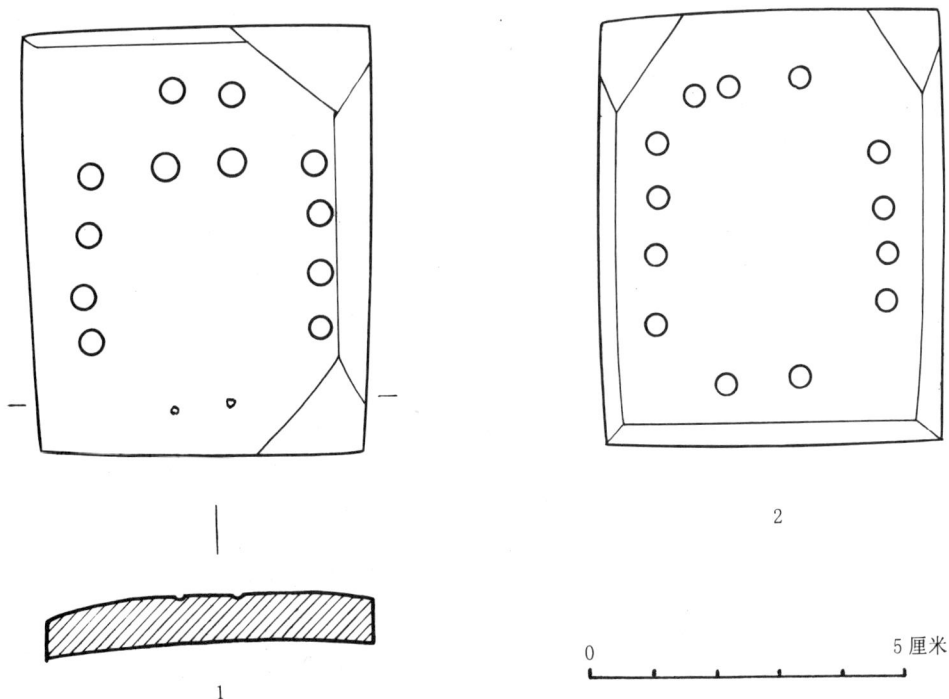

图八四　K9801T2G2甲4甲片上的废弃孔

1.197号甲片　2.85号甲片

（6）琢磨。对钻好孔的甲片，根据其所在铠甲的部位和连接情况，确定如何琢磨和琢磨的程度，主要是对甲片进行抹棱、抹角及弧拱等方面的加工。在甲片的正背面均留有琢磨痕迹，尤其是甲片背面的痕迹较多且清晰，说明甲片正面琢磨较细，而背面琢磨较粗。

（7）抛光。大多数甲片出土时正背面都有一定的光泽，说明甲片是经过抛光处理的，甲片正面抛光较细致，背面抛光较粗。

（8）编缀成形。用扁铜丝先将甲片横向连成排，再将每排甲片上下连接成铠甲。

在甲4左右披膊甲片的背面发现有五类刻划文字，依《秦文字类编》[1] 释读为一、二、三、四、五，但同一类文字的写法不完全相同（图八五；表一三）。

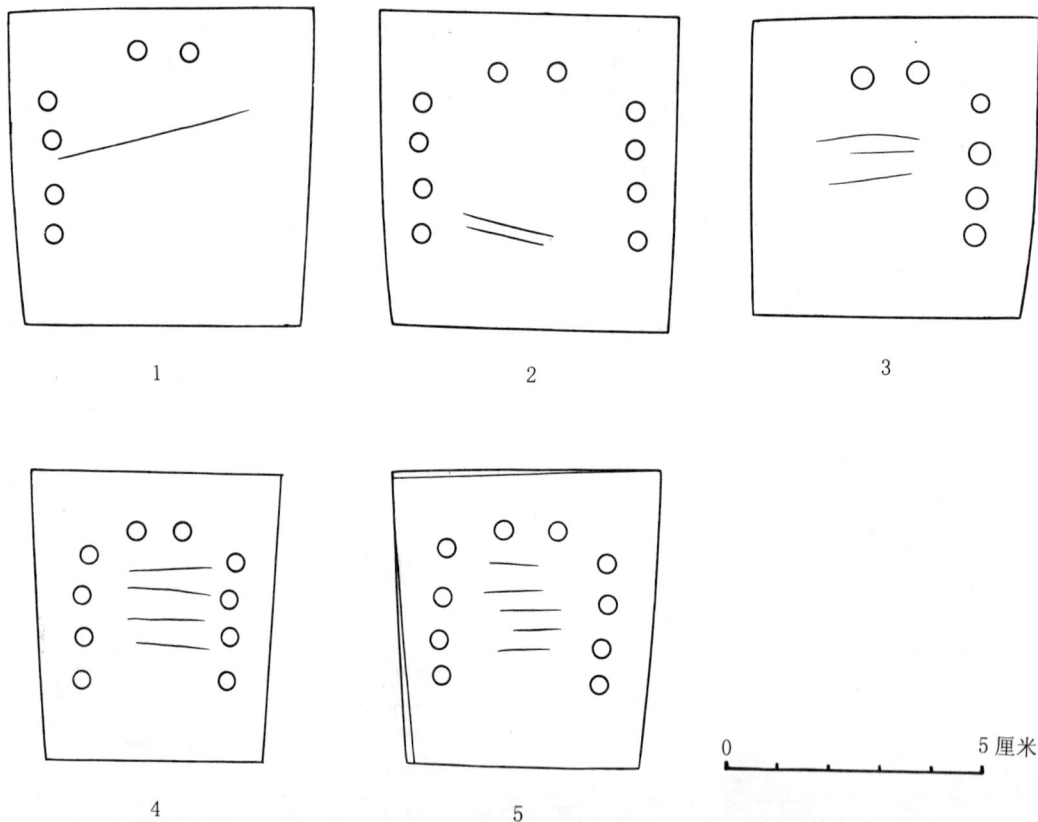

图八五　K9801T2G2甲4披膊甲片背面的刻划文字

上述刻划文字在披膊甲片的分布情况为：第一～五排依次多为一、二、三、四、五，间或有数字错位，如第一排甲片也有"二"，第二排甲片也有"一"或"三"，第三

① 袁仲一、刘钰：《秦文字类编》，陕西人民教育出版社，1993年。

表一三　甲 4 披膊甲片背面刻划文字统计表

类别	刻划文字	释读文字	甲　片　编　号
第一类	⌒	一	161、210、163、165、170、168、167、130、143、204、136、140、141
	∕	一	142
	╱	一	209
第二类	⚌	二	162、172、164、171、184
	⌇	二	327
	⤢	二	135
	⤳	二	134
	⤳	二	132
第三类	⚌	三	206、187
	☰	三	173、180、202
	⋙	三	118、125、126、127、207
第四类	☰	四	205
	⋛	四	120、121
第五类	☰	五	182、181、178、122、123
	⚏	五	185、113、115、119
	☰	五	110、111、112

排甲片也有"二"或"四"，第四排甲片也有"三"或"五"，第五排甲片也有"四"，但皆为其相邻的数字。这至少说明了两点：第一，秦人在制作甲片时有一定的编号次序，尤其是披膊处的甲片，在其背面刻划编号以利于编排；第二，在每排中有少量不属于该排的数字，说明大多数甲片是按照编号次序编缀的，个别甲片在编缀时根据需要又进行了调整。

贰 文物保护

第一节 K0006 陪葬坑陶俑彩绘成分分析与保护

K0006 陪葬坑出土彩绘陶俑 12 件，其上的彩绘层均保存较少，仅陶俑头上和 1 号陶俑的彩绘保存稍多。残存的彩绘层不仅结构非常脆弱，而且对环境的变化也十分敏感，即使暴露在相对湿度较大的坑内（75%R.H～90%R.H），经过一段时间后局部彩绘也会起翘、剥落。

一、彩绘的构成和材质分析

（一）构成

经过对残存彩绘及不同彩绘层剖面的显微观察（图版 83），发现 K0006 陪葬坑出土陶俑的彩绘绝大多数是由有机底层和无机颜料层构成的；一些陶俑彩绘的部分颜料层是由两层不同色调的颜料层组成，如 1 号和 7 号陶俑俑头彩绘的颜料层分为下层粉红色层和上层白色层；有的陶俑的彩绘仅由纯有机层构成，如 11 号陶俑长襦彩绘的深棕色层。这些情况表明，K0006 陪葬坑出土陶俑的彩绘，在构成上与以往发现的秦兵马俑的彩绘相同。

（二）材质分析

1. 底层材质

通过应用 KBr 压片技术的傅立叶变换红外光谱法，对 K0006 陪葬坑 12 号、7 号陶俑和秦始皇兵马俑 2 号坑陶俑的彩绘底层进行了分析，获得的光谱几乎是完全相同的（图八六～八八）。由于秦始皇兵马俑 2 号坑陶俑的彩绘底层已被证明是由生漆材料构成的[①]，因而可证明 K0006 陪葬坑出土陶俑的彩绘底层/纯有机层也是由生漆材料制成的。

2. 颜料层成分

采用 X 射线衍射分析法，对来自 K0006 陪葬坑陶俑彩绘不同色调颜料层的 11 个样品进行了分析，详见表一四。

---

① 张志军：《秦始皇陵兵马俑文物保护研究》，陕西人民教育出版社，1998 年。

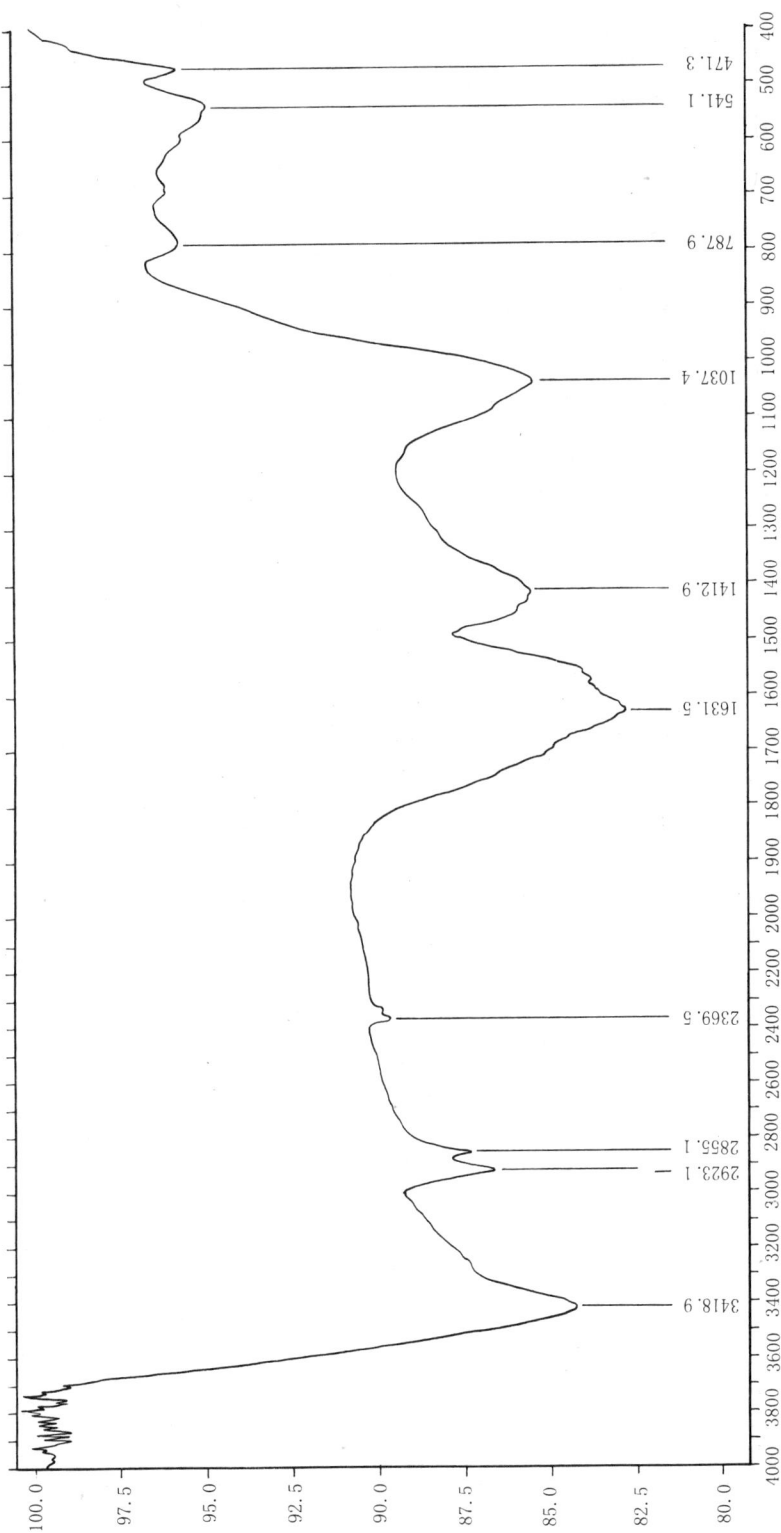

图八六　K0006 陪葬坑 12 号陶俑彩绘底层的红外分析图谱

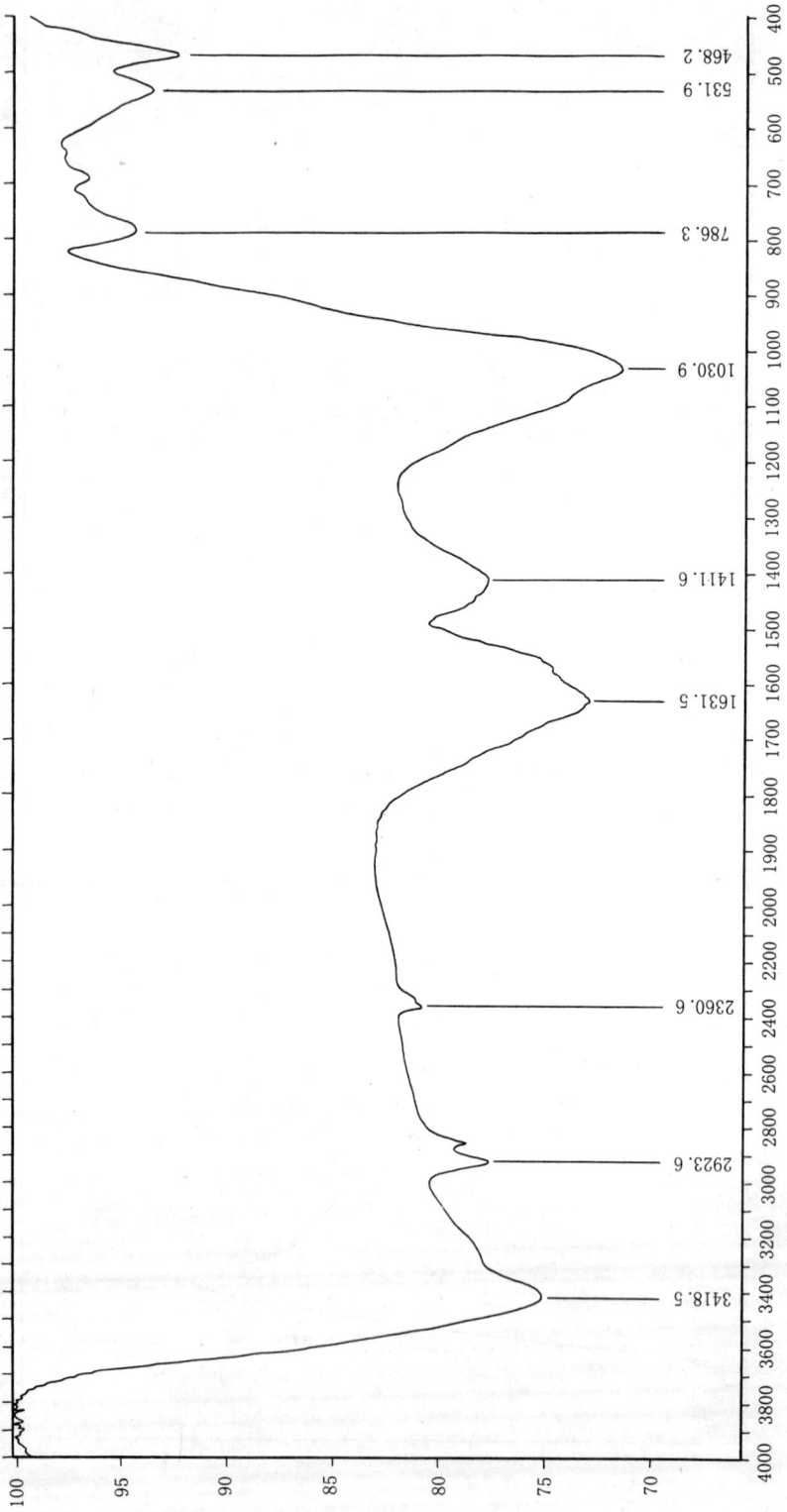

图八七　K0006 陪葬坑 7 号陶俑彩绘底层的红外分析图谱

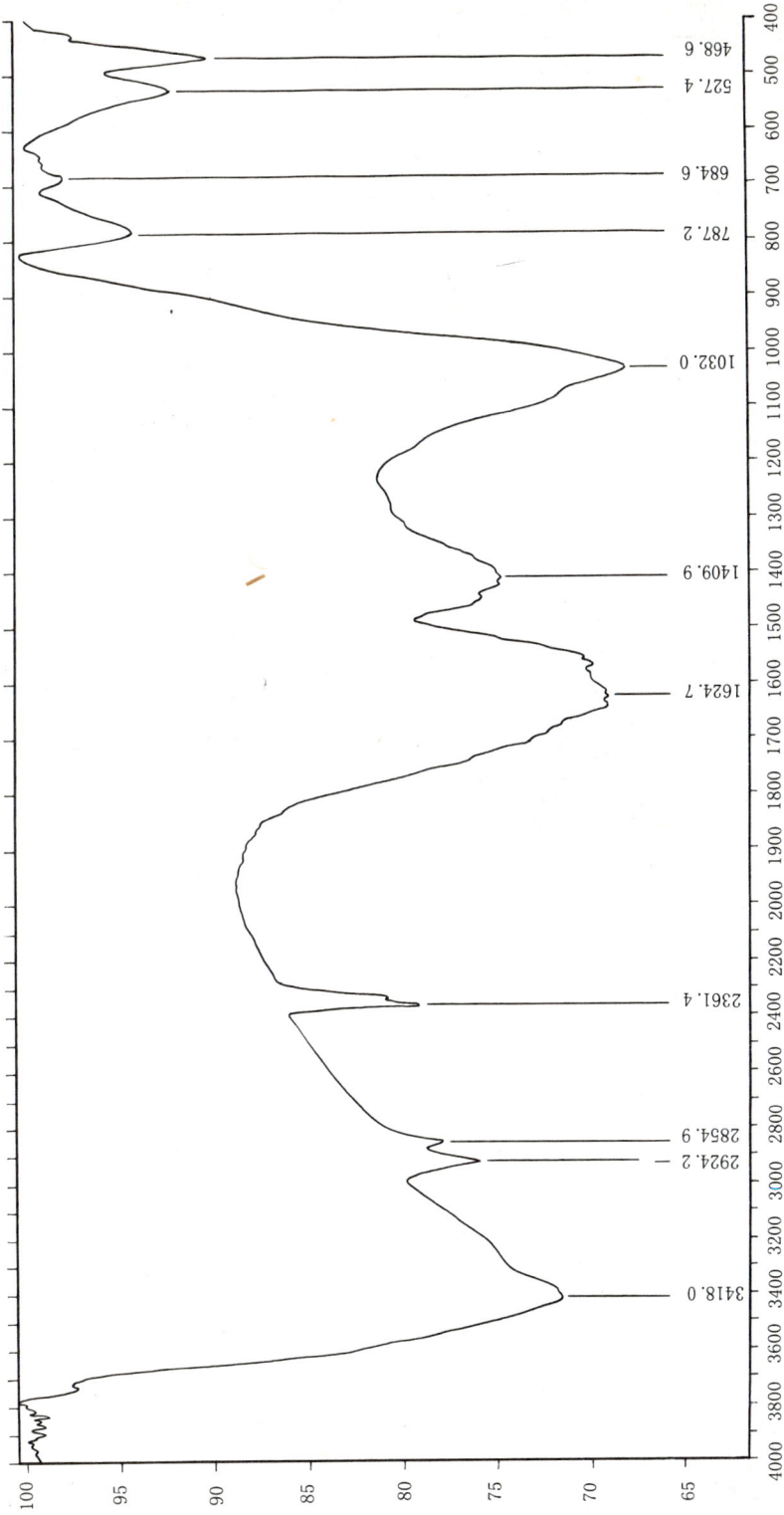

图八八 秦始皇兵马俑 2 号坑陶俑彩绘底层的红外分析图谱

表一四　K0006 陪葬坑陶俑彩绘颜料分析统计表

样品编号	颜料层	样品来源	分析结果	检出颜料
2001	淡粉红色	1 号陶俑面部	磷灰石	磷灰石
2003	紫色	1 号陶俑长襦下摆	辰砂　蓝铜矿　汉紫　石英　白铅矿	辰砂　蓝铜矿　汉紫　白铅矿
2004	紫色	1 号陶俑长襦底部	白铅矿　辰砂　蓝铜矿　汉紫　石英	白铅矿　辰砂　蓝铜矿　汉紫
2005	蓝色	1 号陶俑颈与领之间	蓝铜矿　石英　汉紫	蓝铜矿　汉紫
2006	黄绿色	1 号陶俑长襦下摆	伊利石　石英　白铅矿　白云石	白铅矿
2008	土黄色	1 号陶俑长襦下摆	伊利石　石英　白铅矿　钠长石	白铅矿
2010	很淡的粉红色	1 号陶俑面部	绿泥石　磷灰石　白铅矿　伊利石	磷灰石　白铅矿
W1	深粉红色	1 号陶俑袖口	辰砂　磷灰石　石英	辰砂　磷灰石
W2	绿色	1 号陶俑长襦背部	孔雀石　白铅矿　石英	孔雀石　白铅矿
W5	粉红色	12 号陶俑领部	辰砂　磷灰石　伊利石　石英　绿泥石	辰砂　磷灰石
W6	红色	4 号陶俑领部	辰砂　石英　伊利石　钠长石	辰砂

　　从表一四的分析结果看，部分样品中含有石英、伊利石、绿泥石、钠长石等粘土矿物，这主要是由于陶俑被埋于填土中受其粘污所致。

　　2001 号样品呈淡粉红色，应当含有红色颜料，但却未检测出。分析其原因，可能是样品记录有误，因为其颜料层是由下层粉红色、上层白色的两层颜料构成，在清洁彩绘的过程中，局部上层白色颜料随土一起剥落下来，而该样品是从剥落下来的填土上取得的。2010 号样品呈很淡的粉红色，但也未检测出红色颜料成分，可能是因其含量很低的缘故。

　　2006 号样品呈黄绿色，2008 号样品呈土黄色，二者均来自 1 号陶俑长襦下摆，但仅检测出白色颜料（白铅矿），然而单一的白色颜料不可能产生上述色调，这实际上是绿色颜料层受到浸蚀和粘污后产生的。因为 1 号陶俑长襦的绝大部分彩绘呈绿色，从同样来自 1 号陶俑长襦的 W2 号样品看，其检测出的颜料为孔雀石和白铅矿，其中的白铅矿与 2006、2008 号样品相一致。

2003、2004 号样品呈紫色，2005 号样品呈蓝色，紫色组成颜料中的蓝铜矿成分和蓝色构成颜料中的汉紫成分含量很低，在显微镜下仅可看到个别颗粒。

从以上分析可以看出：K0006 陪葬坑陶俑彩绘的多数粉红色颜料层是由辰砂和磷灰石组成的，少数还搀有白铅矿；紫色颜料层是由辰砂、汉紫和白铅矿组成；蓝色颜料层是由蓝铜矿组成；绿色颜料层是由孔雀石和白铅矿组成；红色颜料层是由单一的辰砂组成。由此可知，K0006 陪葬坑陶俑的彩绘，既有由两种以上颜料混合构成的颜料层，如粉红色层、紫色层，也有由单一的颜料构成的颜料层，如红色层、蓝色层。

二、彩绘保护

K0006 陪葬坑陶俑彩绘在出土时易于剥落、分层、溃散，尤其在出土后变干的过程中易于起翘、卷曲、粉化，这是因为生漆底层和颜料调和剂已严重老化，大大失去了原有的柔韧性、粘附力和固结力，而且彩绘层尤其是生漆底层对失水非常敏感，环境中湿度的变化会对其造成极大的影响。鉴于此需要采取有效的措施对 K0006 陪葬坑陶俑的彩绘进行保护。

（一）彩绘表面的清洁处理

首先我们将彩绘陶俑残片连带一定厚度的粘附土一起取出，并封装于塑料袋内以保持出土时的潮湿状态，然后进行彩绘表面的清洁处理。由于生漆底层与陶体之间、颜料层与生漆底层之间以及颜料层内部颜料颗粒间的结合力已变得非常微弱，相反，彩绘表面的粘附土，尤其是沉积的淤泥层与彩绘表面结合得却较紧密，因此，彩绘表面的清洁处理要方法得当。我们采取的具体措施是：从塑料袋中取出彩绘陶片置于易于操作的台面上（若工作环境的相对湿度低于 80%，必须在保湿箱内进行清洁处理），用钎子逐点扎松、逐层去除较厚的粘附土，至近彩绘面约 1 厘米时，改用特制的小钎子（用 2 毫米粗的不锈钢丝剪成易于操作的长度，一端加工成环状，另一端锤成钝的扁平状，中部用纸胶带缠绕以便于手持）逐点扎散、逐片逐层去除粘附土，直至露出彩绘面。之后，仍会有少量泥土以斑点状残留在彩绘表面，此时则改用更细小的钎子（制法如前述，直径约 1.5 毫米）以轻压方式进行清洁，对与彩绘结合紧密的粘附土需用锋刃锐利的小号手术刀逐层剔除，直至露出彩绘面。最后，对留在彩绘表面的土壤微粒和土垢用湿棉签多次轻滚去除。在整个除土过程中，尤其是在去除彩绘表面薄土的过程中，若土质较硬需先用 PEG200 和水的混合液（1:1）将其软化、松动后再进行去除，避免用力过大，损伤颜色。此外，要注意观察彩绘的附着情况，发现彩绘层有松动时，用浓度较大的加固剂（25% 聚氨酯乳液）沿着彩绘层边沿进行滴渗，待彩绘稳固之后再进行清洁。

（二）彩绘加固

从前文的分析可以看出，K0006 陪葬坑出土陶俑的彩绘，无论是用料，还是结构或工艺技术，均与以往发现的秦兵马俑的彩绘相同，因此我们选用了近年来在秦兵马俑彩绘保护方面较有成效的保护材料，即 PEG200 防绉缩剂和聚氨酯乳液加固剂。应用 PEG200 和聚氨酯乳液进行彩绘加固，其具体方法对保护效果影响很大，经过比较我们选择了敷渗法。在对保护剂的配比、处理环境、处理时间等因素进行了大量对比试验之后，采取了以下具体步骤。

（1）从保湿塑料袋中取出经过清洁处理的彩绘陶片，置于处理台面上。

（2）剪出与彩绘陶片大小相符的纸（一种薄且柔的亚麻纸）平展地敷于陶片的彩绘面上，用雾式小喷瓶将纸喷湿，使其与整个彩绘面紧密接触。若彩绘陶片较干燥，敷纸后必须多喷水，使彩绘陶片具有较大的潮湿度，以防加固剂在彩绘表面凝胶化。

（3）根据彩绘面的具体情况剪出条块形状的脱脂棉，浸于预先配制好的第一次处理液中（PEG200∶聚氨酯乳液∶水 = 30∶5∶65），完全浸透后取出，敷于敷纸上，用手轻轻按压，使敷棉贴紧。

（4）将敷好的彩绘陶片放入保湿塑料袋中进行渗透。

（5）2 天后取出彩绘陶片，用镊子轻轻揭取敷物。彩绘表面残留的处理液，用潮湿的脱脂棉轻轻按压，吸除干净。

（6）彩绘表面残留的第一次处理液清除干净后，及时将新的脱脂棉浸于预先配制好的第二次处理液中（PEG200∶水 = 60∶40），完全浸透后取出，敷于彩绘面上，用手轻轻按压，使敷棉贴紧，然后放入经过清洁的原塑料袋内渗透。第二次处理时，由于处理液中无加固剂组分，所以敷棉下面可以不敷纸。

（7）第二次敷渗 2 天后，进行第三次敷渗，方法如同第二次，但处理液为纯 PEG200。此次敷渗可利用第二次敷渗用过的敷棉（将其拧干，液体回收），以便节省材料，但不影响处理效果。

（8）第三次敷渗 2 天后，从塑料袋中取出彩绘陶片，轻轻揭去敷棉，然后置于清洁的室内环境中保存，待续修复。

此外，对少数仅存少量颜色残迹的彩绘陶片，则采用沿彩绘残迹边缘滴渗的点涂法；对埋于土中但上面已经暴露出的陶俑彩绘，则采用 30% PEG200 水溶液敷渗的临时处理方法，防止生漆底层起翘、脱落。

第二节　K0006 陪葬坑霉菌的区系调查及防治

2000 年在发掘 K0006 陪葬坑的过程中，为了能够较好地发掘、保护文物，有关部门决定营建临时保护大厅，2000 年 11 月保护大厅竣工。保护大厅虽然防止了雨水等自然因素对坑内遗迹、遗物的破坏，但大厅建成后，坑内蒸发出来的湿气难于扩散，加之坑内又非常潮湿，因此不久坑内便滋生霉菌。对此，我们对霉菌的种类进行了调查，并在此基础上采取了积极的防治措施。

一、霉菌的区系调查

（一）实验方法

1. 采样

土壤样品的采集：在坑内 15 处选取表层有霉斑的土壤 10 克置于无菌培养皿中。

陶俑等文物表面霉菌的采集：用无菌小刷轻轻刷取霉斑置于无菌培养皿中。

2. 霉菌的分离与纯化

采用稀释涂布法对采集到的霉菌进行分离、纯化和生物量统计。具体操作过程是：将 1 克样品置于装有玻璃珠和 99 毫升无菌水的三角瓶中，振荡 10 分钟后即得到 10^{-2} 稀释度的样液（A），用 1 毫升无菌移液管将样液（A）来回吹吸数次，精确吸取 1 毫升于装有 9 毫升无菌水的刻度试管中即得到 10^{-3} 稀释度的样液（B），再用 1 毫升无菌移液管同上吹吸数次，精确吸取 1 毫升于另一装有 9 毫升无菌水的刻度试管中即得到 10^{-4} 稀释度的样液（C），依次同上操作即得到 10^{-5}（D）、10^{-6}（E）、10^{-7}（F）、10^{-8}（G）等稀释度的样液。分别吸取以上稀释度的样液 0.2 毫升对号加入 PDA 和察贝克培养基平板上，利用无菌涂布棒将样液均匀涂开后倒置于 25℃ 恒温箱中培养，待菌落长出后计数并对其中的霉菌菌落进行分离，利用点植法反复纯化直至获得霉菌的纯培养。

3. 纯培养霉菌菌株的分类与鉴定

（1）群体形态观察。将各菌株的纯培养点植于鉴定培养基平板上，培养一周后进行群体形态观察并记录其特征。观察内容包括生长速度；菌落颜色；菌落表面特征，如平滑或具皱纹、致密或疏松以及有无同心环或辐射状沟纹等；菌落质地，如毡状、绒毛状、棉絮状、羊毛状、束状、粉粒状、明胶状和皮革状等；菌落边缘，如全缘、锯齿状、树枝状和纤毛状等；菌落高度，如扁平、丘状隆起以及菌落中心部分凹陷或凸起等；培养基颜色的变化，仅限于菌落所覆盖部分或扩大到其他部分；渗出液特征，如分泌液滴的大小及颜色等。

（2）个体形态观察。采用的方法有载片培养法和水浸片法。载片培养法是取直径 9 厘米的圆形滤纸一张，铺于直径 12 厘米的培养皿底部，在其上放置一个 U 形玻璃棒，在玻璃棒上平放一洁净的载玻片，盖好皿盖干热灭菌。取 10 毫升液体培养基注入另一培养皿中，待其凝成薄层后，用解剖刀在无菌状态下将培养基薄层切成 1 厘米见方的小块，将之移于载玻片中央，用接种针将霉菌孢子悬液接种于培养基小块的侧面，盖上已灭菌的盖玻片，在滤纸上滴注 2～3 毫升的 20% 无菌甘油液，恒温培养后取出载玻片直接置于低倍显微镜下观察。水浸片法是在洁净的载玻片中央滴加一滴乳酸苯酚透明剂，用小镊子从培养物上挑取少量菌丝置于载玻片的液滴中，小心地将菌丝挑开拨散，加盖玻片后在高倍显微镜下观察。

观察内容包括菌丝，如气生菌丝和底部菌丝的宽度、有无横隔、色泽以及特殊菌丝器官、有无菌丝索、有无锁状联合等；子实体形态，如孢子囊、子囊壳、子囊、担子果等的颜色、形状、大小、结构等；孢子，无性孢子如孢囊孢子、分生孢子、芽孢子、节孢子、厚垣孢子等，有性孢子如卵孢子、接合孢子、子囊孢子、担孢子等的颜色、形状、表面特征以及孢子有无分隔和其萌发类型。

（二）分析结果

通过对从滋生霉菌的坑底、坑壁以及陶俑等文物采集到的 95 个样品的分析，共获得霉菌纯培养 335 个，计 109 株。采用形态观察、生理测定等对其进行了分类鉴定，鉴定出霉菌 27 种，分别属于接合菌亚门、子囊菌亚门、半知菌亚门；同时又对这些霉菌的生理、生化特征进行了初步测定，发现其中有数种霉菌可以产生有机酸或其他有害代谢产物（表一五）。

表一五　霉菌种类、数量结构及危害统计表

门	目	科	属	霉菌名称	菌株数	生物量（%）	危害性
接合菌亚门	毛霉目	毛霉科	毛霉属	高大毛霉（*Mucor mucedo*）	6	5.5	
				总状毛霉（*Mucor racemosus*）	7	6.4	可产生 3-羟基丁酮
				刺状毛霉（*Mucor spinosus*）	5	4.6	
			根霉属	匍枝根霉（*Rhizopus stolonifer*）	7	6.4	可产生果胶酶、丁烯二酸和反丁烯二酸等
				少根根霉（*Rhizopus arrhizus*）	6	5.5	可产生脂肪酸、乳酸、丁烯二酸和反丁烯二酸
				米根霉（*Rhizopus oryzae*）	6	5.5	可产生乳酸和丁烯二酸
			犁头霉属	蓝色犁头霉（*Absidia coerulea*）	4	3.6	

门	目	科	属	霉菌名称	菌株数	生物量（%）	危害性
子囊菌亚门	曲霉目	曲霉科	曲霉属	杂色曲霉（Aspergillus versicolor）	3	2.7	可产生柄曲霉素和杂色曲霉素
				黑曲霉（Aspergillus niger）	5	4.6	可产生抗坏血酸、柠檬酸、葡萄糖酸和没食子酸等
				灰绿曲霉（Aspergillus glancus）	3	2.7	
				米曲霉（Aspergillus oryzae）	2	1.8	可产生柠檬酸、苹果酸、延胡索酸和曲酸等
				淡黄曲霉（Aspergillus cremeus）	3	2.7	
				栖土曲霉（Aspergillus terricola）	2	1.8	
			青霉属	白边青霉（Penicillium italicum）	4	3.6	
				常现青霉（Penicillium freguentans）	4	3.6	
				产黄青霉（Penicillium chrysogenum）	5	4.6	可产生葡萄糖酸和色素
				纠缠青霉（Penicillium penicillium）	3	2.7	
				短密青霉（Penicillium brevicompactum）	4	3.6	
				圆弧青霉（Penicillium cyclopium）	5	4.6	可产生色素
				纳地青霉（Penicillium nalgiovensis）	3	2.7	

续表一五

门	目	科	属	霉菌名称	菌株数	生物量（％）	危害性
半知菌亚门	丛梗孢目	丛梗孢科	木霉属	康宁木霉（*Trichoderma koningii*）	3	2.7	
			拟青霉属	宛氏拟青霉（*Paecilomyces varioti*）	4	3.6	
			粘帚霉属	粉红粘帚霉（*Gliocladium roseum*）	3	2.7	
			枝孢属	蜡叶枝孢（*Cladosporium herbarum*）	3	2.7	可产生深色色素
			镰刀菌属	串球镰刀菌（*Fusarium moniliforme*）	4	3.6	
		暗丛梗孢科	葡萄状穗霉属	黑葡萄穗霉（*Stachybotrys atra*）	2	1.8	可产生色素
			交链孢属	链格孢（*Alternaria alternata*）	3	2.7	可产生褐黑色色素
				共27种	109株		可产生有机酸、色素等有害代谢产物的霉菌约12种

　　从表一五看，青霉共28株，占总数的25.7％；根霉共19株，占总数的17.4％；曲霉共18株，占总数的16.5％；毛霉共18株，占总数的16.5％。以上各属的霉菌为主要种类，占总生物量的76.1％。另外，可产生有机酸、色素等有害代谢产物的霉菌约占总生物量的一半。因此，选择防霉剂应首先考虑对青霉、根霉、曲霉、毛霉以及有害菌种的有效性。

二、霉菌的防治

　　霉菌在坑内大量繁殖，不仅对坑内的环境造成很大的影响，而且由于其在生长过程中会产生一些有害物质，对坑内的文物也会造成一定的损害，尤其是陶俑表面的彩绘由于霉菌产生的色素而发生色调上的变化。因此，采取积极的预防和妥善的治理措施是非常必要的。

　　霉菌最适宜繁殖的气候条件是气温25～30℃，相对湿度80％～95％，在这种环境下，空气中散布的大量霉菌孢子，一旦附着在坑内的遗迹、遗物上，便会生长蔓延。对此，我们采取了以下措施。

　　（1）换气除湿。利用排气扇每天定时通风换气，以降低坑内空气的相对湿度，同时增加空气的循环流动，改善空气质量。

（2）喷洒防霉剂灭菌。根据菌种鉴定结果，坑内的霉菌在种群及生物量上均与秦始皇兵马俑 2 号坑内的基本相同，因此我们在防霉研究和实践的基础上，采用"霉敌"防霉剂对其进行了灭菌处理。对坑底和坑壁的霉菌，直接喷洒 1％霉敌乙醇水溶液（乙醇:水＝1:1）进行灭菌，而对于陶俑等文物表面的霉斑，先用湿棉球/签清除，然后再用 0.5％霉敌乙醇水溶液（乙醇:水＝1:1）进行灭菌处理。

（3）覆盖防菌。由于霉菌种源主要来自空气，因此在对陶俑等文物进行灭菌处理后，用塑料薄膜覆盖，防止空气中的霉菌孢子降落在其表面，抑制霉菌的生长繁殖。

通过采取以上综合防治措施，有效地控制了霉菌的生长蔓延，使坑内的环境基本保持在无霉状态下。

第三节　陵墓附近地下青灰泥研究

2000 年 7 月，始皇陵考古队在对陵墓附近东南区域进行钻探时，发现了青灰泥层，其上段经过夯筑，下段未经夯筑，青灰泥层下为黄色生土层。为了弄清青灰泥的材质及来源，对设为 A、B 的两个探眼钻出的不同深度的样品进行了鉴定分析，其中 A 探眼距陵园内城东垣 230 米，距地表 22.5～39.2 米；B 探眼距陵园内城东垣 230 米，距地表 23～38.5 米。

从 A、B 探眼钻出的青灰泥，其颜色、质地都较均匀，其中 A 探眼的青灰泥在潮湿状态下呈青黑色，干燥后呈青灰色，肉眼可见其结构中夹杂有小砾石（图版 84）；B 探眼的青灰泥在潮湿状态下颜色较浅，干燥后近似垆土的颜色，局部结构中夹杂着带绿色调的灰白色薄层和斑点。青灰泥较一般土壤韧性好，抗泡水性能也较好。试验表明青灰泥在水中数天后仅表层少量溃散，在水中搅拌粉化后的静置过程中，其沉降速度较一般土壤慢得多。

一、青灰泥化学成分与结构分析

（一）化学成分分析

对 A 探眼钻出的生土样、不同深度的青灰泥以及青灰泥中的异色调区进行了 X 射线荧光半定量分析（XRF），其样品和分析结果见表一六。

从表一六的数据来看，在化学成分上青灰泥与生土样基本相同，所有样品各成分上的微小差异均在土壤的正常范围之内。

（二）结构分析

1. 红外光谱分析

表一六　XRF 半定量分析结果统计表

		样　品					
		01-A 生 土 样（距 地 表 39.2 米）	01-B 青 灰 泥（距 地 表 39.2 米）	01-C 青灰泥中的偏红色区（距地表 27.5 米）	01-D 青 灰 泥（距 地 表 27.5 米）	01-F 青 灰 泥（距 地 表 25.5 米）	01-G 青灰泥中的偏白色区（距 地 表 22.5 米）
分析结果（wt%）	Na_2O	1.07	0.849	0.964	0.978	0.917	1.02
	MgO	2.83	2.85	2.74	2.59	2.67	2.68
	Al_2O_3	16.7	20.4	18.1	19.6	20.2	18.5
	SiO_2	56.9	57.7	57.7	59.0	59.5	57.7
	P_2O_5	0.252	0.232	0.433	0.260	0.199	0.251
	SO_3	0.102	0.108	0.217	0.145	0.160	0.144
	Cl	0.0668	0.0546	0.191	0.0464	0.0678	0.0704
	K_2O	3.44	4.20	3.73	4.29	4.62	3.97
	CaO	10.9	3.37	6.39	3.04	1.87	6.37
	TiO_2	0.854	0.912	0.873	0.964	1.01	0.941
	Cr_2O_3	0.0234	0.0266		0.0250	0.0324	0.0310
	MnO	0.228	0.121	0.445	0.0953	0.0801	0.133
	Fe_2O_3	6.39	8.69	6.96	8.39	8.18	7.73
	NiO	0.0142	0.0171	0.0403	0.0144	0.0178	0.0168
	CuO	0.00673	0.0101	0.0182	0.00852	0.00752	0.0112
	ZnO	0.0883	0.125	1.08	0.101	0.230	0.373
	As_2O_3	0.00418			0.00662		0.00566
	Rb_2O	0.0132	0.0211	0.00986	0.0361	0.0171	0.0127
	SrO	0.0230	0.0220	0.00947	0.0247	0.0180	0.0184
	ZrO_2	0.0103	0.0220	0.0122	0.0246	0.0170	0.0176
	Nb_2O_5	0.00210	0.00255		0.00261		
	BaO	0.0855	0.101		0.114	0.0950	
	F		0.182		0.222		
	Ga_2O_3		0.00310		0.00650		0.00690
	PbO		0.0137			0.0139	
	Br				0.00194		
	ReO_2				0.0124		

鉴于青灰泥的色调以及青灰泥局部结构中夹杂着带绿色调的灰白色薄层，有一种观点认为青灰泥中可能掺有草木灰。为此，我们对 A 探眼的青灰泥和生土样、B 探眼青灰泥局部结构中夹杂的带绿色调的灰白色薄层以及现代草木灰进行了红外光谱对比分析（图八九～九四）。由谱图可以看出，青灰泥和生土样的光谱形态基本相同，稍显不同的仅是生土样在 $1438cm^{-1}$ 处有一中等强度的吸收峰，而青灰泥在此处的吸收峰很微弱，该吸收峰为植物胶的亚甲基（CH）弯曲振动的吸收，或为碳酸根 CO_3^{-2} 的吸收；青灰泥和青灰泥局部结构中夹杂的带绿色调的灰白色薄层与现代草木灰的光谱形态差异较大，尤其是在 $1028cm^{-1}$ 和低波数处的吸收。

为了查明青灰泥中是否含有水溶性有机物，对其进行了水提取有机物的试验，方法是：将青灰泥粉碎后置于烧杯中，加入约其 4 倍量的蒸馏水，在搅拌下加热约 3 小时，静置后多遍过滤至清澈，将滤出液加热蒸发至少量后，让其自然蒸发干燥。在约 200 毫升的青灰泥中提取出了黄豆粒大小的浅黄色水溶性有机物，并采用 KBr 压片技术的傅里叶变换红外光谱法对其进行分析（图九五）。比较水提取有机物和青灰泥的光谱可以看出，在青灰泥光谱中，位于 $2928cm^{-1}$ 处的 C-H 伸缩振动的吸收和位于 $1422cm^{-1}$ 处的植物胶的亚甲基（CH）弯曲振动的吸收微弱得几乎看不出来，但在水提取有机物的光谱中却较明显；位于 $1623cm^{-1}$ 处的羧化物的吸收，在水提取有机物光谱中的强度有了明显的增强。

根据有关文献[①]，树胶类物质都属于单糖的长链聚合物，其中连接于碳链上的 OH 基数量较多。测试多糖类化合物会得到很有特点的谱图，图中具有两个又强又宽的吸收谷，分别在 $1080cm^{-1}$ 和 $3300cm^{-1}$ 附近，前者由 C-O-H 振动引起，后者由 OH 振动引起，两个吸收谷的强度也大致相等。与此同时，其由 C-H 伸缩振动引起的吸收谷却十分微小，常常不易发现。此外，在 $1620cm^{-1}$ 处还有一个中等强度的吸收谷，其形成既与分子内的缔合水有关，也与羧基有关。从青灰泥水提取有机物的光谱来看，在 $3421cm^{-1}$ 处有较强较宽的羟基（OH）吸收，在 $1116cm^{-1}$ 处也有较强较宽的 C-O-H 吸收，而且它们的吸收强度也大致相等；在 $2928cm^{-1}$ 处的 C-H 伸缩振动的吸收也很微小，并在 $1644cm^{-1}$ 处具有一个中等强度的吸收。这与上述文献中提到的多糖类化合物的谱图情况比较吻合，说明提取出的有机物为植物胶类物质。

2. X 射线衍射分析（XRD）

对青灰泥及其异色调区的样品进行了 X 射线衍射分析，以了解它们的矿物组成即结构，同时为了比较，对同处钻探出的生土样也进行了分析，样品和分析结果见

---

① M. R. Derrick, J. M. Landry, D. C. Stulik（1991）：*Methods in Scientific Examination of Works of Art*：*Infrared Spectroscopy*. The Getty Conservation Institute, Los Angeles.

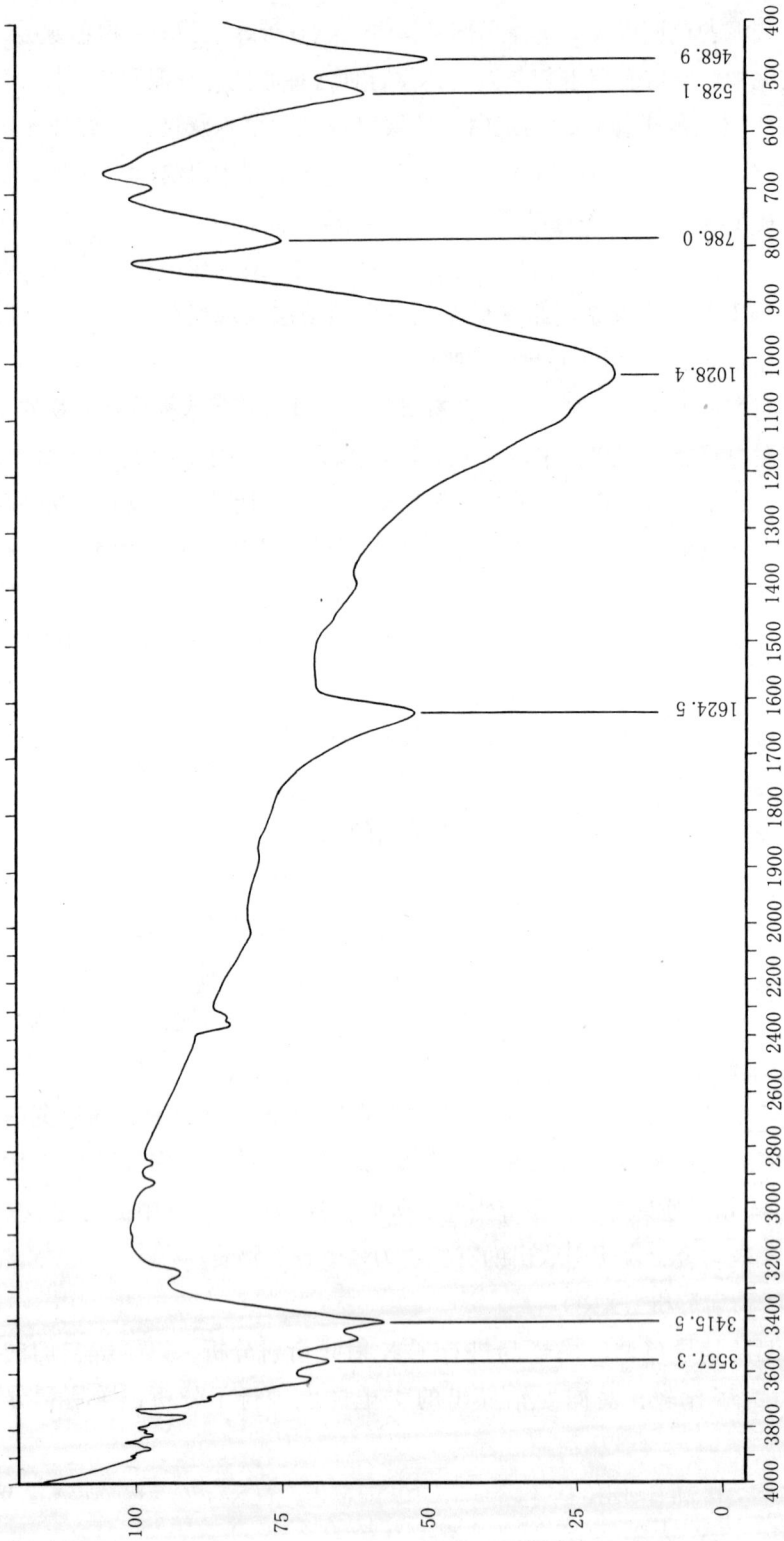

图八九　青灰泥（A探眼，距地表 25.5 米处）的红外分析图谱

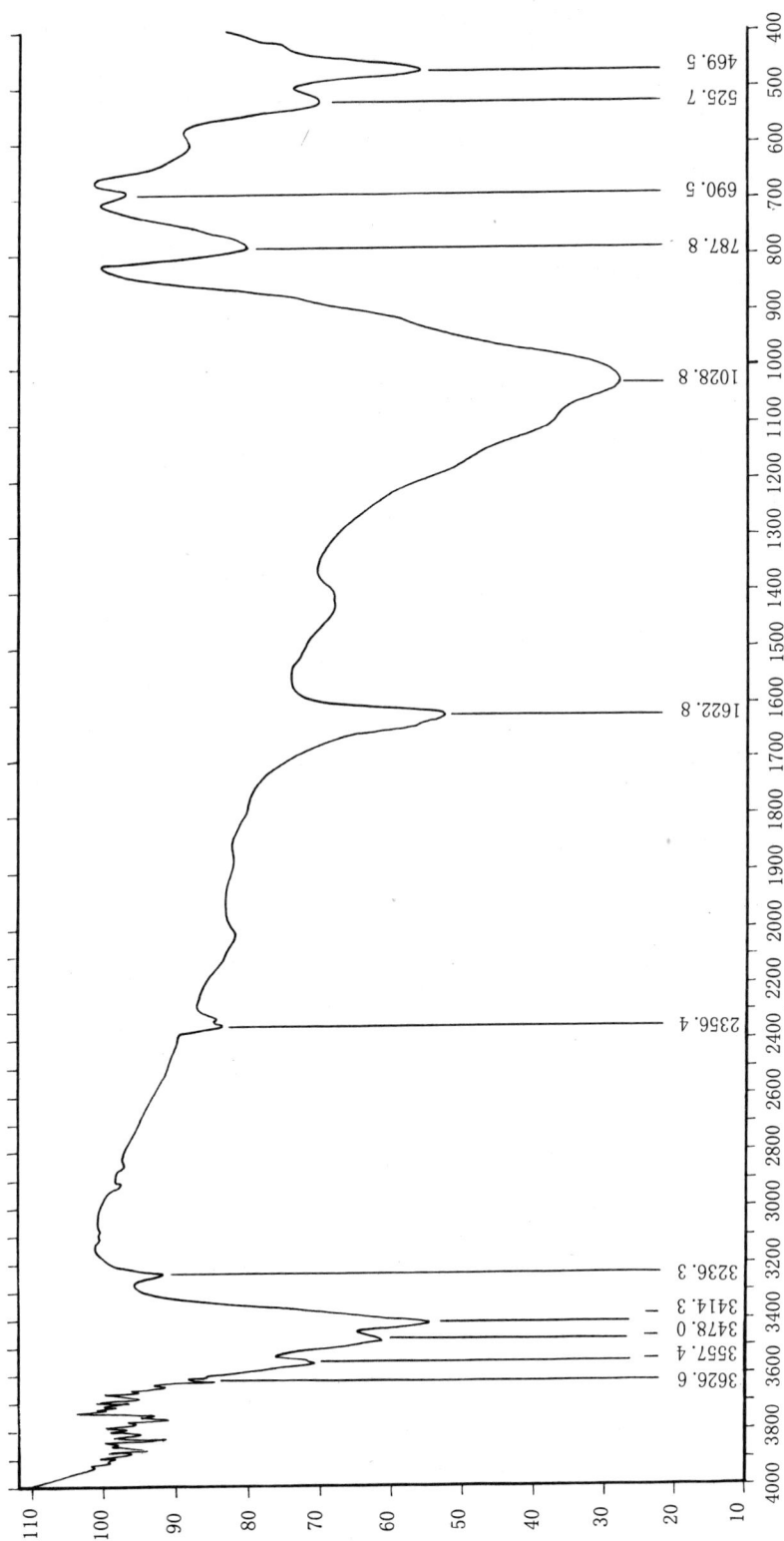

图九〇　青灰泥（A 探眼，距地表 27.5 米处）的红外分析图谱

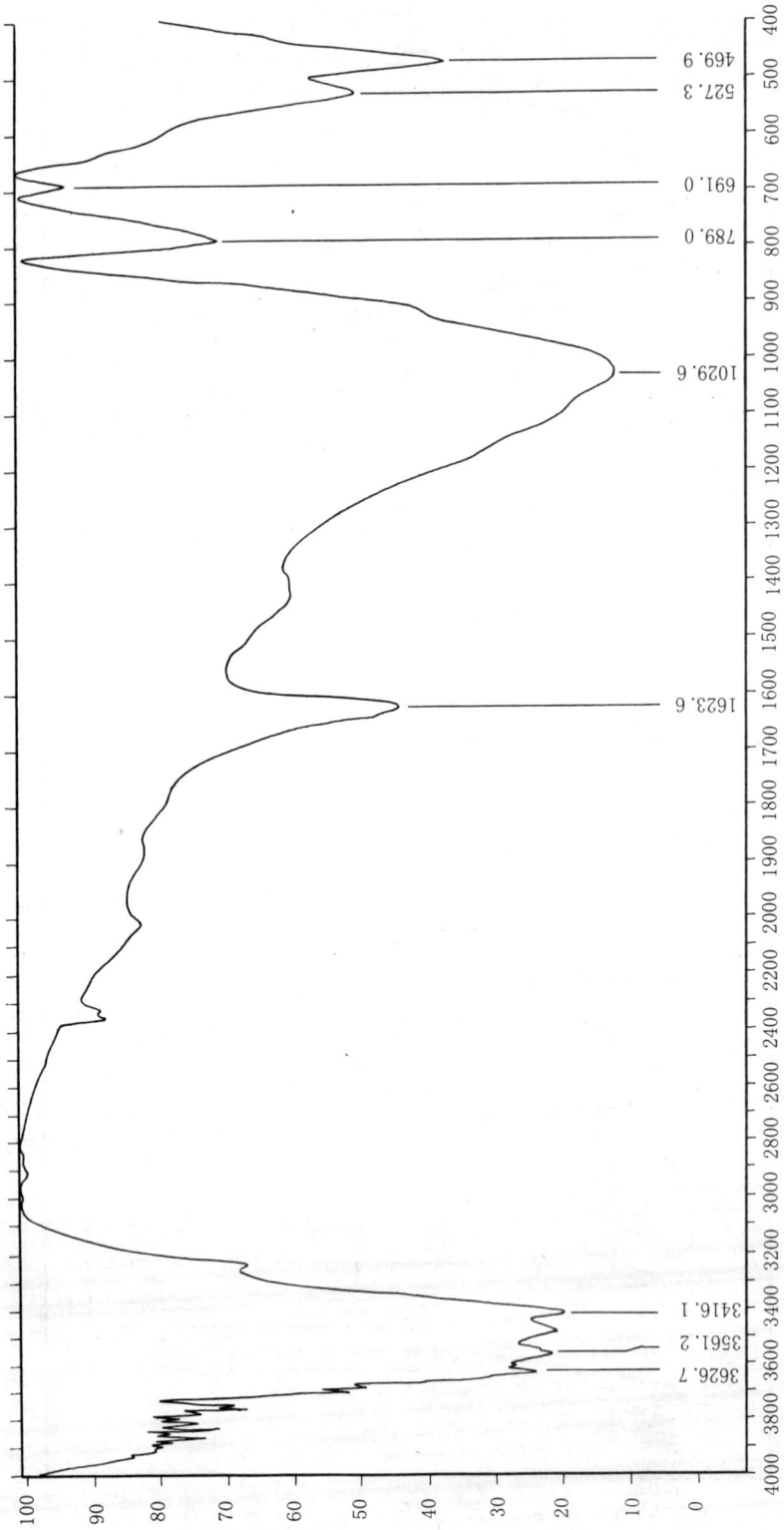

图九一　青灰泥（A探眼，距地表 39.2 米处）的红外分析图谱

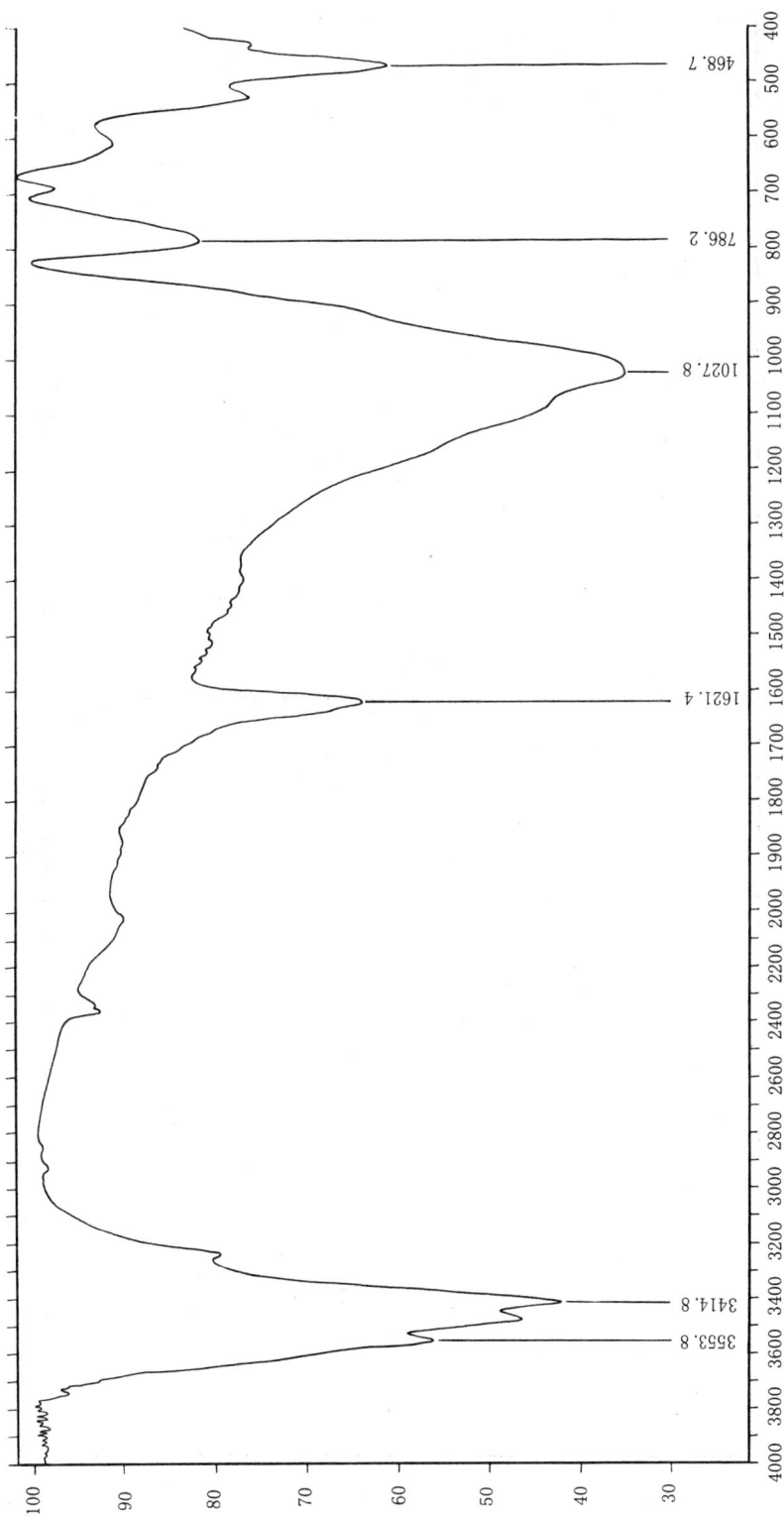

图九二 青灰泥中灰白色夹层（B探眼）的红外分析图谱

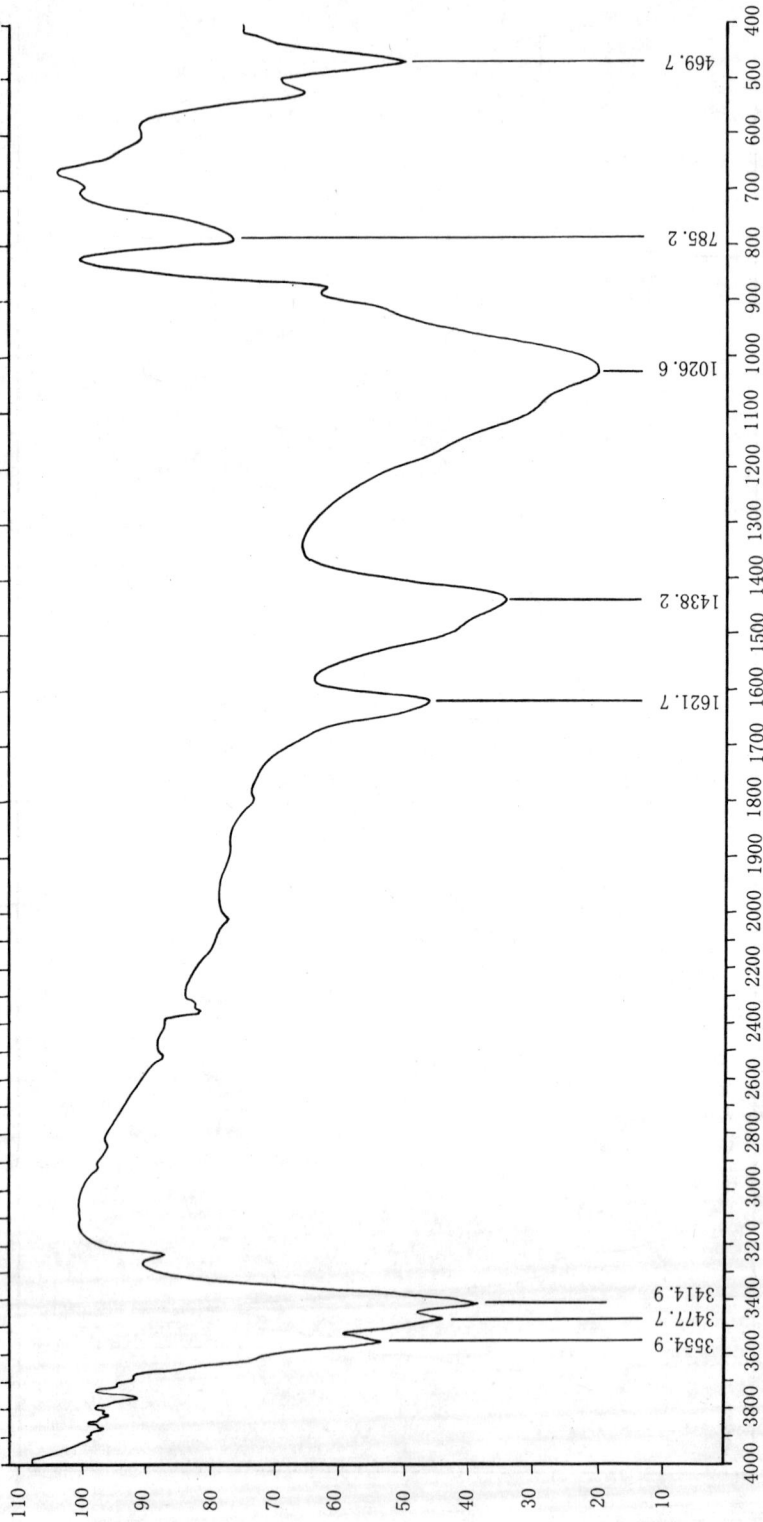

图九三　生土样（A探眼，距地表 39.2 米处）的红外分析图谱

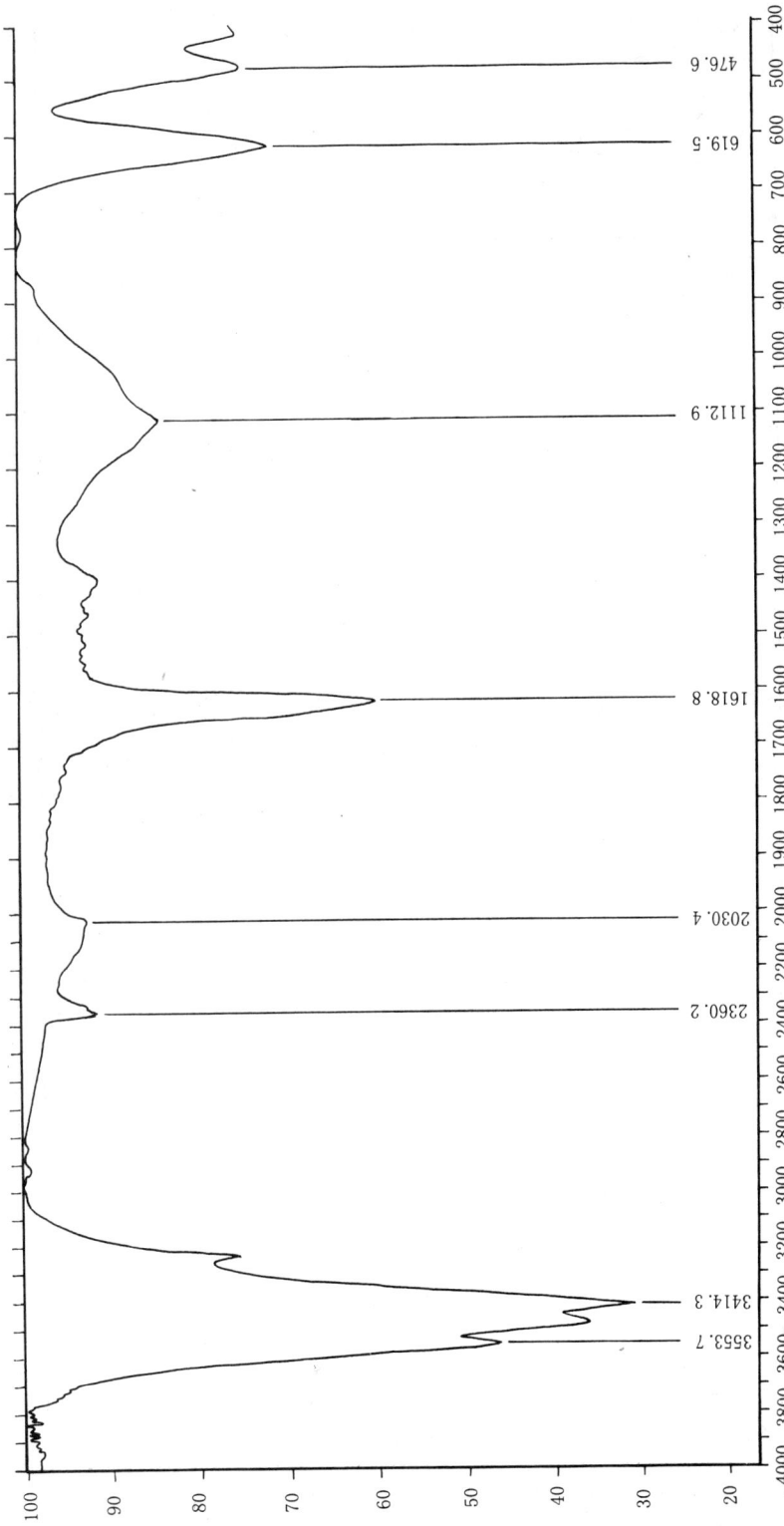

图九四 现代草木灰的红外分析图谱

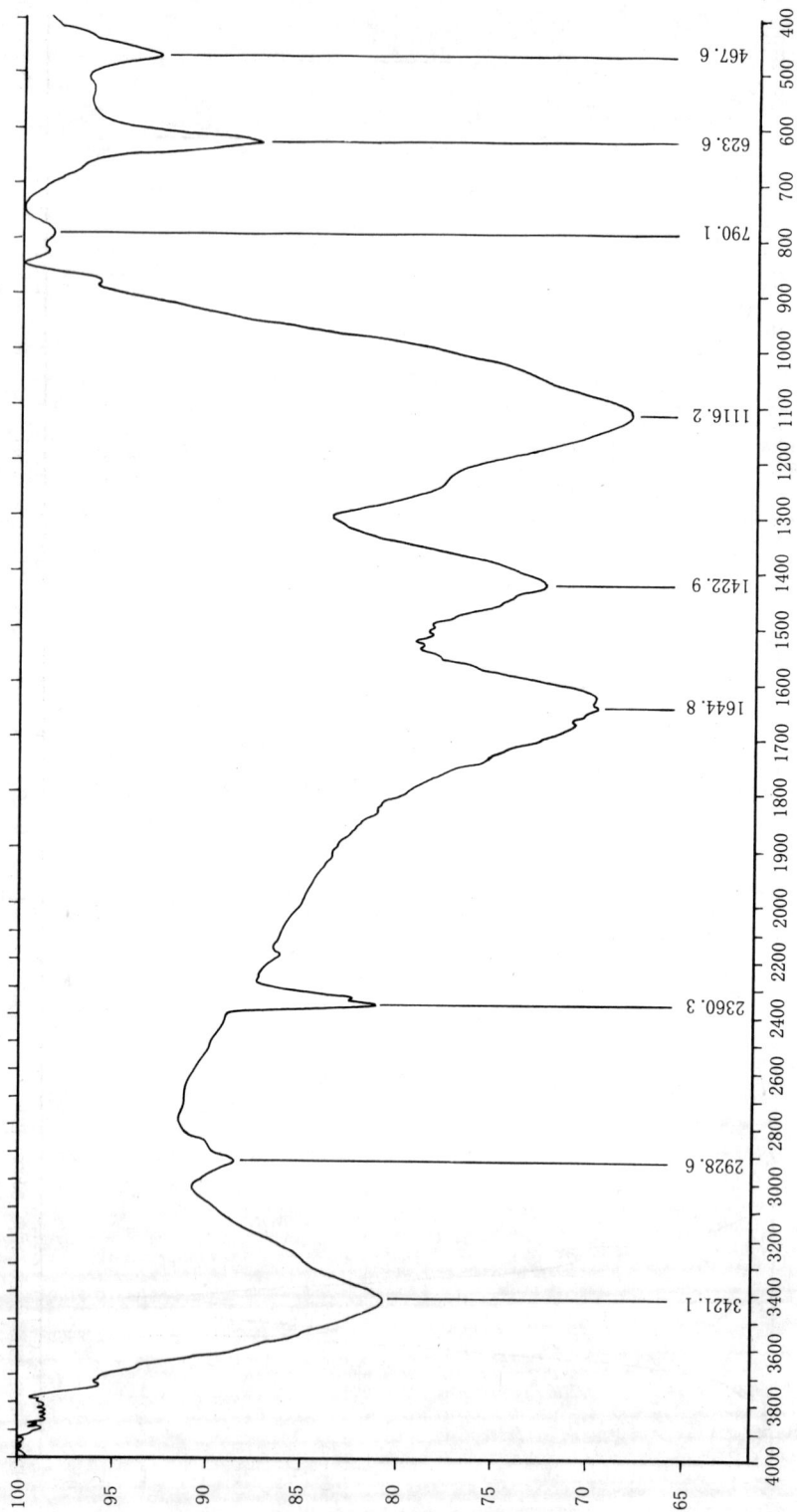

图九五　青灰泥水提取有机物的红外分析图谱

表一七～二四。

从表一七～二四看，青灰泥的矿物组成及其含量与同处的生土样相同，不同的只是青灰泥中含有少量的非晶相（有机物）成分。

另外，为了查明青灰泥中石屑的组成情况，对其进行了淘洗，淘洗出的石屑中含有较多的圆形土红色石粒，直径为1～8毫米（图版85），矿物组成见表一七 S2 样品，其余为常见的碎沙石。

表一七 XRD分析结果统计表

样　品	分析结果（相对含量%）
01-A生土样（A探眼，距地表39.2米）	石英（41）　　伊-蒙混层（30）　　钠长石（10）　　方解石（5） 绿泥石（4）　　微斜长石（3）　　白云石（3）　　钠闪石（2）
01-B青灰泥（A探眼，距地表39.2米）	伊-蒙混层（40）　　石英（38）　　钠长石（5）　　非晶相（5） 绿泥石（4）　　方解石（2）　　微斜长石（2）　　菱铁矿（2）
01-D青灰泥（A探眼，距地表27.5米）	石英（41）　　伊-蒙混层（30）　　钠长石（6）　　非晶相（5） 微斜长石（4）　　绿泥石（3）　　钠闪石（3）　　方解石（2） 高岭石（2）　　黄铁矿（2）
01-E青灰泥中的偏红色区（A探眼，距地表25.5米）	伊-蒙混层（45）　　石英（34）　　钠长石（5）　　方解石（5） 绿泥石（2）　　微斜长石（2）　　钠闪石（2）　　高岭石（2） 白云石（1）
01-F青灰泥（A探眼，距地表25.5米）	伊-蒙混层（40）　　石英（36）　　非晶相（5）　　钠长石（5） 绿泥石（2）　　方解石（2）　　微斜长石（2）　　高岭石（2） 菱铁矿（2）　　黄铁矿（2）
01-G青灰泥中的偏白色区（A探眼，距地表22.5米）	伊-蒙混层（40）　　石英（35）　　钠长石（5）　　非晶相（5） 绿泥石（4）　　方解石（4）　　钠闪石（3）　　微斜长石（2）
01-K青灰泥局部结构中夹杂的灰白色薄层（B探眼）	石英（38）　　伊-蒙混层（30）　　钠长石（9）　　方解石（5） 绿泥石（3）　　微斜长石（3）　　钠闪石（2）　　高岭石（2） 沸石（2）　　菱铁矿（2）　　黄铁矿（2）
S2青灰泥中淘洗出的圆形土红色石粒（A探眼）	石英（55）　　方解石（15）　　钠长石（10）　　伊利石或云母（5）　　绿泥石（5）　　钠闪石（5）

表一八 01-A样品X射线衍射分析数据表

Angle	Inten	D-Value	FWHM	Angle	Inten	D-Value	FWHM
6.127	640	14.414	0.320	33.200	135	2.695	0.280
8.849	1115	9.984	0.300	34.997	418	2.561	0.320
10.411	223	8.486	0.280	36.018	350	2.491	0.240
12.431	480	7.113	0.320	36.567	720	2.455	0.300
13.843	348	6.389	0.300	37.653	255	2.386	0.500

Angle	Inten	D-Value	FWHM	Angle	Inten	D-Value	FWHM
17.768	495	4.989	0.320	39.483	685	2.280	0.300
18.750	200	4.729	0.260	40.337	345	2.233	0.280
19.798	325	4.479	0.320	42.475	578	2.126	0.300
20.834	1933	4.259	0.300	43.257	263	2.089	0.320
22.022	475	4.032	0.300	45.467	475	1.993	0.300
23.001	273	3.863	0.300	47.623	213	1.907	0.280
23.553	278	3.773	0.300	48.647	340	1.870	0.280
24.240	425	3.669	0.280	50.159	898	1.817	0.280
25.109	393	3.544	0.260	54.931	298	1.669	0.300
26.644	8453	3.343	0.300	58.700	130	1.571	0.260
27.920	2533	3.192	0.300	60.007	493	1.540	0.320
29.453	1335	3.030	0.320	64.063	195	1.452	0.300
30.955	465	2.885	0.300				

表一九　01-B 样品 X 射线衍射分析数据表

Angle	Inten	D-Value	FWHM	Angle	Inten	D-Value	FWHM
6.117	665	14.447	0.340	29.868	313	2.989	0.240
8.847	505	9.984	0.340	30.407	240	2.937	0.240
12.432	288	7.109	0.320	31.228	230	2.862	0.320
13.803	220	6.409	0.260	32.070	168	2.788	0.300
17.752	285	4.993	0.340	34.955	455	2.564	0.360
19.805	543	4.478	0.340	36.573	633	2.454	0.300
20.860	1945	4.254	0.300	39.498	518	2.279	0.300
22.032	565	4.031	0.280	40.294	345	2.236	0.300
22.944	243	3.872	0.340	42.471	413	2.126	0.300
23.583	310	3.769	0.280	45.851	288	1.977	0.260
24.291	430	3.662	0.280	50.180	693	1.816	0.300
25.602	393	3.477	0.280	54.942	248	1.669	0.280
26.648	6545	3.343	0.320	57.573	135	1.599	0.260
27.912	1095	3.193	0.300	60.015	505	1.540	0.320
29.426	375	3.033	0.260	64.082	170	1.451	0.320

表二〇 01-D 样品 X 射线衍射分析数据表

Angle	Inten	D-Value	FWHM	Angle	Inten	D-Value	FWHM
6.127	553	14.414	0.400	30.522	315	2.926	0.300
8.829	720	10.007	0.320	31.285	225	2.857	0.260
10.458	478	8.447	0.300	33.164	168	2.699	0.260
12.450	430	7.101	0.320	35.003	448	2.561	0.300
14.993	153	5.904	0.280	36.584	620	2.454	0.300
17.772	345	4.987	0.300	37.722	280	2.382	0.340
18.720	213	4.738	0.300	39.498	575	2.279	0.300
19.775	420	4.486	0.340	40.320	380	2.235	0.300
20.853	2203	4.255	0.300	41.727	543	2.162	0.300
22.022	425	4.032	0.280	42.501	588	2.125	0.300
23.548	525	3.773	0.300	45.451	328	1.993	0.340
24.275	418	3.664	0.260	48.163	150	1.887	0.320
25.170	468	3.535	0.300	50.180	740	1.816	0.300
26.650	3653	3.342	0.300	54.927	355	1.670	0.280
27.466	945	3.244	0.240	60.002	548	1.540	0.320
27.945	1583	3.190	0.300	61.740	205	1.501	0.460
29.371	278	3.038	0.280	64.093	193	1.451	0.280

表二一 01-E 样品 X 射线衍射分析数据表

Angle	Inten	D-Value	FWHM	Angle	Inten	D-Value	FWHM
8.788	435	10.059	0.300	34.965	333	2.563	0.300
12.402	340	7.129	0.360	35.976	293	2.494	0.240
13.212	203	6.694	0.280	36.548	600	2.456	0.300
13.808	230	6.406	0.280	39.480	513	2.280	0.300
18.697	170	4.743	0.300	40.275	303	2.236	0.300
19.760	313	4.487	0.320	42.463	408	2.126	0.300
20.837	1478	4.259	0.300	43.225	243	2.091	0.280
21.996	550	4.037	0.300	45.780	305	1.980	0.280
23.016	280	3.859	0.280	50.144	688	1.817	0.280

Angle	Inten	D-Value	FWHM	Angle	Inten	D-Value	FWHM
23.522	365	3.778	0.280	51.113	145	1.785	0.280
25.534	308	3.486	0.240	54.902	278	1.670	0.280
26.609	6625	3.347	0.300	56.720	163	1.621	0.280
27.873	745	3.198	0.320	59.989	538	1.540	0.320
29.424	963	3.033	0.300	64.082	130	1.451	0.300
30.886	313	2.892	0.260				

表二二　01-F 样品 X 射线衍射分析数据表

Angle	Inten	D-Value	FWHM	Angle	Inten	D-Value	FWHM
3.545	543	24.940	0.240	36.533	763	2.457	0.320
8.749	545	10.108	0.300	37.642	255	2.387	0.240
12.352	320	7.158	0.380	39.442	520	2.282	0.280
17.680	230	5.011	0.280	40.243	383	2.238	0.320
19.749	495	4.491	0.340	42.436	445	2.127	0.300
20.801	1463	4.267	0.300	45.792	290	1.979	0.300
21.997	443	4.037	0.300	48.013	168	1.893	0.320
22.926	270	3.875	0.340	50.129	723	1.818	0.300
23.486	420	3.784	0.300	54.280	178	1.688	0.280
24.166	423	3.680	0.260	54.882	323	1.671	0.300
26.591	7273	3.349	0.300	58.653	188	1.572	0.280
27.861	1003	3.199	0.300	59.958	560	1.541	0.320
29.863	343	2.989	0.260	61.580	215	1.504	0.420
33.085	195	2.705	0.260	64.051	165	1.452	0.300
34.965	493	2.563	0.300				

表二三 01-G 样品 X 射线衍射分析数据表

Angle	Inten	D-Value	FWHM	Angle	Inten	D-Value	FWHM
6.140	535	14.381	0.340	30.393	258	2.938	0.260
8.827	923	10.007	0.300	31.280	218	2.857	0.260
10.492	410	8.418	0.320	34.497	363	2.597	0.260
12.416	403	7.121	0.300	34.987	450	2.562	0.320
13.835	263	6.393	0.300	36.036	305	2.490	0.240
17.772	383	4.987	0.300	36.576	650	2.454	0.280
18.715	218	4.739	0.300	37.620	240	2.389	0.260
19.813	458	4.476	0.340	39.482	578	2.280	0.300
20.852	1595	4.255	0.300	40.350	328	2.233	0.300
22.004	400	4.036	0.300	41.751	175	2.161	0.240
22.971	285	3.868	0.260	42.483	503	2.126	0.300
23.560	420	3.772	0.280	47.572	238	1.909	0.240
24.258	358	3.666	0.280	48.586	165	1.872	0.300
26.651	6915	3.342	0.320	50.176	778	1.816	0.320
27.884	1220	3.196	0.300	54.915	318	1.670	0.260
29.420	805	3.034	0.280	60.015	503	1.540	0.300

表二四 01-K 样品 X 射线衍射分析数据表

Angle	Inten	D-Value	FWHM	Angle	Inten	D-Value	FWHM
5.040	400	17.527	0.260	31.344	245	2.851	0.340
6.093	535	14.497	0.300	32.025	200	2.792	0.240
8.794	548	10.051	0.300	33.164	398	2.699	0.320
10.414	238	8.481	0.340	34.960	400	2.563	0.280
12.408	373	7.125	0.340	35.961	245	2.495	0.280
13.856	343	6.383	0.280	36.560	703	2.455	0.300
15.745	128	5.622	0.260	37.486	243	2.396	0.380
17.756	403	4.991	0.320	39.482	798	2.280	0.300
19.794	325	4.481	0.260	40.281	348	2.236	0.300
20.839	1383	4.259	0.300	41.255	148	2.186	0.300

续表二四

Angle	Inten	D-Value	FWHM	Angle	Inten	D-Value	FWHM
22.012	390	4.035	0.280	42.475	488	2.126	0.300
23.024	345	3.858	0.260	43.223	248	2.091	0.280
23.556	510	3.772	0.280	45.836	280	1.978	0.280
24.273	403	3.664	0.260	48.622	213	1.871	0.240
26.629	7088	3.344	0.300	50.165	750	1.817	0.300
27.936	1873	3.190	0.300	54.915	300	1.670	0.300
28.479	363	3.132	0.320	60.010	498	1.540	0.320
29.450	935	3.031	0.300	63.995	193	1.453	0.300

二、小　　结

从上述化学成分和结构分析的结果看，青灰泥在化学成分和矿物组成及其含量上，与同处探出的生土样几乎相同，稍有不同的只是青灰泥中含有少量的非晶相（有机物）成分。由此可以推测，青灰泥很可能是在当地形成的。

在水提取有机物的试验中，青灰泥在浸水搅拌时，液面上出现大量的污秽泡沫；在静置时，颗粒沉降速度比一般土壤慢得多；静置后的沉淀物中细沙含量较一般土壤少，而黑灰色极细的泥质成分较大。这些非常类似于自然界中的一些沉泥，如池塘中的沉泥。

对水提取的有机物的分析表明，青灰泥中含有比一般土壤较高的植物胶类物质（在当地土壤中几乎提不出有机胶质物），该有机腐殖质可能就是造成青灰泥色调的原因。

红外光谱分析结果表明，青灰泥及其中所夹的灰白色薄层的光谱，与现代草木灰的光谱形态差异较大，而与生土样的光谱形态类似。在对青灰泥和青灰泥中所夹的灰白色薄层进行显微观察时，未发现草木灰痕迹。另外，青灰泥中可见的极少量的灰白色夹层和斑点带有绿色调，看来好像是由绿色植物形成的，而与草木灰掺入土中后的土壤结构和外观不相吻合。事实上，植物经火烧形成草木灰后，在与土壤混合后将以炭屑的形式存在于土壤结构中，对其周围土壤几乎不具染色作用，这在秦始皇兵马俑坑中可以得到证明——坑中出土的大量炭化棚木周围的填土依然保持了原有的土色。另外，植物经火烧形成灰后，其原有的胶质成分将被破坏，也就是说，草木灰的掺入不会导致青灰泥中植物胶质的含量比一般土壤大。

淘洗试验表明，青灰泥中含有较多的圆形土红色石粒。在对秦始皇兵马俑坑土壤的淘洗试验中，未曾发现这种圆形土红色石粒。从地质角度讲，该圆形土红色石粒属于成岩不好的泥质物，在水或其他自然力的作用下破碎、搬运后重新沉积在土壤中。因此，它可能是由河水搬运并沉积于土壤中的。

综上分析可以得出如下初步结论：青灰泥是自然形成的，但部分青灰泥是经过人工搬运的，即夯筑青灰泥。其自然形成的原因，可能是此处长期处于受污染的水环境中；而部分青灰泥被夯筑的原因，可能是为了堵截陵墓外来的水源，在其周围筑有护堤。需要说明的是，由于青灰泥层距地表 20 余米，对其具体情况及周围环境状况的了解还很有限，加之受时间和条件的限制，所进行的检测和分析尚不够充分，因此，关于青灰泥的来源还有待于发掘清理之后的进一步观察和采用多种检测方法，如岩相分析、孢粉分析、微量元素检测等，以便对秦陵及其周围广大范围内的土地和相关情况进行深入细致的对比研究。

第四节　　K9801 陪葬坑石铠甲材料来源地研究

K9801 陪葬坑出土的大量石铠甲备受世人关注，其材料来源地问题也随之成为人们讨论、研究的热点。近年来，有人依据《史记》等文献中关于秦始皇修建阿房宫及秦陵有"发北山之石"的记载，判断石铠甲的材料可能来自北山。笔者曾对北山地区的某些灰岩材料与石铠甲的材料进行过对比分析研究[①]，但由于各种分析测试技术及采样的局限性，许多问题仍需进行深入的研究。经鉴定表明，石铠甲的材料为石灰岩，就陕西省而言，石灰岩的分布较广泛，不仅渭北诸山的石灰岩资源很丰富，而且秦岭北坡以及陕南地区也有丰富的石灰岩，所以在探求石铠甲材料来源地时，应广泛考虑，以免出现偏颇。本次研究是在以往综合判断、初步筛选的基础上，选择可能的材料来源地采集各类样品，进行岩石学、矿物学、岩石元素地球化学及岩石物理特性的综合研究，然后在对石铠甲材料进行相应对比分析、研究的基础上，最终确定出准确的石铠甲材料来源地。

一、样品来源及研究方法

首先，初步选择了渭北北山地区富平县、蒲城县、耀县及渭南地区蓝田县、柞水县、镇安县境内的石灰岩作为可能来源地。第二，现场采集了 20 余片石铠甲碎片，按

---

① 陕西省考古研究所、秦始皇兵马俑博物馆：《秦始皇帝陵园考古报告（1999）》218～221 页，科学出版社，2000 年。

不同颜色、质地及宏观结构构造等选择不同类型的样品；继而对上述可能来源地的石灰岩进行了系统采样。第三，对所有样品进行详细的宏观对比分析鉴定，选择出 21 个样品（其中石铠甲样品 10 个，不同地点石灰岩样品 11 个）进行岩石矿物鉴定和稀土、微量元素测试分析。第四，切制岩石薄片 24 个，进行详细的偏光显微镜鉴定，采用中子活化分析法测定了 21 个样品的稀土及微量元素。第五，进行综合分析研究，找出石铠甲材料的岩石学及岩石元素地球化学特征，确定不同地点石灰岩样品与石铠甲材料样品间的异同，从而确定石铠甲材料的来源地。

二、岩石学特征

（一）石铠甲材料的岩石学特征

对石铠甲样品薄片的宏观及微观鉴定表明，其材料均为石灰岩质地，依其结构构造特征和矿物组成，可将它们分为隐晶状泥晶灰岩、荡粒泥晶灰岩及细晶状白云质灰岩等。它们的共同特征是：①质地致密、细腻，矿物组成以隐晶状、细微晶状方解石碳酸盐为主（图版 86~88）；构成石材的基体为泥质物，其状态为微细的粉尘，与方解石一起构成碳酸盐泥晶。黄铁矿呈细小自形、半自形晶态分布其中，极少有石英、长石等陆源碎屑物，个别样品中白云石的含量相对较高。②碳酸盐泥晶基体似有在动荡条件下破碎、滚动、腐蚀而形成的内碎屑，其又重新被含泥质程度较低的碳酸盐胶结，这种内碎屑颗粒普遍较小，有球形、椭圆形、长条形的，也有不规则形的。③宏观上为平行层理构造，而显微镜下观察呈显微韵律层状构造发育。有的石铠甲样品宏观观察似乎无层理，但在偏光显微镜下观察，仍可辨别出其平行状的显微韵律层状构造。层理构造多以颜色的深浅来显现，各层理之间的矿物成分及粒度略有差异，深色层理主要由泥质成分较高的碳酸盐微晶组成，浅色层理则以亮晶状的方解石或白云石为主，杂质较少。以白云石为主的层理中一般还含有少量的铁质物（菱铁矿），因氧化而呈浅棕色。由于层理构造发育，部分石铠甲样品表面有沿层理剥离掉片及顺层开裂的现象。除以上共同特征外，在个别石铠甲样品中还含有少量的生物碎屑，含量一般在 3% 以下，因其含量低，故未参与岩石定名。

（二）不同地点石灰岩的岩石学特征

1. 渭北北山地区石灰岩

（1）富平县凤凰山石灰岩。该地石灰岩为中层状和薄层状，色调有浅灰色和暗灰色两种，以暗灰色为主。薄片偏光显微分析鉴定表明，浅灰色的石灰岩为淀晶内碎屑灰岩，常见呈碎裂状的碳酸盐泥晶基体被晶粒粗大的淀晶方解石胶结，泥晶碎屑与淀晶的含量之比近乎 1:1；另外还含有一定量的长石、石英等陆源碎屑物，但粒径较小，含量仅为1%～2%。暗灰色的石灰岩主要为隐晶状泥晶灰岩及含生物碎屑泥晶灰岩，后者生物碎屑的含量为10%～15%。在该地所采的样品中，除了03号样品（图版89），其余样品中的显微韵律层状构造均不发育。

（2）蒲城县丰山石灰岩。该地石灰岩为薄层状和微薄层状，层理构造以灰褐色和浅色调灰岩相间过渡而显现。经采样鉴定可以看到，该处石灰岩的矿物组成与其他地点的样品不尽一致，其中白云石的含量约为25%，铁质物的含量大于5%，且呈棕红色，常与白云石相伴产出。薄片中显微韵律层状构造发育，灰褐色微层理中主要为白云石、黄铁矿和菱铁矿，浅色层理中的矿物则主要为含泥质物的方解石微晶（图版90）。

（3）富平县漫丁石灰岩。漫丁是陕西省较著名的石灰岩材料产地，关中乃至渭北地区大多数的碑刻石材大都产于此。该地石灰岩普遍致密、细腻，色调有灰黑色、暗灰色、浅灰色等几种，为平行层理发育，极易切割制成薄板状。显微镜下观察呈显微韵律层状构造发育（图版91），主要矿物成分为含泥质成分较高的隐晶状、微细晶状碳酸盐泥晶，此外还含有一定量的白云石和铁质物。根据结构构造特征及矿物成分，可以定名为泥晶灰岩和白云质泥晶灰岩两大类。

（4）耀县药王山石灰岩。该地石灰岩以中、厚层状夹薄层状石灰岩为主，色调从浅灰色到灰黑色。显微镜下观察表明，灰黑色石灰岩的主要成分由呈隐晶状的碳酸盐泥晶构成（图版92），并且泥晶经碎裂、磨蚀而成荡凝团块，最终被亮晶状的细、粗晶方解石所胶结，胶结物总量约占15%，泥晶与胶结物的含量之比约为4.5:5.1。此外还含有约5%的白云石和3%～20%的生物碎屑。值得注意的是岩石裂隙构造发育，缝合线构造也较常见，缝合线部位有铁质物析出，故灰黑色石灰岩可定名为含生物碎屑泥晶灰岩。而浅灰色石灰岩以含较多的白云石为特征，其含量为15%～20%，另外还含有3%～5%的生物碎屑，因此可定名为白云质灰岩。

2. 渭南地区石灰岩

（1）蓝田县辋川石灰岩。显微镜下鉴定该样品主要由方解石和石英碎屑组成（图版93），其次为长石碎屑物。方解石呈它形粗晶状，晶内机械双晶、弯曲双晶等微构造现象发育；石英和长石等属于外来陆源碎屑物，石英颗粒多为次圆、圆状形态，异常消光现象发育，长石与石英相伴产出，但异常消光现象却相对不发育。由于该样品含有大量的外来陆源碎屑物，故可定名为不纯灰岩或陆屑灰岩。

（2）柞水县石瓮子石灰岩。该地石灰岩地层厚度大，由厚层状、中层状到薄层状石灰岩相间出露。我们采集中层状和薄层状石灰岩样品进行了偏光显微镜鉴定，其中中层状石灰岩以粗微晶它形、半自形粒状结构的方解石为主，此外还有白云石、泥质物、石英和铁质物等。显微镜下未见到显微韵律层状构造发育。而薄层状石灰岩则呈现隐晶状结构，以方解石碳酸盐泥晶为主，显微韵律层状构造发育，主要以泥质物含量的多寡而呈现。铁质物及不透明物含量高，可达 15% 以上，但粒径细小，均匀散布于基质之中。柞水县石瓮子石灰岩可定名为含白云石粗微晶灰岩和铁质泥晶灰岩等。

（3）镇安县鱼洞峡石灰岩。该地石灰岩为巨厚层状，色调呈灰黑色，块状构造。显微镜下观察呈细微晶粒状结构，以方解石碳酸盐泥晶为主，局部具有团粒结构。微裂隙发育，裂隙中有次生它形方解石充填，偶见海胆、百合等海相生物化石。镇安县鱼洞峡石灰岩可定名为泥晶灰岩。

三、稀土与微量元素分配特征

21 个样品经中国科学院高能物理研究所采用中子活化分析法测定了其稀土元素和微量元素的含量，为了系统对比分析，特将以往对乾县乾陵石灰岩所做的测定数据[①]一并进行分析（表二五、二七）。

（一）稀土元素分配特征

从表二五可以看出，石铠甲样品的稀土元素总量（ΣREE），除 T2G2-11 超过 13.0ppm 外，其余均在 11.0ppm 以下，最低不低于 3.9ppm，大多数样品在 4.5～7.6ppm 之间；但不同地点石灰岩样品的稀土元素总量却相差较大。经过对比发现，蓝田县辋川样品、蒲城县丰山样品以及乾县乾陵 Q3 样品的稀土元素总量均高于石铠甲样品的最高值，而富平县凤凰山 01 号样品的稀土元素总量则低于石铠甲样品的最低值；富平县漫丁和耀县药王山的所有样品以及乾县乾陵 Q2 样品和富平县凤凰山 02、03 号样品的稀土元素总量与石铠甲样品相近似。

将表二五中的测定数据经俄罗斯地台石灰岩稀土元素平均值对比处理，绘制出稀土元素分配曲线图（图九六、九七）。从图九六可以看出，无论是重稀土元素（Gd、Tb、Ho、Tm、Yb、Lu）还是轻稀土元素（La、Ce、Nd、Sm、Eu），石铠甲样品的各元素与俄罗斯地台石灰岩相应元素的比值基本在 0.1～0.3 之间。从图九七可以看出，不同地点石灰岩样品中不少样品的各元素与俄罗斯地台石灰岩相应元素的比值都超过 0.3，甚至达到 0.7；就单个样品来看，不少样品轻稀土元素的比值尽管在 0.3 以内，但重稀土元素的比值却超过 0.3，甚至接近 0.45，说明其重稀土元素的含量相对较高。从图九六与图九七的对比中发现，蓝田县辋川样品、蒲城县丰山样品以及乾县乾陵 Q3 样品与石铠甲样品的差别较明显；耀县药王山所有样品和乾县乾陵 Q2 样品虽然轻稀土元素的比值与石铠甲样品接近，但它们的重稀土元素的比值却高于石铠甲样品，因此它们与石铠甲样品之间也有一定差异。

---

① 杨钟堂：《陕西乾陵石刻材料溯源》，《西北地质》1998 年 2 期。

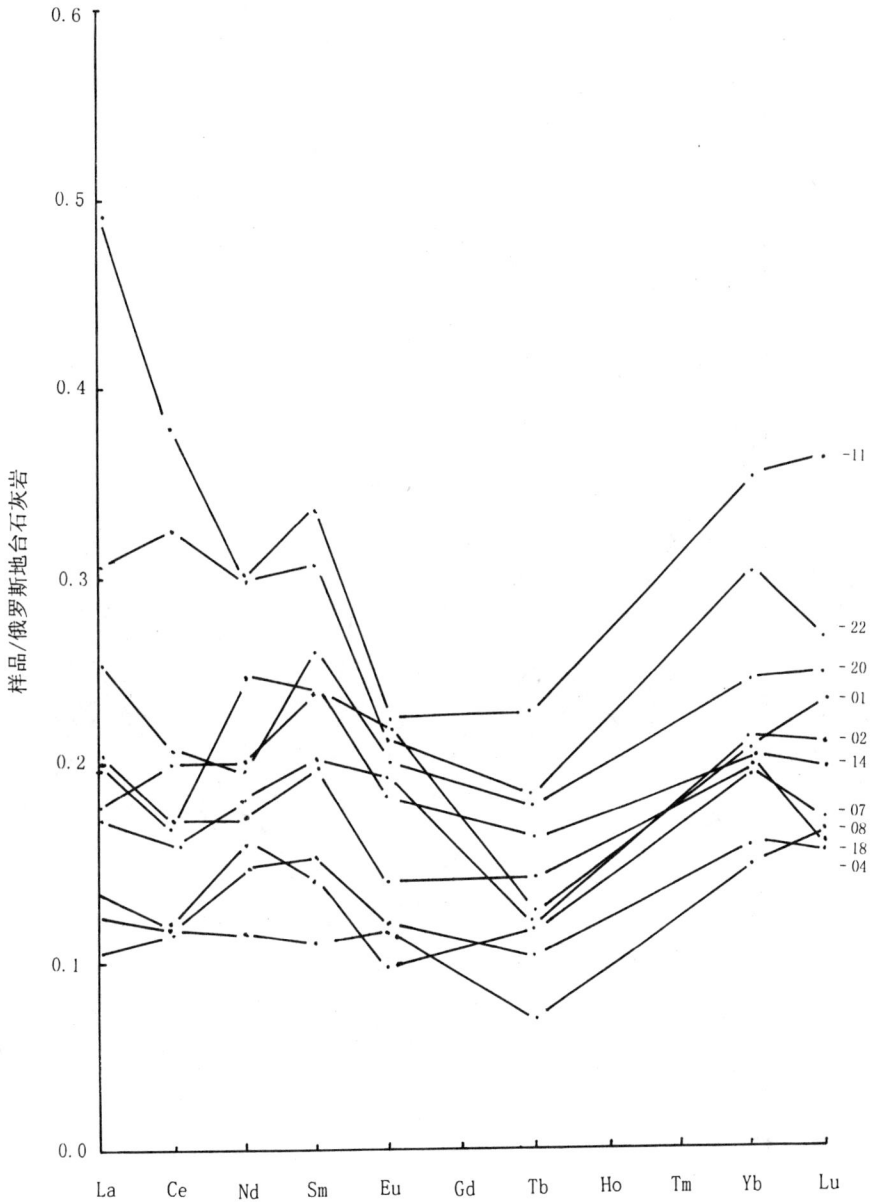

图九六　K9801 石铠甲样品稀土元素分配曲线图

在对岩石的稀土元素地球化学的研究中，铈（Ce）元素的异常一般用来表示表生条件下地质体的稀土分配特征，因为铈在氧化条件下易从 Ce^{3+} 变为 Ce^{4+}，这对研究表生作用，特别是沉积作用十分有意义。尽管我们所采集研究的是石灰岩，但是不同地点石灰岩的形成环境却不完全相同，因此，我们再以铈异常特征来分析石铠甲样品与不同

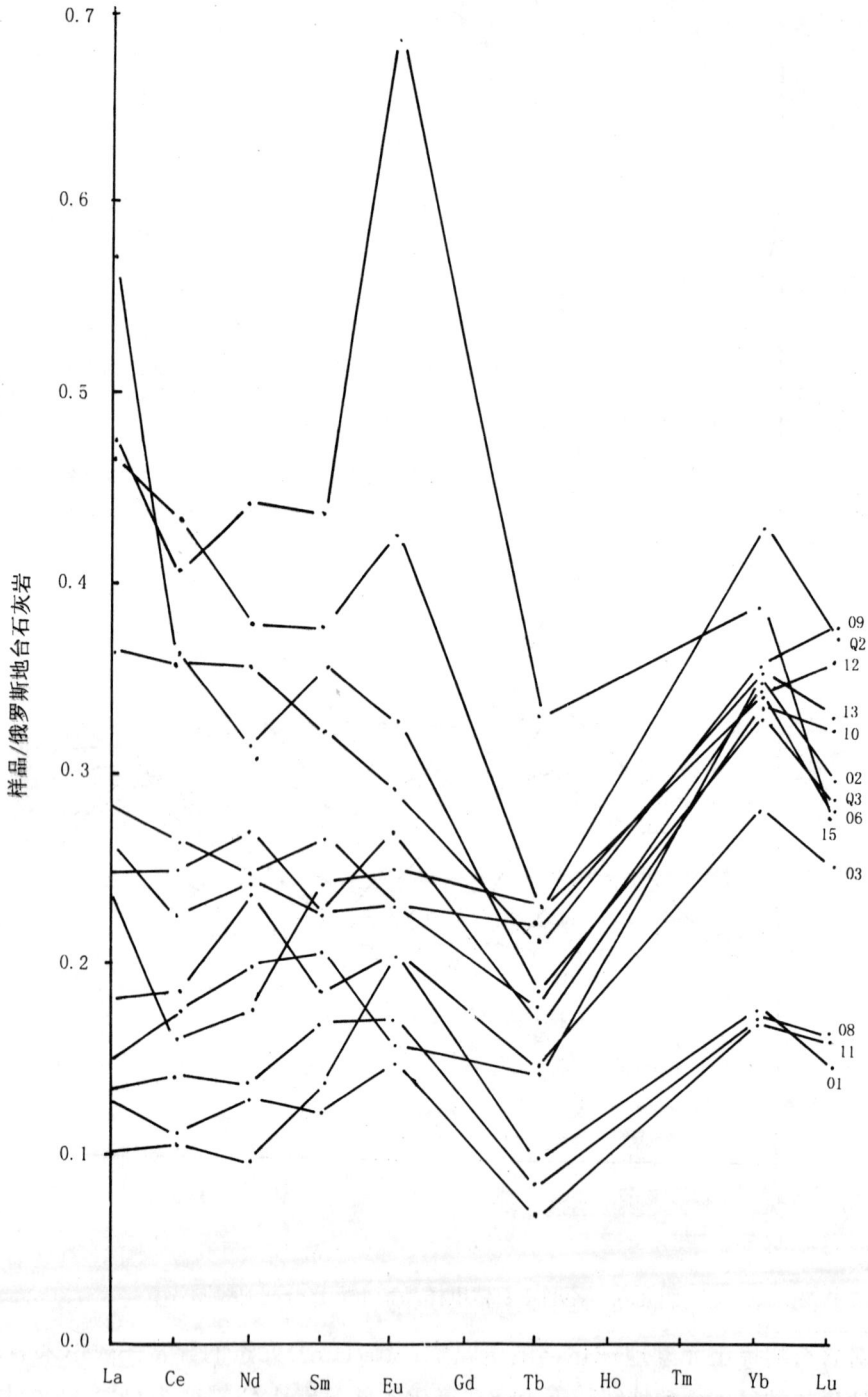

图九七　不同地点石灰岩样品稀土元素分配曲线图

表二五 不同地点石灰岩和石铠甲样品稀土元素含量

样品	采集地	定 名	测定结果（ppm）								
			La	Ce	Nd	Sm	Eu	Tb	Yb	Lu	∑REE
01	富平县凤凰山	淀晶内碎屑灰岩	0.835	1.64	0.751	0.175	0.0615	0.028	0.0975	0.0144	3.6006
02		含生物碎屑泥晶灰岩	1.24	2.77	1.56	0.306	0.047	0.0449	0.181	0.0294	6.1783
03		泥晶灰岩	1.49	2.98	1.87	0.273	0.0614	0.0422	0.154	0.0252	6.8958
06	蒲城县丰山	含菱铁矿的白云质灰岩	3.87	6.93	2.98	0.566	0.127	0.0619	0.189	0.0286	14.75
08	富平县漫丁	泥晶灰岩	1.13	2.25	1.10	0.246	0.0509	0.0259	0.0945	0.0163	4.9136
09		泥晶灰岩	3.02	5.72	2.80	0.540	0.0877	0.0689	0.197	0.0387	12.471
10		白云质泥晶灰岩	2.34	4.21	1.95	0.398	0.0684	0.0528	0.186	0.0327	9.2379
11	耀县药王山	含生物碎屑白云质泥晶灰岩	1.07	1.76	1.02	0.183	0.0448	0.0197	0.093	0.016	4.206
12		白云质灰岩	2.21	3.59	1.91	0.324	0.0806	0.0498	0.191	0.036	8.409
13		含生物碎屑泥晶灰岩	2.0	3.97	2.13	0.336	0.069	0.0659	0.196	0.033	8.839
15	蓝田县辋川	不纯灰岩	3.97	6.51	3.48	0.654	0.206	0.099	0.214	0.028	15.16
Q2	乾县乾陵	含生物碎屑泥晶灰岩	2.03	2.62	1.39	0.365	0.0751	0.0696	0.238	0.0375	6.825
Q3		微晶灰岩	4.84	5.79	2.49	0.536	0.0972	0.0557	0.180	0.0283	14.01
T4G1-01	K9801	泥晶灰岩	1.49	3.26	1.61	0.362	0.0665	0.0366	0.117	0.0234	6.965
T4G1-02		泥晶灰岩	1.45	2.57	1.43	0.306	0.0591	0.0359	0.118	0.0213	5.990
T4G1-04		泥质微晶灰岩	1.14	1.80	1.17	0.233	0.03589	0.0303	0.0872	0.0159	4.512
T4G1-07		泥晶灰岩	1.03	1.85	1.27	0.215	0.0292	0.0351	0.107	0.0172	4.553
T2G2-08		荡粒泥晶灰岩	0.878	1.82	0.897	0.162	0.0353	0.020	0.0818	0.0163	3.910
T2G2-11		微晶灰岩	4.10	6.08	2.36	0.463	0.0641	0.068	0.194	0.0362	13.36
T2G2-14		荡粒泥晶灰岩	1.67	2.69	1.94	0.365	0.0559	0.049	0.113	0.0202	6.903

样品	采集地	定　名	测定结果（ppm）								
			La	Ce	Nd	Sm	Eu	Tb	Yb	Lu	ΣREE
T2G2-18		泥晶灰岩	1.73	2.72	1.38	0.300	0.0422	0.043	0.111	0.0172	6.343
T2G2-20	K9801	泥晶灰岩	2.09	3.36	1.56	0.391	0.0611	0.0541	0.136	0.025	7.677
T2G2-22		白云质泥晶灰岩	2.54	5.22	2.20	0.506	0.0679	0.0553	0.166	0.0289	10.78

地点石灰岩样品间的差异。首先将所测定的稀土元素浓度经球粒陨石数据（里德球粒陨石数据）标准化[1]，再依据以下公式计算出各样品的异常系数（δCe）：

$$\delta Ce = \frac{CeN}{(LaN + NdN) \times 0.5} = \frac{CeN}{CeN^{※}}$$

　　计算结果见表二六。从表二六可以看出，石铠甲样品 δCe 值在 0.7734～1.0924 之间波动，多数在 0.79～0.90 之间，其平均值为 0.9158；不同地点石灰岩样品 δCe 值与石铠甲样品相比有一定的差异，其中乾县乾陵样品与其差别较大，说明石铠甲原岩材料的形成环境与乾县乾陵石灰岩有较明显的差异，而与耀县药王山以东地区石灰岩的形成环境相接近。

　　（二）微量元素分配特征

　　不同岩石有不同浓度的微量元素，即使是碳酸盐类岩石，由于沉积环境不同，其微量元素的浓度含量也有差异。现以不同地点石灰岩和石铠甲样品中活动性微量元素（ATE）及非活动性微量元素（UATE）的含量变化来考察它们之间微量元素的分配特征及其差异性。表二七中列出了各样品的活动性微量元素及非活动性微量元素的测定结果及其浓度比值。结果表明，石铠甲样品 ΣUATE/ΣATE 的值相对较集中，在 0.086～0.350之间；而不同地点石灰岩样品 ΣUATE/ΣATE 的值则相差较大，与石铠甲样品较接近的主要是富平县漫丁样品和耀县药王山样品。将表二七的数据制成 ΣATE 对 ΣUATE散点图（图九八），从中可清楚地看出它们之间的差别：以 ΣUATE 浓度值为准，如将所有投点划分为左、中、右三个区域，石铠甲样品主要分布在中间区域，富平县漫丁样品、耀县药王山样品、蒲城县丰山样品和蓝田县辋川样品也分布于该区域；而乾县乾陵样品居左区，富平县凤凰山多数样品居右区。此外，乾县乾陵样品和富平县凤凰山样品主要分布在下部，而石铠甲样品却主要分布于中部和上部，说明它们在微量元素的分配上有明显的差异，即乾县乾陵样品的活动性微量元素和非活动性微量元素的含量均较

---

① 杨学明等译：《岩石地球化学》，中国科学技术大学出版社，2000 年。

低，富平县凤凰山样品的活动性微量元素的含量较低而非活动性微量元素的含量较高，石铠甲样品的活动性微量元素和非活动性微量元素的含量相对居中。单从居中间区域的样品看，其间也存在着一定的差异，即蒲城县丰山样品和富平县凤凰山 01 号样品的活动性微量元素的含量低于石铠甲样品，而富平县漫丁样品、耀县药王山样品和蓝田县辋川样品的活动性微量元素和非活动性微量元素的含量更接近于绝大多数石铠甲样品。

表二六　不同地点石灰岩和石铠甲样品的铈异常系数对比表

石 灰 岩				石 铠 甲			
样品	采集地	δCe	平均值	样品	采集地	δCe	平均值
01	富平县凤凰山	1.0332	1.002	T4G1-01	K9801	1.0792	0.9158
02		1.0400		T4G1-02		0.9028	
03		0.9318		T4G1-04		0.7932	
06	蒲城县丰山	0.9862	0.9862	T4G1-07		0.8427	
08	富平县漫丁	1.0188	0.9526	T2G2-08		1.0431	
09		0.9850		T2G2-11		0.8809	
10		0.8541		T2G2-14		0.7734	
11	耀县药王山	0.8476	0.8943	T2G2-18		0.8570	
12		0.8640		T2G2-20		0.8933	
13		0.9715		T2G2-22		1.0924	
15	蓝田县辋川	0.8672	0.8672				
Q2	乾县乾陵	0.7343	0.7343				
Q3		0.7287					

表二七　不同地点石灰岩和石铠甲样品主要微量元素浓度测定结果（ppm）

	样品	活动性微量元素（ATE）					非活动性微量元素（UATE）				ΣUATE/ΣATE
		Rb	Sr	Cs	Ba	ΣATE	Ta	Zr	Hf	ΣUATE	
石灰岩	01	2.01	221	0.141	10.9	234.051	0.020	64.0	0.070	64.0908	0.274
	02	1.51	217	0.192	18.6	237.302	0.063	280	0.084	280.147	1.181
	03	3.10	334	0.220	20.7	358.020	0.059	236	0.121	236.181	0.659
	06	4.6	227	0.051	15.3	246.951	0.064	97.2	0.107	97.3717	0.394
	08	3.83	506	0.165	21.2	531.195	0.186	129	0.116	129.302	0.243

续表二七

	样品	活动性微量元素（ATE）					非活动性微量元素（UATE）				∑UATE/
		Rb	Sr	Cs	Ba	∑ATE	Ta	Zr	Hf	∑UATE	∑ATE
石灰岩	09	7.51	535	0.564	40.5	583.574	0.064	80.3	0.227	80.5913	0.138
	10	7.68	475	0.567	25.2	508.456	0.079	117	0.200	117.279	0.231
	11	2.59	335	0.098	15.2	352.888	0.026	59.6	0.077	59.7031	0.171
	12	2.94	268	0.184	198	469.124	1.82	109	0.110	110.930	0.236
	13	2.35	555	0.115	41.2	598.665	0.032	84.4	0.092	84.524	0.141
	15	2.54	382	0.197	87.9	472.637	0.032	80.4	0.097	84.5288	0.179
	Q2	5.19	317	0.390	22.4	344.980	0.061	8.06	0.158	8.2789	0.024
	Q3	2.91	131	0.168	14.0	158.078	0.040	15.6	0.129	15.7692	0.0998
石铠甲	T4G1-01	1.77	390	0.12	15	406.2	0.02	85	0.06	87.78	0.216
	T4G1-02	1.99	404	0.04	21	426.7	0.05	90	0.02	90.27	0.212
	T4G1-04	1.35	1660	0.11	15	1677	0.05	144	0.02	144.1	0.086
	T4G1-07	1.43	816	0.10	12	829.3	0.05	95	0.02	94.67	0.114
	T2G2-08	1.24	409	0.11	24	434.1	0.02	88	0.02	87.54	0.202
	T2G2-11	2.02	302	0.15	16	319.9	0.01	83	0.05	82.76	0.259
	T2G2-14	1.83	847	0.11	25	874.2	0.12	187	0.10	187.2	0.214
	T2G2-18	1.47	534	0.13	12	547.8	0.05	191	0.03	191.1	0.349
	T2G2-20	1.99	529	0.13	14	545.5	0.07	68	0.07	67.85	0.124
	T2G2-22	2.39	321	0.16	23	346.7	0.15	81	0.07	80.81	0.233

四、小　　结

综合以上分析可知，K9801陪葬坑石铠甲样品以发育显微韵律层状构造的隐晶状泥晶灰岩为主，其稀土元素总量除一个样品超过13.0ppm，其余样品均在11.0ppm以下，大多数样品在4.5～7.6ppm之间；δCe值在0.77～1.10之间；微量元素中∑UATE/∑ATE的值相对较集中，在0.086～0.350之间。

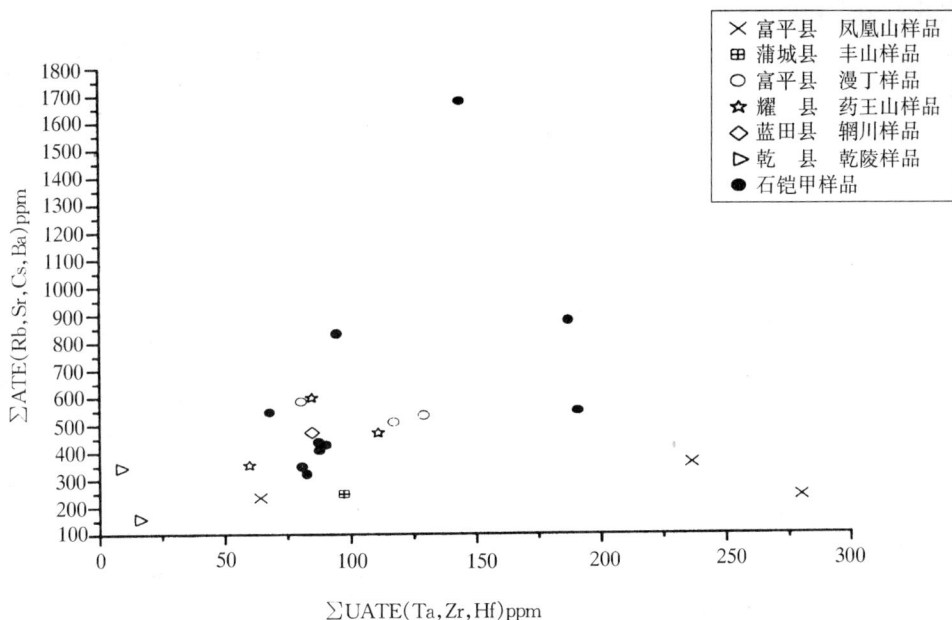

图九八　不同地点石灰岩和石铠甲样品ΣATE 对ΣUATE 值的散点图

　　将石铠甲样品的特征与不同地点石灰岩样品对比后可以看出：在采自渭南地区的石灰岩样品中，柞水县石瓮子样品和镇安县鱼洞峡样品的岩石结构构造特征与石铠甲样品有较大差别，虽然柞水县石瓮子样品具有显微韵律层状构造，但其铁质物及不透明物的含量却明显高于石铠甲样品，因此此处不是石铠甲材料来源地；蓝田县辋川样品在微量元素分配投点方面与石铠甲样品相近，但其岩石结构构造特征以及稀土元素分配却与石铠甲样品有显著的差异，因此此处不是石铠甲材料来源地。在采自渭北北山地区的石灰岩样品中，乾县乾陵样品的稀土与微量元素分配特征与石铠甲样品有较明显的差别，前者的铈异常系数比后者低约 0.2，ΣUATE/ΣATE 的值较后者低，宏观上为厚层状和巨厚层状，显微镜下未见到与后者类似的显微韵律层状构造，因此乾县乾陵一带不是石铠甲材料来源地；蒲城县丰山样品宏观上为清晰的薄层状和微薄层状，显微镜下观察呈显微韵律层状构造发育，但其却含有大量的白云石及相伴生的铁质物，且稀土元素总量明显高于石铠甲样品，铈异常系数也高于石铠甲样品，因此此处不是石铠甲材料来源地；富平县凤凰山样品显微镜下观察与石铠甲样品相近，然而除 01 号样品外，其他样品的稀土与微量元素分配特征，尤其是微量元素ΣATE 对ΣUATE 的投点与石铠甲样品有明显区别，因此将石铠甲所有材料的来源地都确定在富平县凤凰山一带未免牵强；富平县漫丁样品在岩石结构构造特征、矿物组成、稀土与微量元素分配特征方面与石铠甲样品相近，且该地石灰岩发育的薄层状平行层理更便于沿着层理面将岩石打制成适合制作石铠甲薄片的材料，同时由于其结构致密、质地细腻，便于打磨、穿孔而不致损坏，因此石铠甲材料来源于富平县漫丁一带的可能性最大。

从上述分析可以得出如下结论，即 K9801 陪葬坑石铠甲材料主要来源于陕西省渭北北山富平县漫丁一带，由于凤凰山距离漫丁不远，也不排除部分石铠甲材料取自凤凰山一带的可能性。

第五节　秦陵石铠甲的表面清洗及保存情况分析

1998 年秦始皇陵考古队在秦始皇帝陵东南角内外城之间，发现了一座大型陪葬坑。根据目前发掘出的 T2、T4、T5 三个探方看，坑内埋藏着大量的石质铠甲。由于坑体曾遭受大火焚烧，棚木及铺地木均已成炭，大量的石甲片烧成了石灰。秦陵考古队于 1998 年 12 月～1999 年 2 月在该坑提取胄一顶，铠甲两副，并于 1999 年 2 月～6 月修复了其中一副甲胄。

关于石质文物的修复，目前已经有了较完整的步骤，大致为清洗（包括除盐）、粘接和封护。可以说石质文物的清洗是十分重要的，如果处理不当，将会对石质文物以后的修复和保存留下重大隐患。我们观察到石铠甲主要的病变情况有分层开裂、白色烧灼、表面钙质结垢和表面有机残留。

一、主要病变情况

（一）石甲片的分层开裂

在修复前首先要搞清石铠甲材料的性质，以便在修复过程中能够有所侧重。经分析，石甲片原料均为石灰岩。依据其岩石结构及矿物组成特征，可大致将它们定名为细晶灰岩、荡粒泥晶灰岩、泥质灰岩和白云质灰岩。其材质呈水平层理构造发育，有的石甲片宏观观察似乎无层理，但在显微镜下观察即可辨别出显微层理。这种水平层理构造发育，造成了部分石铠甲表面水平剥片现象的产生，甚至还见有沿层理面的开裂。在提取的石铠甲片上，我们发现在分层开裂处有大量土质进入，有些非常坚硬，直接剔除极易造成石甲片的二次破坏，所以我们考虑选用 5％醋酸水溶液作为松土剂，再用手术刀小心剔除土壤，这一步应与除盐一同进行，以免再带进其他盐分。

可溶盐的危害性，主要是因为其有受水的影响而溶解和结晶现象的存在。一般是碱金属或镁的硫酸盐、氯盐和硝酸盐等[1]。

硫酸盐：常见的硫酸盐是 $CaSO_4 \cdot 2H_2O$，估计石铠甲内的硫酸盐可能是受污染的缘

① Giovanni G. Amoroso & Vasco Fassina, *Stone Decay and Conservation*, Elsevier Science Publisher B. V., 1983

故。$CaCO_3 \rightarrow CaO \rightarrow Ca(OH)_2 \rightarrow CaSO_4$。其危害性不在于溶解与结晶，而在于其不同的水合形式。$CaSO_4$ 有 $CaSO_4 \cdot 2H_2O$ 与 $2CaSO_4 \cdot H_2O$ 两种形式，随着温度的变化，变换结晶形式，从而导致体积变化，而使石甲片产生裂隙。

氯盐：存在形式有 $NaCl$、KCl 和 $CaCl_2 \cdot 6H_2O$。氯盐的危害性较大，在于其极强的溶解性和吸湿性，而溶解时迁移性极强，可以穿过并且破坏许多晶体结构。一般文献在论及石质文物的除盐时，均采用 $AgNO_3$ 溶液作为试剂检测析出的氯离子，可见氯盐是对石器造成破坏的主要可溶盐。

硝酸盐：考虑到石铠甲坑附近有动物坑等陪葬坑，我们估计硝酸盐也可能存在于石甲片中。空气中氮的氧化物生成硝酸，然后与 $CaCO_3$ 反应生成 $Ca(NO_3)_2$。常见的硝酸盐晶体为 $NaNO_3$、NH_4NO_3 和 $Ca(NO_3)_2 \cdot 4H_2O$。

碳酸盐：钙与镁的碳酸盐因为溶解度较小，一般文献上均不被当做可溶盐，但其双碳酸盐溶解度稍大。如：$CaCO_3$ 溶解度为 0.014g/L，$Ca(HCO_3)_2$ 溶解度为 1.1g/L。碳酸盐中 Na_2CO_3 的危害性较大，因其有 $Na_2CO_3 \cdot 10H_2O$ 和 $Na_2CO_3 \cdot H_2O$ 两种水合物。当温度低于 32℃ 时，以 $Na_2CO_3 \cdot H_2O$ 形式存在，另外 $Na_2CO_3 \cdot 7H_2O$ 也比较稳定。

在工作中我们用 X 衍射法分析了石甲片内可溶盐的种类和含量，以确定是否要除盐。结果为：石铠甲中可溶盐主要为 $NaCl$，其次为 $NaNO_3$，另外混有少量的 $CaCO_3$ 和土壤杂质。半定量数学拟和结果为：$NaCl$ 占 57%，$NaNO_3$ 占 9%，$CaCO_3$ 占 30%，土壤杂质 $(Na, Ca)_2 (Si, Al)_6 (O, OH)_{12} (Cl, CO_3)_{0.5}$ 占 4%。依此计算可溶盐总量（主要是 $NaCl$ 和 $NaNO_3$）占整个石甲片（主要是 $CaCO_3$）的相对含量为 0.0069%，其中 $NaCl$ 占 0.0059%，$NaNO_3$ 占 0.00094%。由分析结果得知可溶盐的含量很小，无需除盐。

（二）石甲片表面的钙质结垢

在石甲片上有一些白色的结壳和凸起，应是与土壤中的酸性物质作用且重结晶而形成的 $CaCO_3$。该结垢如用手术刀直接清除，不小心就会将石甲表面划伤。我们曾采用国际上先进的激光法对石甲片上的白色结壳进行清除，效果并不十分好，强度过大易造成石铠甲的破坏。实际上，我们先用手术刀小心地将钙质结垢削薄，再蘸取 5% 的六偏磷酸钠[①] 反复清洗，直至视觉上没有白色物质为止。

（三）石甲片表面的有机残留

在提取石铠甲过程中，由于需要明确所提石铠甲和石甲片的所属关系，所以要在每一片石甲上编号。当时我们选用的是一种商场中常用的空白价格标签，贴在石甲片上。由于出土时石铠甲表面未经清洁，为防止标签脱落，还使用了透明粘胶带，以固定标签

---

① 王蕙贞：《文物保护材料学》，西北大学出版社，1995 年。

和维护石铠甲的整体性。但是在经过了数月的修复之后，需要将标签除去时，问题就出现了。我们发现在揭去标签后，石甲片上留下了深色的残留物，一是影响外观，二是多余的有机物质易带来霉变等一系列问题。修复人员尝试用酒精和丙酮清洗，效果都不是很好。

我们注意到，在多数文物收藏品中，人们往往忽略了标签的选择，事实上标签选择不当也会给文物保护工作带来不必要的麻烦。一般来说，去除这样的有机质污垢建议不采用化学方法，而采用溶剂来达到这一目的。为此我们在石甲片和秦俑陶片上作了实验，以确定较好的清洗剂和选取较好的用来编号的标签。清洗溶剂选用了水、酒精、丙酮、乙酸乙酯、三氯甲烷和苯。编号用标签选用了N次贴、干胶带（类似邮票的背胶）、桃胶（将桃胶加水，加热煮沸溶解，冷却后呈冻胶状，放入冰箱保存，使用时用毛笔蘸取涂在纸上，即可贴在器物上，或直接涂刷在纸上晾干，用时蘸水贴在器物上）、图书馆用标签（背材较价格标签厚，化学试剂瓶上也常用）、Marabu Fixogum 橡胶泥（德国产）和蜡纸胶带（表二八）。

表二八　各种溶剂清洗标签残留物效果

材质	时间	标签种类	粘贴强度	水	丙酮	酒精	乙酸乙酯	三氯甲烷	苯
石甲片	1.5个月	N次贴	较弱	无残留物					
		干胶带	强	无					
		桃胶	弱						
		图书馆用标签	较强		无	视觉痕迹			
	8个月	橡胶泥	强		有				无
	14个月	价格标签	强		视觉痕迹	少量痕迹	视觉痕迹	无	无
		蜡纸胶带	较强		视觉痕迹		无	无	无
陶片	1.5个月	N次贴	较弱	无残留物					
		桃胶	强	无残留物					
		蜡纸胶带	强	无残留物					
		干胶带	强	无					
		橡胶泥	很强		视觉痕迹		视觉痕迹	无	无
		图书馆用标签	一般	无残留物					
		价格标签	强		视觉痕迹		视觉痕迹	无	无

由表二八可以得出如下结论：所有选用的溶剂当中，苯的清洗效果最好；标签贴的时间越长，残留物越牢固，越难于清洗；在所有选用的编号用标签中，我们倾向于使用带有背胶的干胶带纸，因为其使用时只需蘸水，清除时只用水清洗即可，且耐老化和耐候性好。

二、石铠甲的保存情况

石灰岩质地的石甲片，受其水平层理的影响，使得石甲片存在分层揭片现象。另外，石铠甲坑曾被大火焚烧，大量的石甲片也被烧成了石灰。由于分层后的薄片及过火后的石甲片表面形态的变化（图九九～一〇一），使得它们在受外界环境影响时，产生

图九九 石甲片表面 SEM，2000×

图一〇〇 揭层后石甲片表面 SEM，2000×

了不同的结果。尽管石甲片烧白后的表面出土时视觉上与石甲表面同样光滑，并且具有完整的形态，但经过数周乃至数月的存放后，就会失去原有形状甚至粉化。通过半定量X衍射分析表明，石甲片以及出土时就已经烧成石灰的白色粉状物，其 CaO 含量是很低的（<0.1%），甚至没有；而刚刚出土的被火完全灼烧过的石甲片的 CaO 含量竟达 7% 以上，而且主要集中在其内部。显而易见，石铠甲出土后，周围湿度的降低而后空气中水分与 CO_2 的侵入是造成被火完全灼烧过的石甲片破坏的主要原因。所以现场发掘后用 3%～5%B-72 作暂时性封护，防止水分散失并隔绝空气中水分和 CO_2 的侵入是十分必要的。另外，揭层后的石甲片也比较完整的石甲片更易受外界

图一〇一 被火灼烧过的石甲片表面 SEM，2000×

环境的影响。

通过电子扫描电镜以及 X 衍射的分析，使我们了解到石甲片的破坏机理。石甲片表面清洗及保存状况的研究，不仅是整个保护工作的开始，也为今后的保护修复打下了基础，明确了方向。

第六节　K0006 陪葬坑出土马骨研究

2000 年在 K0006 陪葬坑的后室，发现了大量马骨，现阶段仅清理了后室东部和西部的骨骼。受始皇陵考古队的邀请，中国社会科学院考古研究所袁靖研究员对这批马骨进行了鉴定和研究，现将成果报告如下。

一、鉴定与测量

K0006 陪葬坑马骨的保存状况不好，受坑上棚木及封土的重压，头骨均已被压扁，其他骨骼绝大部分已被压碎，移位现象严重；后室西部的部分马骨还遭受过水流的扰动，相当凌乱；另外人为的破坏也造成马骨移位。我们在鉴定时努力做到尽可能地确认骨骼的部位及左右位置，尽可能地测量颌骨、牙齿和肢骨等主要骨骼，同时在整理和研究时还查阅了有关的参考书[①]。

K0006 陪葬坑后室原应葬马 20 余匹，现就已清理的区域分别介绍马骨的相关情况。

（一）后室东部马骨

可以确认的骨骼有头骨 3 块、下颌 5 付、肩胛骨 3（左 1 右 2）块、肱骨 1 块、股骨 1 块、胫骨 2 块、掌骨 1 块、跖骨 3 块、第 1 节趾骨 2 块、第 2 节趾骨 3 块。以下分别介绍测量结果。

1. 头骨

头骨①的长度为 610 毫米，左右 $I^3 - I^3$ 的间距为 68.39 毫米，$P^1 - P^3$ 的长度为 90.41 毫米，$M^1 - M^3$ 的长度为 78.37 毫米。有犬齿，门齿均磨损，对照牙齿图谱，年龄约为 10 岁。由于角度的关系，无法对每个臼齿进行测量。

头骨②的长度为 620 毫米。由于角度的关系，无法对牙齿进行测量。

头骨③的长度为 530 毫米。有犬齿，门齿均磨损，对照牙齿图谱，年龄约为 10 岁。

---

① 塞普提摩斯·谢逊著：《骨骼解剖学》，科学出版社，1962 年；中国人民解放军兽医大学编著：《马体解剖图谱》，吉林人民出版社，1979 年；伊丽莎白·施密德著、李天元译：《动物骨骼图谱》，中国地质大学出版社，1992 年；Simon Hillson, 1992, *Mammal Bones and Teeth*. Institute of Archaeology, University College London.

牙齿的测量数据见表二九。

表二九　后室东部马头骨③测量表　　　　　　单位：毫米

编号	$P^1 - M^3$	$P^1 - P^3$	$M^1 - M^3$	P^1	P^2	P^3	M^1	M^2	M^3
头骨③	171.67	90.47	76.97	35.95 23.79	27.86 23.92	27.72 23.93	25.53 26.57	24.90 26.73	28.39 21.06

注：如有 2 行数据，上一行为长度，下一行为宽度。

2．下颌

下颌共有 5 付，下颌⑤大部分目前仍埋在土里，仅露出下颌枝和下颌角。下颌①～④的测量数据见表三○。

表三○　后室东部马下颌测量表　　　　　　单位：毫米

编号	长度	犬齿	$P_1 - M_3$	$P_1 - P_3$	$M_1 - M_3$	P_1	P_2	P_3	M_1	M_2	M_3
下颌①		无	172.66	85.89	75.89	32.93 15.55	26.49 16.72	29.06 15.65	26.68 14.33	22.38 15.99	27.65 15.53
下颌②		有	159.78	77.88	73.90	32.23 13.90	25.76 15.01	25.59 15.33	24.70 15.69	21.72 14.23	29.21 12.74
下颌③	463.90	有	180.98	86.39	83.96	34.59 18.56	25.08 14.05	30.11 20.63	23.36 15.40	28.23 19.62	33.73 18.81
下颌④	422.41	有	159.08	77.79	75.05	29.36 14.24	23.49 15.91	22.36 16.35	23.97 13.88	22.57 13.42	29.61 17.41

注：如有 2 行数据，上一行为长度，下一行为宽度。

3．肩胛骨

肩胛骨①属左侧，长度为 370 毫米；肩胛骨②属右侧，长度为 350 毫米；肩胛骨③属右侧，长度为 370 毫米。

4．肱骨

肱骨属右侧，长度为 329 毫米。

5．股骨

股骨属左侧，长度为 410 毫米。

6．胫骨

胫骨①属左侧，长度为 355 毫米；胫骨②属左侧，长度为 361 毫米。

7．掌骨

掌骨的长度为 255 毫米。

8. 跖骨

跖骨①的长度为 273 毫米，跖骨②的长度为 280 毫米，跖骨③的长度为 280 毫米。

9. 第 1 节趾骨

第 1 节趾骨①的长度为 80 毫米，第 1 节趾骨②的长度为 80 毫米。

10. 第 2 节趾骨

第 2 节趾骨①的长度为 40 毫米，第 2 节趾骨②的长度为 45 毫米，第 2 节趾骨③的长度为 42 毫米。

以上这些肢骨和趾骨的关节处均愈合。

因为各个部位的骨骼中发现最多的是 5 付下颌，说明当时这里至少有 5 匹马。

（二）后室西部马骨

可以确认的骨骼有头骨 1 块、下颌 2 付、肩胛骨 4（左 2 右 2）块、右肱骨 2 块、桡骨 5（左 2 右 3）块、盆骨 4 付、左股骨 1 块、掌骨 1 块、跖骨 3 块、第 1 节趾骨 2 块。以下分别介绍测量结果。

1. 头骨

有犬齿，门齿磨损严重，对照牙齿图谱，年龄在 10 岁以上。牙齿的测量数据见表三一。

表三一　后室西部马上颌测量表　　　　　　　单位：毫米

编号	P^1—M^3	P^1—P^3	M^1—M^3	P^1	P^2	P^3	M^1	M^2	M^3
头骨	159.91	85.03	74.55	36.62 25.03	24.93 28.25	24.55 27.41	22.44 26.58	23.07 25.51	30.87 24.72

注：如有 2 行数据，上一行为长度，下一行为宽度。

2. 下颌

下颌①P_1—M_3 的长度为 160.11 毫米。有犬齿，门齿磨损，对照牙齿图谱，年龄在 10 岁以上。

下颌②大部分目前仍埋在土里，仅露出联合部。有犬齿，门齿磨损，对照牙齿图谱，年龄在 10 岁以上。

3. 肩胛骨

肩胛骨①属左侧，长度为 350 毫米；肩胛骨②属左侧，长度为 360 毫米；肩胛骨③属右侧，长度为 365 毫米；肩胛骨④属右侧，长度为 350 毫米。

4. 肱骨

肱骨①属右侧，长度为 290 毫米；肱骨②属右侧，长度为 290 毫米。

5. 桡骨

桡骨①属左侧，长度为 345 毫米；桡骨②属左侧，长度为 360 毫米；桡骨③属右侧，长度为 360 毫米；桡骨④属右侧，长度为 340 毫米；桡骨⑤属右侧，长度为 340 毫米。

6. 盆骨

盆骨①的前口呈半椭圆形，其荐耻径为 195 毫米，横径因盆骨破碎，无法测量；盆骨②的前口呈半椭圆形，其荐耻径为 150 毫米，横径为 160 毫米；盆骨③的前口呈半椭圆形，其荐耻径为 160 毫米，横径为 170 毫米；盆骨④完全破碎，无法测量。

7. 股骨

股骨属左侧，长度为 390 毫米。

8. 掌骨

掌骨的长度为 230 毫米。

9. 跖骨

跖骨①的长度为 275 毫米，跖骨②的长度为 230 毫米，跖骨③的长度为 275 毫米。

10. 第 1 节趾骨

第 1 节趾骨①的长度为 84 毫米，第 1 节趾骨②的长度为 83 毫米。

以上这些肢骨和趾骨的关节处均愈合。

因为各个部位的骨骼中发现最多的是 4 付盆骨，说明当时这里至少有 4 匹马。

二、讨　论

依据以上的观察、鉴定和测量结果，目前可以就其性别、年龄、身高及摆放位置等问题提出讨论。

（一）性别

一般而言，判定公马和母马的主要依据是其犬齿的有无、盆骨的形状、盆骨荐耻径和横径的大小等。如公马全部有犬齿，母马只有 2%～3% 有犬齿[1]；公马盆骨的前口呈半椭圆形，母马略呈圆形；公马盆骨的荐耻径平均约为 187.5 毫米，横径约为 200 毫米，母马盆骨的荐耻径和横径都平均为 230～240 毫米（图一〇二）。如果公马在幼年时被阉割，那么它长大后的特征就与母马相似[2]。K0006 陪葬坑中可以确认犬齿有否的马上颌有 3 付，均发现有犬齿；可以确认犬齿有否的马下颌有 6 付，其中 5 付有犬齿（图版 94），可见有犬齿的马占绝大多数。后室西部发现有 4 付马的盆骨，其中盆骨①的前

---

① 中国人民解放军兽医大学编著：《马体解剖图谱》，吉林人民出版社，1979 年。
② 塞普提摩斯·谢逊著：《骨骼解剖学》，科学出版社，1962 年。

口呈半椭圆形，其荐耻径为 195 毫米，横径因盆骨破碎，无法测量；盆骨②的前口呈半椭圆形，其荐耻径为 150 毫米，横径为 160 毫米（图版 95）；盆骨③的前口呈半椭圆形，其荐耻径为 160 毫米，横径为 170 毫米；盆骨④完全破碎，无法测量。从大多数盆骨的特征和测量的数据看，明显属于公马的范畴。因此从我们现在能够看到的犬齿和盆骨这两个方面分析，当时放置在这里的马绝大多数可能是公马，至于那匹没有犬齿的马是被阉割的公马还是母马，依据现有的骨骼状况很难进行判断。但这仅是一种依据书本知识的推测，我们在这里还要认真考虑的一点是，如果那些马原来均是公马，但到成年后被阉割了，那么这些马除生殖器以外，其他方面均会保留公马的特征。如果是这样，我们从牙齿和盆骨上就很难对其进行区别了。

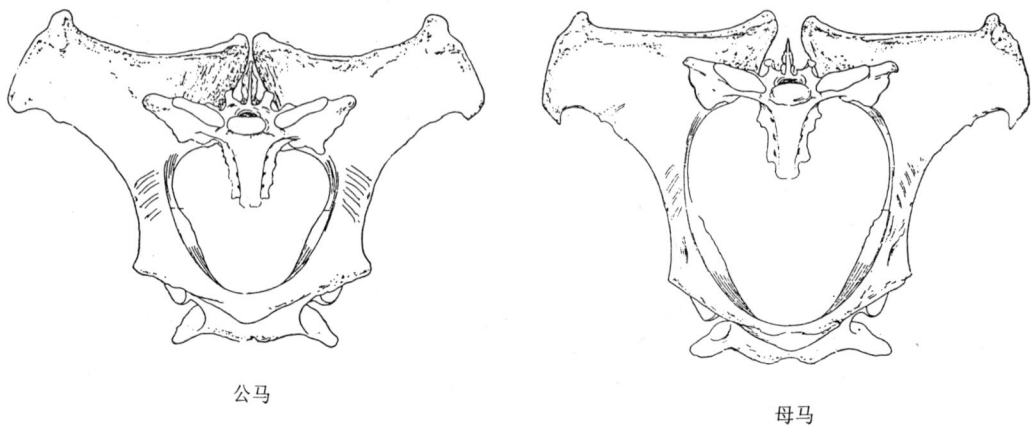

公马　　　　　　　　　　　母马

图一○二　公马、母马的盆骨

通过观察秦始皇兵马俑坑中出土陶马的性别，我们发现一些很有意思的现象。

秦始皇兵马俑 1 号坑出土的陶马均是拉车的，其左右骖马、左右服马都制成被阉割的形式，可以明显地看出其只有阴茎，没有睾丸[1]（图一○三）；陵园铜车马陪葬坑出土的铜车马中拉车的左右骖马、左右服马同样也制成被阉割的形式，可以明显地看出这 4 匹马均只有阴茎，没有睾丸[2]（图一○四）；秦始皇兵马俑 2 号坑出土的陶马有拉车的和骑乘的两种[3]，展厅中陈列的那匹用于骑乘的陶马是公马，它的生殖器除阴茎外，还有睾丸。由此看来，陵园中出土的陶马、铜马，依据性别可以区分为两类：一类明显地表现出其是被阉割的公马，如秦始皇兵马俑 1 号坑出土的拉车的陶马和陵园铜车马陪葬

[1]　陕西省考古研究所等编著：《秦始皇陵兵马俑一号坑发掘报告》187、191 页，文物出版社，1988 年。
[2]　秦始皇兵马俑博物馆等编著：《秦始皇陵铜车马发掘报告》182～188 页，文物出版社，1998 年。
[3]　袁仲一：《秦始皇陵东侧第二、三号俑坑军阵内容试探》，《秦俑研究文集》217～230 页，陕西人民美术出版社，1990 年。

坑出土的拉车的铜马；另一类则明显地显示出其是未被阉割的公马，如秦始皇兵马俑2号坑出土的用于骑乘的陶马。因为在 K0006 陪葬坑中有车，那些拉车的马应该是被阉割过的，尽管他们还有公马的特征。至于在这个陪葬坑里是否还有没有被阉割过的公马，依据现有的认识很难作出明确的判断。

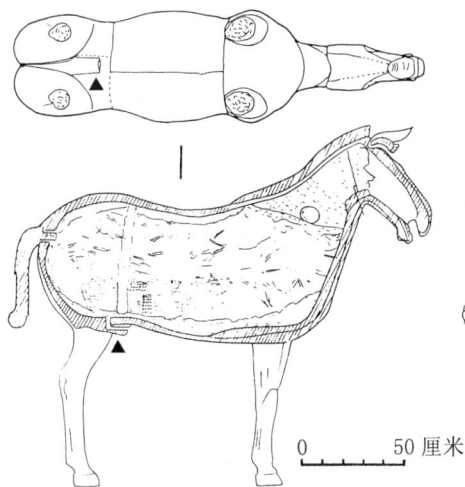

图一〇三　秦始皇兵马俑1号坑
出土的拉车马
（黑三角处为阉割的生殖器）

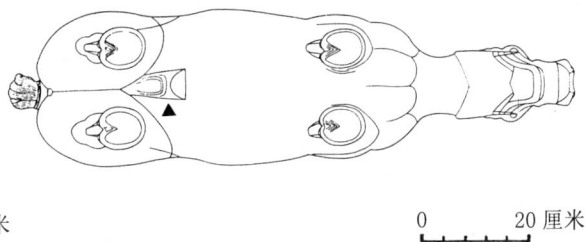

图一〇四　秦始皇帝陵园铜车马陪葬坑
出土的铜车马中右骖马底视图
（黑三角处为阉割的生殖器）

　　日本学者佐原真曾就秦代马匹阉割问题询问过中日有关学者，据他们所言，秦始皇兵马俑坑中的马都是被阉割的，这一点已经成为共识[1]。通过观察，我们发现实际情况并非完全如此，即在陵园的陪葬坑中有一定数量的陶制的公马存在。如果进一步推论，当时拉车的马可能都是被阉割的，而非拉车的马，如战马可能未被阉割。我们认为其被阉割和未被阉割都是有意而为。这个发现对于我们认识当时的养马技术、用马制度等都是很有价值的。

　　（二）年龄

　　我们对 K0006 陪葬坑出土的马骨进行了仔细观察，发现所有肢骨的关节部都已全部愈合，且这些马上下颌的臼齿也已全部萌出，依据可以观察到的门齿的磨损状况，可以判定马的年龄都在 10 岁以上，属于老马。

　　通过观察可以确认，K0006 陪葬坑出土的马都是被长期使用过的，当时是为了陪葬

[1]　佐原真：《骑马民族は来なかった》21页，日本放送出版协会，1993年（日文）。

而将它们杀死的。相比之下，山西曲沃曲村遗址战国时期的祭祀坑中发现多用 6~8 月龄的小马祭祀①；新疆和静察吾呼沟口相当于西周至春秋时期的一号墓地随葬马头的数量相当多，到了属于东汉时期的三号墓地随葬马头的数量有所减少，但无论马头是多是少，这些马的年龄一般不到 1 岁②。这是一个很有意思的现象，即陵园陪葬坑以外的其他地方在祭祀或随葬时大量使用幼马或年龄很小的马，似乎其用马仅具有某种象征意义，只要是马即可；而在 K0006 陪葬坑中陪葬的马都选择用老马。自春秋早期一直到战国中期，一些秦墓中除殉葬车马外，还殉人。到战国晚期，依然还发现有殉葬车马的实例，但再也没有发现殉人③。秦始皇兵马俑坑中众多陶俑的面相因人而异，有的学者推测是模仿当时的真人而作④，可见那时用活人殉葬的习惯已经改变为模仿当时的活人制成陶俑殉葬，但是用真马殉葬的习惯似乎仍然在延续。不过这些马确实是当时实际使用的马，还是专门选择一些老马来凑数，依据现有资料尚不能得出肯定的结论。

（三）身高

由于 K0006 陪葬坑出土的马骨过于凌乱，我们虽然对一些肢骨进行了测量，但是依照这些数据还不能推测当时这些马的身高、体长等，目前还只能是一个积累资料的过程。我们发现，秦始皇兵马俑 1 号坑中骖马和服马的身体通长约 206 厘米，通头高约 165 厘米，通肩高约 132 厘米，前肢高约 77 厘米，后肢高约 82 厘米⑤。在陵园东侧上焦村秦代马厩坑曾出土一批马的骨骼，经测量，马的高低、长短以及头部各处的比例与秦始皇兵马俑 1 号坑出土的陶马相似⑥。由此可以推测，K0006 陪葬坑出土的马的尺寸也与秦始皇兵马俑 1 号坑出土的陶马相似。

（四）摆放位置

尽管 K0006 陪葬坑出土的马骨比较凌乱，且后室西部的部分马骨还遭受过水流的扰动，但是全部马的盆骨都位于坑南部，可见当时的马都是头朝北放置的，这与 K0006 陪葬坑中绝大多数陶俑的面向相同。另外，在后室东部的发掘中发现有两道东西向的木架痕迹，其间隔与马骨前后肢之间的距离相当，木架附近发现有红色漆皮碎片，据判断木架是为了支撑杀死后的马匹的，即被杀的马放入坑中时，置于木架上，它们一律头朝北，K0006 陪葬坑的北面即为秦始皇帝陵。

① 黄蕴平：《天马—曲村遗址兽骨的鉴定和研究》，《天马—曲村（1980—1989）》1153~1169 页，科学出版社，2000 年。
② 安家瑗等：《新疆和静县察吾呼沟口一、三号墓地动物骨骼研究报告》，《考古》1998 年 7 期。
③ 张颖岚：《秦墓车马殉葬制度的初步研究》，《秦俑秦文化研究》481~490 页，陕西人民出版社，2000 年。
④ 袁仲一：《秦代军阵的艺术再现》，《秦始皇兵马俑》1~14 页，文物出版社，1999 年。
⑤ 陕西省考古研究所等编著：《秦始皇陵兵马俑一号坑发掘报告》373 页，文物出版社，1988 年。
⑥ 陕西省考古研究所等编著：《秦始皇陵兵马俑一号坑发掘报告》158 页，文物出版社，1988 年。

三、小 结

　　通过鉴定和研究，我们认为：秦代使用的马至少包括被阉割的公马和未被阉割的公马两种；当时殉葬的马的年龄有一定的讲究；其马种似乎属于小种；它们都是头朝向秦始皇帝陵放置的。与史前相比，进入历史时期以来，人的许多行为变得越来越规范化、制度化，它们中有不少都作为遗迹和遗物留存了下来，这无疑有助于我们提高通过各种考古研究再现当时历史的准确度。我们期待着通过自己的努力以取得更大的收获。

叁 文物修复

第一节　K9801T4G1 胄 1 制作实验

1999 年上半年，始皇陵考古队提取并修复了 K9801 陪葬坑出土的石甲、石胄各一件，即 K9801T2G2 甲 1 和 K9801T4G1 胄 1[①]。2001 年 3 月，为了详细了解石胄的制作方法、过程、功效及使用工具等工艺问题，始皇陵考古队成立了实验制作小组，采用半机械与手工并举的方法，仿照 K9801T4G1 胄 1 的形状、大小复制了一顶石胄。

1. 选材

经过化验分析，石胄石材的主要成分为 $CaCO_3$。根据历史文献记载，修建秦始皇陵时所用的石料是"北山之石"，而"北山"应为渭河以北的山区，即西起泾阳东至韩城的山脉。通过调研，我们发现富平县一带的石材与石胄的石质较为接近，因此从富平县宫里镇石料加工厂购回与胄 1 胄片的厚度、颜色相似的、经过粗加工的石材，进行制作实验。

2. 画样

胄 1 由 74 片组成，除顶片外，上下叠压共 5 层，每层胄片的形状、大小、弧度各不相同。我们首先根据不同弧度的胄片，选取相应厚度、相似形状的石材，在其上进行胄片形状和大小的画样。画样的工序主要为：依照不同形制的胄片，用软性彩笔在石材上勾画出其形状、弧度、抹棱位置、抹角位置及孔的大小和位置等。以每个工作日按 8 小时计（下同），一名熟练技工大约需 4 个工作日才能完成胄 1 胄片的画样工作。

3. 切割

画样时所用的石材一般大于实际制作的胄片，切割是沿画线切除掉多余的石材。由于制作胄片所用石材的厚度不一，故切割的时间也不相同。我们采用手工斜刃铁铲和电动砂轮两种工具来切割（图一〇五），不同厚度、大小的胄片所用工时见表三二。

从表三二可以看出，用手工斜刃铁铲切割 74 片胄片，需用 3165 分钟，约合 53 小时、7 个工作日；用电动砂轮切割 74 片胄片，需用 1355 分钟，约合 23 小时、3 个工作日。

4. 钻孔

---

① 陕西省考古研究所、秦始皇兵马俑博物馆：《秦始皇帝陵园考古报告（1999）》，科学出版社，2000 年。

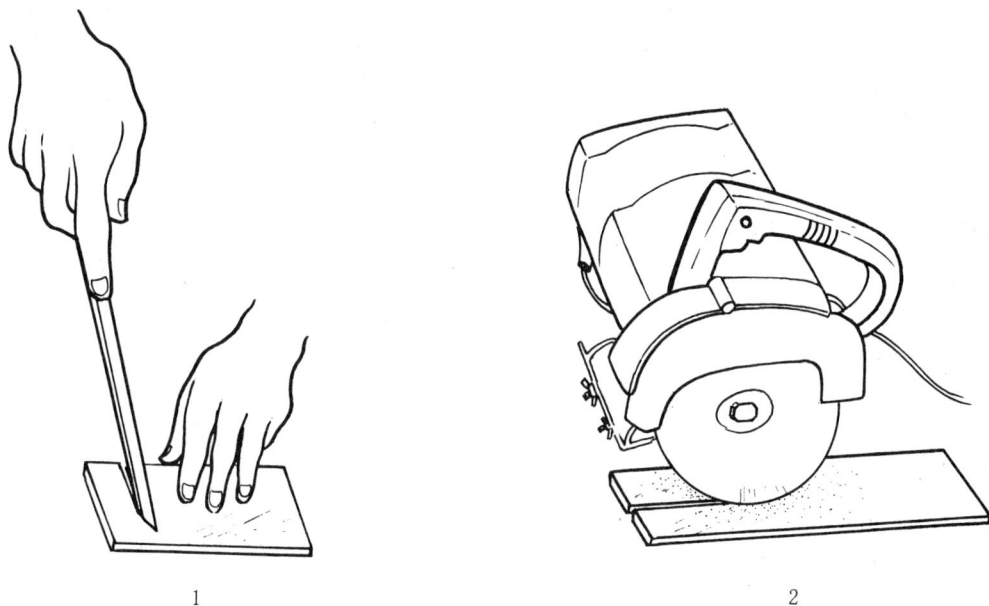

1　　　　　　　　　　　2

图一〇五　胄片切割工艺

1. 手工斜刃铁铲切割　2. 电动砂轮切割

经过切割的胄片的外形、大小已接近拟制作的胄片，根据观察，在胄片上钻孔是较早进行的一道工序，它早于抛光。胄 1 胄片共有 574 个孔，孔径约为 0.34 厘米，多为两面对钻的斜孔，孔的斜度视胄片在石胄上的不同位置而有差异。实验制作中发现，钻孔时对力量、速度均有较高的要求，同时若对钻的斜度偏差较大，胄片编缀时就难以有机扣合，胄片也容易起翘，编缀后的石胄则会变形。

表三二　胄片切割工时统计表

片　名	形　状	石材厚度（毫米）	片　数（片）	手工斜刃铁铲切割时间（分钟）		电动砂轮切割时间（分钟）	
				单片	合计	单片	合计
胄顶片		140	1	120	120	30	30
第一层胄片		105	16	40	640	15	240
第二层胄片Ⅰ式		70	13	30	390	15	195

续表三二

片　名	形　状	石材厚度 （毫米）	片　数 （片）	手工斜刃铁铲切割时间 （分钟）		电动砂轮切割时间 （分钟）	
				单片	合计	单片	合计
第二层胄片 Ⅱ式		70	2	60	120	30	60
第二层胄片 Ⅲ式		70	1	90	90	40	40
第三层胄片 Ⅰ式		70	11	30	330	15	165
第三层胄片 Ⅱ式		75	2	45	90	30	60
第四层胄片 Ⅰ式		75	11	35	385	15	165
第四层胄片 Ⅱ式		135	2	50	100	30	60
第五层胄片 Ⅰ式		150	11	60	660	20	220
第五层胄片 Ⅱ式		150	4	60	240	30	120

　　虽然到现在为止，我们还没有发现秦人制作石胄所使用的钻孔工具，但据考古资料看，秦代的钻孔技术已达到相当高的水平，如凤翔高庄秦墓 M21 曾出土铁钻头 5 件[1]，惜残断，全长不知，体呈圆柱形，头作三棱刃；甘肃甘谷毛家坪 A 组遗存曾出土两面中部有凹坑的圆饼钻垫 1 件；秦始皇陵出土的铜车马上，"众多的各式各样链条的连接，广泛运用了销钉与小孔配合的连接工艺，小孔的孔径有 0.12 厘米、0.17 厘米、0.2 厘米、0.25 厘米、0.3 厘米、0.4 厘米等不同的规格，说明当时已有了标准化、系列化的钻具，鉴于秦代炼钢术的进步，所用的钻具当为钢钻"[2]，这些都说明秦人使用的金属钻具是相当先进的，因此我们推测，制作石胄所使用的钻孔工具应为钢铁质的钻头。这次制作实验我们以钢铁钻头为工具，采用了以下两种钻孔方法。

　　第一种方法是手工对钻。将铁钻头安装在一竖向木柄上，再将拉杆与钻杆以牛筋缠绕连接；将胄片放在木制平台上，根据孔的斜度在胄片下垫以木楔（图一〇六，1、2）。

① 吴镇烽、尚志儒：《陕西凤翔高庄秦墓地发掘简报》，《考古与文物》1981 年 1 期。
② 秦始皇兵马俑博物馆、陕西省考古研究所：《秦始皇陵铜车马发掘报告》，文物出版社，1998 年。

钻孔时要用力均匀，起钻要轻，而且在钻孔的过程中还需适量加水以防胄片崩裂。手工对钻一孔约需 30 分钟，完成胄 1 胄片上的所有孔约需 17220 分钟，约合 287 小时、36 个工作日。

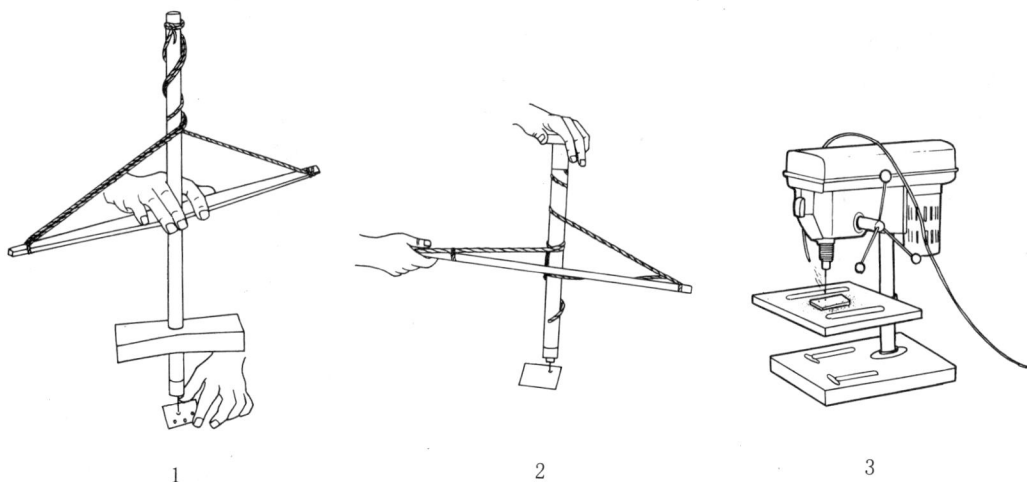

图一〇六　胄片钻孔工艺
1、2. 手工对钻　3. 电动台钻

第二种方法是电动台钻。使用一台转速约为 1300 转/分的小型台式电钻进行钻孔（图一〇六，3）。在钻孔的过程中必须不断加水以防胄片崩裂；钻头的锋不能太尖，要尽量增大钻头与胄片接触的面积；起钻时要稳、平、轻；钻速要平缓，才能使孔壁光滑；停钻时，先让电钻停止运转，然后再慢慢将钻头提出，以防运转的钻头将已钻好的孔扩大或撞裂。由于胄片多为斜孔，故必须将胄片放在有一定斜度的木楔上，才能使孔壁斜直。电动台钻钻一孔约需 4 分钟，完成胄 1 胄片上的所有孔约需 2296 分钟，约合 38.5 小时、5 个工作日。

5. 作形

这一工序包括抹边、抹棱、抹角和起弧。胄片的形状不同于甲片，胄片弧度大，弧形复杂，尤其是一些特殊片，如顶片、眉目片、脸部 L 形片等，由于它们的弧度大，选用毛材的厚度要比其他普通片的厚度大一倍，因而磨制过程费工费时。我们采用手工砺石和电动砂轮两种工艺进行磨制（图一〇七，1、2），不同厚度、大小的胄片所用工时见表三三。

从表三三可以看出，用手工砺石磨制 74 片胄片，需用 18390 分钟，约合 307 小时、39 个工作日；用电动砂轮磨制 74 片胄片，需用 2550 分钟，约合 42.5 小时、5.5 个工作日。

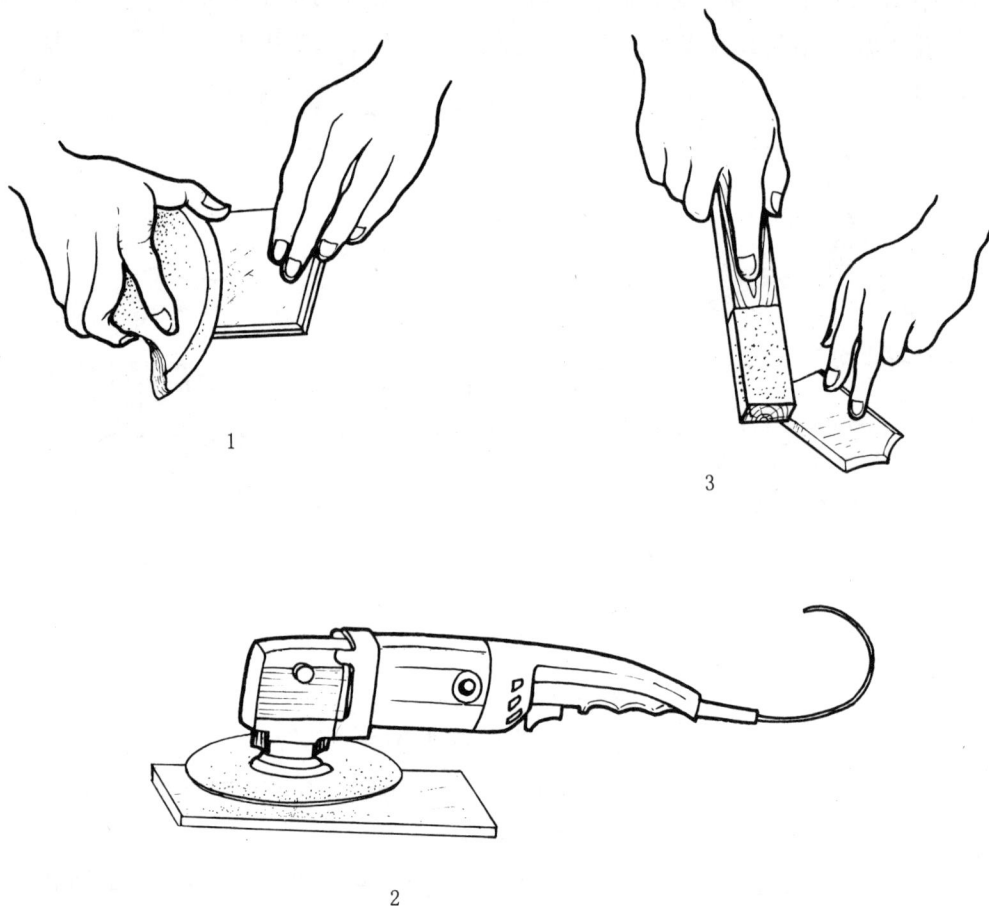

图一〇七　甲片作形、抛光工艺

1.手工砺石磨制　2.电动砂轮磨制　3.抛光

6.抛光、修整

加工甲片的最后一道工序是抛光，用水性砂纸加水进行抛光（图一〇七，3）。由于甲片的大小、形制不同，故抛光所需时间不一，平均每片大约需 30 分钟，因而完成甲 1 甲片的抛光工作约需 2220 分钟，约合 37 小时、5 个工作日。

抛光后编缀时对个别甲片还需作进一步的修整，先将甲片用扁状铜丝编缀起来固定在用聚胺脂制作的甲形胎模上，若甲片间叠压、扣合不适，则需用砺石对甲片的抹角、抹棱进行修整，这一工序约需 2 个工作日。

7.编缀

编缀是制作石甲的最后一道工序，由于甲片为青石质，质地较脆，易碎裂，因而必须谨慎操作。编缀前先做一平台，在台面上铺设软质台垫（橡胶垫）；再用铁丝制作一

表三三 胄片作形工时统计表

片 名	形 状	石材厚度（毫米）	片 数（片）	手工砺石磨制时间（分钟）		电动砂轮磨制时间（分钟）	
				单片	合计	单片	合计
胄顶片		140	1	240	240	40	40
第一层胄片		105	16	180	2880	30	480
第二层胄片 I 式		70	13	180	2340	20	260
第二层胄片 II 式		70	2	210	420	30	60
第二层胄片 III 式		70	1	210	210	40	40
第三层胄片 I 式		70	11	180	1980	20	220
第三层胄片 II 式		75	2	210	420	30	60
第四层胄片 I 式		75	11	180	1980	30	330
第四层胄片 II 式		135	2	240	480	60	120
第五层胄片 I 式		150	11	480	5280	60	660
第五层胄片 II 式		150	4	540	2160	70	280

胄形框架，以便编缀时手可以伸进内部操作。编缀有以下两个步骤。

（1）制作扁状 U 形铜丝。连接胄片的铜丝为一段一段彼此不相连的扁状 U 形铜丝，经分析知其为锻打制成。这次制作实验我们采用了以下两种制作方法。

第一种方法是手工直接锻打。将直径 0.2 厘米的圆形铜丝放在铁砧上，用小铁锤锻打成扁状，然后用手钳扭制成 U 形。加工一个扁状 U 形铜丝约需 5 分钟，胄 1 共用扁状 U 形铜丝 287 个，共约需 1435 分钟，约合 24 小时、3 个工作日。实验时，我们发现手工直接锻打而成的扁状铜丝，其厚度和宽度很难保持一致，用其编缀成形后的石胄容易变形。

第二种方法是采用半机械化工具制作。我们自制了一种半机械化的、经简易挤压便可制作扁状铜丝的工具（图一〇八，1）。首先将两个内径 820×820 毫米的轴承并列焊接在钢板上，两轴承间距为 0.13 厘米，轴承间距等同于 K9801 陪葬坑出土的扁状铜丝的厚度；在其中一个轴承上焊接一个长柄，再在两轴承间的中轴线的两侧各焊接一个孔径为 0.15 厘米的钢板，钢板上的两孔与轴承间的中线在一条线上；然后将这一工具固定在木制台面上。使用时把直径 0.2 厘米的圆形铜丝从前孔插入，经过两轴之间，握住把柄转动轴承进行挤压，挤压成形的扁状铜丝再穿过后边的钢板孔以防其脱离轴承。采用此法制作的扁状铜丝的宽度和厚度基本一致，经实验约需 1.5 个工作日。

接下来的工作是将扁状铜丝加工成一段一段的 U 形。我们自制了一种简易的手动制作扁状 U 形铜丝的工具（图一〇八，2），在一块长 12.6、宽 4、厚 3 厘米的铁块上，钻一直径 1.2 厘米的孔，在铁块侧面预留一小槽，槽内嵌一块铜片，铜片上端露出铁块，表面向内弯曲成一直角，直角底面与铁块表面的间距略大于扁状铜丝的厚度，以利于扁状铜丝自由伸缩，作为制作扁状 U 形铜丝时固定的一端；然后再做一 T 形铁工具，工具上端为手柄，下端固定一直径 1、长约 3 厘米的螺杆，螺杆上套一螺帽，将螺帽顶部锉制出一凸棱，棱高与扁状铜丝的厚度基本一致。将挤压成形的扁状铜丝穿过铁块表面露出的固定铜片和孔之间，将 T 形圆柱铁块的下端插入长方形铁块的孔内，握住 T 形铁工具的把柄扭转，这样扁状铜丝便被折成平整的 U 形。采用此法制作扁状 U 形铜丝，经实验约需 1.5 个工作日。

（2）编缀。编缀是在已做好的铁丝网胄形框架上进行的，从上至下逐层编缀。由于扁状 U 形铜丝在胄片背面是折叠固定的，而铁丝网形成的胄内空间较小，用手钳操作十分不便，于是我们自制了一根长 46 厘米的铁钎，在钎头切割出宽约 3 毫米的凹槽（图一〇九）。编缀时将铁钎伸进胄内，凹槽卡住扁状 U 形铜丝，然后扭转铁钎将其紧扣于胄片背面。经实验，采用此法编缀约需 3 个工作日。

至此一顶石胄的实验制作便告完成。实验制作一顶石胄需耗费毛石材约 0.5 立方米，重约 20 千克；成形后的胄片净重约 3.8 千克；编缀胄片所用的扁状铜丝重约 0.5 千克（每根扁状 U 形铜丝重约 1.6 克）；制作成形的一顶石胄总重约 4.3 千克。

通过实验可知，制作一顶石胄需经过画样—切割—钻孔—作形—抛光、修整—编缀

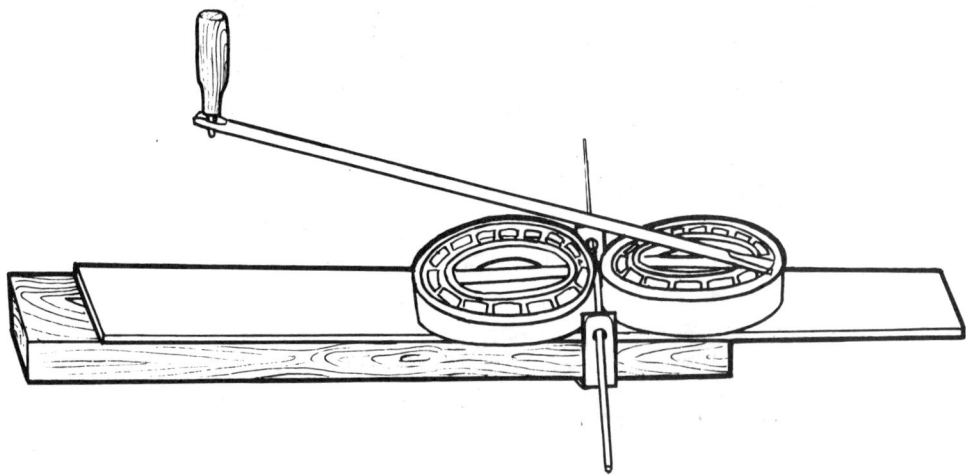

1

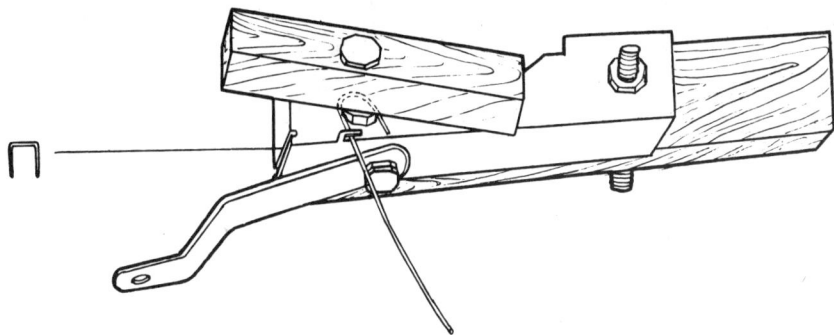

2

图一〇八　扁状 U 形铜丝制作工艺
1. 制作扁状铜丝　2. 制作扁状 U 形铜丝

等工序（不包括石材加工）。若使用手工制作，约需 101 个工作日；若采用半机械加工
制作，约需 33 个工作日。秦人制作石胄的工序应与我们手工实验制作的工序大致相似。
考虑到参加陵园建设的修陵人多为服徭役者或刑徒，国家对他们有严格的管理措施和严
厉的惩罚手段，修陵人的工作时间估计比现在的日工作时间要长，加之他们长期从事石
胄的制作，技术的熟练程度也较高，因此我们推测，秦代制作一顶石胄的时间约需 90

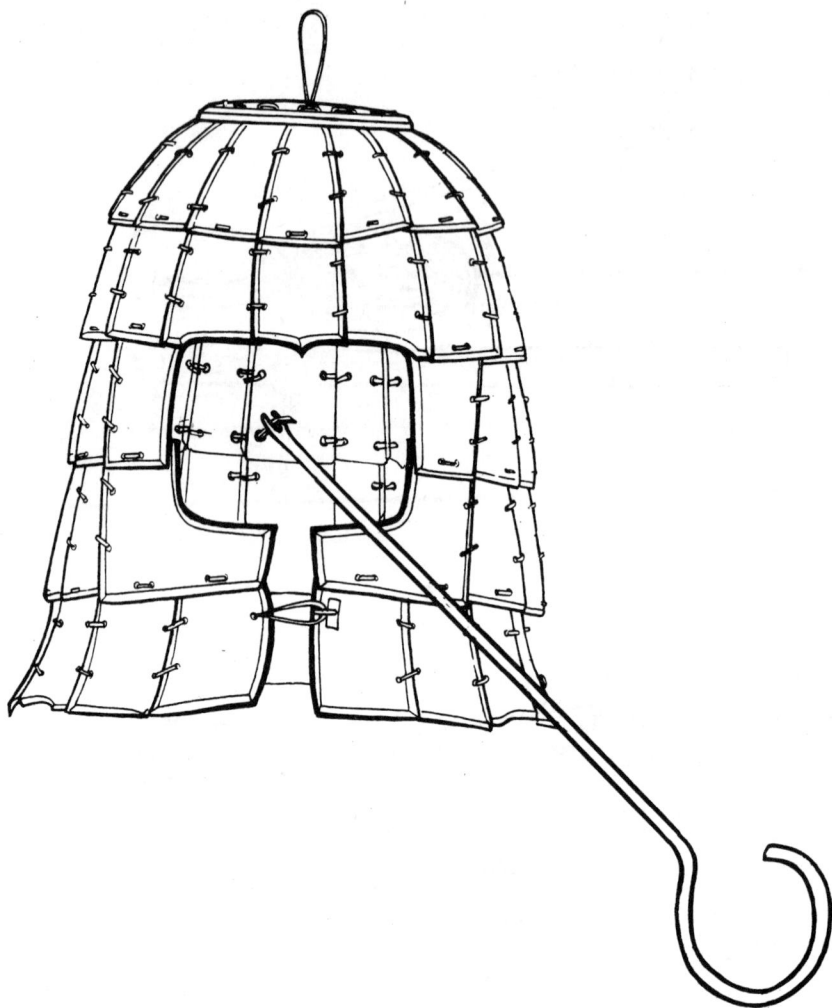

图一〇九　石胄编缀工艺

个工作日，若依次推算，每人每年能制作 4 顶石胄。

第二节　K9801T2G2 甲 4 的修复

2001 年 5 月，始皇陵考古队在 K9801 陪葬坑 T2G2 内提取了一领大型石铠甲，编号为 K9801T2G2 甲 4。由于曾遭受严重火焚，加之长期处于潮湿等不利状态，甲片出土时破损、变形、裂隙、层解的现象较严重，且甲片表面泛白，有坚硬的泥土与钙质附着物以及微生物侵蚀和铜锈痕迹，同时原来编缀甲片的扁状铜丝大部分已锈蚀、残断，失去了原有的强度,已不可再用。我们对其进行了现场修复,现将修复情况介绍如下。

1. 修复前的准备工作

(1) 修复工具和资料的准备。修复工具主要有毛刷、小刀、镊子、剪线钳、冲针、小碗、托盘、带槽木棒、乙醇、丙酮、脱脂棉、502 胶、B72 胶、石膏、蜡片、砂纸等;资料有甲 4 出土现状图、照片及其他相关资料。

(2) 甲片石质与扁状铜丝的分析。对甲片石质和编缀甲片所用扁状铜丝进行分析,是确定修复方案的重要依据。

甲片石质的分析结果显示,一部分甲片石质的成分较纯,主要是 $CaCO_3$;另一部分甲片不仅含有 $CaCO_3$,还含有 Mg、Mn 置换 Ca 的碳酸盐,尚达不到白云石 $CaMg(CO_3)_2$ 中 Mg 的含量,此种石材的可塑性好,硬度比较小,易加工。同时,我们还对甲片中可溶性盐的含量进行了测定,为下一步的清洗工作提供必要的技术帮助。如果甲片中含有大量的可溶性盐,就必须清除,否则可溶性盐的反复溶解与结晶会对甲片石质的保存造成极大的破坏。经测定甲片中所含可溶性盐主要为 NaCl 和 $NaNO_3$,但其含量极低,对甲片石质的保护不会产生危害。

扁状铜丝的分析结果显示,Cu 的含量为 92.17% ~ 92.22%,Sn 的含量为 4.45% ~ 4.48%,Pb 的含量为 0.20% ~ 0.24%,Zn 的含量为 0.04% ~ 0.09%,Fe 的含量为 0.5% ~ 0.91%。锈蚀物的主要成分为孔雀石 $Cu_2(OH)_2CO_3$、黑铜矿 CuO、赤铜矿 Cu_2O、碳酸钙 $CaCO_3$,其金相显示为退火孪晶结构,但晶粒的大小不同,说明编缀甲片所用的扁状铜丝是退火锻打而成的。

(3) 制订修复方案。修复工作是坚持"整旧如旧"的原则,在确保甲 4 安全和修复质量的前提下,尽量使修复方法具备可逆性。我们根据提取一层修复一层、层层递进的原则对甲 4 进行了修复。对于残片,标明其部位和层次,用密封袋存放,使之能够及时拼对复位。这样,对甲 4 的结构、编缀方式及叠压关系才能有进一步的了解,也才能复原出接近原始状态的铠甲。

2. 修复

在对甲 4 的基本保存情况有了初步的了解并制订出修复方案后,我们着手进行修复,具体过程可分为以下几个步骤。

(1) 清洗。清洗的原则是除去甲片表面和茬口上的杂质、污垢和铜锈。清洗时必须细心操作,以免伤害石质表面和茬口,对甲片造成新的损坏。清洗的方法是:对甲片上附着杂质较多处先用手术刀剔除,对较坚固处则用棉签蘸乙醇进行浸泡,待脏物泡软后再剔除清洗。编缀甲片所用的扁状铜丝受损严重,已不可再用,用斜口钳将其取出,予以保存。清洗中将观察到的所有现象,用照相、绘图和文字等形式记录下来。对于甲片上的刻划文字以及规划甲片的刻划线,我们进行了妥善的加固和保护。

（2）加固。加固是修复工作的重要一步，主要是针对甲片层解、起翘、脱落的现象而施行的措施。所用加固剂为 5%～10%Paraloid B72（丙烯酸树脂）的丙酮溶液，加固方法是用滴管点滴到需加固处，加固处理后的甲片的强度明显增强。

（3）粘接。粘接主要是针对破碎甲片而言。所用的粘接材料必须具有可逆性，因为同一甲片的碎片有可能不在一起或发现的早晚不同，如用不可逆的材料进行粘接，以后发现的碎片则可能无法粘接，强行打开又会造成新的损坏。因此，我们选用具有较好可逆性的 37%Paraloid B72（丙烯酸树脂）的丙酮溶液作为粘接剂，在需要拆除时只需用丙酮将粘接剂软化即可，不会对甲片造成损坏。

（4）修补和复制。对于残破的甲片必须进行修补，对于缺少的甲片则必须进行复制。修补和复制是根据甲片所在部位各边的抹棱、抹角位置和甲片的形状、大小、薄厚以及甲片弧拱、孔眼的情况来进行的，所用材料为石膏。

整理过程中发现甲 4 共缺少 7 片甲片，另有许多残破片，对此我们进行了修补和复制。下面介绍修补和复制的具体方法。

修补是先将与待修补的同类完整甲片平面压入泥内，然后取出甲片，再将待修补的甲片放入，在残缺处注入石膏，凝固后取出修整，即成为一个完整的甲片。

复制的方法有两种，一种与上述修补的方法大致相同；另一种方法是先做一些比甲片略大、略厚的木框，然后向木框中注入石膏，待石膏凝固后取出，再依据所需甲片的形状与大小进行修整即可。

3. 复原

为了使复原后的甲 4 有一个坚实的支撑物，我们根据已修复甲片排列出来的铠甲大小制作了一个人体模型：以聚氨酯泡沫为原料，用胶将其粘接起来并削成半身人体状，作为复原后甲 4 的支撑物。同时，在编缀甲片的过程中也可方便地根据实际情况，随时调整泡沫胎的体型直至合适为止。

（1）制作扁状 U 形铜丝。其方法参见本书叁之第一节的有关内容及附图一〇八。

（2）编缀。编缀是复原工作的最后一道工序。由于甲片质地较脆，加之很多甲片经过石膏修补，易碎裂，因此必须谨慎操作。编缀之前在工作台面上铺以软垫，将各部位的甲片按出土时的叠压关系编缀成排，再分三部分组合编缀：领、肩、披膊为一部分；前身上旅、前腰、前身下旅为一部分；后身上旅、后腰、后身下旅为一部分。在这三部分编缀前，用铁丝编一个长 90、宽 40、高 40 厘米的斜坡状铁丝网架作支撑，从上至下逐排编缀甲片。使用铁丝网架逐排编缀，不论从甲片正面穿铜丝，还是在甲片背面将铜丝弯曲固定都非常容易，从而减少了在编缀过程中对甲片的碰撞和损伤。这三部分编缀成一体后，甲 4 便基本修复完毕。最后将其取出，固定在预先做好的人体模型上即可。

修复后的甲 4 由 332 片不同类型的甲片组成，总重量约为 23.18 千克，通高 86、左右宽 34、腰围 128.5 厘米。

第三节　K9901T1G3 出土的 4 号陶俑的修复

1999 年 5～6 月，始皇陵考古队在 K9901 陪葬坑内发现了 11 件陶俑，对其中的 5 件陶俑进行了修复，研究表明这些陶俑为百戏俑[①]。2001 年 4～7 月，始皇陵考古队又对 4 号陶俑进行了修复，现将修复情况介绍如下。

4 号陶俑出土于 K9901T1G3 的西北角，其南侧和东侧分别与 3 号陶俑和 5 号陶俑相邻。陶俑上体的陶片较零乱，下体的陶片相对较集中，俑体残破为 40 余块。陶俑的裙部及腹部未见明显的移位现象，但躯干及两臂有较明显的移位现象，出土时未见陶俑的脚；躯干有零星浅粉红色及黑色有机质底层残迹，裙部有白色、黑色彩绘残迹，腿部残存有白色彩绘。

1. 提取与修复

由于提取前部分彩绘已和俑体剥离，我们先进行前期的预保护加固，尔后再行提取。所用的加固剂为 5% PU（聚氨酯乳液）＋30% PEG200（聚乙二醇）＋65% 蒸馏水。操作步骤如下：

（1）用喷壶将蒸馏水喷在需加固彩绘处的表面，以使陶片处于饱水状态，重复数次直至陶片不再吸水为止。

（2）待水稍干，再喷加固剂，重复数次。对于不需湿润的陶片，可直接用加固剂进行保护。

（3）小面积的彩绘用毛笔将加固剂点到需保护处，且从彩绘的边缘开始，依靠陶片的毛细作用将加固剂吸进去，直到陶片不再吸收加固剂为止，然后逐步向彩绘的中间做，依次重复数次。

修复前，根据 4 号陶俑的出土现状，我们制订了详细的修复方案，即清洗、彩绘保护、拼对和粘接的工作环节。

（1）清洗。在进行了必要的前期资料提取后，开始对陶片进行清洗。陶片的清洗采用手术刀剔土的方法，因为陶俑的表面装饰有彩绘，此方法在清洗中的尺度容易掌握，不会伤及陶俑表面的彩绘。修复的出发点是改善和恢复彩绘层和底层的粘接力与亲和力，重点是保护陶俑身上的彩绘。我们对于表面的污垢、泥垢的硬度和性质进行了仔细的观察和认识，对陶片的彩绘情况也进行了相同的观察，由于部分陶片表面残留有彩

---

① 陕西省考古研究所、秦始皇兵马俑博物馆：《秦始皇帝陵园考古报告（1999）》，科学出版社，2000 年。

绘，清洗时我们十分注意对这些彩绘的保护。彩绘表面的浮土用棉签蘸乙醇进行清洗，表面有纹饰处采用滚压的方法，这种方法不会伤及陶片表面的纹饰；表面无纹饰只有颜料层的则采用轻擦的方法。当遇到彩绘处的土垢较厚又比较坚硬时，我们不直接用手术刀剔除，而是先软化土质，再剔除泥土，所用的软化剂和清理时所用的软化剂相同。当剔除到一定程度彩绘稍暴露时，即用棉签蘸乙醇进行清洗。在剔除泥土过程中发现下层的彩绘已松动时，首先对彩绘进行加固，所用的加固剂和清理时所用的加固剂相同。

对于陶片内部和茬口是用手术刀、油画笔进行清洗，用手术刀剔除厚土，之后用油画笔擦除，再用乙醇擦洗，将土去除干净。

将陶俑修复前的保存状况用文字详细地记录下来，并配以线图和图片，以说明陶俑修复前的保存状况。这些前期的资料，是后期建立修复档案的一部分，当陶俑修复后，人们就无法再看到其修复前的状况，同时它们也是修复前、后对比的见证物。

（2）彩绘保护。陶俑表面的彩绘由于温度和湿度的变化，已出现皲裂、剥离、脱落的现象，清洗过程中的保护工作尚不能完全达到彩绘保护的要求，因此在粘接之前和粘接之后还需分别进行彩绘保护。粘接之前将 60% PEG200 + 40% 蒸馏水的保护剂喷于彩绘表面，重复数次；粘接之后的保护剂为 100% PEG200 溶液，将保护剂用毛笔点上去，从彩绘的边缘开始向中间点渗，并重复数次。

（3）拼对。拼对的目的是对所要修复的陶俑的破损情况有一个全面而具体的了解。由于所提取的陶俑破损严重，通过拼对可以使修复工作做到有的放矢，减少粘接中的盲目性，可以明确破损分离的陶片在整件陶俑中的正确位置以及破损的情况和程度，并以此确定粘接工作的程序和方法。

（4）粘接。粘接剂的配制应严格按照所要求的比例进行操作，所用粘合剂为环氧树脂，固化剂为聚酰胺树脂，二者的配比为 6∶4。将配制好的粘接剂薄而均匀地涂至茬口对接处，以防止多余的粘接剂流到陶俑表面，影响陶俑的视觉效果及表面彩绘；对于不慎流到陶俑表面的粘接剂，要及时用脱脂棉签蘸乙醇擦拭干净。

整件陶俑粘接成形后，一些俑体表面的陶片或只有部分而其余处残缺的陶片则用 37% Paraloid B72（丙烯酸树脂）的丙酮溶液粘接。由于这些地方还有一些小陶片未找到，用其粘接可在一旦找到这样的小陶片时，很容易将以前粘接上去的陶片拆除，这时只需用丙酮将粘接剂软化即可，不会对陶片造成新的损坏。

2. 陶俑的制作工艺

根据已修复 4 号陶俑的残片观察，其制作程序大体可分为制胎、焙烧和彩绘三个阶段。制胎又可分为初胎制作和细部修饰两个步骤。

第一步，初胎制作。陶俑的初胎是由下而上叠塑而成的。4 号陶俑通腿为实心，腿的实心处从断面观察有泥条盘筑痕迹，外表有刮、磨痕，由此可证明 4 号陶俑的双腿系用泥片卷搓盘筑，再经刮削而成。塑造躯干前，首先在双腿上部覆泥制成躯干的底盘，再在其边缘塑一周高 10、厚 4～10 厘米的泥片，以此为基础在其上接塑陶俑的躯干；陶俑的躯干为泥条盘筑而成，躯干胎壁厚约 4 厘米；在陶俑躯干的制作过程中，为了使泥条间紧密结合，在泥胎的内壁进行拍打和按压，现留有密集的圆形窝纹、指纹及绳纹痕迹。4 号陶俑的双臂肘关节以上为实心，以下的手臂为空心，从遗留的痕迹来看，双臂系单独制作好后再与躯干粘接。手的制作方法为分段合模制作。

第二步，细部修饰。陶俑的初胎制成后，再进行各部位的细部修饰。陶俑躯干、足和腿等处的细部修饰是先将初胎打磨光滑，再用刮削或刻划的方法制作出短裙上的皱褶。陶俑腰部捆扎短裙的带子是减地雕塑而成。

陶俑的泥胎制成晾干后即可入窑进行焙烧，焙烧后进行彩绘。彩绘的方法是首先在陶俑通体涂刷一层有机层，再在有机层上刷一层白色颜料，最后在裙下部的白色彩绘上用黑色颜料绘制裙部的图案，其余部位再根据所表现内容的不同而施以不同颜色的彩绘。

修复后的 4 号陶俑高 153（无头、无双脚）、肩宽 57、腰宽 42 厘米。整个陶俑体形高大魁梧，四肢肌肉发达。身体直立，两臂下垂于腹部，左手手背向上，掌心向下，右手外翻，掌心向上，双手呈平握物状，左右手掌间各有一 7 厘米的孔隙；上身裸露，胸肌发达，腹部突鼓，臀部后撅；两腿粗壮，下半身穿一短裙，短裙为一整块织物围于下身，腰束革带。短裙在身后叠压，右边压左边。陶俑裙部、左臂、双腿残留有白色彩绘和黑色生漆层残迹，裙下部残留有少量黑色菱形纹和蔓草纹图案。

肆　研究与讨论

第一节　秦陵陪葬坑焚毁系葬仪说质疑

秦始皇帝陵园内外已经发现 180 座大小不同、内涵各异的陪葬坑，这些陪葬坑在坍塌前被大火焚烧是一个较为普遍的现象。试掘与发掘情况表明，被焚烧的陪葬坑在焚毁之前均遭到人为的、大规模的、深层次的破坏，有研究者认为，焚烧的原因系自焚葬仪的要求。2000 年度始皇陵考古队对陵墓封土东南角之外的陪葬坑进行了发掘，通过对发掘资料的分析，我们认为陪葬坑的焚毁和秦陵地面建筑一样，属秦末人为破坏所致。

一、问题的产生

据测定，含石铠甲的陪葬坑被焚烧时大火的温度超过 1000℃。凡是被焚烧的陪葬坑有诸多共性：所有的木结构部分被毁；所有的夯土隔墙被烧成了红色；有些陶俑已烧结变形；多数文物被毁且有移位现象；陪葬坑的面积一般为大中型。如何解释这些现象成了一个不大不小的学术难题，吸引了众多的学者竞相参与讨论。但是距陵墓很近的 K0006 陪葬坑没有被焚烧，秦俑 3 号坑和一些小型陪葬坑如珍禽异兽坑、马厩坑也未见有被焚烧的现象，这是被值得关注的。

《史记·高祖本纪》载："项羽烧秦宫室，掘始皇帝冢，私收其财物。"《汉书·刘向传》载："项籍燔其宫室营宇，往者咸见发掘。其后牧儿亡羊，羊入其凿，牧者持火照求羊，失火烧其臧椁。自古至今，葬未有盛如始皇者也。"此外，《水经注》等史籍中也有项羽破坏秦始皇帝陵的记载。

已往的和正在进行的考古勘探工作，基本上都未涉及秦始皇帝陵的地宫，依据目前的资料尚不能对秦始皇帝陵的地宫是否被焚毁抑或遭受人为破坏以及是否被盗进行持之有据的讨论。因此，我们在这里所讨论的范围也就仅限于陵园内外的地面建筑和陪葬坑。

对于陵园的地面建筑，历史文献记载和当代学者的认识是一致的，即秦始皇帝陵园的地面建筑毁于项羽及其部下之手。而对于众多的陪葬坑被焚毁一事，主要有三种看法：其一，陪葬坑毁于项羽及其部下；其二，陪葬坑毁于沼气自燃；其三，陪葬坑被毁系葬仪的要求①。我们同意第一种看法，即毁于项羽之手。至于第二种看法，已有学者讨论过，认为沼气自燃之说不能成立，我们也极为赞同，故在此不再赘言。唯葬仪之说事关重大，是此处讨论的重点。

二、燎祭源流考释

持葬仪说的论者认为，陵寝地宫内外圹间部分地下构筑、陪葬坑以及陵区内的陪葬坑被焚烧，应是一种葬礼、葬仪形式，是秦二世胡亥埋葬秦始皇帝时所采取的"熏上"葬仪，以祈求帝父英灵升天。但是，在汗牛充栋的历史文献中，在洋洋大观的墓葬发掘资料中，在能确认为华夏文化圈的古代墓葬中，不见片言只字，也不见一例实证材料来证明陪葬坑被毁是出于礼仪上的"燎"。

持葬仪说的论者所引用的文献证据，一是《吕氏春秋·义赏》："氐羌之民，其虏也，不忧其系累，而忧其死不焚也；皆成乎邪也"；一是《墨子·节丧篇》："秦之西有仪渠之国者，其亲戚死，聚柴薪而焚之，熏上，谓之登遐，然后成为孝子"。前者叙述的是生活在西北地区氐羌民族的习俗，后者讲述的是春秋战国西戎之一义渠国的传统习俗。此外，论者还引用了《蛮书·风俗篇》唐时南诏国"蒙舍及诸乌蛮不墓葬，凡死后三日焚尸，其余灰烬，掩以土壤，惟收两耳"的火葬习俗加以说明②。

上述三条史料叙述的是生活在西北地区氐羌文化圈及西南地区文化圈的古代居民的生活习俗。就其文化性质而言，它们同中原文化虽有联系、交往，甚至有相互同化的现象，但彼此之间传承上的区别是十分明显的，在导致各自文化传统形成的诸多生态背景、经济形态背景、人文背景等方面均存在着较大的差异。秦文化虽然是从西北地区游牧和半定居的氐羌文化圈中脱颖而出的，但西周晚期以来的文化特质显示出其与中原文化水乳相融的状态，其主体文化中的中原因素是凸显而屡见的，诸如文字系统、埋葬习俗、器用制度，无不与中原同出一辙；秦文化势力发展至关中地区，乃至以关中为基地建立秦帝国，其文化特点与东方地区的主流文化特征早已完全相融。因此，秦文化与氐羌文化、南诏国文化不属于同一文化系统，彼此间的文化因素不具备可比性。秦始皇帝陵园的地面建筑、陪葬坑被焚现象与西北、西南地区部族焚烧死者的现象从内涵到外延均不相同，将不具备对比条件的两个文化系统的表面因素放在一起，以说明它们彼此之间有着相同的文化理念，其结果将会因逻辑推论过程的不严密性而影响结论的可靠性。

---

① 程学华、王育龙：《秦始皇帝陵陪葬坑综述》，《考古与文物》1998 年 1 期；袁仲一：《秦俑坑的修建与焚毁》，《秦俑研究文集》，陕西人民美术出版社，1990 年；党士学、张仲立：《也谈秦俑坑的洗劫与焚毁》，《文博》1989 年 5 期。
② 转引自孙太初：《云南西部的火葬墓》，《考古》1955 年 4 期。

中原文化圈中虽有"燎"的习俗，但不见将"燎"用于埋葬死者葬仪的记载。

《说文·火部》："尞，柴祭天也。"即聚柴盛烧祭天，也即后世的"燎祭"。商代是燎祭最为盛行的阶段，甲骨文中已有其字的雏形，一类从木、火，火或上或下，有数点以示火焰熊熊之状；一类从木加数点，它们均是火烧木柴之意。

商代燎祭的范围要远远广于后世，但凡向上帝、自然诸神、先妣、旧臣以及各种神灵祈求赐福保护，均可燎祭[1]。《尚书·盘庚上》："若火之燎于原，不可向迩，其犹可扑灭。"此"燎"是火田之燎，即大火烧荒。除动词"燎"外，又引申出作名词"燎"的含义，指大的火炬，称庭燎，是在庭院内燃烧浇注蜂蜡以布缠绕的苇束，作照明用；庭燎同时又是中古时期君王公侯所设置的一种迎宾之礼，以燎的数目多寡作为等级的象征，如齐桓公设百燎招贤纳才，被认为是僭越礼制的行为，看来只有天子才能设百燎。秦汉之际燎祭仍然存在，依然是聚柴而焚，多用于祭天祭祖的场合，但燎祭的方式并不清楚。到了后代，燎祭习俗愈来愈少，燎本身的方式也不单单是过去的那样聚柴而烧，其形式也变得复杂起来，《晋书·载记第六》载："造庭燎于崇杠之末，高十余丈，上盘置燎，下盘置人，纴缴上下。季龙试而悦之。其太保夔安等文武五百九人劝季龙称尊号，安等方入而庭燎油灌下盘，死者七人。"从文献可知，这时的"燎"尺寸既高且大，规模也大得惊人，从油盘中倒下的沸油竟然能烧死七人。可见到了晋代，虽然还能看见"燎"的仪式，但在使用过程中大约仅具有燎祭原来形式上的意义了。

在能确认为中原文化圈的古代墓葬中没有发现所谓燎的现象。西安北周安伽墓中发现有火焚的痕迹[2]，该墓的墓主人安伽是出生在西域的粟特人，在北朝为官，担任政教合一的萨保之职；死后葬在关中，采用中原文化的墓葬形制，如斜坡道、天井、穹隆顶墓室，但石质贴金线刻的棺床是胡床形式。安伽墓的焚烧情况显然和秦陵陪葬坑的焚烧不可相提并论。

三、秦陵陪葬坑系人为焚毁

秦始皇帝陵园陪葬坑建筑结构有一个共同的特征，即大量地使用木材。数量惊人的棚木被广泛地用于大小不同的陪葬坑上，或圆木、或方木、或板材，不惟如此，许多陪葬坑更是将木材的使用推广到无以复加的地步，铺地木、侧厢板、立柱等等，将陪葬坑中的一个个过洞用木材包镶得宛如一个个椁室，椁室内放置着不同质地的随葬品，然后再郑重其事地用木材将陪葬坑封堵，将作为通道的斜坡门道用土夯实，并在棚木之上覆

① 黄金贵：《古代文化词义集类辨考·什物》，上海教育出版社，1995年。
② 陕西省考古研究所：《西安北周安伽墓》，文物出版社，2003年。

盖苇席，苇席之上再夯土掩埋。

据考古资料，秦陵陪葬坑的坑底或多或少都发现有淤泥层，K0006 陪葬坑有 11 层淤泥，秦俑 1 号坑有 14 层之多[①]，并且淤泥层的分布十分广泛而有规律，如果我们排除陪葬坑系倒塌之后进水而形成淤泥的原因，那么这些淤泥层的发现能够充分说明陪葬坑是在建成之后经过了一段不短的时间后才被焚烧的。另外，一些陪葬坑出土的陶俑大多经过人为的捣凿，然后被推倒在地，如 K9901 陪葬坑出土的 3 号百戏俑的胸腔部位有一人为捣凿的圆洞[②]；K0006 陪葬坑 11 号陶俑的头被丢弃在马骨区的中部，其距离远非水流的力量所能致，其余的陶俑或俯倒在地，或仰卧在地；秦俑 3 号坑中的一部分俑头杳无踪迹，1 号坑中的兵器也已多数不存。种种现象表明，陪葬坑被焚烧以前均经过大规模的人为破坏。

K0006 陪葬坑未被焚烧实属少见的例外，但它在倒塌前也曾遭受过大规模的人为破坏。目前我们虽不知道它为何未经火焚，但是这一现象也恰好反证了秦陵陪葬坑被焚并非出于葬仪上的考虑。因为如果是葬仪的固有要求，K0006 陪葬坑未受到任何焚烧的侵扰，以其距离陵墓封土如此之近来考虑，是断不能简单地以"疏忽"为由进行解释的。

在陵园西内外城之间的曲尺形陪葬坑内曾发现一座用细绳纹砖砌成的火炉，发掘者根据遗迹周围的现象将其定名为"引火底炉"，即焚烧陪葬坑时的引火设施[③]。我们认为这一判断证据不足。建于地下的土木结构的陪葬坑如果被焚烧是需要有足够的空气的，因此其进风口和出风口要流畅贯通，但此火炉位于甬道北端底层，火炉的火门向南，距北壁仅 30 厘米，炉面有圆形炉口，受试掘面积的限制并未能解决进、出风口的问题。但最大的困惑还不仅仅在此，假若"引火底炉"之说成立，那它应当是该陪葬坑最早的着火点，该处也即是进风口，只有将此炉中的易燃材料引燃后，甬道及陪葬坑中的其他部位才能依次燃烧起来，从而达到完全焚烧的目的；若此，则此火炉的火门应当面向北侧，火门开在北壁上，将燃烧起来的火引向南侧才能达到焚毁的目的，但该火炉的炉口却开在南壁上，是不太可能引燃其他部位的。另外秦俑 3 号坑、K0006 陪葬坑和陵北动物坑是陵区范围内三座经全面发掘的陪葬坑，不论其被焚烧与否，均没有发现火炉。因此，曲尺形陪葬坑中所发现的火炉可能另有其他方面的用途。

再者，若是火燎，陪葬坑中放置的物品必须是易燃的，但数量众多的陶俑、铜车马以及兵器等随葬品，是"燎祭"时无法燃烧殆尽的，如此岂不有悖于燎的初衷？

---

① 陕西省考古研究所、始皇陵秦俑坑考古发掘队：《秦始皇陵兵马俑坑一号坑发掘报告（1974～1984）》，文物出版社，1988 年。

② 陕西省考古研究所、秦始皇兵马俑博物馆：《秦始皇帝陵园考古报告（1999）》166～199 页，科学出版社，2000 年。

③ 程学华、王育龙：《秦始皇帝陵陪葬坑综述》，《考古与文物》1998 年 1 期。

综上所述，我们认为秦始皇帝陵陪葬坑被焚毁的现象不是"燎祭"，是人为的破坏行为，其中原因在历史文献中不乏记载，学者们也多有辨析，当为西楚霸王项羽及其部下所为。

第二节　秦陵封土高度

一、封土高度的研究现状

秦始皇帝陵封土高度是陵园考古研究中歧见较多的一个课题，计有十余种说法。《汉书·刘向传》载："秦始皇帝葬于骊山之阿，下锢三泉，上崇山坟，其高五十余丈，周回五里有余。"其后的文献基本上沿袭《汉书》之说。秦汉尺值有一尺合23.2厘米及一尺合27.65厘米两说，现学者们多认为前者更合乎实际一些，以此为据，五十丈应为116米。

20世纪60年代以来，人们运用现代测量技术对秦陵封土的高度进行了多次勘测，获得的数据各不相同。在解释这一现象时，人们多认为是由于测点不同所致。但不论测点如何，所测数据均与116米相差甚远，因此有学者认为《汉书》所记"五十余丈"可能有误[①]。

二、测量封土高度的测点问题

秦始皇帝陵园位于骊山北麓的冲积扇上，地表南高北低，东阜西卑，南北高差甚大。外城南垣海拔521米，外城北垣海拔443米，二者的高差为78米；外城东门海拔498米，外城西门海拔479米，二者的高差为19米；现陵墓封土东边缘海拔492米，西边缘海拔488米，二者的高差为4米；现陵墓封土南边缘海拔502米，北边缘海拔483米，二者的高差为19米。在选择测点位置时，要充分考虑陵墓所在的地表环境对所测高度的影响。若测点距陵墓太远，尤其是将测点放在外城北垣上，则相应地增高了陵墓的高度；若将测点选择在现陵墓封土的边缘，则忽略了两千年来陵墓封土本身不断缩小的现象。另外，在测量过程中，既要测定现地表与现陵墓封土的相对高度，亦要测定秦代地表与现陵墓封土的相对高度，即要将两千年来水土流失导致陵墓封土降低的因

---

① 刘占成：《秦始皇帝陵究竟有多高》，《秦陵秦俑研究动态》1998年4期；王学理：《秦始皇陵研究》，上海人民出版社，1994年。

素考虑进去。

（一）两千年来水土流失的幅度

与秦始皇帝陵同处陕西关中的西汉帝陵共 11 座，表三四列出其陵墓封土的变化情况。从表三四可以看出，两千年来这 11 座陵墓封土的现高与原高差别不大，有些陵墓封土的现高甚至高于原高，这可能是由于测量时的测点与当初的定点位置有所偏差；但低于原高的其降低的幅度也不大，仅 2 米左右[①]。

表三四　西汉帝陵封土情况统计表

陵墓	皇帝	位置	原高	现高（米）
长陵	高祖刘邦	咸阳三义村	十三丈，30 米	32.8
安陵	惠帝刘盈	咸阳白庙村	十二丈，27.84 米	25
霸陵	文帝刘恒	霸桥区杨家疙瘩村	因山为陵	
阳陵	景帝刘启	咸阳张家湾村	十二丈，27.84 米	25.2
茂陵	武帝刘彻	兴平策村	十四丈，32.48 米	46.5
平陵	昭帝刘弗陵	咸阳大王村	十二丈，27.84 米	29
杜陵	宣帝刘询	雁塔区三兆村	十二丈，27.84 米	29
渭陵	元帝刘奭	咸阳新庄	十二丈，27.84 米	25
延陵	成帝刘骜	咸阳严家窑村	十二丈，27.84 米	31
义陵	哀帝刘欣	咸阳底张南贺村	十二丈，27.84 米	30
康陵	平帝刘衎	咸阳大寨村	十二丈，27.84 米	26.6

依据西汉帝陵封土的降幅推测，两千年来秦始皇帝陵封土降低的幅度也就数米而已，但现今所测数据与 116 米相差最少者也近 30 米。在考古勘探实践中，我们发现在现陵墓封土边缘至东西内外城垣间、内城南垣间的耕土层下，有一层秦代建陵时的踩踏层；在耕土层和踩踏层之间有一层水成堆积层，土质细腻，所含五花土呈细小碎粒状。水成堆积层的分布视其与陵墓远近的不同而厚薄不一，其中内城东门附近秦代踩踏层距地表 2.4 米，水成堆积层厚 1.2 米；陵墓封土西南角的水成堆积层厚 0.6 米。这层水成堆积层即是因水土流失从封土上剥蚀而来的，除北侧不详外，流失的封土东西南三侧最远不出内城垣，而且堆积的厚度也不大，表明两千年来的水土流失并没有对秦始皇帝陵封土的高度造成多大影响。

（二）测点位置的选择

尽管两千年来的水土流失并没有使秦陵封土降低到令人惊讶的程度，但它毕竟有所

---

① 刘庆柱、李毓芳：《西汉十一陵》，陕西人民出版社，1987 年。

降低则是不争的事实。那么，现陵墓封土的相对高度到底是多少，与文献记载的差异有多大，测量现陵墓封土的高度究竟以何处为测点才能与文献记载更相吻合？

　　近年的勘探在内外城东门和西门之间各发现一组规模壮观的三出阙，这是国内目前发现的时代最早、等级最高的三出阙，而在内外城的南北两侧迄今未发现三出阙，尤其是在外城北垣的中部竟然没有发现外城北门的迹象，由此看来，东门和西门的作用和地位要高于南门和北门。同时还发现内外城东门和西门之间的司马道被人为地做成相对水平状，而内外城南门和北门则不具备使之水平的条件。因此，我们认为以陵园东门和西门附近的秦代地面（秦代踩踏层）为测点所测量的陵墓封土的高度可能更合理些。为了研究秦陵封土在秦代和现代的高度问题，我们从不同测点对秦陵封土进行了测量，详见表三五。

表三五　　从不同测点测得的秦代和现代陵墓封土的高度　　　　单位：米

测量地点		测点海拔	现陵墓封土海拔	陵墓封土高度
外城东门	现	498	531.6	33.6
	秦	495.6	531.6	36
内城东门	现	494.7	531.6	36.9
	秦	492.1	531.6	39.5
外城南门	现	521.6	531.6	10
	秦	521	531.6	10.6
内城南门	现	502.9	531.6	28.7
	秦	498.5	531.6	33.1
外城西门	现	479	531.6	52.6
	秦	478.5	531.6	53.1
内城西门	现	484.5	531.6	47.1
	秦	482.5	531.6	49.1
外城北垣	现	445.3	531.6	86.3
	秦	443.3	531.6	88.3
内城北门（西）	现	457.8	531.6	73.8
	秦	未勘探	531.6	不详
内城北门（东）	现	457.1	531.6	74.5
	秦	未勘探	531.6	不详
临马公路	现	477.6	531.6	54
	秦	477	531.6	54.6

测量地点		测点海拔	现陵墓封土海拔	陵墓封土高度
秦陵石碑	现	480.2	531.6	51.4
	秦	478.94	531.6	52.66

注：现陵墓封土海拔 531.6 米为 1999 年陕西省测绘局测定。

从表三五可以看出，秦陵封土的高度无论是秦代的还是现代的，所测数据与 116 米相差均较大，即与《汉书》记载的"五十余丈"有较大差距。

三、小　结

通过上述可知，秦陵封土高度的实测数据与《汉书》所记"五十余丈"有较大差距，同时两千年来的水土流失也不会使其有如此之大的降幅。前面已述近十年来有学者认为《汉书》所记"五十余丈"可能有误，但我们认为此种看法只是一种可能。

据《史记》载：公元前 210 年 9 月，秦二世即位，葬始皇于丽山园；10 月，复土丽山，所用工匠由阿房宫建设者和陵园建设者两部分 70 余万人组成。公元前 209 年 4 月，二世东巡返回咸阳，从秦陵复土现场分出部分建设者恢复阿房宫的建设。当二世二年（公元前 208 年）冬周章率领的起义军进攻到距陵墓 6 公里的戏水时，负责复土的少府章邯奏请二世将陵园建设者武装起来赶赴前线并出关东进，第二年章邯投降项羽时约有 20 万人。考虑到战争中的减员，我们推测从事陵墓复土工程的人员约有 30 万。因此，我们认为秦陵的复土工程因受秦末农民起义的影响并未最后完工，《汉书》所记"五十余丈"很可能是陵墓封土的设计高度。

第三节　秦陵地宫阻排水系统

《史记·秦始皇本纪》中关于秦始皇帝陵的建设和规模云："始皇初即位，穿治郦山，及并天下，天下徒送诣七十余万人，穿三泉，下铜而致椁，宫观百官奇器珍怪徙臧满之。"《汉书》中关于秦始皇帝陵地宫有"下锢三泉"的记载。多年来"穿三泉"、"下锢三泉"虽屡屡被研究者提起，但迄今未形成统一且明确的认识。虽然前人普遍认为秦陵地宫在开挖的过程中遭遇到层出不穷的地下泉水的干扰，但究竟如何开挖、有几层泉水、如何治理泉水以及泉水和地宫的关系等问题，或无涉及，或有所讨论但语焉不详。通过分析秦陵地区的水文地质资料，并结合近年来的考古勘探资料，我们认为文献中的"穿三泉"、"下锢三泉"是秦始皇帝陵园尤其是地宫的庞大的地下阻排水系统的写照。

一、陵区环境概况

秦始皇帝陵园地处骊山北麓黄土台塬和山前洪积扇的交汇地带，陵区内现地表东南高西北低，在其东、南、西三面遍布洪积扇和冲积沟，地面坎坷不平。陵园所在的区域，由于季节性的洪水由南向北奔流而下，在陵区周围冲刷形成了若干条冲积沟，下泻的洪水将地表冲刷、切割出一道道较深的冲积沟壑，洪水夹带的较大的砾石块沉降于其上游山前地带的沟壑内和附近区域，同时也携带着大量的沙石流入下游，并在下游陵园区域内的沟壑及其附近区域沉积形成多层以细沙和小砾石为主的沙石层。奔泻而下的洪水冲刷出的若干条沟壑也将陵园区域所在的山前洪积地带分割成若干块相对独立的台地，秦始皇帝陵区就坐落在这大小不同的台地上，其中陵园位于最大的一块台地上。

水文地质资料显示，陵区地表径流主要为其东南源于骊山的沙河水系，东西两条干流分别从焦家村和杨家村潜入地下，又从其北约 4 公里的鱼池堡流出，然后汇入渭河。沙河为陵区潜水的主要来源。骊山属弱富水性的中山基岩裂隙水亚区，地下水属基岩裂隙潜水或承压水，是陵区地下水的补给源。陵区地处山前复式洪积冲积扇顶部补给带与潜水溢出带之间，地下水位标高从山麓向河谷方向递减，以陵园内城北垣之南为界，其南属山前洪积扇孔隙潜水及承压水亚区，地下水类型为洪积层潜水及下部承压水，水位 5~30 米，在陵墓封土附近的地下潜水深 19~27 米，水位东南高、西北低，地下潜水和承压水均沿此方向从东南向西北流动[1]。秦陵地宫正处于其间，洪积层潜水类型决定了秦陵地宫在开挖的过程中必然会遇到不同深度的潜水，即地下泉水。

1982 年，在陵墓封土西北角的内外城垣间清理了一口秦代水井，测得当时的地下水位距现地表约 16 米[2]。此外，根据对陵墓封土东部、南部区域的考古钻探可知，在距地表 2.6 米、5.7 米、11 米、14~17 米、24.8~25.4 米、28.1~29 米处发现了 6 层淤沙石层，其厚度分别为 0.3 米、0.25 米、0.3 米、3 米、0.6 米、0.9 米，它们应为修建地宫时不同层位的地下潜水层，地下潜水透过沙石层由高向低流动，所谓的"穿三泉"就是由上向下依次穿过这些潜水层。由此看来，"三"是多的意思，并非确指。

依据考古勘探和地面踏查资料分析，陵园区域在修陵工程以前，其地表情况与现在基本相同，但是那时的气候比现在可能略湿润一些。秦人在充分调查和分析该区域环境状况的基础上，将陵园建筑中的各个子项目分别设计在大小不同的台地上；同时，为了

---

① 高维华、王丽玖：《秦始皇陵工程地质述评》，《文博》1990 年 5 期；孙嘉春：《秦始皇陵之谜地学考辨》，《文博》1989 年 5 期。

② 袁仲一：《秦始皇陵兵马俑研究》，文物出版社，1990 年。

保护陵园的地面建筑免遭山前洪水的冲刷和破坏，在陵园东南骊山山前区域修筑了防洪大堤，即五岭遗址。防洪大堤的修筑，迫使陵园南侧自骊山而下、原本由南向北流动的部分溪水改道而向东西两侧分流，从而避开陵园的主体建筑区域，并在一定时期内对陵园的地面和地下建筑起到了较好的保护作用。

考古勘探发现，秦代以后骊山山麓的山洪水量显著增长，洪水的次数也巨增。首先是防洪大堤在洪水日复一日的冲刷下失去了往日的作用，陵园南侧防洪大堤的部分区段被冲毁，从而使原本改道东西分流的洪水由防洪大堤的缺口处顺地势奔流而下，冲毁了陵园外城南门附近的城墙；洪水进入陵园后，将陵园南部、东部区域的地表冲刷、切割出数道较深的冲积沟壑，洪水夹带着体量较大的石块顺流而下，并沉降于沟壑的附近区域，形成了在钻探和地面踏查时所见到的砾石层和陵园南部部分区域秦代地表之上的沙石层。

二、"穿三泉"与地宫建设研究回顾

秦始皇帝陵园的修建前后历时三十七八年，地宫作为放置棺椁和主要随葬品的地方，是陵园整体建筑的核心部分，因此，在修筑陵园伊始地宫就处于极其重要的地位，应当是最先开展陵园建设的项目。但是，关于秦陵地宫的结构，《史记》中仅有"穿三泉，下铜而致椁"的简略记载。众多研究者结合相关的考古资料，对地宫的结构和深度等问题进行了探讨和研究。目前学术界一般认为，地宫的结构与春秋战国及秦汉时代大型墓葬的墓室结构近似，即多层台阶的方形或近似方形的土圹，土圹的四面设置有墓道，中心放置棺椁[1]。但是对于地宫的深度却有多种不同的认识，大体说来有 23～30 米[2]、26 米[3]、33.18 米[4]、40～50 米[5] 等几种。从考古资料看，雍城秦公陵墓多数深约 20 米，最深者为 25.5 米，我们根据近年来的勘探资料推测秦陵地宫深约 30 米。

由水文地质资料可知，秦陵地区有多层地下潜水层，因此，秦人在修筑地宫的过程中遇到的一个较大的问题，就是如何行之有效地排导多层的地下潜水以保障地宫工程顺利进行。《史记·秦始皇本纪》中的"穿三泉"、《汉书·贾山传》中的"下彻三泉"向我们透露出了这样的信息，即秦人在修筑地宫的过程中，当下挖至潜水层后，的确遇到了排导地下水的问题。王学理先生认为，秦陵内应有一套完整的排水系统，在墓圹一定深

① 袁仲一：《秦始皇陵兵马俑研究》，文物出版社，1990 年。
② 袁仲一：《秦始皇陵兵马俑研究》，文物出版社，1990 年。
③ 高维华、王丽玖：《秦始皇陵工程地质述评》，《文博》1990 年 5 期。
④ 王学理：《秦始皇陵研究》，上海人民出版社，1994 年。
⑤ 邵友程：《从水文地学看秦陵地宫深度》，《文博》1990 年 5 期。

度的台阶上，于迎水面墓壁（南壁）和两侧墓壁（东壁和西壁）用"文石"砌筑环绕周壁的挡水壁和引流槽，再在同层的北壁往里凿几个蓄水渗池，使被引流的水经过空隙自然层排流而出①。孙嘉春先生认为，地宫深处的地下水可能是通过一个长达 2.5 公里的庞大的井渠系统来排除，即从鱼池洼注南侧陡坎下向地宫方向开挖隧道，达到一定长度后打一圆井，如此循序渐进，直通至地宫底部，隧道内平行铺设陶质水管道，鱼池起到隐蔽地宫排水井渠出水口的作用②。孟剑明先生认为，秦陵地宫以沟道系统进行排水③。那么，如何防止地下潜水进入地宫？《汉书》有"下锢三泉"，《汉旧仪》有"锢水泉绝之，塞以文石，致其丹漆"，如何理解这些文献，即秦人是用什么方法来"锢水"的？袁仲一先生认为，当时是用带有图案花纹的石头镶砌并涂以红漆来封堵泉水④；王学理先生认为，当时是用带有斑纹的石料堵塞泉眼后，再于石隙中浇灌铜液等来封堵泉水⑤。

　　20 多年来，学者们对于"穿三泉"以及秦陵地宫的排水工程进行了有意义的探索和研究，为我们进一步认识秦始皇帝陵园的地下排水系统提供了极有价值的参考，但是由于缺乏实物资料，对此问题的研究尚停留在文献释读和假说方面。

三、秦陵地宫阻排水系统的发现及其功能

　　2000 年度始皇陵考古队在陵墓封土周围勘探时发现了秦陵地宫阻排水系统⑥。阻排水系统由前、后两段组成，前段为阻水设施，由位于陵墓封土东、南、西三侧之下、平面略呈"U"形的阻水渠组成；后段为排水设施，由位于陵墓封土西侧以外的明井暗渠组成。这一发现为我们深入了解秦陵地宫深层地下水的排导和隔断提供了十分重要的实物资料。

　　秦陵地貌为东南高西北低的缓坡状，潜水呈东南向西北流动，阻水设施将地宫以东、以南、以西区域与地宫全部隔断，使得不同深度的外围潜水不能进入地宫。虽然在阻水设施的开挖过程中，地下潜水会不断地从外围涌入，但是依靠阻水沟渠本身和陵西的排水设施，可将所有来水汇集到陵西的明井暗渠中并将其排走。阻水设施完成后，人们再利用枯水时节外围来水稀少的有利时机，将经人工加工后的青灰泥逐层夯填起来，

① 王学理：《秦始皇陵研究》，上海人民出版社，1994 年。
② 孙嘉春：《秦始皇陵之谜地学考辨》，《文博》1989 年 5 期。
③ 孟剑明：《试述秦始皇帝陵排水工程》，《秦文化论丛》第二辑，西北大学出版社，1993 年。
④ 袁仲一：《秦始皇陵兵马俑研究》，文物出版社，1990 年。
⑤ 王学理：《秦始皇陵研究》，上海人民出版社，1994 年。
⑥ 陕西省考古研究所、秦始皇兵马俑博物馆：《西安秦始皇陵园的考古新发现》，《考古》2002 年 7 期。

质地细密的青灰泥有效地阻挡了地下潜水由此进入地宫范围，达到了隔断来水的目的。秦陵地宫阻排水系统的功能有二，一是在地宫的建筑过程中起到排导地下水的作用，即所谓"穿三泉"、"下彻三泉"；二是在地宫建成后起到阻水的作用，即所谓"下锢三泉"。

秦陵地宫阻排水系统的发现，不仅对于理解文献中的"穿三泉"、"下锢三泉"意义重大，而且对于秦陵地宫的结构与深度以及秦始皇帝陵陵寝制度的研究具有十分重要的意义。但是，要彻底弄清排水设施的终点及其最终将地下水排向何处等问题，还需进一步勘探与研究。

第四节　K0006 陪葬坑性质

一、问题的缘起

K0006 陪葬坑位于秦始皇帝陵园内城以内、陵墓封土的西南角，是 2000 年度陵园勘探中发现的一座陪葬坑。该坑为东西向略呈中字形的地下坑道式全木结构建筑，总面积约 410 平方米，由斜坡门道、前室、后室三部分组成，前室、后室东西错位，形成两个分藏不同埋藏物的相对独立的单元，前室主要埋藏陶俑，后室埋藏有真马。K0006 陪葬坑全面发掘后，最引人注目的是 12 件原大陶俑和一批马骨，由此引发了对该陪葬坑性质的讨论[①]，发掘者提出的廷尉官府机构的观点受到质疑。

截至目前，在陵区范围内共发现了 180 座形状不同、内涵各异的陪葬坑。20 世纪 70 年代以来曾陆续发掘了兵马俑陪葬坑、含铜车马陪葬坑、马厩坑、珍禽异兽陪葬坑、曲尺形马厩坑、含石铠甲陪葬坑、含百戏俑陪葬坑等[②]，但由于多数发掘属于局部试掘，所获资料不完整，使我们在对众多陪葬坑形制和内容的认识上不能提供太多的帮助。

首先，形状怪异、内涵多样的陪葬坑在秦始皇帝陵园以前的帝王陵园中是前所未见的。当中国古代陵寝制度发展到春秋战国时，帝王陵墓的陪葬坑基本上是车马坑[③]，而秦始皇帝陵园却有如此众多的形状不同、内涵各异的陪葬坑，这一现象出现的时代背景及深藏其后的文化理念是值得重视的。

---

① 对于 K0006 陪葬坑的性质，刘占成先生认为是马厩坑，韩伟先生认为是具有散骑常侍性质的陪葬坑。
② 陕西省考古研究所、秦始皇兵马俑博物馆：《秦始皇帝陵园考古报告（1999）》1～32 页，科学出版社，2000 年。
③ 河北省文物管理处：《河北省平山县战国时期中山国墓葬发掘简报》，《文物》1979 年 1 期。

其次，秦始皇帝陵园的陪葬坑从形制到内容都对汉代帝王陵墓产生了极大的影响。虽然通过现有资料尚不能对秦始皇帝陵园的陪葬坑进行全面研究，但汉陵尤其是汉景帝阳陵的考古成果能为我们提供很大的帮助[①]。

第三，受地理环境的制约，或是受陵园设计思想的支配，陪葬坑对称分布的特点在秦始皇帝陵园中并未得到充分体现。就目前的资料而言，我们还总结不出陵园陪葬坑的分布规律，但陪葬坑距离陵墓的远近应与其对于皇帝在另外一个世界的重要性不同有关，无疑也反映了陵园设计者的主次意识。

二、K0006 陪葬坑的性质

通过研究，我们认为 K0006 陪葬坑反映的是秦帝国的一个官府机构，这个机构的主要工作人员由文官组成，而且这个机构是构成中央政府三公九卿的官府之一，很可能是九卿中主管监狱与司法的廷尉。现从以下几个方面对 K0006 陪葬坑的性质予以讨论。

（一）文官俑性质的确认

K0006 陪葬坑出土的 12 件原大陶俑，不论是御手俑还是袖手俑，均头戴长版冠；所有的袖手俑均佩挂削、砥石两种文具，并且在其左臂与胸肋之间有一椭圆形的斜孔。

冠是在满足束发需求的基础上发展起来的、反映着者社会身份地位的标志性服饰。冠原是加在发髻上的发罩，形制很小，甚至不能覆盖整个头顶，所以《白虎通·衣裳篇》释它为"悇持其发"之具，《释名·释首饰》称之为"贯韬发"之具，《说文·冖部》说它是"絭也，所以絭发弁冕之总名也。"难怪乎《淮南子·人间训》说它"寒不能暖，风不能鄣，暴不能蔽。"

据说冠是仿自然界中鸟兽的头形并加以改制而成的。《后汉书·舆服志下》："上古穴居而野处，衣毛而冒皮，未有制度。后世圣人易之以丝麻，观翚翟之文，荣华之色，乃染帛以效之，始作五采，成以为服。见鸟兽有冠角頟胡之制，遂作冠冕缨蕤，以为首饰。凡十二章。"相传早在夏代就出现了礼冠、礼服制度，《礼记·王制》："有虞氏皇而祭，深衣而养老；夏后氏收而祭，燕衣而养老；殷人冔而祭，缟衣而养老；周人冕而祭，玄衣而养老。"皇、收、冔、冕四种均为不同时代的冠名。随着社会的发展，冠的外延逐渐扩大，冠的种类也愈来愈多，冠的礼仪性特质体现在冠的颜色、质料、形状上。

从目前所见的资料看，秦汉之际流行一种长冠的首服，供中下级文武职官吏用。长冠又叫"斋冠"、"齐冠"、"刘氏冠"、"竹皮冠"、"竹叶冠"、"鹊尾冠"，《后汉书·舆服志》说它"高七寸，广三寸，促漆丽为之，制如板，以竹为里"，长合今日 17.15 厘米，

---

① 马永赢、王保平：《走近汉阳陵》，文物出版社，2001 年。

宽合今日 7.35 厘米，而秦兵马俑的长冠长 17～20 厘米，下宽 7～10.5 厘米，上宽 11.7～18.5 厘米，从尺寸上看与秦汉之际的长冠相近。但将这种冠归为汉高祖刘邦的发明，可能与事实不符。《史记·高祖本纪》："高祖为亭长，乃以竹皮为冠，令求盗之薛治之，时时冠之，及贵常冠，所谓'刘氏冠'是也。"由考古资料看，至迟在秦代长冠就已经成为合乎礼仪要求的首服了，而不是从刘邦才开始有的。

《汉书·百官公卿表上》列有汉代的爵位名称共二十等，名称与秦制完全相同，第八级爵为"公乘"。公乘是商鞅变法后秦国军功爵制中的一种爵位，师古注："言其得乘公家之车也"，张守节《正义》引颜师古："其后诏曰'爵非公乘以上不得冠刘氏冠'即此也"。按照秦制，从第七级爵公大夫以上即属高爵，享有赐田宅、乞庶子、封食邑的特权。汉承秦制，汉初刘邦天下初定后分封行赏时，虽未必完全按照商鞅制定的办法行事，但仍然会沿用过去的名词及内涵，"公乘"之爵属此列。从不具备公乘以上爵位的官吏不得戴长冠的规定类推，在秦代，戴长冠者的身份地位当不低于公乘。如果此推论不误，那么，秦代戴长冠者的爵位应当不低于八级，即《史记·商君列传》中的"上爵"。但汉文帝以后情况发生了变化，规定高爵从第九级五大夫以上算起，仅能享受免役的待遇，八级爵位公乘以下仍需服役。但秦汉之际拥有公乘的爵位，在社会上受到普遍的尊敬是不言而喻的，因为汉明帝以后普通百姓已无缘得到公乘及其以上的爵位。

如是，则 K0006 陪葬坑出土的 12 件头戴长冠的陶俑的爵位应不低于八级，属上爵，或者至少戴双版长冠的陶俑的爵位要高于八级。

秦代陶俑身上佩挂削、砥石的先例尚未见到，K0006 陪葬坑出土的 8 件袖手陶俑应属文官俑。兹说明之。

在纸张发明以前，中国古代的常用书写材料主要是简牍。从文献与考古发现看，竹简开始被使用的年代至迟不晚于战国早期。简牍的盛行离不开两种文具，即书刀、砥石，当然毛笔是必不可少的。均为单面长刃、有柄且携带方便的书刀与削，其功能一样仅形制略有区别，都是用来修改简牍上的误笔，书写者要随时佩戴在身。《考工记》："筑氏为削，长尺博寸，合六而成规。"可见那时合乎规格的削长一尺宽一寸，六把削恰好围成一个正圆形。K0006 陪葬坑出土的 8 件袖手陶俑佩挂的削通长约 18 厘米，与《考工记》的记载相比略短些。

K0006 陪葬坑出土的 8 件袖手陶俑佩挂的削旁还有一件饰物，外形为长条扁平的小囊，上端打结悬于腰带，下端被挽成双瓣状，内盛扁平长条物。我们推断其为砥石，起着砥砺削的作用。2000 年 10 月在河南洛阳的一座战国早期墓中发现 2 件长条状的石块，即为此物[①]。

---

① 洛阳市第二文物工作队：《洛阳高速公路伊川段 LJYM74 发掘简报》，《文物》2001 年 6 期。

K0006 陪葬坑出土的 8 件袖手陶俑的左臂与胸肋之间均有一椭圆形的斜孔，我们推断斜孔起着插持成册简牍的作用。《睡虎地秦墓竹简》中有"不辟（避）席立，赀二甲，法（废）"，意思是说，听命书时不下席站立，处罚二甲，并且要撤职永不再用。8 件袖手陶俑恭谨经立，臂夹简册，腰挂削、砥石，似待长官吩咐。

由上观之，K0006 陪葬坑出土的 8 件袖手陶俑均是拥有不低于八级公乘爵位的文官俑，这些文官负责该机构的日常运作，起着上承下达的作用。

（二）官府机构性质的认定

秦始皇帝陵园的外藏系统非常复杂，具有空间分布的散点性、平面形制的多样性、埋藏内涵的丰富性等，使得我们的研究在相当长的一段时间内陷于困境，无法从整体上对其进行合理的解释。尤其是对陪葬坑性质的认识，由于局部试掘所获资料不完整，由此得出的结论则带有一定的片面性。兹举二例予以说明。

所谓的铜车马陪葬坑位于秦始皇帝陵西侧正中原封土之下，面积约 3052 平方米，分为四区[①]，其中一区为斜坡门道，二区发现铜车马，三、四区的内涵不清，发掘者认为暂以二区的出土物为标志命名为铜车马坑。铜车马所在的二区有 5 个过洞，两辆铜车马位居同一过洞内，其南侧的过洞据说曾出土了木车马，另外一个过洞内还有一组铜车马，其余过洞的内涵不明。就勘探资料而言，该陪葬坑虽然大部分区域的内涵不清，但全部都是车马的可能性不大，三、四区的平面布局以及结构决定了其内埋藏的很可能不是车马而是其他物品。因为铜车马过洞的宽度仅 3.1 米，三区过洞的宽度为 12～15.5 米，四区过洞的宽度不清，但它是铜车马过洞宽度的三四倍。可以预想，若将来进一步发掘或全面揭示，该陪葬坑的内涵就不仅仅是车马之属，而且车马可能仅为其中很少的一部分，如果出现此种情况，则该陪葬坑的性质就不会仅仅是秦始皇帝銮驾制度的反映。

1977 年在秦始皇帝陵园西内外城之间发现了一座曲尺形陪葬坑，随后在试掘中发现了 11 件头戴长冠袖手经立和屈肘柱兵经立的原大陶俑及一批马骨，据此研究者判断该陪葬坑为马厩坑，头戴长冠袖手经立的陶俑为饲养马的圉人，或者是管理厩中饲养人员的"皂啬夫"[②]。曲尺形陪葬坑试掘中的出土物为陶俑和马骨，在当时陵区内仅发掘了上焦村马厩坑和陵园内跽座俑坑的情况下，尤其是上焦村马厩坑的发掘，极容易也将此坑判断为马厩坑。事实上，秦汉之际虽然宫廷、政府非常重视养马业的发展，但并没有发现国家马厩在京都范围内的分布资料，于是陵园内外随处可见皇帝和国家的马厩到

---

① 秦始皇兵马俑博物馆、陕西省考古研究所：《秦始皇陵铜车马发掘报告》，文物出版社，1998 年。
② 袁仲一：《秦始皇陵兵马俑研究》38 页，文物出版社，1990 年；王学理：《秦始皇陵研究》108 页，上海人民出版社，1994 年。

处分布的现象于理不通，因此将该坑推断为中央厩苑的证据不足；除此之外，在陵园内外发现马骨和陶俑并存的陪葬坑不仅惟此，K9901、K9902、K0006 等稍具一定面积的陪葬坑中均发现有此类现象①，如果将这些统统判断为马厩坑，则可能将陵园内外丰富的外藏系统过于简单化了；再者，即使该坑确属马厩坑，但试掘所见陶俑中无一件像上焦村马厩坑那样的跽坐俑，也就是马厩坑内没有真正的养马人，而全是管理人员和护卫人员，这样则不合情理。

　　准此而言，依靠有限面积的试掘资料对陪葬坑的性质做出的判断，随着时间的推移和新材料的出现需要进行更正。

　　汉景帝阳陵的建设时间在秦始皇帝陵园被毁后 60 余年，汉承秦制，致使秦汉陵寝制度具有较强的可比性。阳陵封土之下发现近百座条状陪葬坑，在其中的一座陪葬坑中发现"太官之印"，另一座陪葬坑中发现"徒府"之印。太官是秦代三公九卿中少府的属官，主管帝王的日常膳食供给；徒府之职不见于文献，历史上有司徒府的官衙，司徒是自西周以来设立的官府机构，管理土地和人民，负责征发徒役，阳陵出土的徒府是否是司徒府的简称尚不可知，但属于某一官府大致不误。汉宣帝杜陵四号陪葬坑中出土"太仓"铜印，太仓是京城储粮的总仓库②。南区从葬坑出土有"车骑将军"金印、"军大右仓"铜印及"军武库丞"、"军武库兵"、"军武库器"、"左府"等印章，由此观之，汉代皇帝陵墓的从葬坑实际上是官府机构的象征。由汉代情况上溯类比秦代，众多的秦始皇帝陵园陪葬坑是秦王朝中央政府或皇宫管理机构的写照。

　　K0006 陪葬坑的全面发掘为我们提供了认识其性质的契机。12 件戴单版或双版长冠恭谨经立的陶俑、张伞的单辕有栏乘坐木车、全木结构的陪葬坑、成单元摆放的马骨，这些说明它不是象征养马的马厩坑，应是官署机构。

　　《史记·秦始皇本纪》中有"宫观百官奇器珍怪徙臧满之"，学者们一般认为"宫观百官"是指秦陵地宫内设置有离宫别馆，我们以为有误。"百官"一词出现得较早，自《春秋穀梁传·成公》始，一直到近代，"百官"均泛指各类官吏，如"古者立国家，百官具"、"百官各得其所，然后国可得而守之"、"百官备，百制具"（分别见于《春秋穀梁传·成公》、《春秋繁露》卷第七、《大戴礼记·本命第八十》），对于《汉书·百官公卿表》和《后汉书·百官志》中"百官"一词，人们的理解是完全一致的，因此，"官"应为官署机构的省称，不是离宫别馆的"馆"。

　　我们是这样理解《史记》中关于秦始皇帝陵的记载的，"百官"当作各种官署讲，

---

① 陕西省考古研究所、秦始皇兵马俑博物馆：《秦始皇帝陵园考古报告（1999）》33～48 页，科学出版社，2000 年。

② 汉景帝阳陵从葬坑所出官府印章见汉阳陵陈列馆展品。汉宣帝杜陵从葬坑所出印章见中国社会科学院考古研究所：《汉杜陵陵园遗址》，科学出版社，1993 年。

也就是在地宫内外不仅设有王宫建筑、离宫别馆，还设有中央政权运作机构的各种衙门，当然各种权力机构在陵园是以模拟物来替代的，秦始皇帝陵园已经发现的和尚未发现的一座座大小不一、形制有别、内涵不同的陪葬坑，即为当时秦王朝皇宫机构和中央政权机构的象征。

如此，K0006陪葬坑即为当时的一处官署机构，又因其位于陵墓封土脚下，其地位应当非常重要，该陪葬坑象征了秦王朝最重要的政权机构之一。

（三）机构强权性质的物证

秦帝国时期，皇权之下的中央集权办事机构是三公九卿，他们最终对皇帝负责。在三公九卿中有四个机构与强权性质有涉：一是"金印紫绶，掌武事"的太尉，为掌管全国军事的武官之长；二是"掌宫门卫屯兵"的卫尉，负责皇宫警卫；三是"掌宫殿掖门户"的郎中令；四是"掌刑辟"的廷尉，负责司法与监狱。三公九卿之外，与九卿同为秩中两千石的还有"掌徼循京师"的中尉，负责京城治安。在中央政府中与强权有联系的机构虽然有五个，但除廷尉外，其他四个机构的常备和纯军事性质是明白无误的。

廷尉之职，始自秦，其职权限于司法制度的建立和监督执行以及管理监狱，见于文献记载的最早的秦国廷尉为李斯。秦统一后因其运筹帷幄的功勋，荣升为丞相，成为秦朝的百官之长。非行伍出身的李斯主事廷尉时，在商鞅《秦律》的基础上制定了比较完备的封建法典《秦律》，秦统一后的司法体系有赖于李斯才得以完成。K0006陪葬坑出土的12件原大陶俑中无一件的身份属军事性质，尤其是8件袖手陶俑与具有武备性质的机构几无联系，惟廷尉官署之职权范畴和陪葬坑的总体状况相合。

K0006陪葬坑还出土了4件铜钺。钺，最早是一种实战用的兵器，源自原始社会的实用工具石斧，《说文解字》云"大者为钺，小者为斧"。从原始社会末期开始，钺就有了持有者地位与权力至尊的象征意义。商周之际，除却钺本身的实战作用外，它更成为掌握军队指挥权和国家政权的象征物，在君权神授的观念下，钺还是国王的象征，金文中"王"、"皇"字常常作斧钺的形状，在商汤伐桀和武王伐纣时，钺不仅是兵器，更是正义和神圣的象征。《礼记·王制》："赐铁钺，然后杀。"天子赐钺，则表示授予征伐和杀戮之权，尊严无比。至迟到汉代，大驾卤簿中的黄钺车，仍是这种观念的遗风，《逸周书·世浮篇》："王秉黄钺"，朱右曾《集解校释》："秉钺，示当断制天下也"。与此同时，钺包括比钺小的斧又是刑具，用于杀头，用于腰斩，《国语·鲁语》中的"大刑用甲兵，其次用斧钺"即为此义。K0006陪葬坑出土的4件铜钺集中放置在厢房内，同时有4件袖手陶俑的袖手部发现有长方形孔，孔的大小与铜钺所缚木柄的尺寸相近，我们推测缚木柄的铜钺是插在长方形孔中的，这样的话，袖手部有孔的4件袖手陶俑实际上就是持钺者，他们代表了所从事的工作性质，即与刑狱有关。

如是，由文职人员主导的带有强权性质的机构，其布局与职能象征了廷尉这样的官署机构，这一性质与马厩坑相去甚远。K0006 陪葬坑出土的 12 件原大陶俑代表了廷尉机构中工作人员的形象，铖象征了该机构的部分工作性质。

三、小　　结

由上所述，我们认为，K0006 陪葬坑是秦帝国中央政权三公九卿中廷尉官署在地下的模拟反映，8 名文职官员和 4 名御手是该机构主要工作成员的代表，他们负责帝国日常的司法行政事务，属文职人员掌管的强权机构；K0006 陪葬坑中级别最高的戴双版长冠者的爵位不低于八级，即公乘以上；厢房中戴双版长冠的陶俑是该机构的幕僚长，而廷尉本人不在其列。

第五节　秦陵外藏系统

秦始皇帝陵园内外先后发现的 180 座各类陪葬坑，构成了秦陵的外藏系统，它是秦陵陵寝制度中最为显著的标志性要素，不啻为秦帝国丧葬制度文化中最富创造性的发明之一。帝王陵墓自先秦以来逐渐形成了"正藏"和"外藏"两大埋藏系统，并由此构成了古代陵墓形制中功能性空间区隔的基本格局。秦陵外藏系统就其空间分布而言，可划分为四个层次，即地宫之内各层台阶上的陪葬坑，地宫外、陵园内城之内的陪葬坑，陵园内外城之间的陪葬坑和陵园外城之外的陪葬坑。不同层次的陪葬坑反映了其与皇权之间存在的不同的主次关系，同时也是秦帝国兴盛时期中央政权、皇权等各类运作机构在地下的模拟反映。

一、外藏系统

"外藏"是晚于墓葬制度实践的一个概念，最早见于文献记载的是《汉书·霍光传》中的"外藏椁"，服虔曰："在正藏外，婢妾藏也。或曰厨厩之属也。"由此可知，"外藏椁"是相对于"正藏"而出现的一个与墓葬形制、格局相关的概念。我们认为以黄肠题凑为界（含黄肠题凑之外的回廊），其内为正藏，包括"梓宫"、"便房"、"题凑"等设施，以埋藏尸体以及各类与墓主人生活有关的器具；而居于正藏之外，为墓主随葬的各类设施，皆可以统称为"外藏"，包括"厨厩之属"等。至迟到西汉中晚期，中国古代陵墓制度中的外藏不仅已经有了明确的概念，而且还以"具"为外藏的基本单位。

"外藏椁"是在适应丧葬需要的过程中逐步产生、发展和成熟的，并非是至迟到汉代才产生的一个墓葬因素，正如俞伟超先生所说："把墓的结构分为'正藏'与'外藏椁'这种'汉制'，实际从春秋晚期已经发其端，战国时至少已成为好几个诸侯国的王陵制度。"[1] 在此基础上，有学者进而提出，商周时期的车马坑已经开始具备了外藏椁的特征[2]。中国古代墓葬形制中的"外藏椁"系统自商周时期就已经初具雏形，发展至春秋战国以至秦统一，随着丧葬制度的发展和丧葬观念的更新，经历了一个较快的发展期，至两汉尤其是西汉，以完整的外藏椁概念的产生和外藏椁空间、类别等基本要素的规范化为标志，中国古代陵墓的外藏系统最终成熟。近年来，一些学者结合文献记载和考古发掘资料就外藏系统或者说是外藏椁系统开展了研究[3]，认为外藏为正藏的附属部分，其位置一般位于正藏之外，"不只限于墓室内，也可置于墓道乃至墓外"[4]。

秦始皇帝陵园时期是外藏系统由低级到高级、由简单到复杂的发展过程中最为关键的时期。秦陵陪葬坑中的木结构形式类似于一个个椁室，我们认为，秦汉时期陵园中所发现的各类单体陪葬坑，在某种意义上皆可称之为外藏椁，并且由这些内涵丰富、形式多样的外藏椁（陪葬坑）构成陵墓的外藏系统。外藏系统的基本概念从空间设置而言，是指墓室主体空间以外的随葬区域，包括墓室内壁龛、耳室、殉坑、车坑、马坑、车马坑以及墓室外的所有陪葬坑；构成外藏系统的单元，其大小形状没有统一的定制，所埋藏的器物种类繁多。秦始皇帝陵园的外藏系统是古代陵寝制度的集大成者，与此之前的外藏内容相比不仅在形式上有差异，而且在埋葬观念上也有质的变化。

二、秦陵外藏系统的构成

秦始皇帝陵区所发现的陪葬坑，在空间布局上并不具备对称性或者规律性分布的特点。这种现象的产生，一则是因为在陵园设计和施工过程中区域地理环境所带来的固有限制；另一方面也反映出在营造过程中陵园工程设计的不断拓展。尽管我们目前还无法根据陪葬坑的空间分布探索出其规律性，但是以陵园的内、外城垣等相关建筑结构为空间分隔界限，可以将已发现的180座陪葬坑按照距陵墓地宫的远近划分出四个层次。

第一层次：地宫之内各层台阶上的陪葬坑。

① 俞伟超：《汉代诸侯王与列侯墓葬的形制分析——兼论"周制"、"汉制"与"晋制"的三阶段性》，《先秦两汉考古学论集》，文物出版社，1985年。
② 刘振东：《中国古代陵墓中的外藏椁——汉代王、侯墓制研究之二》，《考古与文物》1999年4期。
③ 俞伟超：《汉代诸侯王与列侯墓葬的形制分析——兼论"周制"、"汉制"与"晋制"的三阶段性》，《先秦两汉考古学论集》，文物出版社，1985年；刘振东：《中国古代陵墓中的外藏椁——汉代王、侯墓制研究之二》，《考古与文物》1999年4期；李如森：《汉代"外藏椁"的起源与演变》，《考古》1997年12期；郑洪春、韩国河：《试论汉初"利成"积炭墓》，《考古与文物》1990年4期；鲁琪：《试谈大葆台西汉墓的"梓宫"、"便房"、"黄肠题凑"》，《文物》1977年6期。
④ 刘庆柱、李毓芳：《西汉十一陵》167页，陕西人民出版社，1987年。

截至目前，考古勘探还未涉及秦始皇帝陵的地宫，因此对地宫各层台阶上陪葬坑的存在与否及数量也就不能有所确指，但是结合凤翔秦公一号大墓二层台阶上殉葬坑的情况以及汉代以前黄土地区帝王、诸侯陵墓的结构分析，在秦始皇帝陵地宫的各层台阶上应当设置有一些陪葬坑。

第二层次：地宫外、陵园内城之内的陪葬坑。

目前这一层次的陪葬坑以含铜车马的陪葬坑最为著名。在 2000 年度的勘探中，在陵墓封土西南角发现的 6000 余平方米的 K0003 陪葬坑中出土了许多制作精美的彩陶器皿残片，据分析可能与"厨"有关。位于 K0003 陪葬坑南侧的 K0006 陪葬坑，是陵园内极为少有的未被焚烧的陪葬坑，出土了原大戴长冠的陶俑 12 件，研究表明，该陪葬坑为"百官"的组成部分，象征的是中央政权三公九卿中执掌帝国司法建设和监狱管理的廷尉官府机构。

第三层次：陵园内外城之间的陪葬坑。

该层次目前已发现的陪葬坑主要集中在陵园内外城之间的西部和东部。在西部发现的曲尺形陪葬坑、珍禽异兽坑等皆为"百官"的有机组成。在东部发现了 3 座面积较大的陪葬坑，即 K9801、K9901 和 K9902 陪葬坑，其中 K9801 陪葬坑中出土了大批石质甲胄，其埋藏内容可能与武库相关；K9901 陪葬坑中出土了一批象征秦代宫廷娱乐活动的百戏陶俑。

第四层次：陵园外城之外的陪葬坑。

这一层次发现的陪葬坑有兵马俑坑、马厩坑、动物府藏坑、含青铜水禽的陪葬坑等。其中位于陵园东侧上焦村的马厩坑距离陵园最近，1976 年勘探时曾发现 98 座陪葬坑，坑分南北向三行密集排列，发掘中所见刻划文字有"中厩"、"宫厩"、"小厩"、"左厩"、"大厩"等厩苑名，其为马厩坑的性质一目了然，象征了秦王朝的中央厩苑[①]。

三、秦陵外藏系统的认知

秦始皇帝陵园目前所发现的陪葬坑，无论是形制，还是内涵都十分丰富，而且近年来随着陵园考古勘探工作的进展，不断有新的陪葬坑被发现，为我们进一步认识和研究秦始皇帝陵园以及中国古代陵寝制度展现了一个新领域。近年来对陪葬坑彼此之间的表象意义的认识虽已有了一定的收获，但总体来说进展并不大，因此，对秦陵外藏系统的认知，将有助于我们从整体上认识秦始皇帝陵园中所发现的各类陪葬坑，更好地理解和把握其所蕴含的丧葬思想和含义。

---

① 袁仲一：《秦始皇陵兵马俑研究》，文物出版社，1990 年。

（一）外藏系统成熟的文化背景

秦始皇帝陵园的规划和建设遵循着古代丧葬制度中最重要的一个原则，即"事死如事生"。秦始皇帝后期孜孜不倦追求的一方面是灵魂永驻，一方面是长生不老，矛盾的二元心理是统一中国之后秦始皇帝的生命主旋律。始皇帝的"始"，表明嬴政其人相信人是固有一死的，在这种思想的支配下，持续不断的陵墓工程在统一后不但扩展了规模，而且加快了进度，将来自帝国疆域的各方能工巧匠尽悉招来；另一方面，始皇帝对能言巧辨术士的谎言则有宁可信其有、不愿信其无的心理，从而不惜花费巨资寻求灵丹妙药。因而，作为缔造帝国基业的秦始皇帝，统一的梦想实现后，最恐惧的事情莫过于死亡的不期而至，包罗万象的陵园诸多项目便是他殚精竭虑的思虑转化为现实的结果。

在秦文化的潜层中有一种持续不断的创新机制，以变革求发展的秦人传统文化刺激了此时业已膨胀的万世帝国梦想，表现在陵园制度中也不例外。秦始皇帝陵园较之其前的帝王陵墓有许多即使是在秦文化中也不见的新因素，复杂而有序的陪葬坑即属此类现象。

秦始皇帝在制定国家管理的制度方面的成就罕有与之匹敌的。秦始皇帝对于他创设的集权官僚体制情有独钟，他明白忠实于帝国及帝国皇帝的各级官僚和他们所统属的机构，不仅是帝国万世长久的保证，也是维系皇帝死后能继续拥有至高权利的条件，他期待并相信其不朽的灵魂可以脱离肉体而永存，于是便将一个大而全的王朝以陪葬坑的形式复制在地下与其灵魂相伴。先秦时期的外藏仅以车马坑或车马器为主要内容，加上玄宫中的礼乐重器、生活用具，反映的埋葬观念不过是形而下之的贪婪占有，但秦陵陪葬坑反映的却是埋葬观念有了质的、形而上的创新，因此各类官府机构及皇宫机构在陵墓中得到体现则是必然的结果。

（二）秦陵外藏系统的特征

通过对秦始皇帝陵园陪葬坑的发掘和研究，我们不难得出这样的结论，那就是至秦代时，古代陵墓的外藏系统已经发展到了登峰造极的程度，并由此进入了一个快速的发展期。如果我们将"外藏椁"这一概念的提出作为古代陵墓外藏制度最终发展成熟的主要标志之一，那么较之汉代外藏系统而言，秦代的外藏系统则更多地表现出了一种"前制度时期"的特征，具体表现在以下三个方面。

其一，形制多样、不拘一格。

秦始皇帝陵园已发现的180座陪葬坑，就其空间分布而言，可以按照其距离地宫的远近而分为四个不同的层次；就其形制而言，目前已发现的陪葬坑的形制几无雷同，表现出了较多的个性特点。这种情况说明外藏系统发展至秦代，在丧葬观念突破与创新的影响下，外藏系统已不局限于原有的车马坑或者单独的器物坑的设置，表明中国古代陵墓外藏系统由此进入了一个快速发展期，处于发展期的秦始皇帝陵既突破了先秦时期外藏系统设置的种种束缚，又无两汉时期制度化外藏系统程式化设置的限制，在古代陵墓外藏系统发展过程中表现出一种非程式化的特点。

其二，规模宏大、内容丰富。

秦始皇帝陵园陪葬坑规模的宏大以及设置内容的丰富，是先秦外藏系统中的车马坑、器物坑等所不能比及的。秦陵陪葬坑中，既有象征宿卫军的兵马俑坑，也有代表中央官署机构的K0006陪葬坑以及马厩坑。主导秦始皇帝陵园外藏系统设置的思想根源，已经不再局限于衣食住行等生活内容，而是要将秦始皇帝生前所创制的集权官僚体制带入地下，使之在阴间继续为秦始皇帝服务。

中国古代陵墓制度中的外藏系统发展至秦代，随着统一的封建中央集权国家的创制，在陵墓外藏系统的设置中也表现出了对前代的继承、突破和创新。若将其放至中国古代社会发展道路的历史长河中考察的话，秦代外藏系统的继承、突破和创新也就与社会、政治、文化等其他方面的发展一样，表现出了一种发展的同步性。以秦始皇帝陵园陪葬坑为代表的秦代外藏系统，为两汉时期陵墓外藏系统的最终成熟奠定了不可或缺的基础。

其三，前制度时期的不成熟性。

规范化和等级化是两汉时期外藏系统成熟的标志。从文献可知，汉代的陵墓制度表现出了较强的规范化特征。这不仅表现为陵墓的葬具等有着程式化的定名，同时也表现为使用范围等方面的规范化。

和汉代帝王陵区中的从葬坑比较，秦始皇帝陵园表现出了更多的不成熟性。汉景帝阳陵和汉宣帝杜陵是西汉帝陵考古工作做得较多的两处，在帝陵和后陵陵园之内封土周围（可能仍在原封土之下）以及陵园外，均有规律性地分布着大量的陪葬坑，这种规范化的分布特征在秦始皇帝陵园则看不到。

尽管"外藏椁"一词是迟至西汉时期才产生的有关中国古代陵墓形制中功能性空间基本格局划分的一个概念，但是通过对中国古代陵墓制度中外藏系统的考察可知，外藏是伴随着古代社会丧葬观念的发展，在陵墓形制、内容等方面出现的产物。"外藏椁"及外藏系统雏形自商周时期就已经出现，至秦统一时，经历了一个较快的发展期，至两汉时期，随着外藏椁概念的产生以及外藏椁空间、类别等基本要素的规范化，中国古代陵墓的外藏系统最终发展成熟。

四、小　　结

对于秦始皇帝陵园陪葬坑的认知，为我们揭开了秦汉帝王陵墓外藏系统的神秘面纱。以秦始皇帝陵园陪葬坑为代表的秦代外藏系统，是在继承了先秦时期外藏系统丧葬观念的基础上所进行的一次突破、飞跃和创新。秦在战国最后阶段和统一后的墓葬文化创新，不仅使外藏系统发展到了一个新的阶段，而且是联系西汉和先秦时期外藏系统之间不可或缺的一座桥梁，在中国古代陵墓制度外藏系统的发展中具有承前启后的重要历史作用。

后　记

　　由陕西省考古研究所和秦始皇兵马俑博物馆联合组成的始皇陵考古队，2000 年对秦始皇陵区进行了持续的考古勘探与发掘工作。本年度的工作和考古报告的编写得到陕西省文物局张廷皓局长、中国社会科学院考古研究所刘庆柱所长、陕西省考古研究所焦南峰所长及尹申平书记、秦始皇兵马俑博物馆吴永琪馆长及雷玉平书记、临潼区杨立副区长等领导的关心和支持。

　　报告的编著前后历时一年多，所收内容并不限于 2000 年的田野工作，有的内容实际上是跨年度完成的，如 K0006 陪葬坑陶俑的修复、K9801 石铠甲的修复、陵园内阻排水渠的勘探等，这是需要特别说明的。

　　《秦始皇帝陵园考古报告（1999）》出版后，受到学术界的普遍关注，当 2001 年 10 月该报告被专家评选为"二十世纪中国最佳考古发掘报告"之一后，我们深受鼓舞。在《中国文物报》开辟的"如何编写考古报告"专栏的启发下，本报告增加了各项目的课题设计及实施过程方面的内容。

　　本报告的编写由段清波总负责。全书共有肆部分，第壹部分由段清波、张颖岚、蒋文孝、郭宝发、马明志、朱君孝执笔；第贰部分第一节由张志军、杨忙忙执笔，第二、三节由张志军执笔，第四节由郭宝发、杨钟堂、夏寅、程德润执笔，第五节由夏寅执笔，第六节由袁靖执笔；第叁部分第一、二节由段清波、蒋文孝执笔，第三节由刘江卫执笔；第肆部分第一、二、四节由段清波执笔，第三、五节由段清波、张颖岚执笔。

　　考古报告的编写是艰辛的集体劳动，无论是田野发掘还是室内整理，涉及勘探、发掘、保护、修复、整理等许多环节，其间还穿插大量的技术性工作，一个人无论如何是无法完成的，不要说全部，就是其中任何一项工作的完成都是集体智慧的结晶。幸好我们这个团队是由富有责任心和合作诚意的同仁组成的，在编写报告的同时，新年度的田野考古工作并没有因此而停顿下来，可想而知同志们是何等辛苦。

　　始皇陵考古队所有同志一年来兢兢业业的奉献精神和高度负责的态度保证了本报告的顺利编写。尚爱红、张振峰、牛新龙、刘澄宇、王会峰、何存礼、韩朝晖、丁保乾、丁西峰、董选民、陈望道等参加了勘探、发掘、修复、绘图、摄影等工作；张天柱绘制了石铠甲制作工艺过程工具的图样；董红卫清绘了本报告的大部分线图；王保平拍摄了 K0006 陪葬坑的部分照片，其余照片由考古队同仁拍摄；张振峰、牛新龙、韩朝晖等承担了线图和图版的整理工作；梁海宁打印了全部文稿。没有上述同志的努力，本报告的最后成文是不可能的。

李淑琴、容波参加了彩绘陶俑的现场清理和保护工作；西安文物保护修复中心的张虎勤、张孝绒、杨秋颖、周伟强等参加了马骨的清理和初步保护工作。

英文提要由中国社会科学院考古研究所李新伟、乔玉翻译；日文提要由日本早稻田大学稻田耕一郎教授翻译，中国社会科学院考古研究所王小庆校订。

在此向所有关心和支持我们工作的各界人士致以真诚的敬意。

始皇陵考古队

2004 年 5 月 8 日

Report on Archaeological Researches of the Qin Shihuang Mausoleum Precinct in 2000

(Abstract)

Report on Archaeological Researches of the Qin Shihuang Mausoleum Precinct in 2000 is, after the 1999's report, another annual report on various kinds of archaeological researches of the Qin Shihuang Mausoleum 秦始皇陵 Precinct conducted in 2000. It consists of four parts. The first part is a report of the archaeological probing and excavations in 2000. The second part exhibits our achievements on scientific preservation of features and artefacts unearthed from the field. The third part is an introduction of the repair work and the discussion of manufacture techniques of the stone armours and helmets. The fourth part collects several papers of practitioners of the archaeology at the Qin Shihuang Mausoleum Precinct.

I

Archaeology of the Qin Shihuang Mausoleum-the largest royal mausoleum within China, needs continuous work for a long period. Our probing work in the 2000 season concentrated on the area to the south of the earth mount within the inner wall-enclosure. We also conducted probing at several locations between the south inner and outer walls. The results shed light on the original landscape, the stratigraphy, and the changes of micro-environment caused both by natural and human activities within the mausoleum precinct during and after the building of the mausoleum.

The locations of various features within the mausoleum precinct are largely decided by the landscape. As our probing shows, all the currently discovered accessary pits, accessary burials and architecture remains are situated on tablelands of different sizes and shapes. The mausoleum itself occupies the largest tableland. Distribution of features on the same tableland is further effected by the micro-landscape of that tableland. The tablelands are shaped by seasonal floods and rivers originating from the north slope of the Li Mountain 骊山 .

Probing in the 2000 season discovered seven (one of them is outside the outer mausoleum enclosure) accessary pits with different characteristics and contents. More surprisingly, we found large-scale (the known length is 1303 m) deep underground drainage systems to the east, west and south of the mausoleum. This discovery resolves the confusions on the meaning of "*chuan sanquan* 穿三泉 (passing through the three fountains)" and "*xiagu sanquan* 下锢三泉 (locking the three fountains underground)" recorded in *Shiji* 史记 and *Hanshu* 汉书 .

The south gates of the outer and inner wall-enclosures, with a distance of 420 m between them, are both on the south-north axis crossing the earth mount. The south outer gate is in the shape of rectangular, 68 m from the east to the west and 22.8 m from the south to the north. The middle of the outer north wall has long been regarded as the location of the north outer gate. However, our probing found no evidence to support this assumption.

The west gates of the outer and inner wall-enclosures, with a distance of 174 m between them, are on the east-west axis crossing the earth mount, and both in the shape of rectangular. The west inner gate is 90 m to the west of the western steepy edge of the earth mount, 77.4 m in length and 22.8 m in width. The west outer gate is 78.2 m in length and 22.8 m in width. Between the two gates, were found the foundations of two tri-protrusion gate towers (三出阙) symmetrically located at the south and the north. Their structures are similar with the two tri-protrusion gate towers between the east inner and outer walls found in 1999.

The Wuling 五岭 site to the south of the mausoleum is a flood control bank at the edge of the Li Mountain to prevent the attacks of rivers and seasonal floods coming down from the mountain. Our surveys found that the 1700 m long bank starts from the Dashuigou ditch 大水沟, turns to the northeast at the southeast of the Chenjiayao 陈家窑 village, runs across the south of the Yangjia 杨家 and the southeast of the Lijia 李家 villages, and finally ends at the southeast of the Dujia 杜家 village. The bank was built with rammed local earth mixed with stones of different sizes. The thickness of a rammed layer is 32-46 cm.

The so-called "Bawanggou 霸王沟", located in the Southwest of the mausoleum precinct between the inner and outer walls, is a ditch in an irregular shape. Its depth ranges from 3 m to 10 m at different parts. According to a folktale, the ditch was dug by Xiang Yu 项羽 (232-202 B.C.) - the Hegemon King ("*Bawang*" 霸王 in Chinese) of the Chu 楚 State, to rob the mausoleum. However, our probing indicates that it is in fact an eroded ditch formed by rushing flood. The flood control bank at the northern edge of the Li Mountain had been destroyed after the Qin 秦 Dynasty. The originally eastward or westward running flood from the Li Mountain thus directly rushed down northward from the north slope of the mountain to the south gate of the inner wall-enclosure. Stopped by the south inner wall, the flood turned westward along the wall. It was then stopped again by the west outer wall and turned northward. Obstructed by the rammed earth architectures between the inner and outer west gates, the flood finally ran westward out of the outer wall-enclosure and destroyed the west outer wall. However, the current shape of Bawanggou is also a result of continuous activities of local people since their habitation beside the ditch.

Six of the seven accessary pits are located in the southern area inside the inner wall-enclosure and the area between the inner and outer west walls. The pit K0007 was found to the north of the Chenwangcun 陈王村 village - about 900 m northeast of the outer wall-enclosure.

Accessary pit K0006 is one of the several unburned pits among the currently discovered accessary pits inside the wall-enclosures. Located about 50 m southwest of the earth mount, the east-west orientating earth-timber structured pit is in the shape of the Chinese character "中" and consists of three parts: the sloping passage, the front chamber and the back chamber, with a total size of 410 sq m. The passage is at the west of the pit, in the shape of trapezoid, 15 m in length and 3-7.2 m in width. The front chamber is 10.6 m in length and 4.05 m in width. It has a side chamber in the south, which is 3.8 m in length and 2.9 m in width. The back chamber is in the shape of rectangular, 20.6 m in length and 3.8 m in width. We found remains of roof timbers, side timbers and floor timbers during excavations. Some 12 terracotta figures were unearthed in the front chamber, all lying on the floor in a straight line, except for No.12, who is standing there and facing the west. The figure No.1 is lying there with his head to the south and feet to the north, while other figures with their heads to the north and feet to the south. A wooden single-thill double-wheels chariot was found at the west end of the front chamber, with its thill to the west and the chariot box to the east. The remanent thill is 2.2 m in length, while the remained chariot box is 110 cm in length and 40 cm in width. Traces of matting woven were discovered at the bottom of the chariot box. The wheels, spokes, and wheel rings all have been decayed. Some 10 bronze finials of the chariot canopy were found scattering among the chariot remains. Within the side chamber of the front chamber, were found four bronze *yue* 钺 axes and one ceramic pot. Only about 22 sq m of the back chamber have been exposed till present. Nine skeletons of horses were found ranging in a line with their heads to the north and their tails to the south. According to this density, about 20 horses might have been buried in the chamber.

The colour-painted terracotta figures consist of eight *xiushou* 袖手 (hands-in-sleeves) figures and four charioteers. The *xiushou* figures are 1.82-1.89 m in height, each having a single-board or double-boards long headgear, a one-layer or two-layers long right-folded jacket with its right front folded to the back, a leather belt around the waist, long trousers, boat-shaped shoes, and standing on a rectangular foot-board with hands in sleeves. Each of them has a carved scraper and a milling-stone on the right side of the waist, and a hole between the left arm and the body for putting a volume of bamboo or wooden slips. The charioteers are about 1.9 m in height, all coiling their hair into a flat bun shape, each having a double-boards long headgear, a long right-folded jacket with flared lower hem reaching the knees, a belt with lozenge patterns, trousers with fastened mouths, boat-shaped shoes with raised heads, and standing on a rectangular foot-board. They are facing the front with concentration, and closing their hands as if holding the reins.

Features and artefacts found in K0006 indicate that this accessory pit might be the imitation of an office of the central government of the Qin Empire, most likely the office of *Tingwei* 廷尉 who was in charge of prisons and legal affairs.

Discovery of the corridors along the two sides of the south inner wall is new to the archaeology of mausoleums of ancient China. The corridors are 1.4 m in width. Their floors appear to be formed as a result of extensive trampling and their walls are decorated with colour paintings. The stone aprons outside the corridors are 0.95 m in width. The stone aprons, the corridors and the south inner wall are on the same rammed earth foundation, with the wall in the middle and a section in the shape of the Chinese character "凸". Plenty of building materials such as semi-cylindrical tiles, segmental tiles and ridge tiles were found in our test grids. A big semi-circle-shaped tile-end with ground relief *kuifeng* 夔凤 (*dragon-phoenix*) *design was unearthed in a test grid at the southwest corner of the inner wall-enclosure*. *It is 52 cm in diameter, 38.6 cm in height, 2.3 cm in rim width, 3.2 cm in thickness and similar both in size and design with the tile-ends found within the architecture remains to the north of the earth mount.*

Stamped pottery inscriptions, including *Sishui* 寺水, *Da* 大, *Beisi* 北司, *Dashui* 大水, *Dajiang* 大匠, *Zuoshui* 左水, and *Zuosi* 左司, were found on more than 110 tiles of the corridors. These are good examples of the *wulegongming* 物勒工名 (producers should leave their marks on their products) system of the Qin Dynasty. They also provide valuable information for the study of the mausoleum administrative organizations and officers. According to these inscriptions, the tiles of the corridors might have been manufactured in official workshops controlled by the central government.

The armour K9801T2G2 甲 (*jia*) 4 unearthed in this season is made of 332 stone pieces which are 20.89 kg in weight. The restored armour is 23.18 kg in weight. It consists of six parts: the collar, the shoulders, the *shanglu* 上旅 (the breast part), the waist, the *xialu* 下旅 (the belly part) and the *pibo* 披膊 (upper-arm shields), and has both similarities and differences with the armour K9801T2G2 甲 1 unearthed in 1999.

II

Affected by many factors, colour painting on the 12 terracotta figures discovered in accessory pit K0006 has been badly damaged. Analysis with the instrument BIO-RAD FTS 165 shows that the colours were painted on a raw lacquer layer. Results of XRD analysis on samples of different colour layers shows that the pink layer is made of cinnabar and ground phosphate rock (sometimes mixed with zinc powder), the purple layer is made of cinnabar, *hanzi* 汉紫 ($BaCuSi_2O_6$) and zinc power, the blue layer is made of azurite, the green layer is made of malachite and zinc power, and the red layer is made of cinnabar. We painted the figures with two kinds of chemical preparations - PEG200 and PU, both of which are newly developed by the specialists from China and Germany, to preserve remained paintings during the excavations and the result is satisfactory.

High humidity in K0006 provides a good environment for the breeding of mould. Three methods: lowering the humidity by the air-conditioning system, spraying *meidi* 霉

敌（a kind of anti-mould chemical preparation）, and covering the pit with plastic films, have been applied to effectively control the reproducing of mould.

We also analysed the filling dark-blue mud in the underground drainage system with X ray and infrared ray. The results show that the mud contains vegetable gum and a few organic compounds.

Analysis of limestone samples from the Pucheng 蒲城, Fuping 富平, Yaoxian 耀县, Qianxian 乾县, Lantian 蓝田, Zhashui 柞水 and Zhen'an 镇安 Counties of Shaanxi 陕西 province indicates that limestone for the manufacture of stone armours might come from the Manding 漫丁 and Fenghuang Mountain 凤凰山 areas of the Fuping County.

Zooarchaeological research demonstrates that eight of the nine horses in K0006 are male, and the other one is either a castrated male or a female. They are all adult horses more than ten years old. Burying adult male horses alive exhibits the important difference between the Qin people and people of the Eastern Six States on the ritual usage of horses.

III

We made an imitation of the unearthed stone helmet for the research of manufacture techniques of stone helmets in the Qin Dynasty. It takes about 101 man/day for a totally hand-making stone helmet. The manufacture processes include selecting suitable material, designing, cutting, drilling, grinding edges, smoothing arrises, polishing, repairing and weaving. Even with the help of machines, it still takes about 33 man/day. The imitation, which is 4.3 kg in weight, costs 0.5 m³ stone material. This experiment provides us a reliable reference to estimate the productivity of stone helmet manufacture in the Qin Dynasty.

After recognizing, clearing and consolidating in the field, and cleaning, joining, mending, repairing and weaving in the lab, we restored the amour K9801T2G2 甲 4, which is 86 cm in length, 34 cm in width and 128.5 cm in waist measurement.

The terracotta figures unearthed in the accessory pit K9901 were also restored in 2000. We now know that terracotta figures found within and without the wall-enclosures are similar in manufacture techniques and painting methods.

IV

Practitioners of the archaeology at the Qin Shihuang Mausoleum Precinct, based on their archaeological probing, excavations as well as antiquity preservation and restoration practices, carried out some valuable researches on the following topics.

The discoveries of many burned accessory pits within the Qin Shihuang Mausoleum Precinct make the majority of scholars believe the records in ancient texts, according to which, Xiang Yu burned the mausoleum. "Question the validity of the 'burial ritual' - assumption on the burned accessory pits of the Qin Shihuang Mausoleum Precinct", based on the discovery of the un-burned accessory pit K0006, expresses the author's suspicion on the assumption that the burned accessory pits are the evidence of *liaoji* 燎祭 (burning ceremony).

The original height of the earth mound is a problem that arouses the most divergent arguments. There are more than ten assumptions by present. "Height of the earth mount of the Qin Shihuang Mausoleum", based on the study of the construction process, especially the objects built in the last stage and the time sequence of them, argues that the construction of the earth mound started after the burying of Qin Shihuang, and was soon interrupted by the wars breaking out in the late Qin Dynasty. Hence the earth mount has never been finished, and the height recorded in ancient texts is just its planned height.

The meaning of "*chuan sanquan*" and "*xiagu sanquan*" is another topic which e-vokes a heated discussion. "The drainage system of the underground palace of the Qin Shihuang Mausoleum", through the analysis of the hydrological environment and archaeo-logical data obtained from probing work, suggests that "*chuan sanquan*" and "*xiagu sanquan*" are in fact the description of the underground drainage system of the under-ground palace of the mausoleum.

The excavation of accessory pit K0006 is significant for the research of the mau-soleum. "Interpretation of the accessory pit K0006", applying both ancient texts and ar-chaeological data, demonstrates that the pit might be the imitation of the office of *Tingwei* 廷尉 - a senior officer who was in charge of prisons and legal affairs of the Qin Empire. The terracotta figures of eight civil officials (the *xiushou* figures) and four char-ioteers are the representatives of the staff, who managed everyday legal affairs. The fig-ures with double-boards long headgears might have the title of *gongcheng* 公乘 - the eighth rank in the hierarchy system of the Empire. The figure with a double-boards long headgear in the side chamber might be the head of the staff. However, the figure of *Tingwei* himself is absent.

Features within the Qin Shihuang Mausoleum Precinct can be divided into two systems: the *zhengcang* 正藏（the main features）and the *waicang* 外藏（the outer features）, which were different in function. This is a basic pattern of royal mausoleums which had emerged in the pre-Qin period. "*Waicang* system of the Qin Shihuang Mausoleum Precinct" argues that the 180 accessory pits found within the mausoleum precinct might belong to the *waicang* system. Four levels can be recognized from them according to their locations（within or without the wall-enclosures）and contents. Thus they might be an underground imitation of the administration system of the central government of the Qin Empire.

秦始皇帝陵園調査報告書 (2000)

(概要)

　　『秦始皇帝陵園考古報告 (2000 年)』は、2000 年度の秦始皇帝陵園における考古学活動の各項目の科学研究成果の総合的な報告書である。これは 1999 年度の『考古報告』に続く次年度の報告であり、四つの部分から成っている。第一部は、2000 年度におけるフィールド調査と発掘資料の報告である。第二部は、本年度の調査発掘の現場から出土した遺構と遺物に対する文物保護などの成果を紹介したものである。第三部は、石製の甲冑の出土、修復、製作についての研究などの成果を紹介した。第四部は、秦陵の考古学に携わるメンバーが執筆した研究論文を収録した。

一

　　秦の始皇帝の陵園の規模は、中国の陵園の最大のものということができることから、陵園についての考古学活動は大きな困難の伴う事業である。2000 年の考古学調査は、主に陵園の墳丘の南側の内城区域に集中したが、内城と外城の間の南側でも部分的に調査活動を行った。本年度の考古学調査では、我々が認識している陵園地区の元来の地勢の堆積についての基本的な概況や陵園建設前後の自然と人為的活動がもたらした環境の変遷などに新しい資料を提供した。

　　秦始皇帝陵区の歴史地理的環境は、陵園の主体的な項目とその細目の空間的な配置関係にも影響を与えた。考古学調査から得られた資料によれば、これまでに発見された陪葬坑、陪葬墓、建築遺構などは、すべて大きさも形状も異なる様々な台地の上に分布しており、同じ台地上の遺跡の分布も台地自体の影響を受けていることが明確になった。つまり、台地の大小と形状は、驪山の北の斜面の沖積層が形成した溝や河川の大きさの制約を受けているということである。陵園はその中の最も大きな台地に位置する。

　本年度には性質や内容の異なる陪葬坑7基を発見した（そのうちの1基は陵園外にある）。また秦始皇帝陵の東、西、南側では、驚くべき規模の地下深くにある排水防水システムを発見した。これまでにボーリング調査した距離は1303mである。この発見は、『史記』『漢書』にいう「三泉を穿つ」「下は三泉を錮ぐ」という記述の歴史的疑問を解決した。

　外城の南門と内城の南門はともに陵墓の墳丘の中軸線上にあり、内城の南門から420mのところにある外城南門の遺構は、平面が長方形を呈し、東西の長さは68m、南北の幅が 22.8m。秦陵の外城の北門の遺構が北の外城壁の中ほどに位置しているであろうことは、長きにわたって人々の共通の認識であった。しかし、本年度の二度にわたる調査では、北の壁の中央に位置するとこれまで考えられていた北門の遺構は発見されなかった。

　内外城の西門は陵の墳丘の東西の中軸線上に位置し、二つの門の距離は174m、内城の西門は現存する墳丘の西側の斜面下より90mの距離にあり、二つの門の平面は南北方向に長い長方形を呈している。内城の西門は長さ 77.4m、外城の西門は長さ78.2m、二つの門の東西の幅はともに約22.8mである。内城と外城の西門の間には、一つの建築遺構が発見されており、その中に南北対称の三段になった門闕（三出闕）の遺構があった。その形態は99年の調査で発見された東の内外城間にある門闕の形と同じものである。

　驪山のふもとの五嶺の防水堤遺構は、秦始皇帝陵園の南側における地表面に出た外周の障壁である。その役割は驪山から一年を通じて流れ出る水と季節的な大水が陵園内に侵入するのを塞ぐことにあった。ボーリング調査によって、五嶺遺跡は西から大きな溝が始まり、陳家窯村の東南から北東に向かって曲がりくねって続き、楊家村の南、李家村の東南を経て、杜家村の東南に至っていることがわかった。その全長は約1700m。五嶺遺跡は土を粗雑につき固めて作られており、版築層の厚さは32～46㎝で、土質は均一でなく、版築層内に大小さまざまな小石が大量に混ざっている。当時の防水堤は現場で土を採取してつき固めたものであった。

　秦始皇帝陵園の西南の内城と外城の間に位置する「覇王溝」は、形状は整っておらず、深さも3～10mと一様ではない。「覇王溝」が出来上がったのは、西楚の覇王である項羽が秦陵を盗掘したことと関係があると伝えられて来たが、調査によって、「覇王溝」は水流に浸食されて出来あがったものであることが分かった。驪山の麓にある大規模な防水堤は、秦代以後に大水によって突き崩されている。元来は、それぞれ東へ、西へと流れていた水が方向を変え、驪山の北の斜面に沿って流れ下り、内城の南門に至り、内城の南の壁で堰き止められたことから、洪水はさらに内城の南の壁の外側に沿って西に流れ、外城の西の壁の内側で妨げられると、また北へ流れ、さらに内外城の西門の間に至って版築建築に阻まれ、折れ曲がって西に向かい、外城の西の壁を押し流し、ここで陵園から流れ出た。「覇王溝」は、ここに人が住むようになってから、人々の生活とその繁栄のために、拡張が続けられ、現在の溝の形状と規模となったのである。

　　発見された7基の陪葬坑は、K0007陪葬坑が外城の外、東北約900mのところにある陳王村の地に位置するほかは、その他の6基の陪葬坑は陵園内城の南と、西の内城と外城の間に位置している。

　K0006陪葬坑は、陵園内でこれまでに発掘された陪葬坑のなかで火災に遇っていない数少ない陪葬坑である。それは秦陵の現在の墳丘の約50m南西に位置し、平面はほぼ「中」字形を呈し、東西方向に伸び、傾斜坑道、前室、後室の三つの部分から成っており、総面積は410㎡、地下坑道式土木構造の陪葬坑である。傾斜坑道は坑の西端に位置し、平面はほぼ台形、幅は3～7.2m、現在の長さは15mである。前室は長さ10.6m、幅4.05m、前室の南側の廂房は長さ3.8m、幅2.9m、後室は長方形で、長さ20.6m、幅3.8mである。発掘によって、棚木、廂板、床材などの遺構が発見された。前室からは陶俑12体が出土し、12号俑が西に向かって立っているほかは、みな床材の上に倒れていた。その中で、1号俑は頭を南に足を北にして仰向けになっており、2～11号俑はすべて頭を北に足を南に向けてうつ伏せになって、一列横隊に並んでいる。傾斜した坑道の入り口、前室の西端に置かれた木製の車は、轅が一本で両輪の木製の車であり、轅が西にあり輿の部分が東に置かれていたようである。轅の残存の長さは2.2m、輿の部分の残存の長さは110㎝、幅は40㎝である。車輿には縦横に編まれた輿の床、車輪、車輻（スポーク）、牙（車輪の外周を包む輪）は全て腐食して失われ、10本の青銅製の弓状の車の尾根の骨が散らばっていた。前室南側の小さな廂房内では青銅の鉞4本、陶罐1点が出土した。後室ではこれまでに約22㎡を発掘しただけであるが、馬骨9具を発見した。それらはすべて頭を北に尾を南にして一列横隊に並び、馬骨の排列密度から推計すると、後室には約20頭の馬が葬られていたことになる。

　K0006 陪葬坑からは、12 体の彩色陶俑が出土した。それは袖に手を入れた俑 8 体、御者俑 4 体である。前者の高さは 1.82～1.89m、俑の頭には、一枚あるいは二枚の版をのせた長冠を被り、胸元を一重或いは二重の右前合わせにした長い上着を着て、下前衿で、腰には革のベルトを締め、下には長いズボンをつけ、足先の角張った浅い履をはき、手を袖に入れて四角の台座に立っている。右の腰には小刀と砥石をぶら下げ、左腕と胴体の間には楕円形に近い穴が斜めに開けられており、それは束ねた簡牘を差し挟むためのものであった。御者俑は高さ 1.9m 前後で、頭に偏平な髻を結い、二枚の版をのせた長冠を着け、右前合わせの膝までの上着を着て、すそはラッパ状を呈し、腰には菱形文様の腰帯を結び、その下には裾の締まった長いズボンをはいている。履は、爪先が真っ直ぐで口の部分が四角く、先が反り上がっている。四角の台座に立ち、両手は拳を握って手綱を引くポーズをとり、視線は前方をじっと見すえ、神経を集中させている。

　K0006 陪葬坑から発見された遺構や遺物は、この陪葬坑が秦帝国の中央政府における一つの官庁機構の地下における再現であり、その機関の名はおそらく監獄と司法を主管した廷尉であったことを物語っている。

　秦始皇帝陵園内の内城の南の壁の内と外の両側にある廊房建築は、中国古代の陵寝制度の中で最初の発見である。発掘された内城の南の壁は幅 3.5m、基底部の幅は 8.2m、廊房は幅 1.4m，地面には平らに踏みつけた層があり、廊の壁面には彩絵が施され、廊の外側には小石を並べた幅 0.9m の散水がある。石の散水、廊房、城壁は一つの版築の基礎の上に建てられており、城壁が中央にあって、廊房、散水がその両側に設けられており、その断面は「凸」字形になる。試掘坑からは、大量の丸瓦、平瓦、脊瓦などの建築部材が出土した。内城の南壁の西南の隅の試掘坑からは 1 件の夔紋の大型の瓦が出土した。その瓦当面は大きな半円形で、高く浮き彫りにされた夔鳳紋で、直径は 52 ㎝，高さ 38.6 ㎝、幅 2.3 ㎝、厚さ 3.2 ㎝である。過去に始皇帝陵の北側の陵寝建築遺構から出土した夔紋の大瓦と形が似ており、図案も一致する。

　内城の南の壁の試掘で出土したそれぞれの瓦には、110 枚余りのスタンプ陶文が見られる。陶文の内容には「寺水」「大」「北司」「大水」「大匠」「左水」「左司」などがある。これらの陶文は「物には工名を勒す」という秦代の制度の反映であるが、さらに陵園建築に参加した組織やメンバーなどの諸問題を研究するうえでも、豊富なデータを蓄えたことになる。陶文から見ると、内城の南の壁の廊房の屋根に用いられた瓦は、いずれも中央の陶器製作の役所からのものであることがわかる。

　本年度に出土した T2G2 の甲 4 は 332 片もの多くの異なる形の小札（こざね）を組み合わせてできており、札の重量は 20.88 kg、これを組み合わせて出来上がった鎧甲の重量は 23.18 kg である。その構造は首、肩、上旅（胸と背）、腰、下旅（下腹部と臀部）、披膊（上腕部）の六つの部分からなっている。それは 99 年度に出土した T2G2 甲 1 と形の上で同じ所もあれば、また異なるところもある。

二

　K0006 陪葬坑から出土した 12 体の彩色陶俑は、様々な要因によって、彩色の保存状況は極めて悪い。　KBR圧片技術のフーリエ変換赤外線吸収スペクトル法（FTIR）によって、K0006 陪葬坑から出土した陶俑の最下層の材質を分析したところ、その最下層の材質は生漆から構成されていた。X線回折分析法（XRD）を採用して、異なる色調の顔料層のサンプルについて分析を行ったところ、その結果は以下の通りであった。①薄紅色の顔料層は朱砂とリン灰からなり、一部に白鉛鉱が混ざる。紫色の顔料層は朱砂、漢紫、白鉛鉱からなる。藍色顔料層は藍銅鉱からなる。緑色の顔料層はマラカイトと白鉛鉱からなり、赤色の顔料層は朱砂だけからなる。②陶俑に施された彩色は、二種類以上の顔料を混合して構成された顔料層（薄紅色層や紫色層など）があるとともに、また、単一の顔料からなる顔料層（赤色層や藍色層など）がある。このことから見ると、近年、中国とドイツの文物保護の専門家が共同で研究開発した陶俑彩色保護材料 PEG200 とポリウレタン乳剤とを適宜選んで用い、陶俑の彩色に対して塗布し滲み込ませてゆくことで、残存していた彩色を効果的に保護することができた。

　K0006 陪葬坑坑内の湿度がかなり高く、腐朽菌が繁殖しやすいことに対しては、換気除湿法、「霉敵」かび防止剤の噴霧やビニールシートで覆うなどの方法を採り、総合的な予防措置を施し、効果的に腐朽菌の生成繁殖を抑えた。

　秦始皇帝陵の地下宮殿の周囲の地中深くにある排水防水システムの充填材である青膏泥の化学成分には、蛍光X線分析（XRF）と赤外線吸収スペクトル分析（IR）によって、かなり高い値の植物膠類物質が含まれ、少量の有機物が含まれていることが分かった。

　陝西省蒲城県、富平県、燿県、乾県、藍田県、柞水県、鎮安県などの地から採掘された石灰岩の分析を行ない、石製の鎧甲の材料の来源は陝西省の富平県の漫丁、鳳凰山一帯であるという結論を得た。

　K0006 陪葬坑の後室からは、これまで 9 体の馬骨が出土したが、8 頭がオスの馬で、1 頭はおそらく去勢されたオスかあるいは母馬であり、年齢はすべて 10 歳以上で、老馬に属することが判明した。このような成年のオス馬が生きたまま葬られるという現象は、秦人が伝統的な馬の埋葬観念とは異なる観念をもっていたことを反映している。

三

　石の甲冑の製作技術を考察するために、2000 年度には、石の冑一点を製作する模擬実験を行なった。石塊の切り出しを除き、材料の選択、形の決定、切断、穴あけ、面取り、角出し、アール化、つや出し、補正からそれを綴り合わせるまで、一点の石の冑の製作に約 101 日の日数が必要であった。半機械化した加工製作では、約 33 日間の日数を要し、粗石の板材 0.5 立方 m、重さ 20 kg が必要とされ、実験製作で出来上がった一点の石の冑の重さは約 4.3 kg であった。実験製作を通して、さらに深く当時の石の甲冑の製作の労働量を推測することができた。

　現場での識別、整理、補強、取り上げから室内での洗浄、はぎ合わせ、補全、復元、綴り合わせなどの幾つかの工程を経て、復元後には鎧甲の高さ 86、左右の幅 34、腰回り 128.5 ㎝。その鎧甲の出土と修復は、秦の鎧甲研究にもう一つ別の類型の甲の実物資料を提供するとともに、鎧甲の製作技術にも実物の参考資料を提供することとなった。

　K9901 陪葬坑から出土された陶俑の復元によって、陵園の内と外から出土された陶俑は制作技術、彩絵方法などの面でほぼ同様である。

四

　考古学の調査、発掘および文物保護などの諸方面における活動の成果を結びつけて、秦陵の考古学に従事する研究者は以下の問題ついての新たな進展である。

　秦の始皇帝の陵園の陪葬坑は焼けこげたのが普遍であり、多くの学者は項羽に焚かれたと考えられている。「秦陵陪葬坑焚毀系葬儀説質疑」は K0006 陪葬坑が焚かなかったことから、ある学者の火を燃やして祭祀が行ったという考え方に対して疑問を投げかけている。

　秦始皇帝陵の墳丘の高さについての問題は、あらゆる秦始皇帝陵園に関する考古学研究において最も意見の分かれる課題の一つであり、十余もの説がある。「秦始皇帝陵封土高度」は、秦陵の地下宮殿の建造過程および秦始皇帝陵園の最終段階における工事内容とその順序についての思索と研究を経て、秦陵の墳丘の地表面の部分は、始皇帝が埋葬されてから施工を始めたものであって、歴史文献にある秦陵の高さに関する記載は、設計当初の高さにすぎず、実際には工事自体が未完に終り、その原因は秦末の戦争にあると考える。

　数年来、「穿三泉」「下錮三泉」については、しばしば研究者に指摘されてはいたが、今日まで統一された明確な認識は形成されていない。「秦陵地宮阻排水系統」は、秦陵地区の水文地質資料の解析、ならびに近年の始皇帝陵の調査資料と文献の記載の分析や研究とを結び合わせ、文献にいう「穿三泉」「下錮三泉」とは、秦始皇帝陵園、とくに地下宮殿の膨大な排水防水システムの描写である。

　K0006 陪葬坑の発掘は重要な学術的意義がある。「秦始皇帝陵園K0006 陪葬坑性質」は、歴史文献と発掘資料とを結び付け、さらに一歩進めて、この陪葬坑が官庁機構の地下における反映であるとの認識を述べる。この陪葬坑は秦帝国の中央政権の三公九卿の中の廷尉の官署の再現であり、8名の文官と4名の御者は、その機構の主要な構成員の代表であり、帝国の日常の司法行政の事務を掌っていた。陪葬坑において、等級が最も高い二枚の版をつけた長冠を被った者は、爵位が八級前後である公乗である。小廂房において二枚の版をつけた長冠を被った陶俑は、その機構の幕僚長であり、廷尉自身はその中には入っていないと考える。

　中国古代の帝王陵は先秦以来次第に発展して、「正蔵」と「外蔵」の二大埋蔵システムを作りあげ、これより古代陵墓の形制における機能的な空間区画の基本的な規格が出来上がった。「秦陵的外蔵系統」では、次のように論じる。秦始皇帝陵園の内外で時を前後して発見された 180 基の各種の陪葬坑は、秦始皇帝陵園の外蔵系統に属し、四つのレベルの、陵園内外に分布する、内容のそれぞれ異なる陪葬坑が合同して組み合されることによって成り立っている。異なるレベルの陪葬坑は、陪葬坑間に存在する異なる主従関係の反映であるに違いなく、同時に帝国興隆期の中央政権や皇権などの各種の運営機構が地下に再現されたものである。

（稲畑　耕一郎訳　王小庆校訂）

图版一

1　秦始皇帝陵

2　五岭遗址远眺

3　五岭遗址夯土层断面

4　霸王沟地貌

5　霸王沟断面地层

6　K0004陪葬坑夯土层断面

7　K0005陪葬坑夯土层断面

8　被霸王沟破坏的内城南垣夯土层断面

9　内城南垣NN00T3

10　内城南垣夯土

11　内城南垣残存木炭

12　内城南垣出土Ａ型板瓦

13　内城南垣出土Ｂ型板瓦

14　内城南垣出土 Aa 型筒瓦

15　内城南垣出土 Ab 型筒瓦

16　内城南垣出土 B 型筒瓦

17　内城南垣出土脊瓦

18　内城南垣出土瓦当

19　内城南垣出土瓦当

20 内城南垣出土瓦当

21 内城南垣出土瓦当

22　内城南垣出土夔纹遮朽

23 内城南垣出土建筑材料上的陶文——寺水

24 内城南垣出土建筑材料上的陶文——官畎

25 内城南垣出土建筑材料上的陶文——北司

26 内城南垣出土建筑材料上的陶文——左司

27 内城南垣出土建筑材料上的陶文——左司

28 内城南垣出土建筑材料上的陶文——大水

29 内城南垣出土建筑材料上的陶文——大匠

30 内城南垣出土建筑材料上的陶文——左水

31 内城南部石道
(ND00T4)

32　K0006陪葬坑地貌

33　K0006陪葬坑

34　K0006 陪葬坑前室

35　K0006 陪葬坑厢房

36 K0006陪葬坑后室

37 K0006陪葬坑斜坡门道

38　K0006陪葬坑后室厢板

39　K0006陪葬坑前室东端铺地木

43 K0006 陪葬坑前室
出土的 1 号陶俑
（右腰间的削、砥石）

42 K0006 陪葬坑前室
出土的 1 号陶俑
（正面）

44 K0006 陪葬坑前室
出土的 1 号陶俑
（背面）

46 K0006陪葬坑前室
    出土的7号陶俑
    （侧面）

47 K0006陪葬坑前室
    出土的7号陶俑
    （右腰间的削、砥石）

50　K0006 陪葬坑前室
　　出土的 8 号陶俑
　　（右腰间的削、砥石）

49　K0006 陪葬坑前室
　　出土的 8 号陶俑
　　（背面）

51 K0006 陪葬坑前室
    出土的 9 号陶俑
    （正面）

52 K0006陪葬坑前室
出土的9号陶俑
（背面）

53 K0006陪葬坑前室
出土的9号陶俑
（右腰间的削、砥石）

55 K0006陪葬坑
前室出土的
10号陶俑
（背面）

59 K0006 陪葬坑前室
出土的12号陶俑
（右腰间的削、砥石）

58 K0006 陪葬坑前室
出土的12号陶俑
（背面）

61 K0006 陪葬坑
    前室出土的
    3 号陶俑
    （正面）

62　B型腰带（K0006：4）

63　A型冠（K0006：7）

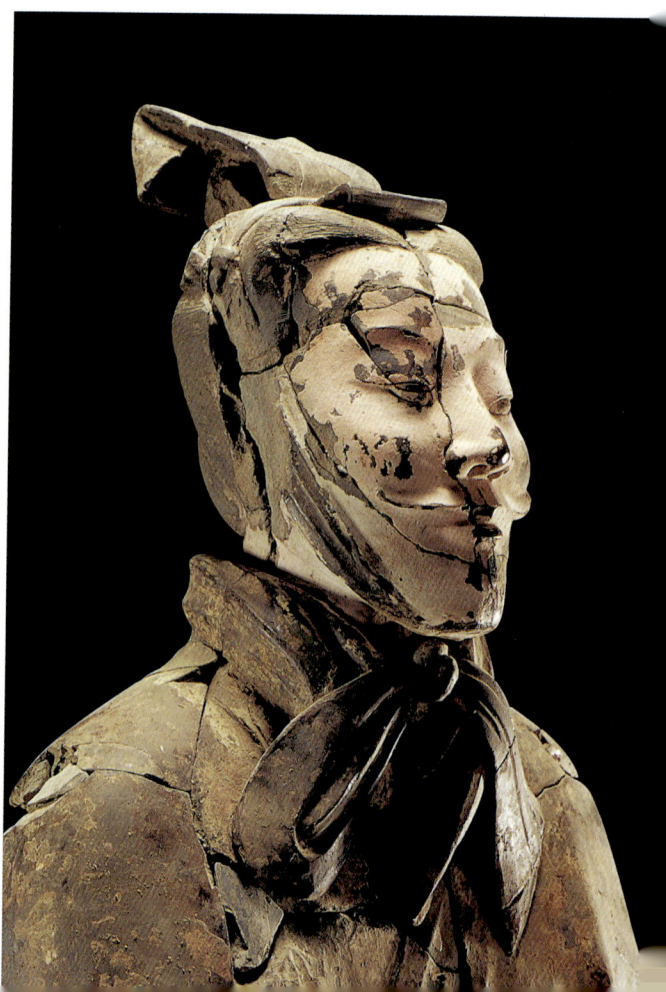

64　Ba型冠（K0006：8）

65　Ba 型冠（K0006∶8）

66　Bb 型冠（K0006∶3）

67　K0006 陪葬坑前室出土的木车残迹

68 K0006陪葬坑后室西部马骨

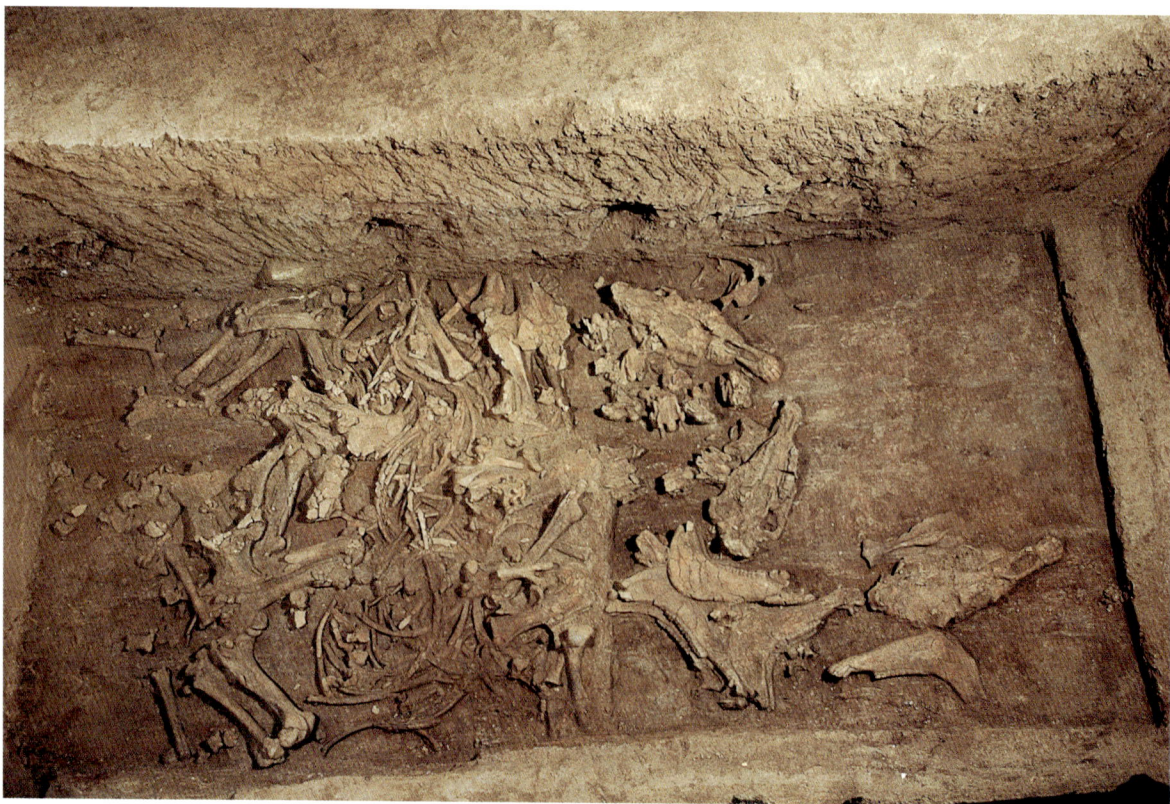

69 K0006陪葬坑后室东部马骨

70 K0006陪葬坑前室出土的铜钺 (K0006：13)

71 K0006陪葬坑后室出土的铜环
(K0006：17)

72 K0006陪葬坑前室出土的
铜盖弓帽 (K0006：21)

73 K0006陪葬坑前室出土的陶罐 (K0006：18)

74　K9801T2G2 甲 4 第一层（前身）出土现状

75 K9801T2G2 甲 4 第二层（后身）出土现状

76　K9801T2G2 甲 4 第一类甲片

77　K9801T2G2 甲 4 第二类甲片

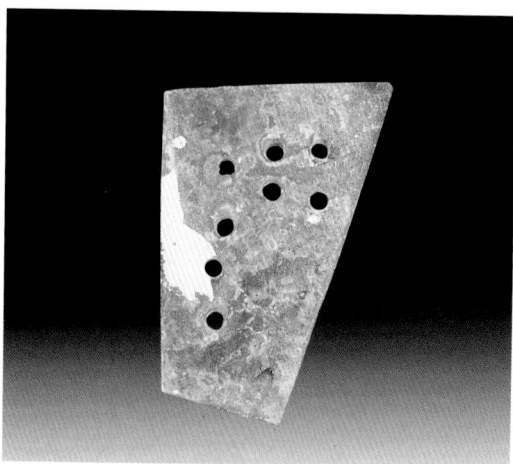

78　K9801T2G2 甲 4 第三类甲片

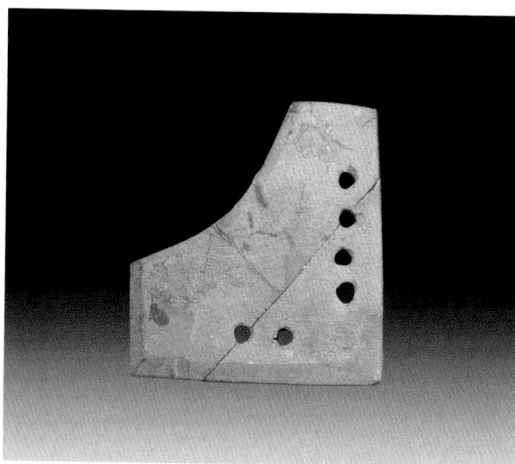

79　K9801T2G2 甲 4 第四类甲片

80　K9801T2G2 甲 4 第四类甲片

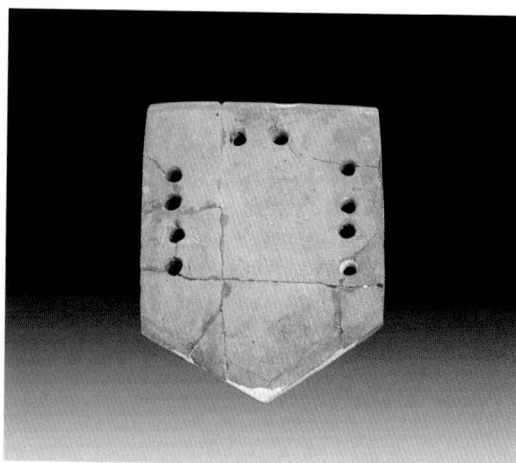

81　K9801T2G2 甲 4 第五类甲片

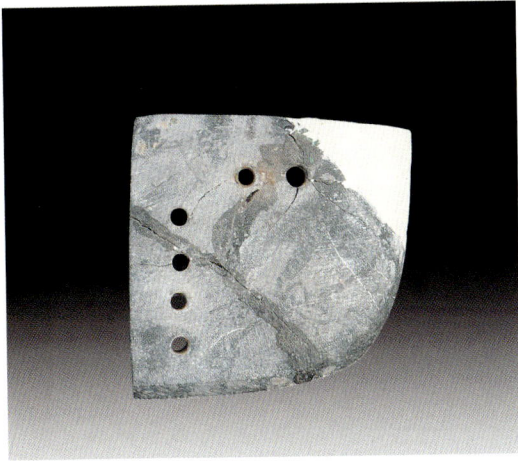

82　K9801T2G2 甲 4 第七类甲片

84　陵墓附近地下青灰泥中夹杂的小砾石

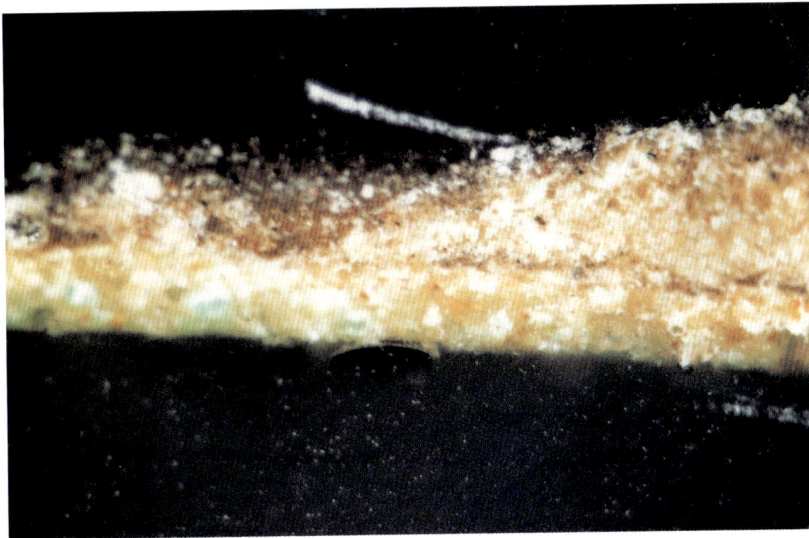

83　K0006 陪葬坑陶俑彩绘
的剖面结构（×100）

85　陵墓附近地下青灰泥中淘洗
出的圆形土红色石粒

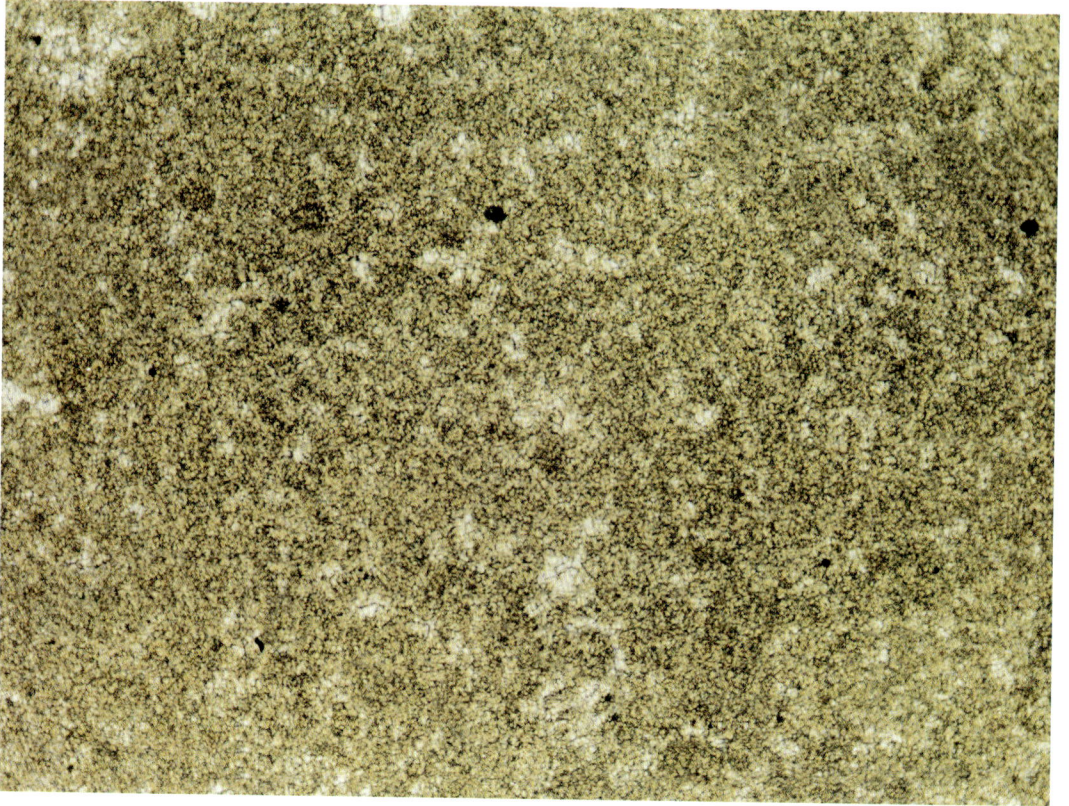

86 隐晶状结构、团块状结构 (K9801T4G1—01, ×93, 单偏光)

87 细微晶状结构 (K9801T4G1—04, ×93, 单偏光)

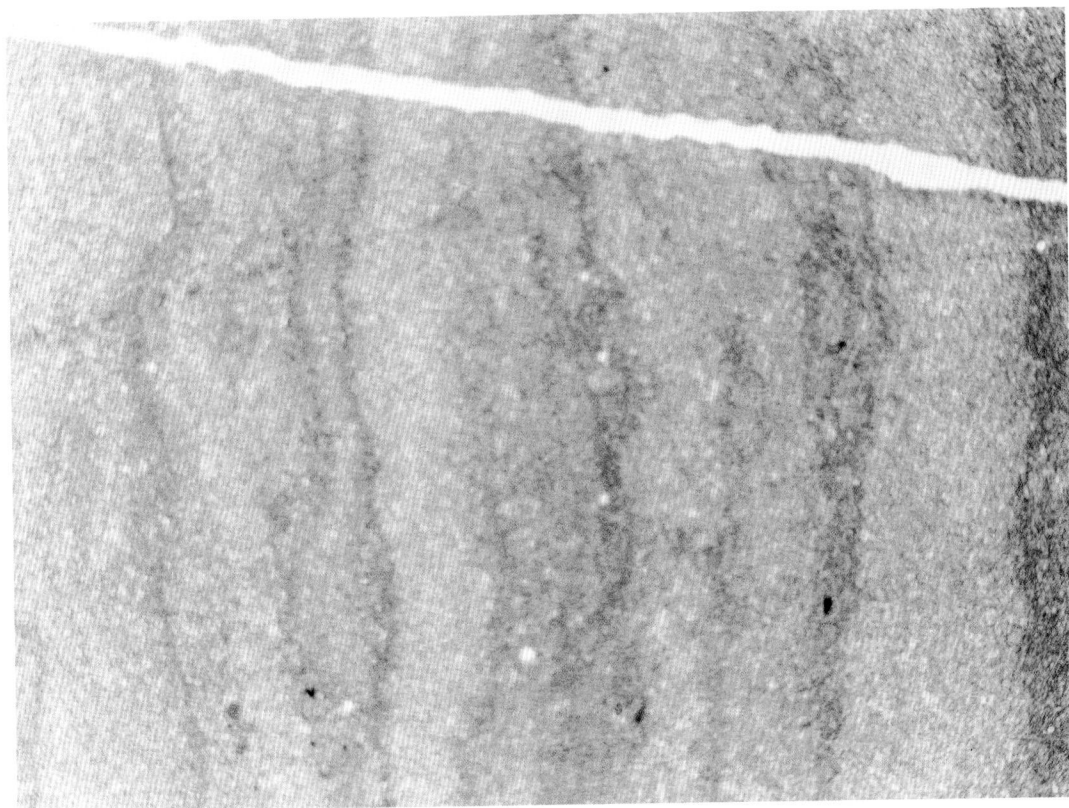

88 显微韵律层状构造 (K9801T2G2-11,×93,单偏光)

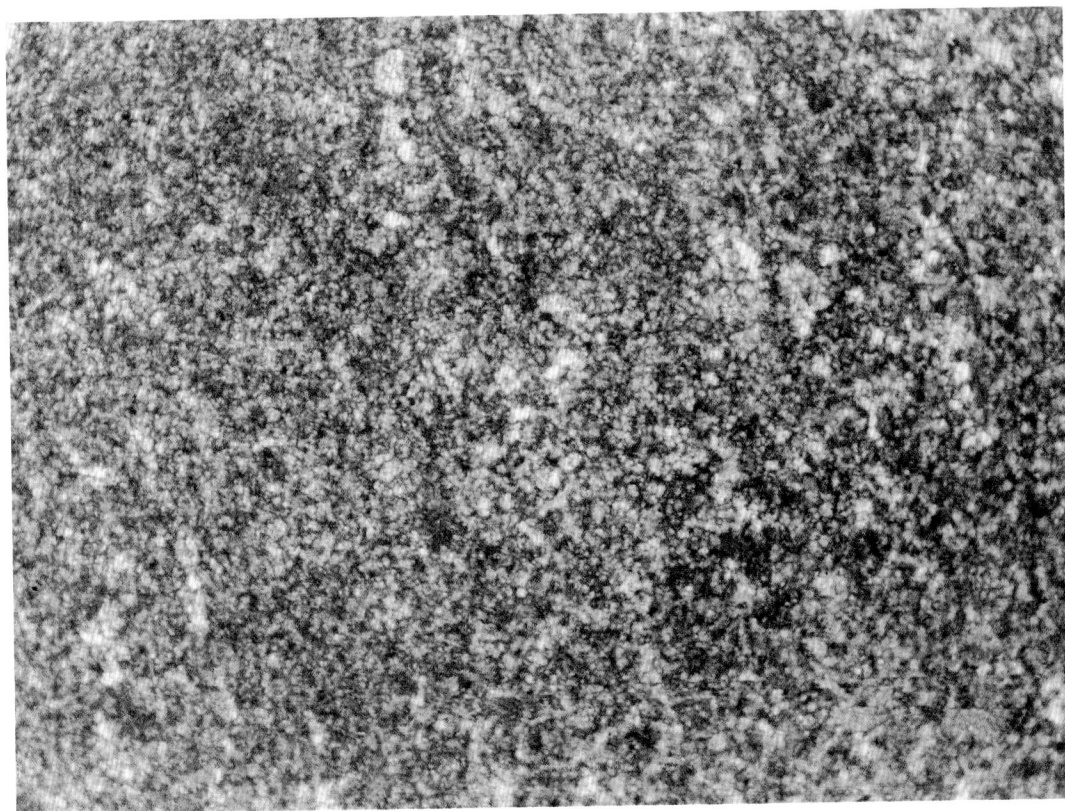

89 泥晶灰岩中的细微晶状结构 (富平县凤凰山 03 号样品,×93,正交偏光)

90　含菱铁矿的白云质灰岩（蒲城县丰山06号样品，×10，正交偏光）

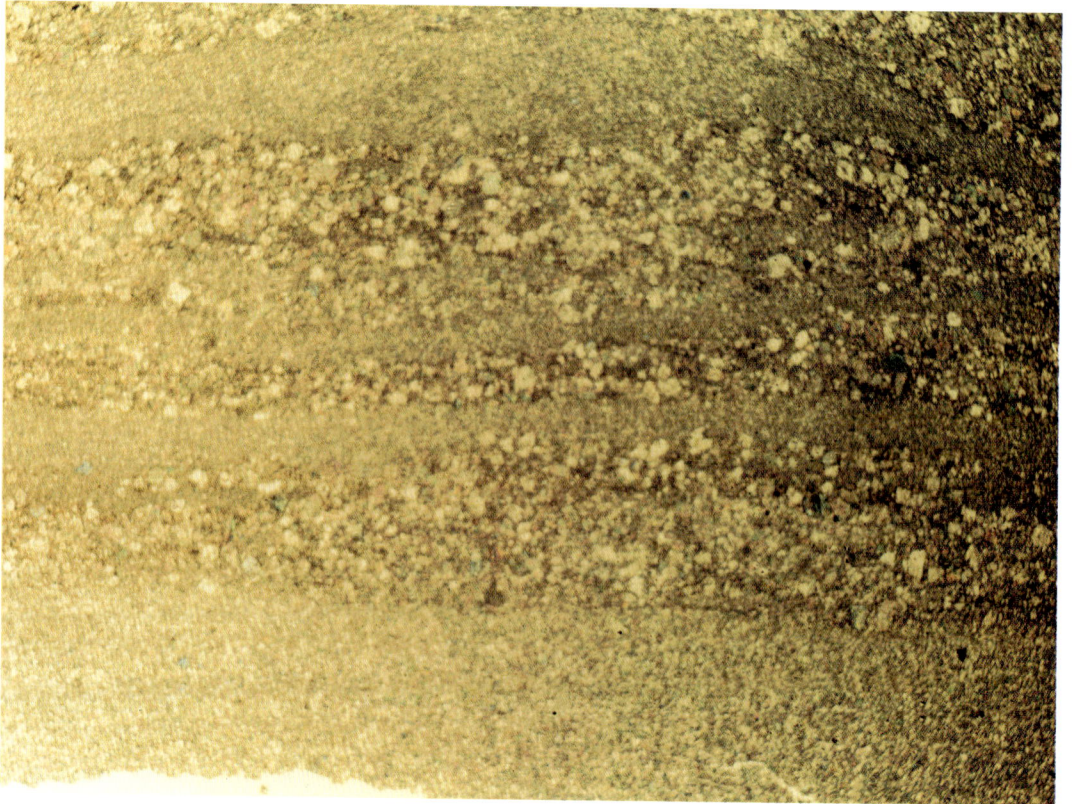

91　泥晶灰岩——显微韵律层状构造（富平县漫丁09号样品，×25，正交偏光）

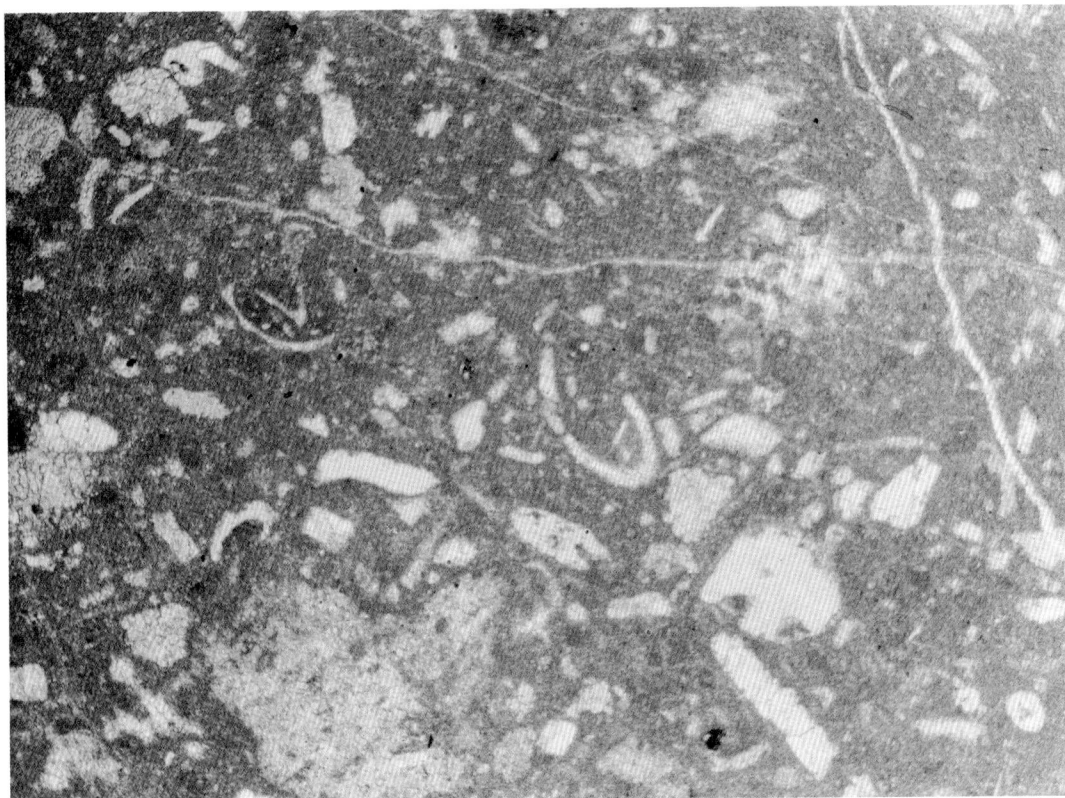

92　可见骨屑的含生物碎屑泥晶灰岩（耀县药王山13号样品，×25，单偏光）

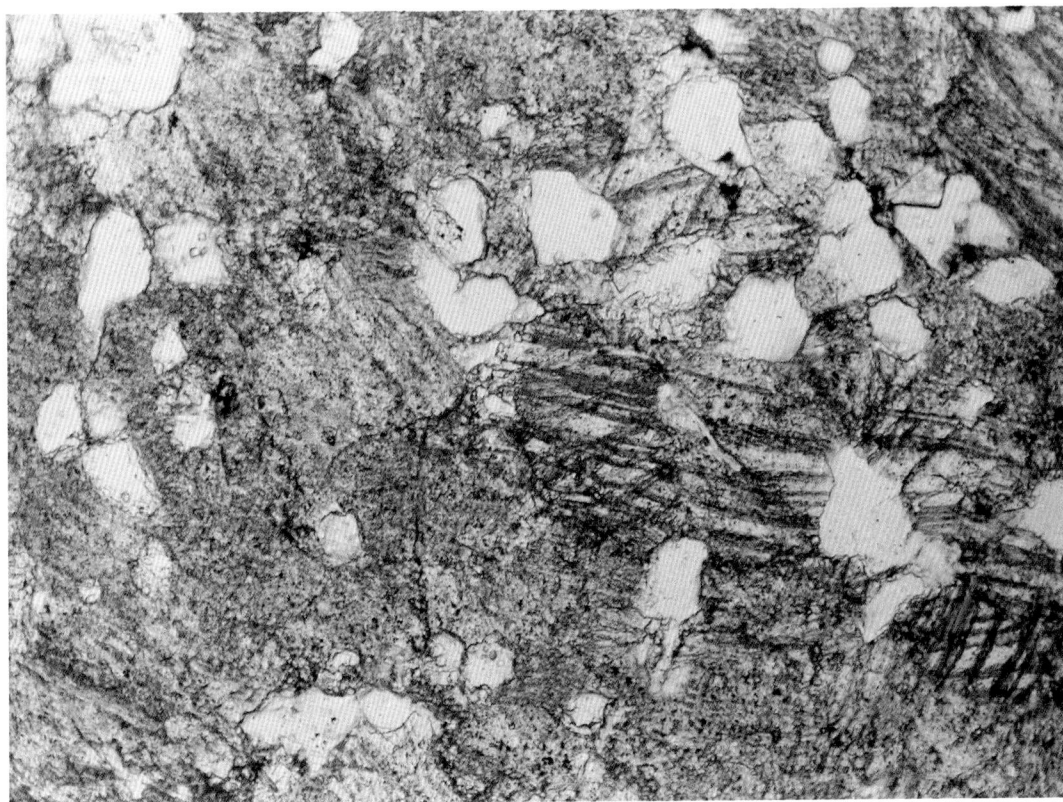

93　含多量石英碎屑的不纯灰岩（蓝田县辋川15号样品，×93，正交偏光）

94 K0006 陪葬坑出土的马下颌

95 K0006 陪葬坑出土的马盆骨

得意如何？失意又如何？爱人如何？被爱又如何？
人在宇宙里（没有出生前）是一个整体，
一旦有了自我的立场和角色，就变成了碎片。

温瑞安评语：盛棠为人行事，本身就是位女侠。在网上，凡有看不过眼的事，哪怕是不与她牵连的，她定必路见不平，拔刀相助，但行文情智交糅，决不对善人恶，也决不于恶人善。像这样一位侠女，不止网上行文如此，在生活上也秉持同样侠风，本身就是一部侠女传奇。她写武侠，古风温情兼备。可谓是：从来不信梅花谱，信手拈来自有神。我不仅推崇她的作品，还极推崇她的为人。

盛棠，女，本名朱煜娟，网名红之颜，上海人。中学时即在《新民晚报》、《中国青年报》等发表短文、漫画，曾以《半兽》一文获得『第二届全国新概念作文大赛』二等奖。入大学校园后，练练古筝，间『一心修炼道家哲学，几乎成仙』。立誓要『搅荆索、傲樽月、锁温柔、云万载天地阔』。温瑞安先生赞其手拈来自有神。』并乐收其为『义草》系列，其中《四世一生的心言瑰丽美妙如现代诗，符号语言大亮彩。

四世一生的心魔

策　　划：兴　安　李西闽
责任编辑：王大伟
封面设计：鹿头琴
插　　图：盛　棠

ISBN 7-80680-330-0
9 787806 803301 >
ISBN 7-80680-330-0/I·234
定价：28.00元

生的心魔
盛棠◎著
太白文艺出版社